Westböhmen & Bäderdreieck

Michael Bussmann
Gabriele Tröger

INHALT

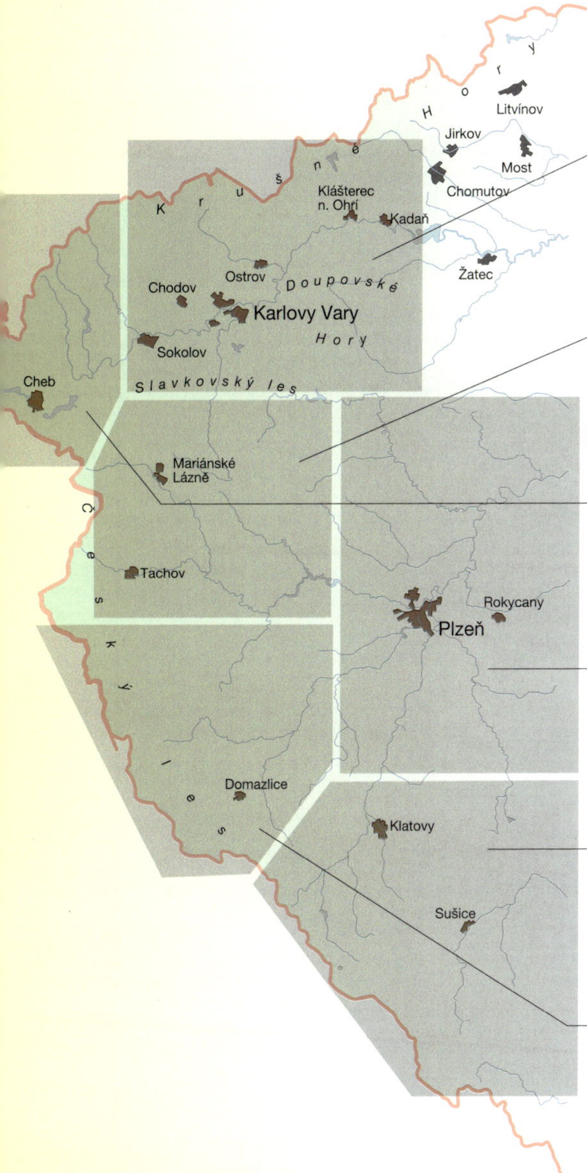
Krušné Hory
Litvínov
Jirkov
Most
Chomutov
Klášterec n. Ohří
Kadaň
Žatec
Ostrov
Doupovské Hory
Chodov
Karlovy Vary
Sokolov
Cheb
Slavkovský les
Mariánské Lázně
Český les
Tachov
Rokycany
Plzeň
Domazlice
Klatovy
Sušice

Text und Recherche: Michael Bussmann und Gabriele Tröger
Lektorat: Angela Nitsche
Redaktion und Layout: Dirk Thomsen
Fotos: Michael Bussmann,
ausgenommen S. 197: Fotoarchiv Obecní dům
Titelfotos: oben: Kadaň
unten: Märchenschloss in Žinkovy
Umschlaggestaltung: Karl Serwotka
Karten: Gábor Sztrecska, Susanne Handtmann, Hana Gundel

Danksagung

Ein ganz besonderer Dank gilt Till Janzer für seine kritische Überarbeitung und Aktualisierung des Pragkapitels.

Folgenden Lesern danken wir für die vielen wertvollen Tipps: Rüdiger Banse (Erfurt), Silvia und Werner Höhl, Rudi Bieller (Esslingen), Gerd Lamping (Delmenhorst), Thomas Krause (Crailsheim), Florian Vetter (Offenburg), Frauke Thiem, Renate Bretschneider (Chemnitz), Carola Eisenbeis (Kassel), Johannes Hartung, Jürgen Peter Esders (Berlin), Dr. A. Hoffmann, Eberhard Stamm (Rostock), Ralf und Susanna Schreiner, Ralf Manhalter (Nersingen), Daniel Blum und Andrea Boehm (Goessenheim).

ISBN 3-89953-212-0

2., komplett überarbeitete und aktualisierte Auflage 2005

Kartenverzeichnis

Zeichenerklärung für die Karten und Pläne

- Grünanlage
- Aussicht
- Campingplatz
- Anlegestelle
- Turm
- Kirche
- Synagoge
- Museum
- Sehenswürdigkeit
- Flughafen/-platz
- Bushaltestelle
- Taxistandplatz
- Autovermietung
- Fahrradvermietung
- Parkplatz
- Metrostation
- Straßenbahnhaltestelle
- Information
- Botschaft
- Post
- Bank/Wechselstube
- Ärztliche Versorgung
- Heilquelle
- Waschsalon
- Toilette

Was haben Sie entdeckt?

Haben Sie ein romantisches Hotel gefunden, eine urige Pivnice oder einen schönen Wanderweg?

Wenn Sie Tipps, Anregungen oder Verbesserungsvorschläge zum Buch haben, lassen Sie es uns bitte wissen. Auch für Kritik sind wir dankbar.

Michael Bussmann & Gabriele Tröger
Stichwort „Westböhmen“
c/o Michael Müller Verlag GmbH
Gerberei 19
91054 Erlangen
E-Mail: bussmann.troeger@michael-mueller-verlag.de

Auf dem Lande

Westböhmen erleben ...

Kein Jahrhundert ist es her, da zählten die westböhmischen Kurorte Karlsbad, Marienbad und Franzensbad zu den beliebtesten Schauplätzen der mondänen europäischen Society. Kaiser und Könige, Dichter und Denker, Reiche und Schöne zog es in die mondänen Bäder. Man kam weniger irgendwelcher Leiden wegen, mehr um zu sehen und gesehen zu werden. Doch während der kommunistischen Abgeschiedenheit hinter dem Eisernen Vorhang fiel das Bäderdreieck in einen Dornröschenschlaf und geriet in Vergessenheit. Heute erwacht es von neuem. Insbesondere Deutsche und Holländer entdecken die Schönheit der traditionsreichen Kurbäder wieder. Es locken die Quellen, und es locken die niedrigen Preise.

Westböhmen auf das Bäderdreieck zu reduzieren, ist aber falsch. Die Region zwischen Erzgebirge und Böhmerwald, zwischen Cheb und Pilsen, zwischen slawischer Welt und deutschsprachigen Ländern ist überaus abwechslungsreich: mittelalterliche Städte, unzählige Schlösser und Burgen, berauschende Landschaften – ideal zum Wandern und Radfahren – und erstklassige Biere machen einen Aufenthalt kurzweilig. Das wusste schon der gute alte Goethe, der Westböhmen – rechnet man all seine Reisen zusammen – mehrere Jahre durchstreifte.

Aber so viele schöne Ecken Westböhmen auch zu bieten hat, so viele höhnen jeglicher Postkartenidylle. Abseits der auf Hochglanz restaurierten Kurbäder und der touristisch erschlossenen Vorzeigeorte tragen viele Dörfer und Städte ein heruntergekommenes Einheitsgrau. Die Tristesse aus sozialistischer Zeit ist hier noch lange nicht passee, auch wenn jedes Jahr ein paar Häuser mehr gestrichen werden. Für

Marienbad – der Kreuzbrunnen

diejenigen, die auch vor dieser Realität nicht die Augen verschließen, ist Westböhmen auf jeden Fall eine Reise wert; eine Reise, die in Kombination mit einem Ausflug nach Prag zu einem unvergesslichen Erlebnis werden kann.

... mit Schnabeltasse und Moorpackung

Die böhmischen Bäder haben gegen jedes Leiden ein Quellwässerchen parat, erfolgreich werden balneotherapeutische Behandlungen, Rehabilitationsprogramme, Schönheitsoperationen und dergleichen durchgeführt. Als Königin der Bäder gilt Karlsbad, der berühmteste und eleganteste Kurort. Noch mehr Flair aber besitzt Marienbad – inmitten einer sanftgrünen Quellenlandschaft versammelt sich eine wahre Pracht an pastellfarbenen Bauten aus der Belle Époque. Beide Orte sind nicht nur Heilzentren, sondern locken zusehends auch Städtereisende an. Franzensbad hingegen, der kleinste Kurort der drei großen, ist das Musterbeispiel eines Heilbads im klassischen Sinn und ideal für Ruhebedürftige, denen der Pfefferminztee zur Abendgestaltung genügt.

... mit Rucksack oder Muskelkater

Weite Wälder, weite Felder – viele Gegenden sind dünn besiedelt und bäuerlich strukturiert. Zum Radfahren und Wandern laden vor allem der Kaiserwald, das Erzgebirge und der Böhmerwald ein. Insbesondere Letzterer hat noch nichts von seinen verwunschenen Reizen verloren, die Adalbert Stifter (1805–1868) in vielen literarischen Werken verewigte. Da die Tschechen selbst mit Begeisterung per pedes oder Rad ihre Heimat erkunden, sind die Wege bestens markiert. Und wer Westböhmen auf dem Wasser kennen lernen will – die wildromantischen Flussläufe sind ein Paradies für Kanuten. Im Winter bieten die Mittelgebirge übrigens gute Langlaufmöglichkeiten, auch Abfahrten sind möglich.

Pilsen: Fassadenpracht

... mit Hopfen und Malz

Am Bier führt in Westböhmen kein Weg vorbei, schließlich kommt der Welt bester Gerstensaft aus diesen Landen. In rustikalen, verrauchten *pivnices* schmeckt er besonders gut. Schulter an Schulter sitzt man hier und erfährt spätestens beim dritten Glas die Lebensgeschichte seines Nebenmanns. Das tschechische Grundnahrungsmittel Nr. 1 enthält übrigens weniger Alkohol als deutsches Bier – den bekannten Krug zu viel trinkt man dennoch. Wer nicht nur wissen will, wie das Bier ins Glas, sondern auch, wie es ins Fass kommt, kann sich bei Führungen in den Brauereien Pilsner Urquell und Chodovar schlau machen. Erstere sei Freunden herb-bitterer Pilsner empfohlen, Letztere Fans mild-würziger Biere.

... mit Aschenbrödel und Schlossgeistern

Kein Wunder, dass die Tschechoslowakei für ihre Märchen- und Kinderfilme mit Zwergen, Burgfräuleins, Rittern und Gespenstern so berühmt war – wo sonst findet man so viele Kulissen dazu? Kaum ein Hügel ohne Burgruine, kaum eine Stadt ohne Schloss und kaum ein altes Gemäuer, über das es keine gruselige Legende zu erzählen gäbe. Schlösser- und Burgenfreaks könnten ganze Jahre in Westböhmen verbringen, wären viele Anlagen nicht verfallen, in Privatbesitz oder zweckentfremdet. Einen Ausflug auf jeden Fall wert sind die Wasserburg Švihov, die Burg Rabí, das Empireschloss Kynžvart, das Renaissanceschloss von Horšovský Týn sowie das Kloster Kladruby.

... mit Dörfern und Städtchen wie aus dem Bilderbuch

Westböhmen besitzt nicht nur bizarre Burgruinen und prächtige Schlösser, sondern auch ein paar überaus malerische Ortschaften abseits der großen Bäder. Die bezauberndsten sind Loket, Rabštejn nad Střelou und Bečov nad Teplou – Gesamtkunstwerke koboldhafter Romantik. In der ehemaligen Reichsstadt Cheb, in Domažlice, Klatovy und Kadaň begeistern zudem pittoreske Marktplätze mit herrlich restaurierten Bürgerhäusern. Sitzen Sie nicht selbst am Steuer, machen Sie bei der Anfahrt jedoch besser die Augen zu – in den meisten Fällen säumen triste Plattenbaugürtel die traumhaften Altstadtkerne.

... mit Prag als Zugabe

Von allen Kurorten ist die Moldaustadt nicht weiter als 190 km entfernt und bequem mit Auto, Bus oder Zug erreichbar. Das historische Zentrum Prags präsentiert sich als einzigartiges Freilichtmuseum, nicht umsonst ist es Weltkulturerbe. Gotik, Barock, Jugendstil, Kubismus – die architektonische Vielfalt auf engem Raum ist überwältigend: mehr als 2.000 historische Gebäude auf einer Fläche von 800 ha. Für das etwas magere Kulturangebot in den Kurorten entschädigt die tschechische Hauptstadt mit unzähligen Galerien und Museen, allen voran der Veletržní palác, traditionsreichen Opernhäusern und prunkvollen Konzertsälen.

Tschechien-Daten

Geographie: Mit 78.866 qkm ist Tschechien nur wenig größer als Bayern. Der höchste Punkt Tschechiens liegt 1.602 m über dem Meer, der niedrigste 115 m. Das Land ist in 14 regionale Gebietskörperschaften unterteilt, Prag in 22 Verwaltungsbezirke.

Bevölkerung: Von den ca. 10,3 Mio. Einwohnern sind 81,2 % Böhmen, 13,7 % Mähren und 3,1 % Slowaken. Hinzu kommen eine Minderheit von Polen (0,6 %), Deutschen (0,3 %) und Roma (0,3 %). Die Bevölkerungsdichte beträgt 130 Einwohner je qkm. Am dünnsten besiedelt ist Westböhmen. In Prag wohnen knapp 1,2 Mio. Menschen, das sind rund 12 % aller Einwohner des Landes. Die Lebenserwartung der tschechischen Männer beträgt 71,4 Jahre, der Frauen 78,1 Jahre; in Prag liegt sie etwas höher.

Sprache: Landes- und Amtssprache ist Tschechisch, eine Minderheit spricht Slowakisch.

Religion: Tschechien ist das am stärksten säkularisierte Land des ehemaligen Ostblocks. Nach der letzten Volkszählung 2001 bekannten sich nur 30 % der Bevölkerung zum christlichen Glauben (v. a. zum katholischen Bekenntnis).

Wirtschaft: Die Arbeitslosenquote liegt in ganz Tschechien bei ca. 10 %, in Prag herrscht mit rund 3 % nahezu Vollbeschäftigung. Das Bruttoinlandsprodukt pro Kopf beträgt ca. ein Fünftel des deutschen. Rund 70 % des gesamten BIP werden in Prag erwirtschaftet. Das durchschnittliche Monatseinkommen lag im Jahr 2004 bei rund 550 €, der Stundenlohn eines Verkäufers oder Kellners in Prag bei 3 €, auf dem Land in Westböhmen erheblich darunter. Die Inflationsrate schwankte in den letzten Jahren zwischen 1 und 5 %. Der größte Handelspartner ist die EU. Innerhalb der EU steht Deutschland an erster Stelle; rund ein Viertel der tschechischen Wirtschaft befindet sich heute in deutschen Händen.

Politisches System: Die Česká Republika ist eine parlamentarische Demokratie. Das Parlament besteht aus zwei Kammern, dem Abgeordnetenhaus (200 Mitglieder nach dem Verhältniswahlrecht auf 4 Jahre gewählt) und dem Senat (alle zwei Jahre wird ein Drittel der 81 Mitglieder für 6 Jahre per Mehrheitswahl bestimmt). Beide Kammern wählen gemeinsam das Staatsoberhaupt (seit 2003 Václav Klaus), dem max. 2 Amtsperioden à 5 Jahre erlaubt sind. Das Staatsoberhaupt besitzt ein aufschiebendes Vetorecht und ernennt den Ministerpräsidenten (seit 2004 der junge Sozialdemokrat Stanislav Gross), der vom Abgeordnetenhaus gewählt wird. Die wichtigsten Parteien sind Občanská demokratická strana/ODS (Demokratische Bürgerpartei, erhielt bei den letzten Wahlen 24,5 %), Česká strana socialně demokratická/ČSSD (Sozialdemokraten, 30,2 %), Komunistická strana Čech a Moravy/KSČM (Kommunisten, 18,5 %) und Koalice (ein rechtsliberales Zweiparteienbündnis, 14,3 %).

Westböhmen – wo man Straßen oft für sich alleine hat

Anreise und unterwegs

Obwohl Tschechien seit dem 1. Mai 2004 Mitglied der EU ist, bestehen an den Grenzen weiterhin Personenkontrollen. Diese werden erst wegfallen, wenn das Land nachweisen kann, dass es sämtlichen Anforderungen des Schengener Abkommens genügt. Welche Papiere Sie für die Einreise mit sich führen müssen, erfahren Sie im Kapitel „Reisedokumente" (→ S. 31). Damit Sie die richtige Währung parat haben, lesen Sie das Kapitel „Geld und Geldwechsel" (→ S. 25). Und wie viele Zigaretten Sie bei der Ausreise dabeihaben dürfen, steht im Kapitel „Zollbestimmungen" (→ S. 35).

Das Reisen innerhalb Westböhmens gestaltet sich mit dem eigenen Fahrzeug selbstverständlich am unkompliziertesten. Aber auch mit öffentlichen Verkehrsmitteln, egal ob Bus oder Bahn, gelangt man spielend und preiswert überall hin.

Mit dem Auto oder Motorrad

Jährlich werden rund 25.000 Kraftfahrzeuge in der Tschechischen Republik als gestohlen gemeldet, das Gros davon mit ausländischen Kennzeichen. Allein im Januar und Februar 2004 wurden 10.000 Autos aufgebrochen, 5.000 davon gleich mitgenommen! Die meisten Fahrzeuge verschwinden in Prag, Karlsbad, Pilsen und Cheb. Tschechien ist folglich eines der wenigen Länder Europas, in das das Gros der international operierenden Autoverleiher die Einreise mit ihren Mietfahrzeugen verweigert. Sofern es bei den Zielen im Reisegebiet bewachte Parkplätze gibt, sind diese bei den Stadtkapiteln aufgeführt. Da in jüngster Zeit viele Gemeinden, die noch nicht in Parkautomaten investiert haben, dazu übergehen, Arbeitslose zu

Parkwächtern zu erheben und ihnen einen gebührenpflichtigen Straßenabschnitt zuweisen, wird sich die Zahl der halbwegs bewachten Parkplätze erhöhen.

Hilfreich für Fahrten über Land ist gutes Kartenmaterial, da an vielen kleineren Kreuzungen lediglich die nächstgelegenen Ortschaften ohne zusätzliche Richtungsangabe zur nächstgrößeren Stadt ausgeschildert sind. Mit grobem Kartenmaterial ist man dann schnell verloren. Detaillierte Karten bekommen Sie in Tschechien überall sehr preiswert (→ „Wissenswertes von A bis Z/Literatur“, S. 29).

Hinweis: Bei der Einreise kann der Nachweis über ausreichende Geldmittel verlangt werden (35 € pro geplantem Reisetag oder der Besitz einer Kreditkarte). Falls Sie nicht krankenversichert sind oder mit Personen reisen, die aus einem Land kommen, das kein Sozialversicherungsabkommen mit der Tschechischen Republik unterhält, ist der Nachweis einer privaten Auslandskrankenversicherung Pflicht.

Autobahngebühren: Für tschechische Autobahnen und Schnellstraßen benötigen Sie eine **Vignette**. Diese ist an den Grenzübergängen und an vielen Tankstellen erhältlich. Sie bekommen sie zudem in allen tschechischen Postämtern. Für Kfz bis 3,5 t kostet der Aufkleber für 1 Jahr 30 €, für 1 Monat 8,30 € und für 10 Tage 5 €. Für Fahrzeuge bis 12,5 t betragen die Gebühren 233 € bzw. 40 € bzw. 15 €.

Parken: Auf zentralen Parkplätzen ohne Parkwächter gibt es in der Regel Parkscheinautomaten (funktionieren wie daheim). Gebührenfreie Parkabschnitte sind durch das Schild *Bez Poplatku* gekennzeichnet. Gelbe Linien am Straßenrand bedeuten Parkverbot. *Zakazzastaveni* bedeutet Halteverbot. *Pro Drzitele Povoleni* steht für Anwohnerparken. Zu Straßenbahnschienen muss Ihr Fahrzeug mindestens 3,5 m Abstand haben. Parken Sie nie auf Brücken, vor oder nach Bahnübergängen, Tunnels oder Unterführungen. Falschparker müssen mit Krallen und Bußgeldern bis zu 150 € rechnen.

Tanken: Viele Tankstellen haben rund um die Uhr geöffnet. Achten Sie auf die Oktanzahl: Bleifrei Natural (95 Oktan), Bleifrei Super Plus (98 Oktan), Diesel heißt *Nafta*. Falls die Preise für Kraftstoff nicht anziehen, tanken Sie in Tschechien ca. 20–30 % billiger als zu Hause.

Pannenhilfe: leistet der Automobilclub **UAMK ČR,** ✆ 1230 oder 261104333 (Prag). Die Mitarbeiter am Telefon sprechen Deutsch. Auch der **ADAC** hat eine Vertretung in Prag, zu erreichen unter ✆ 261104351.

Unfall: Bei Schäden ab 600 € muss die Polizei gerufen werden (Notruf ✆ 158). Am Unfallort nichts verändern!

Mietwagen: → „Wissenswertes von A bis Z/Mietwagen“, S. 30.

Besondere Verkehrshinweise

Alkohol: Es gelten 0,0 Promille!

Gurt: ist Pflicht.

Höchstgeschwindigkeit: für Pkw innerorts 50 km/h, außerorts 90 km/h und auf Autobahnen und Schnellstraßen 130 km/h. Fahrzeuge über 3,5 t und Gespanne dürfen außerorts nie schneller als 80 km/h fahren. Vor Bahnübergängen gilt ein Tempolimit von 30 km/h.

Kinder: Bis 12 Jahre und kleiner als 1,50 m dürfen sie nur im Kindersitz mitreisen.

Licht: Von Oktober bis Ende März müssen Pkws auch tagsüber mit Licht fahren, Motorräder immer.

Straßenbahnen: Abbiegende Straßenbahnen haben grundsätzlich Vorfahrt.

Telefonieren im Auto: nur mit einer Freisprechanlage.

Entfernungen

Prag – München	365 km	Karlsbad – Prag	129 km
Prag – Frankfurt	531 km	Karlsbad – Marienbad	63 km
Prag – Hamburg	631 km	Karlsbad – Franzensbad	44 km
Prag – Berlin	348 km	Karlsbad – Domažlice	139 km
Prag – Zürich	670 km	Karlsbad – Klatovy	123 km
Prag – Wien	309 km	Karlsbad – Pilsen	81 km

Mit dem Flugzeug

Es gibt aus dem deutschsprachigen Raum bislang keine Flüge nach Westböhmen, auch nicht über Prag. Vom Flughafen Prags (Infos dazu → S. 189) besteht jedoch eine direkte Busverbindung nach Karlsbad (→ „Karlovy Vary/Verbindungen", S. 46). Zu allen anderen Zielen in Westböhmen gelangt man von Prags Busbahnhof Florenc oder den Prager Zugbahnhöfen per Bus oder Bahn (→ „Prag/Verbindungen", S. 189). Egal, ob Sie von Deutschland, Österreich oder aus der Schweiz nach Prag fliegen wollen, je nach Saison und Sondertarif müssen Sie bei den meisten Airlines mit Preisen zwischen 120 und 350 € für einen Hin- und Rückflug rechnen. Sie können natürlich auch viel mehr bezahlen (z. B. in der Business Class), aber auch viel weniger (z. B. mit Low-Cost-Airlines wie Germanwings von Köln/Bonn, EasyJet von Dortmund, V-Bird von Niederrhein, Helvetic von Zürich oder Smartwings von Zürich und Wien). Wer bei Letzteren Glück hat, bekommt einen Flug schon ab 20 €.

Servicenummern der Airlines

In Deutschland: Lufthansa ✆ 01803803803. Swiss ✆ 01803000337. Austrian Airlines ✆ 01803000520. Czech Airlines ✆ 01803920035. Germanwings ✆ 01805955855. EasyJet ✆ 01803654321. V-Bird ✆ 0190172500.

In Österreich: Austrian Airlines ✆ 051789. Czech Airlines ✆ 01/5123805. Lufthansa ✆ 018010258080. Swiss ✆ 0810810840. Smartwings (über Čedok in Wien) ✆ 01/5124372.

In der Schweiz: Swiss ✆ 0848800770. Czech Airlines ✆ 01/2187010. Austrian Airlines ✆ 01/2868088. Lufthansa ✆ 01/4479966. Helvetic ✆ 043/5579099. Smartwings (über Čedok in Zürich) ✆ 01/2873344.

In Tschechien: Czech Airlines ✆ 239007007. Lufthansa ✆ 220114456. Swiss ✆ 220114540. Austrian Airlines ✆ 220114324. Germanwings ✆ 800142287. EasyJet ✆ 296333333. Helvetic ✆ 800142374. Smartwings ✆ 255700827 (allgemeine Infonummer für alle Länder).

Im Internet: Lufthansa www.lufthansa.com. Austrian Airlines www.aua.com. Swiss, www.swiss.com. Czech Airlines www.czech-airlines.com. Germanwings www.germanwings.com. EasyJet www.easyjet.com. V-Bird www2.vbird.com. Helvetic www.helvetic.com. Smartwings www.smartwings.net.

Achtung: Nicht alle Servicenummern sind gebührenfrei, z. T. werden satte Minutentarife verlangt!

Mit der Bahn

Eine gemütliche Anreisevariante und eine zuverlässige Reisevariante vor Ort. Das ausgedehnte Schienennetz bringt Sie in nahezu jedes Eck Westböhmens. Zugfahren ist preiswert, eine einfache Fahrt von Cheb nach Prag (ca. 190 km) kostet rund 10 €. Es gibt SuperCity- (SC), EuroCity- (EC) und InterCity-Züge (IC), für die ein Zuschlag erhoben wird. Des Weiteren verkehren Express- (EX), Schnell- (R) und Eilzüge (SP), allerdings ohne ihren Namen gerecht zu werden.

Die meisten wichtigen Symbole und Zeichen auf den Fahrplänen sind die Gleichen wie in Deutschland, so gibt z. B. ein Fahrradsymbol an, dass Sie ein Fahrrad mitnehmen können. Auf kleinen Nebenstrecken sollten Sie sich jedoch noch mit folgenden Zeichen vertraut machen: Eine mit X markierte Haltestelle steht dafür, dass der Zug nur auf Verlangen hält, d. h. Reisende, die zusteigen wollen, müssen dies dem Lokomotivführer signalisieren, und Reisende, die aussteigen wollen, teilen es dem Schaffner mit. Ein Halbmond mit Rundung nach links bedeutet, dass der Zug nur zum Aussteigen hält, mit Rundung nach rechts das Gegenteil. Die wichtigsten Zugverbindungen sind im Reiseteil unter den jeweiligen Ortschaften aufgeführt.

Information im Internet: unter www.bahn.de, www.ssb.ch, oebb.at oder www.cdrail.cz.

Preisbeispiele für die Anreise: Der Normaltarif für eine einfache Fahrt ins Reisegebiet (z. B. Karlsbad, Marienbad oder Cheb) liegt je nach Verbindung von Stuttgart bei ca. 60 €, von Hamburg bei ca. 90 €, von Wien bei ca. 35 €, von Zürich bei ca. 160 sfr.

Hinweis: Das **Schöne-Wochenende-Ticket** der DB gilt übrigens auch in den grenznahen Gebieten Tschechiens, Dazu und über diverse Sondertarife und Ermäßigungen informieren die Bahngesellschaften.

> Wer mit öffentlichen Transportmitteln (egal ob Bus oder Bahn) Westböhmen erkunden will, erfährt unter **www.vlak-bus.cz** (auch in deutscher Sprache) die schnellste und günstigste Verbindung.

Mit dem Bus

Was die Anreise anbelangt, die preisgünstigere Alternative zur Bahn. Allerdings ist die Fahrt oft langwieriger und mühseliger – viele Stopps unterwegs in den Städten und dazu noch ein langer an der Grenze. Busverbindungen gibt es von vielen deutschen, österreichischen und Schweizer Städten nach Prag. Je nachdem, von wo man anreist, halten die Busse auch in Pilsen. Wohin man innerhalb Westböhmens nicht mit dem Zug gelangt, kommt man auf jeden Fall mit dem Bus, das Netz ist sehr gut ausgebaut. Die Preise liegen gar oft unter den Bahnpreisen. Die wichtigsten Busverbindungen sind im Reiseteil unter den jeweiligen Ortschaften aufgeführt.

Information für die Anreise in Deutschland: Deutsche Touring, ✆ 069/790350, www.deutsche-touring.com.

In Österreich: Bustours Austria, ✆ 01/7982900, www.eurolines.at.

In der Schweiz: Alsa/Eurolines, ✆ 0900 573747, www.eurolines-schweiz.ch.

In Prag: Bohemiatour (→ "Prag", S. 193) ✆ 224213420, www.eurolines.cz.

Preisbeispiele nach Prag: je nach Saison von Stuttgart ab 77 €, von Hamburg ab 92 €, von Wien ab 47 €, von Bern ab 139 sfr (jeweils hin/zurück).

Reiseveranstalter

Das Bäderdreieck und Prag sind nicht nur bevorzugte Ziele vieler Busreisegesellschaften, auch die großen Reiseveranstalter haben die Bäder und die tschechische Hauptstadt im Programm. Zwei Spezialisten in Sachen Westböhmen und Prag:

Čedok-Reisen: Der ehemals staatliche Reiseveranstalter ist noch immer einer der größten Tschechiens und bietet Reisen in alle Ecken des Landes an. In Verbindung mit der Buchung eines Hotels (große Auswahl, gute Sondertarife) bekommt man hier Flüge ab 210 €. Informationen erhalten Sie bei Čedok-Reisen unter folgenden Anschriften: Kaiserstr. 54, 60329 Frankfurt, ✆ 069/2740170, www.cedok.de,
Parkring 10 (Zugang über Liebenberggasse), 1010 Wien, ✆ 01/5124372, www.cedok.at,
Am Schanzgraben 11, 8002 Zürich, ✆ 01/2873344, www.cedok.ch.

Begegnung mit Böhmen: Spezialist für Rad-, Wander- und Kulturreisen in kleinen Gruppen. Ausgezeichnet mit der „Goldenen Palme“ von Geo Saison. Dechbettener Str. 74 b, 93049 Regensburg, ✆ 0941/26080, www.boehmen-reisen.de.

Essen und Trinken

In Tschechien trinkt man bekanntlich nicht zum Essen, sondern isst zum Trinken. So ist für viele Tschechen nicht in erster Linie die Qualität der Küche der ausschlaggebende Punkt, sondern die des gezapften Bieres.

Und das, was man zum Bier genießt, ist in der Regel deftig, fleischig, kloßig und soßig. Falls Sie als Kurgast kommen, werden Sie Probleme haben, Ihre Diätvorschriften mit der schweren, kalorienreichen Kost Westböhmens in Einklang zu bringen. Die Völlerei nach der Trinkkur beschrieb schon der österreichische Literat *Paul Morgan* (1886–1938) in dem Roman „Stiefkind der Grazien": „Die Marien-, Karls- und Franzensbader Gaststätten haben für jeden etwas Weihevolles, Andachtheischendes. Der Duft ihrer Braten, der Hauch ihrer Gemüse und das Aroma ihrer Mehlspeisen lassen die Schwärmerei von Arabiens Wohlgerüchen unbegreiflich erscheinen. Liebevoll betreut dich der Kellner, seine Augen leuchten, wenn er dir von der Knusprigkeit des Tafelspitz erzählt und von der Würze der Schnittlauchsauce." Ganz so ist es leider nicht mehr. Dafür haben vier Jahrzehnte Sozialismus gesorgt, wo eine nationale Einheitsküche gefördert und Köchen jegliche Kreativität untersagt wurde, um die Gleichstellung der Restaurants zu gewährleisten. In den Kurbädern aber bemüht man sich, an die glanzvolle alte Zeit wieder anzuknüpfen.

Oblatenbäckerei in Marienbad

Wo isst man?

Günstig und gut, aber alles andere als in stilvoller Atmosphäre isst man in einer *pivnice, hospoda* bzw. *hostinec.* Erstere ist eine Bierstube, die anderen zwei sind eine Mischung aus Bierstube und Restaurant. Hauptgerichte (insbesondere Schnitzel und Braten mit Kloß) werden dort ab ca. 2 € serviert, zudem kommen auch kalte Speisen auf den Tisch. Eine größere Auswahl an Gerichten bieten *restauraces.* Diese gibt es in der einfach-rustikalen Version mit speckigen Tischdecken genauso wie in der gepflegt-gediegenen mit Kronleuchtern und Kellnern im Frack – Letztere findet man insbesondere in den Kurbädern und in Prag. In der Preisklasse von 5 € und mehr für ein Hauptgericht isst man meist recht gut. In den Mittelklasserestaurants Westböhmens geht es dabei insgesamt freundlicher und ehrlicher zu als im touristischen Zentrum Prags.

Wann isst man?

Die Hauptmahlzeit nehmen die Tschechen mittags ein. In den meisten *restauraces* werden dann preiswerte Tagesgerichte angeboten. Am Abend wird früh gegessen. In Dorfkneipen macht die Küche oft schon gegen 20.30 Uhr zu, ansonsten ist um 22 oder 23 Uhr Zapfenstreich. Lediglich in den Trendrestaurant der größeren Städte wird bis spät in die Nacht serviert.

Was isst man?

In Karlsbad, Pilsen oder Prag findet man eine gastronomische Vielfalt, die mit anderen mitteleuropäischen Städten durchaus vergleichbar ist. Der dortige Konkurrenzdruck sorgt auch für gute Qualität. Auf dem Land hingegen haben sich die Speisekarten vielerorts seit Jahrzehnten nicht verändert. Serviert wird noch immer die nationale Einheitsküche, in der Abwechslung rar ist. Auf knackige Salate, frische Kräuter oder regionale Spezialitäten muss man verzichten. Aber auch hier sind die böhmischen Standards – einmal probiert – gut und – eine Woche lang gegessen – noch immer okay.

Vepřová pečeně (Schweinebraten) nennt sich das Leibgericht der Tschechen, gefolgt von *svíčková na smetaně* (Lendenbraten mit Sahnesoße) und *guláš.* Auch das Schnitzel *(vepřový řízek)* fehlt auf keiner Karte. In besseren *restauraces* wird zudem noch Wild und Fisch serviert. Fisch ist vor allem im Böhmerwald sehr beliebt, wo sich in den Teichen und Flüsschen Karpfen, Hechte und Forellen nur so tummeln. Empfehlenswerte Vorspeisen sind sämige, herzhafte Kraut-, Kartoffel- oder Linsensuppen.

Wichtigste **Beilage** und quasi der Schwamm zum Aufsaugen der Bratentunke sind Klöße, die in verschiedenen Variationen auftauchen: als *houskové knedlíky* (in Scheiben geschnittene Mehlklöße), *bramborové knedlíky* (Kartoffelklöße) und – seltener – *špekové knedlíky* (Speckklöße). Berühmt ist Westböhmen auch für seine Süßspeisen. Fragen Sie nach *lívance* (Liwanzen, mit Pflaumenmus bestrichene Hefeplätzchen) oder *buchty* (Buchteln, mit Pflaumenmus oder Mohn gefüllte Mehlspeise). Obstknödel *(ovocné knedlíky)* oder gefüllte Pfannkuchen *(palačinky)* bekommt man auch in Prag. Den zwickenden Magen beruhigt hinterher ein Becherovka, der tschechische Nationalschnaps und Karlsbads „13. Quelle" (→ S. 56).

In vielen Bierstuben gibt es nur **kalte Speisen** wie z. B. *utopenci* (Ertrunkene), das sind dicke Fleischwürste in Essig und Zwiebeln. Oder *pivní sýr,* ein milder Quarkkäse, der mit Zwiebeln, warmem Senf und Bier vermischt aufs Brot gestrichen wird. Äußerst lecker ist *nakládaný hermelín,* der tschechische Camembert, in Öl, Gewürzen und Knoblauch mariniert. Unter *topinka* versteht man ein mit Knoblauch bestrichenes belegtes Röstbrot. Empfehlenswert sind die westböhmischen Brotzeitteller mit jeder Menge Wurst und Käse.

Übrigens: Beilagen müssen, von den Tagesgerichten abgesehen, meist extra bestellt werden. Die Grammangaben vor Fleisch- und Fischgerichten sind Relikte aus sozialistischer Zeit. Als Trinkgeld gibt man etwa 10 %, in touristischen Lokalen wird dieses oft automatisch berechnet. Dort sollte man stets Rechnung und Wechselgeld überprüfen!

Was isst man als Vegetarier?

Vegetarier haben es schwer in einem Land, dessen durchschnittlicher Fleischkonsum zu den höchsten der Welt zählt. Verhungern brauchen aber auch sie nicht. *Knedlíky s vejce* (gebratenes Knödel mit Ei), *smažený sýr* (warmer panierter Käse, der auch gerne mal im Fischfett vom Vortag zubereitet wird) oder *šopský salát* (Gurken-Tomaten-Salat mit geriebenem Schafskäse) werden nahezu überall angeboten. In manchen Restaurants findet man auch unter der Überschrift *bezmasa* („Ohne Fleisch") ein paar Gerichte. Aber Achtung: Darunter fallen manchmal auch Speisen, deren Hauptbestandteil nicht aus Fleisch besteht, so z. B. ein Omelett mit Schinken oder Bratkartoffeln mit Speck. Eine gute Alternative für Vegetarier sind Pizzerien.

Fastfood auf Tschechisch: Unterwegs oder auf die Schnelle verzehrt man einen *párek v rohlíku* (tschechischer Hotdog) oder eine dicke *klobása* (gegrillte Wurst) mit Brot und Senf: ein fettig-spritzendes Bisserlebnis, das die Handcreme ersetzt. Beliebt sind auch sog. *chlebíčky*. Das sind kunstvoll arrangierte und reich mit Schinken, Edamer, Mayonnaise und Ei belegte Baguettescheiben. Sie gibt es auch noch in anderen Variationen. Diese „Brötchen fürs Volk" stehen in Tschechien immer noch höher im Kurs als jeder Hamburger. Sie sollten allerdings am besten vormittags genossen werden – ab 3 Uhr nachmittags beginnen sie langsam zu versteinern. Wer sie kosten will, muss nach einem *lahůdky* (einem tschechischen Delikatessengeschäft) Ausschau halten.

Was trinkt man dazu?

Na klar, **Bier,** gehört doch tschechisches Bier zu den besten Bieren der Welt! 160 Liter Bier pro Kopf und Jahr konsumieren die Tschechen im Durchschnitt – Kinder und Abstinenzler eingerechnet. Die Kommunisten nannten es einst gar „Brot der Bevölkerung".

Die bekanntesten westböhmischen Biere sind *Plzeňský prazdroj* (Pilsner Urquell) und *Chodovar* aus dem Örtchen Chodová Planá bei Marienbad. In beiden Brauereien sind Besichtigungen möglich. Populär sind zudem *Budvar, Krušovice, Velkopopovický kozel* und *Gambrinus.* Letztere zwei sind all jenen zu empfehlen, die es nicht so bitter-herb mögen. Prags größte Brauerei ist *Staropramen,* der Stadt berühmteste Kleinbrauerei nennt sich *U Fleků.*

Allgemein unterscheidet man zwischen hellem *(světlé)* und dunklem Bier *(tmavé bzw. černé),* eine Art Malzbier für Erwachsene. Beide lassen sich auch mischen. Was herauskommt, heißt *řezané,* „Geschnittenes". Tschechisches Bier wird nicht nach seinem Alkoholgehalt, sondern nach den Platograden unterschieden, d. h. dem Anteil löslicher Stoffe in der Würze vor dem Gärungsprozess. Faustregel zum Ausrechnen des Alkoholgehaltes: Stammwürze geteilt durch drei. Meist wird 10- oder 12-gradiges Bier ausgeschenkt, das mit etwa 3,3–4 % Alkohol deutlich schwächer ist als deutsches Bier. Um zu wissen, ob Sie ein gut oder schlecht gezapftes *pivo* vor sich stehen haben, legen Sie eine 50-Heller-Münze auf die Schaumkrone. Bleibt sie oben liegen – Glückwunsch. Geht sie unter, trinken Sie's trotzdem.

Bierprobe in der Pilsner-Urquell-Brauerei

Am besten schmeckt es in einer typischen *pivnice* (Bierstube), die aus nichts anderem besteht als aus ein paar einfachen langen Holztischen, einer Schanktheke, ein bisschen Kitsch an den Wänden und einem derben Kellner. Frischluft ist darin ein Fremdwort, dicke Rauchschwaden vernebeln den Raum. In Anzug und Krawatte ist man ebenso willkommen wie im verschmierten Overall aus der Werkstatt. Denn Trinken ist in Tschechien eine demokratische Angelegenheit, und vor dem Zapfhahn einer *pivnice* sind alle Menschen gleich. Das Bier wird in der Regel so lange unaufgefordert auf den Tisch gestellt, bis man zahlt oder umfällt. Die Preise für einen halben Liter schwanken je nach Niveau der Gaststätte zwischen 0,50 und 1 €.

Aber auch **Wein** kann man zum Essen trinken. Nach einer 2004 durchgeführten Umfrage halten die Tschechen ihre eigenen Weine nach den französischen für die besten (!) der Welt. So verwundert es nicht, dass kein Schlückchen für den Export übrig bleibt und tschechischer Wein im Ausland weitestgehend unbekannt ist. Vor so manchen Rotweinen, insbesondere in Flaschen unter 5 €, muss man dennoch warnen. Die größten Weinanbaugebiete findet man in Mähren, angebaut werden insbesondere Müller-Thurgau, Grauer Ruländer, Cabernet Sauvignon, Blaufränkischer, Blauer Portugiese, Zweigeltrebe und André.

Den **Kaffee** nach dem Essen trinken die Tschechen in der Regel schwarz. Sehr beliebt ist noch immer der *Turecká* (türkischer Kaffee) – ein hoffnungsvoller Name für ein eigentlich ziemlich widerliches, gallebitteres Getränk. Wer sich die schwarzen Krümel zwischen den Zähnen ersparen will, kann auf *Vídeňská káva* (Wiener Kaffee mit dicker Sahnehaube), *presso* (ein guter, verlängerter Espresso) oder Cappuccino zurückgreifen. Alle anderen Getränke sind, sofern man kein Billigimitat bestellt, wie daheim. Ein Genuss sind übrigens die tschechischen **Mineralwässer**.

Urlaub auf Balkonien

Übernachten

Zwischen mondän und marod – das Angebot an Übernachtungsmöglichkeiten in Westböhmen ist vielseitig. Vom Jugendstilpalast mit jeglichem Komfort über das Parkhotel in Plattenbauversion bis zur spartanischen Holzhütte ohne Dusche können Sie alles buchen. Und der Blick in die Zukunft ist vielversprechend, denn auf dem Übernachtungssektor wird viel getan, jedes Jahr entstehen neue Häuser oder alte erstrahlen in neuem Glanz.

Hotels und Pensionen

Gehobene Hotels und Pensionen, die westeuropäischen Komfort offerieren und mittlerweile westeuropäische Preise verlangen, finden Sie in den Kurorten und in Prag unter anderem in wunderschönen klassizistischen Bauten oder Palästchen im Zuckerbäckerstil. Auf dem Land hingegen sind stilvolle Hotels oder Pensionen auch über 15 Jahre nach der Samtenen Revolution noch Mangelware. Zum Glück tut sich hier aber mittlerweile einiges. Auch ansprechende Mittelklassehotels muss man vielerorts noch suchen. Selbst wenn sie in alten Prunkbauten untergebracht sind, verblasst deren Fassadenherrlichkeit oft schon in der Eingangshalle. Der Restaurierungs- und Sanierungsboom der letzten Jahre beschränkte sich häufig nur auf einen neuen Anstrich. Eine zeitgemäße Ausstattung der Zimmer wurde oft nur sehr geschmacklos vorgenommen. Nicht selten erwarten einen furnierte Möbel aus vorrevolutionärer Zeit, wellige Teppichböden (teils sogar an den Wänden!), ein Bad mit Linoleumboden oder zerbrochenen Kacheln und eine unberechenbare Heizung, die entweder gar nicht funktioniert oder so, dass man auch bei minus 15 °C bei offenem Fenster schlafen muss. Im Buch sind solche Hotels nur dann aufgeführt, wenn es an Alternativen mangelt.

Während der tschechischen Ferienzeit von Anfang Juli bis Mitte August empfiehlt sich – vor allem bei einfacheren Unterkünften – eine Reservierung.

Bei der Entscheidung für ein Hotel sollte man die Sternenanzahl (1–5) mit Vorsicht genießen: Auch graue Plattenbauhotels können über einen Lift oder ein Telefon in ihren Zimmern verfügen und haben so ein paar Sterne mehr. Besichtigen Sie ein Zimmer, bevor Sie einchecken! Schon von außen lässt sich ein Hotel grob einschätzen, indem man auf die Fenster blickt – wer neue Fenster hat, hat meist auch neue Möbel in den Zimmern. Buchen Sie keine Voll- oder Halbpension – das kann eine kulinarisch überaus eintönige Angelegenheit werden. In Acht nehmen sollte man sich vor den mit roten Herzchen geschmückten „Pensionen" an den grenzüberschreitenden Hauptverkehrswegen – es sind Kleinstbordelle auf unterstem Niveau. Eine sehr gute Wahl treffen Sie mit den im Buch durch gelbe Kästen hervorgehobenen Unterkünften.

Für ein DZ inkl. Frühstück in einem renovierten Mittelklassehaus sollte man – je nach Ort – mit 40–90 € rechnen, in einem First-Class-Hotel kosten DZ bis zu 200 €. Die Preisspanne bei Pensionen und einfachen Hotels bewegt sich zwischen 20 und 40 € für ein DZ.

Für die Suche nach Hotels im Internet sind folgende Seiten hilfreich: www.travelguide.cz, www.hotelnet.cz, www.czechhotels.cz und www.hotel.cz.

Viele **Kurhotels** können nur in Verbindung mit einer Kur gebucht werden. Einige vermieten jedoch auch an Nichtkurgäste, sofern Kapazitäten frei sind.

Hostels und Jugendherbergen

Unterkünfte, in denen sich die internationale Backpackerszene trifft und die fröhliche Party am Abend wichtiger ist als die Dusche im Zimmer, existieren lediglich in Prag. Bei den meisten Jugendherbergen *(domov mládeže)* Westböhmens handelt es sich um sterile Schüler- und Studentenwohnheime, in denen während der Sommerferien Zimmer an Touristen vermietet werden. Viele dieser Wohnheime sind in tristen Plattenbauten untergebracht. Die Preise sind niedrig (8–10 € pro Person), das Niveau lässt sich mit dem eines einfachen Hotels vergleichen. Das Gros der Zwei- und Dreibettzimmer besitzt ein privates Bad, der Schlafsack kann zu Hause bleiben. Zimmer in Jugendherbergen vermitteln in der Regel die örtlichen Touristeninformationen.

Die im Buch angegebenen Preise für Unterkünfte beziehen sich auf die **Hauptsaison**. In Westböhmen, insbesondere in den Kurorten, dauert diese von Anfang Mai bis Ende September, in den Wintersportorten von Weihnachten bis Mitte März und in Prag von Mitte März bis Ende Juni und von Anfang August bis Ende Oktober. Preisangaben für Doppelzimmer (DZ) gelten immer für zwei Personen. Da die Preise ständigen Änderungen unterworfen sind, sind sie als Anhaltspunkte zu verstehen. In der **Nebensaison** spart man gegenüber der Hauptsaison in vielen Häusern bis zu 50 %.

Apartments und Ferienwohnungen

Eine interessante Alternative für Familien oder Gruppen. Die Ausstattung vieler Apartments und Ferienwohnungen ist im Vergleich zu Pensionen oder einfachen Hotels oft erheblich komfortabler – rustikale Einrichtungen überwiegen. Ein Apartment für zwei Personen kostet je nach Standort und Ausstattung 25–100 €.

Privatzimmer

Schilder mit „Zimmer frei" sieht man häufig an Stadträndern. Privatzimmer waren vor allem Anfang der 90er Jahre, als die heranrollenden Touristenmassen die Kapazitäten der Hotels bei weitem überstiegen, der Renner. Mittlerweile gibt es fast überall genug Betten, dass man nicht gezwungenermaßen auf sie zurückgreifen muss. Nicht jedermanns Sache ist es schließlich, eingezwängt zwischen Aquarium und Einbauschrank sein Nachtlager zu beziehen und Klo und Bad mit der Familie zu teilen. Vielen Vermietern geht es leider auch mehr darum, den schnellen Euro zu machen, als seinen Gästen einen angenehmen Aufenthalt zu bescheren. So sind die Zimmer nicht selten mit dem gesammelten Wohnschrott aus einem halben Jahrhundert Sozialismus vollgestellt. Dennoch hat man bei einem Privatquartier, die beste Möglichkeit, Einblicke ins tschechisches Alltagsleben zu bekommen. Tschechische Wohnungen sind in der Regel sehr sauber, Schuhe werden an der Wohnungstüre ausgezogen. Übernachten kann man hier bereits ab 7 € pro Person.

Camping

Die Tschechen campen leidenschaftlich gerne, und so finden Sie im gesamten Reisegebiet unzählige Campingplätze, lediglich im Erzgebirge ist die Auswahl bescheiden. Das Gros der Campingplätze liegt an Stauseen, Teichen oder Flüssen, für Badefreuden ist also meist gesorgt. Die schönsten und aufgrund ihrer Lage interessantesten Plätze sind im Buch bei den jeweiligen Orten verzeichnet. Nur wenige Plätze sind ganzjährig geöffnet, die Saison dauert in der Regel von Mitte Mai bis Ende September. Hochsaison herrscht zur tschechischen Ferienzeit, davor und danach teilen Sie sich den Platz wahrscheinlich nur mit ein paar Holländern. Die Preise sind niedrig, zwei Personen mit Auto und Zelt (was in der Regel auch dem Preis für zwei Personen im Wohnmobil entspricht) zahlen pro Nacht je nach Ausstattung des Platzes 3,50–12 €. Die teureren sind meist große Anlagen mit guten Sanitärs, Restaurant, Küche, Geschäften, Stromanschluss und vielen, vielen Holländern. Tschechen bevorzugen einfachere, provisorische Plätze, oft handelt es sich dabei um Wiesen, mit denen sich die Bauern im Sommer ein Zubrot verdienen. Die Würstelbude mit Bierausschank fehlt aber auch hier nicht. Jedoch sind die sanitären Anlagen auf solchen Plätzen meist bescheiden, nicht selten teilen sich 100 Camper eine Toilette und eine Dusche. Dafür entschädigen Lagerfeuer und lustige Partys mit Klampfenmusik bis spät in die Nacht.

Die meisten größeren Campingplätze vermieten *chatas*. Diese Holzhütten liegen im Niveau irgendwo zwischen gut ausgestatteten Ferienhäuschen mit eigenem Bad und Küche und spartanischen Pritschenunterkünften im Hasenstallformat. Für die Hauptreisezeit ist eine Reservierung empfehlenswert. Übernachten kann man hier schon ab 4 € pro Person.

Weitere **Informationen** zu Campingmöglichkeiten in Tschechien finden Sie unter www.camp.cz, auch gibt es Campingkarten (→ Literatur, S. 29), auf denen das Gros der Plätze verzeichnet ist.

Wissenswertes von A bis Z

Ärztliche Versorgung

Deutschland, Österreich und die Schweiz haben ein Sozialversicherungsabkommen mit der Tschechischen Republik unterzeichnet. Für eine ärztliche Behandlung benötigen Deutsche den Urlaubskrankenschein CZ/D 111; den Vordruck schickt Ihnen Ihre Krankenkasse auf Anfrage zu. Für Schweizer und Österreicher genügt die Versicherungskarte. Die ärztliche Versorgung entspricht weitestgehend unserem Standard. Grundsätzlich empfiehlt sich zudem der Abschluss einer privaten Auslandskrankenversicherung, da diese gegebenenfalls auch einen Krankenrücktransport mit einschließt. Auslandskrankenversicherungen bieten diverse Versicherer an, Formulare dazu liegen z. B. in Banken aus. Die Preise bewegen sich zwischen 8–20 € pro Jahr.

Apotheke heißt übrigens *Lékárna*. Medikamente sind in Tschechien deutlich billiger als im deutschsprachigen Raum.

Die Anschriften der nächstgelegenen Krankenhäuser *(nemocnice)* finden Sie unter der Rubrik „Adressen" bei allen Kurbädern und größeren Städten. Bei Prag sind die von der deutschen Botschaft empfohlenen Krankenhäuser und Ärzte aufgeführt (→ S. 191).

Behinderte

Tschechien ist – mit Ausnahme der Kurbäder – kein behindertenfreundliches Reiseziel, was Infrastruktur und Einrichtungen angeht. Organisierte Reisen nach Böhmen bzw. Prag bieten folgende beide Agenturen an:

Reiseagentur für Behindertenreisen Carsten Müller, Straße 6/116, 13059 Berlin, ✆ 030/9244035, www.behindertenreisen-cm.de.

mare nostrum, Am Schnarrenberg 12, 70376 Stuttgart, ✆ 0711/2858200, www.mare-nostrum.de.

Casinos und Spielotheken

In den tschechischen Casinos versuchen vornehmlich Touristen und die im Land lebenden Vietnamesen ihr Glück. Die schönsten findet man in den Kurorten und in Prag. Ein offizieller Dresscode besteht für die meisten Casinos nicht, erwartet wird dennoch feinere Kleidung als der Jogginganzug. Gespielt werden Roulette, Black Jack, Bakkarat usw. Eintritt wird in der Regel nicht erhoben, jedoch müssen Sie sich ausweisen und registrieren lassen. Die Casinos für den armen Mann nennen sich **Herna Bars** – schummrige, verräucherte Höhlen voller Spielautomaten und einarmiger Banditen. Sie haben meist rund um die Uhr geöffnet und ziehen ein recht bizarres Publikum an: Arbeiter zum Frühstücksbier, Penner zum Aufwärmen und Banker zum Kaffee. Man findet sie vorrangig in Prag.

Souvenirs aus Westböhmen

Diplomatische Vertretungen

Botschaften der Tschechischen Republik: Wilhelmstr. 44, 10117 **Berlin,** ✆ 030/226380, www.czech-embassy.de.

Penzinger Str. 11–13, 1140 **Wien,** ✆ 01/899580, www.mvz.cz/vienna.

Muristr. 53–53 a (Eingang Burgernzielweg), 3000 **Bern** 16, ✆ 031/350-4070, www.mvz.cz/bern.

Ausländische Botschaften in Prag: Botschaft der Bundesrepublik Deutschland, Vlašska 19, Malá Strana, ✆ 257113111, www.deutsche-botschaft.cz. [2] 12, 22, 23 Malostranské náměstí.

Botschaft der Republik Österreich, Viktora Huga 10, Smíchov, ✆ 257090511, www.austria.cz [2] 6, 9, 12, 58 Arbesovo náměstí.

Botschaft der Schweiz, Pevnostní 7, Střešovice, ✆ 220400611, vertretung@pra.rep.admin.ch. [2] 1, 2, 8, 18 Vozovna Střešovice.

Einkaufen

Beliebte Mitbringsel sind böhmischer Sekt, Karlsbader Oblaten, Becherovka und Zigaretten, die um einiges billiger sind als zu Hause. Je nachdem, in welche Region man reist, kann man sich zudem mit Klöppelarbeiten aus dem Erzgebirge, Moser-Glas aus Karlsbad (→ S. 60), fein geschliffenem Kristall aus dem Böhmerwald oder bunter Keramik aus dem Chodenland eindecken. Wer Relikte aus vorrevolutionärer Zeit sucht, sollte sein Glück in einem Trödelladen *(bazar zastavarna)* versuchen.

Vergleichsweise preiswert sind tschechische Sport- und Campingartikel, Fotomaterialien, Hausratartikel und Musikinstrumente. Empfehlenswerte Geschäfte finden Sie unter der Rubrik „Einkaufen" bei den einzelnen Städten.

TAX-FREE-Einkauf: Schweizer Staatsbürger, die in Geschäften und Boutiquen mit einem TAX-FREE-Symbol am Schaufenster einkaufen, können sich bei der Ausreise an sog. „Cash Refund Offices" (an mehreren Grenzübergängen und internationalen Flughäfen) die Mehrwertsteuer von 22 % zurückerstatten lassen. Der Rechnungsbetrag muss jedoch mehr als 2.500 Kč betragen. Dafür bedarf es eines vollständig ausgefüllten Tax-free-Schecks vom Verkäufer, der bei der Ausreise vom tschechischen Zoll abgestempelt werden muss.

Elektrizität

Die elektrische Spannung beträgt 230 V. Wenn Ihre Geräte einen schmalen Eurostecker haben, brauchen Sie keinen Adapter. Sind die Stecker jedoch runde Schukostecker, so benötigen Sie einen Adapter für Südosteuropa!

Feiertage

1. Januar: Neujahr
Ostern: Lediglich Ostermontag ist ein Feiertag, am Karfreitag wird gearbeitet.
1. Mai: Tag der Arbeit
8. Mai: Tag der Befreiung Prags vom Faschismus 1945
5. Juli: Tag der Slawenapostel Kyrill und Method
6. Juli: Gedenktag für Jan Hus
28. September: Todestag des Hl. Wenzels (Landespatron)
28. Oktober: Gründungstag der ersten Tschechoslowakischen Republik (1918)
17. November: Gedenktag an die Novemberdemonstration von 1989
24.–26. Dezember: Weihnachten

Geld und Geldwechsel

Gesetzliches Zahlungsmittel ist die Tschechische Krone *(koruna česká)*, abgekürzt Kč. Eine Krone ist in 100 Heller *(haléřů)* unterteilt. Im Umlauf sind Banknoten zu 20, 50, 100, 200, 500, 1.000, 2.000 und 5.000 Kč, Münzen zu 50 Heller sowie zu 1, 2, 5, 10, 20 und 50 Kč. Der Euro wird erst mit dem Beitritt zur Europäischen Wirtschafts- und Währungsunion eingeführt (nicht vor 2009/2010).

1 € entsprach im November 2005 ca. 31,44 Kč, 1 sfr ca. 20,56 Kč

Devisenvorschriften: Beträge über 350.000 Kč (etwa 11.300 €) müssen bei der Einreise deklariert werden.

Geldwechsel: Wechselstuben findet man in den Kurorten, im Zentrum Prags und allen touristischen Orten an jeder Ecke. Die Kursunterschiede sind insgesamt gering, auch wenn es auf den ersten Blick nicht so aussieht. Dort, wo mit besseren Kursen geworben wird, fallen in der Regel auch höhere Gebühren an. „No commission" bezieht sich in 99 % aller Fälle nur auf den Rückumtausch von Kronen. Dennoch lohnt ein Vergleich! In der Regel bieten die Banken bessere Kurse.

Geldautomaten: findet man ebenfalls in allen größeren Ortschaften Westböhmens und selbstverständlich in Prag an jeder Ecke. Das Abheben mit der Maestro-Karte ist nicht nur der bequemste Weg, sondern zugleich auch der günstigste, sofern man größere Beträge zieht (max. 15.000 Kč). Trotz fälliger Gebühren ist der Kurs im Endeffekt meist besser als beim Barumtausch. Dabei ist es egal, bei welcher Bank Sie vor Ort abheben. Gebühren werden auch fällig, wenn Sie bei einer Filiale Ihres deutschen Kreditinstitutes in Tschechien abheben.

Bei Verlust einer Kredit- oder Maestro-Karte wählen Sie abhängig vom Ausstellungsland der Karte folgende Sperrnummern: **für American Express:** ✆ 0049-69-97971000 (D/A), ✆ 0041-1-3846333 (CH). **Diners Club:** ✆ 0049-5921-861818 (D), ✆ 0041-1-8354545 (CH), ✆ 0043-1-501355 (A). **Visa:** ✆ 0049-69-79331910 (D), ✆ 0043-1-71111-770 (A), ✆ 0041-1-8283501 (CH). **Master/Eurocard:** ✆ 0049-69-79331910 (D), ✆ 0043-1-717014500 (A), ✆ 0041-1-3846333 (CH). **Maestro-Karte:** ✆ 0049-1805021021 (D), ✆ 0043-1-2048800 (A), ✆ 0041-800800488 (Credit Suisse), ✆ 0041-1-800811000 (UBS).

Kreditkarten: werden in allen besseren Restaurants, Hotels und Geschäften akzeptiert.

Reiseschecks: der sicherste Weg, doch leider ist der Kurs für Reiseschecks in Tschechien sehr schlecht.

Schwarztausch: praktizieren nur noch Ewiggestrige und wundern sich, dass sie anstelle von tschechischen Kronen slowakische Noten angedreht bekommen, die nur ein paar Cents wert sind.

Hausnummern

In allen größeren Städten Tschechiens hat jedes Haus zwei Nummern. Die weiße Nummer auf blauem Hintergrund ist die eigentliche Hausnummer, wie man sie bei uns kennt. Die Zahl auf rotem Hintergrund ist die Nummer, unter der das Haus im Grundbuch eingetragen ist. So bezeichnet sie zugleich die Reihenfolge, in der die Häuser in der jeweiligen Stadt bzw. deren Stadtteilen gebaut wurden.

Haustiere

In vielen Hotels sind Haustiere gestattet, die meisten verlangen dafür einen Aufpreis. In öffentlichen Verkehrsmitteln benötigen Sie für Ihren Hund einen Maulkorb. Für die Einreise mit Haustieren → „Reisedokumente", S. 31.

Information

Die **tschechischen Fremdenverkehrsämter** im Ausland halten vielfältiges Informationsmaterial bereit, das auf Wunsch gerne verschickt wird – Anruf oder Postkarte genügt. Im Internet unterhält die Tschechische Zentrale für Tourismus u. a. folgende Seiten: www.czech-tourist.de, www.visitczechia.cz und www.czechtourism.com. Welche kulturellen Veranstaltungen während Ihres Besuches über die Bühnen gehen, erfahren Sie unter www.ticketpro.cz.

Tschechische Zentrale für Tourismus, Friedrichstr. 206, 10969 **Berlin**, ✆ 030/2044770, info1-de@czechtourism.com.

Prinzregentenstr. 7, 80538 **München**, ✆ 089/54885914, info2-de@czechtourism.com.

Herrengasse 17, 1010 **Wien**, ✆ 01/5332193, info-at@czechtourism.com.

Am Schanzengraben 11, 8002 **Zürich**, ✆ 01/2873344, info-ch@czechtourism.com.

Auskünfte vor Ort erhalten Sie bei den Touristeninformationen. Deren Adressen sind im Reiseteil bei den jeweiligen Städten unter der Überschrift „Information" angegeben.

Internet

Einen Internetzugang hat man in allen größeren Städten über Internetcafés, häufig bieten auch die Stadtbibliotheken und die Touristeninformationen Zugang zum World Wide Web. Die Zahl der Internetcafés nimmt jedoch ab, da mehr und mehr Tschechen über einen privaten Internetanschluss verfügen. Je schicker das Café, desto teuerer der Ausflug in den Cyberspace, eine halbe Stunde kostet zwischen 1 und 2 €.

Aktuelle Informationen zu diesem Reiseführer, die nach dem Druck dieser Auflage nicht mehr berücksichtigt werden konnten, sowie Links zu Tschechien und seiner Hauptstadt finden Sie auf den Westböhmenseiten des Michael Müller Verlags unter www.michael-mueller-verlag.de.

Klima

Das Wetter Tschechiens wird zum einen vom ozeanischen Klima Westeuropas beeinflusst, zum anderen vom kontinentalen Klima, das von Polen und Russland kommt. D. h., wenn es in Deutschland regnet, kann in Prag die Sonne scheinen – was es häufig auch tut. Aber auch das Gegenteil kann der Fall sein.

Durchschnittswerte

	mittlere Höchst-temperatur °C	mittlere Tiefst-temperatur °C	Regentage	Sonnen stunden tägl.
Januar	0	–5	6	2
Februar	1	–4	6	3
März	7	–1	6	4
April	12	3	7	6
Mai	18	8	9	7
Juni	21	11	9	8
Juli	23	13	10	8
August	22	13	9	7
September	18	9	6	6
Oktober	12	5	7	4
November	5	1	5	2
Dezember	1	–3	6	2

Kriminalität

Ein unliebsames Schicksal, das immer wieder Touristen in Westböhmen und Prag ereilt, ist, dass sie mit dem eigenen Auto anreisen und mit der Bahn zurückkehren müssen. Außer dem Autoklau (→ S. 12) hat man jedoch wenig zu befürchten, wenn man sich an die üblichen Vorsichtsmaßnahmen hält und insbesondere in Prag auf seine Wertsachen in überfüllten U- und Straßenbahnen Acht gibt. Sollte Ihnen dennoch etwas gestohlen werden, so können Sie dies bei jeder Polizeidienststelle melden.

Heuernte

Kuren

Ein außergewöhnlicher Reichtum an Naturheilquellen, Quellgas, Heilschlamm und unterschiedlichsten Mineralwässern, dazu eine jahrhundertealte Kurtradition, haben das Bäderdreieck zum Kurparadies schlechthin werden lassen. Das Gros der behandelnden Ärzte spricht hervorragend Deutsch. Damit eine Kur auch Wirkung zeigt, ist ein mindestens zweiwöchiger Kuraufenthalt empfehlenswert. Arztbefunde können von zu Hause mitgebracht werden, werden aber auch vor Ort erstellt. Manche Krankenkassen übernehmen einen Teil der Kurkosten, andere keinen Cent – erkundigen Sie sich diesbezüglich detailliert bei Ihrer eigenen Krankenkasse.

• *Preise* Die Unterschiede sind enorm. Wer sich in der Nebensaison mit einer einfachen Kurpension mit Etagenbad zufrieden gibt, kann 14 Tage lang bereits ab 500 € kuren. Kuraufenthalte in einem Vier-Sterne-Haus hingegen können 2.500 € für den gleichen Zeitraum betragen. Eine ambulante Kurbehandlung kostet 15 € aufwärts.

• *Kursaison* Die Kurhäuser sind ganzjährig geöffnet. Die Hauptsaison dauert von Anfang Mai bis Ende September.

• *Information* Umfangreiches Informationsmaterial schicken die Kurverwaltungen gerne zu. Deren Adressen finden Sie unter dem Stichwort „Kuren" bei den verschiedenen Kurorten.

Literatur

Es muss ja nicht gerade Goethes „Marienbader Elegie" sein, die man sich zur Einstimmung in den Koffer packt. Im Folgenden eine kleine Auswahl an empfehlenswerter und weiterführender Literatur zu Westböhmen, Tschechien und Prag.

• *Zu Land und Leuten* **Jiří Burgerstein: Tschechien.** Beck, München 1998. Der Tipp für alle, die mehr über die Tschechen und Tschechien erfahren wollen, und das unverblümt, informativ und unterhaltsam. Absolut empfehlenswert, wenn auch etwas veraltet.

• *Zu Böhmen* Der Verlag Nakladatelství Českého Lesa gibt eine Reihe **Historisch-touristischer Führer** in Tschechisch und Deutsch zu den meisten Landkreisen und Regionen im Reisegebiet heraus. Keine Kapelle und kein Brunnenloch wird ausgelassen. Sehr informativ. Vor Ort überall erhältlich.

Hugo Rokyta: Die böhmischen Länder. Böhmen. Vitalis-Buchverlag, Prag 1997. Hier

Von Hrabal zu Topol – Tipps für die Reiselektüre

Graham Greene vermutete einst, dass man in der Tschechoslowakei die Schriftsteller bezahlt, damit sie nicht schreiben. Im Exil jedoch konnten viele Autoren solchen und anderen Demütigungen entgehen. Zu den Ausgewanderten gehören die zwei heute international bekanntesten tschechischen Schriftsteller *Milan Kundera* (geb. 1929, lebt in Frankreich) und *Josef Škvorecký* (geb. 1925, lebt in Kanada). Einer von denen, die in der Heimat blieben, war *Bohumil Hrabal* (1914–1997). Restriktionen und Zensur konnte er meist umgehen, indem er aus dem Alltag der einfachen Menschen berichtete. Wer die Autoren noch nicht kennt, könnte beispielsweise Hrabals „Ich habe den englischen König bedient", Kunderas „Die unerträgliche Leichtigkeit des Seins" oder Škvoreckýs „Feiglinge" als Reiselektüre in den Koffer packen.

Die populärsten Vertreter der postsozialistischen Literaturszene sind Michael Viewegh und Jáchym Topol. Vieweghs leicht lesbare Romane „Blendende Jahre für Hunde" und „Die Liebe eines Vaters" wurden bereits ins Deutsche übersetzt. Topol stieg vom zwangspsychiatrisierten Undergrounddichter zum Kultautor auf. Sein verfilmter, extasylastiger Großstadtroman „Engel Exit" ist in deutschen Buchhandlungen erhältlich, ebenso wie „Nachtarbeit". Mit letzterem Werk verlässt Topol erstmals die Szeneliteratur und behandelt ein neues Thema: den Prager Frühling.

werden Burgen und Schlösser der Gegend nicht architektonisch beleuchtet, sondern mit den Persönlichkeiten in Verbindung gebracht, die darin einst lebten oder zu Besuch weilten.

Catherine Sauvat: Damals in Marienbad ... Die schönsten Heilbäder Europas. Knesebeck Verlag, München 2000. Wissenswertes und Kurioses aus dem internationalen Bäderleben, unterstützt von atmosphärischen Fotos.

Václav Maidl: Aus dem Böhmerwald. K. Stutz Verlag, Passau 2002. Deutschsprachige Autoren erzählen.

• *Zu Prag* **Peter Demetz: Prag in Schwarz und Gold.** Piper, München 2000. Die „Welt" schrieb dazu: „Ein Glanzstück lebendiger Geschichtsschreibung". Dem ist nichts mehr hinzuzufügen. Wessen Wissensdurst davon nicht befriedigt wird, findet im Anhang eine weiterführende Bibliographie.

Christoph Bartmann: Prag. Beck, München 1994. Ein Blick hinter die Fassaden der Stadt. Sehr unterhaltsam, auch wenn eine aktualisierte Neuauflage wünschenswert wäre.

Peter Sacher (Hg.): Prag erzählt. Fischer TB, Frankfurt/M. 1997. 27 Prager Autoren erzählen – Hašek, Seifert usw.

Michael Frank: Nepomuken, die auf Brücken spucken. Prager Hintergedanken. Picus, Wien 1999. Unterhaltsame, persönliche Anekdoten aus der tschechischen Hauptstadt vom ehemaligen SZ-Korrespondenten in Prag.

• *Karten* Land-, Rad- und Wanderkarten sowie Stadtpläne sind vor Ort erheblich billiger als in Deutschland, Österreich oder der Schweiz. Ein paar Empfehlungen:

Straßenkarte: Autoatlas Česka Republika 1:200.000 aus dem Verlag Geodézie ČS. Für alle, die es besonders detailliert wollen. Tschechien auf fast 100 Seiten, dazu Pläne der wichtigsten tschechischen Städte.

Campingkarte: Kempy České republiky 1:500.000 aus dem Verlag Geodézie ČS. Fast alle offiziellen Campingplätze samt Ausstattungskriterien und Adressen – leider nicht immer ganz zuverlässig.

Radwanderkarten: Empfehlenswerte Radfahrkarten gibt der Verlag **SHOCart** im Maßstab 1:75.000 heraus mit sämtlichen Radwegen jeder Region und Tourenvorschlägen samt Höhenprofil. Vor Ort überall erhältlich. Pilsen und Umgebung Nr. 20, Bäderdreieck Nr. 8, Karlsbad und Erzgebirge Nr. 121, Tschechischer Wald, Domažlice und Klatovy West Nr. 134, Klatovy und Umgebung Ost Nr. 135, Böhmerwald (West) Nr. 155.

Wanderkarten: Detaillierte Wanderkarten zu jeder Region gibt es ebenfalls von **SHOCart** im Maßstab 1:100.000.

Stadtpläne Prag: GeoClub Praha 1:16.000 oder Žaket Praha 1:23.000, beide billig und gut.
• *Wanderführer* **Petr David und Vladimír Soukop: Marienbad und Kaiserwald.** S & D, Prag 1998. Detaillierte Beschreibung des Gebiets anhand zahlreicher Wanderungen.
Petr David und Vladmír Soukop: Egerland und Ascher Gebiet. S & D, Prag 1997. Wie oben.

Mietwagen

Autoverleiher gibt es in Westböhmen nur in den größeren Städten, sie sind im Reiseteil unter „Adressen" vermerkt. Zudem vermitteln diverse Hotels und Reisebüros Fahrzeuge der in Prag sitzenden international operierenden Gesellschaften (→ S. 191). Die preiswertesten Fahrzeuge bekommt man für 60–80 € pro Tag inkl. Diebstahlversicherung. Ohne Kreditkarte geht in der Regel nichts, zum Teil wird sogar eine zweite Kreditkarte als Sicherheit verlangt.

Öffnungszeiten

Es gibt kein Ladenschlussgesetz, an das der Einzelhandel gebunden ist, die Öffnungszeiten sind von Geschäft zu Geschäft unterschiedlich. Im touristischen Zentrum Prags haben die Geschäfte tägl. von etwa 9–20 Uhr oder noch länger geöffnet. Auf dem Land kann man mit Öffnungszeiten von 9–18 Uhr am Werktag und (nicht immer) 9–12 Uhr am Samstag rechnen. Über Mittag haben viele Läden geschlossen. Banken haben in der Regel Mo–Fr bis etwa 16.30 Uhr geöffnet, Postämter Mo–Fr bis 18 Uhr, die größeren auch samstags bis 12 Uhr. Das Gros aller Museen hat montags geschlossen.

Ortsnamen

In vielen Städten und Dörfern Westböhmens stellte die deutschsprachige Bevölkerung bis 1945 die überwältigende Mehrheit. Daher hatten einst nahezu alle Ortschaften im Reisegebiet auch einen deutschen Namen. Städte wie Karlsbad, Marienbad und Franzensbad sind noch heute weltweit unter ihren deutschen Namen bekannter als unter ihren tschechischen – auch die örtliche Stellen wissen dies und werben dementsprechend. In den Überschriften und im Index erfahren Sie sowohl den alten deutschen (in Klammern) als auch den heutigen tschechischen Ortsnamen.

Polizei

Die Polizei besitzt keinen allzu guten Ruf, nur sehr langsam gewinnt sie die Sympathien, die sie sich während der kommunistischen Zeit verspielt hatte, zurück. Man unterscheidet grundsätzlich zwischen der dem Innenministerium unterstellten Staatspolizei (Policie České Republiky) und der von den Gemeinden unterhaltenen Stadtpolizei (Městská Policie). Letztere stellt Ihnen bei Diebstählen jeglicher Art routiniert und gelangweilt ein Protokoll aus. Eine Fremdenpolizei, die sich um touristische Belange kümmert, gibt es nicht.

Den **polizeilichen Notruf** erreichen Sie unter ✆ 158.

Post

Egal, ob die Grüße nach Österreich, die Schweiz oder Deutschland gehen, das **Porto** ist einheitlich. Es lag im Herbst 2004 bei umgerechnet 0,30 € (9 Kč) für Postkarten und für Briefe bis 20 g. Damit Sie in größeren Postämtern wissen, an welchen Schalter Sie müssen, achten Sie auf folgende Schilder: *známky* für Briefmarken, *telefonní karty* für Telefonkarten und *balíky* für Pakete. Briefmarken verkaufen neben der Post auch viele Kioske. Bis die Karte bei der Oma an der Küchenwand hängt, vergehen 2 bis 5 Tage.

Prostitution

Prostitution ist in Tschechien weder verboten noch erlaubt, und da Prostitution in Tschechien oft Straßenstrich bedeutet, ist sie unübersehbar. Eine katastrophale Entwicklung machte das westböhmische Grenzgebiet nach 1989 durch. Tausende von Prostituierten aus ganz Osteuropa pilgerten so nahe wie möglich an die EU-Grenze und schufen so den größten Straßenstrich Europas. Auch wenn man im letzten Jahrzehnt Anstrengungen unternahm, die Prostituierten in die außerhalb der Stadtzentren gelegenen Nightclubs zu verbannen, sind winkende Mädchen am Straßenrand bei Cheb oder Jáchymov noch immer gang und gäbe. Ihre Dienste nehmen vorrangig Tagesausflügler aus dem nahen Bayern oder Sachsen in Anspruch – 90 % der Fahrzeuge vor den Etablissements haben deutsche Kennzeichen. Unter den Prostituierten sind auch viele Minderjährige. Für politischen Zündstoff sorgte die 2003 vorgestellte Publikation der UNICEF „Kinder auf dem Strich – Bericht von der deutsch-tschechischen Grenze". Die Autorin Cathrin Schauer belegt darin anhand zahlreicher Interviews, dass Kinderprostitution an der deutsch-tschechischen Grenze ein Massenphänomen ist. Nicht viel besser ist die Situation in Prag, wo die Zahl der Prostituierten auf rund 20.000 geschätzt wird. Darunter sind auch viele Roma-Frauen, deren Familien in großer Armut leben.

Die Polizei warnt aus ganz anderem Grund vor der Straßenprostitution. Es kommt nämlich häufig vor, dass Freier zur Einstimmung ein Getränk mit einem Betäubungsmittel erhalten und anschließend ausgeraubt werden.

Reisedokumente

Deutsche, Österreicher und Schweizer können mit dem Reisepass oder Personalausweis bzw. der Identitätskarte nach Tschechien einreisen. Kinder unter 15 Jahren können, sofern sie in Begleitung ihrer Eltern reisen, im Reisepass eines Elternteils eingetragen sein. Andernfalls benötigen sie unabhängig vom Alter einen Kinderausweis mit Foto. Grundsätzlich gilt, dass sämtliche Ausweisdokumente noch mindestens drei Monate gültig sein müssen.

Mit dem Fahrzeug: Selbstverständlich sind Führerschein und Fahrzeugschein, zudem die grüne Versicherungskarte. Ein Auslandsschutzbrief ist empfehlenswert. Ist man nicht mit dem eigenen Fahrzeug unterwegs, so bedarf es zudem einer beglaubigten Vollmacht des Fahrzeughalters (z. B. vom ADAC).

Mit dem Haustier: Bei Reisen mit einem Tier (egal ob Hund oder Schlange) benötigen Sie den EU-Heimtierausweis. Zur Kennzeichnung muss das Tier eine Chipmarkierung oder eine Tätowierung am Ohr haben. Schweizer benötigen, bis auch dort ein Heimtierpass existiert, eine Veterinärbescheinigung, die vom Amt für Lebensmittelkontrolle und Veterinärwesen verifiziert ist. Welche Impfungen neben der Tollwutimpfung im Heimtierausweis bzw. in der Veterinärbescheinigung verzeichnet sein müssen, erfahren Sie bei Ihrem Tierarzt.

Bei Verlust der Ausweispapiere stellt die Botschaft in Prag einen Ersatzausweis gegen Gebühr aus (→ S. 24). Hierfür ist es hilfreich, Kopien der Originaldokumente bei sich zu haben. Benötigt werden zwei Passbilder, ein Verlustprotokoll der Polizei und ein Nachweis Ihrer Identität.

Sieben Fälle, sieben Fallen: Schwierigkeiten beim Tschechisch lernen

Peníze heißt Geld, *škoda* Schade, *popelník* ist der Aschenbecher und mit *Kozel* ist eine Biermarke gemeint. Nur selten klingen Wörter vertraut, haben wie beim *šnuptychl* deutsche oder wie beim *piškoty* italienische Paten oder kommen gar aus dem Tschechischen: z. B. *pistole*, *polka* oder *roboter* (→ Chyše, S. 69).

Wer nie eine slawische Sprache gelernt hat, wird sich mit Tschechisch schwer tun. Das Kapitel Grammatik schlägt man am besten erst gar nicht auf. Sieben Fälle – sieben Fallen. Ein Graus. Mal taucht eine Endung auf, mal geht sie unter. Das erinnert an die Delfine auf See – vielleicht erklärt das, warum sich die Tschechen mit *ahoj* verabschieden. Hinzu kommt die Aussprache und die Tatsache, dass sich die Umgangssprache stark von der Schriftsprache unterscheidet.

Wo ein Haken drüber steht, steckt auch einer drin. Nahezu ein Ding der Unmöglichkeit ist das 'ř' – *r* und *sch* sollten dabei gleichzeitig über die Lippen kommen. Zum Stottern verdammen auch die Wörter, die ganz und gar ohne Vokale auskommen, z. B. *vlk* (Wolf). Zu einschüchternden Demonstrationszwecken kann man sogar ganze nichts sagende Sätze ohne Vokale konstruieren: *strč prst skrz krk*, d. h. „Stecke den Finger durch den Hals".

Zum Glück kann rund ein Viertel der Tschechen Deutsch, insbesondere ältere Menschen. Die Jugend – früher zum Russischlernen verpflichtet – übt sich heute fleißig in Englisch. Als Tourist in Böhmen sind Tschechischkenntnisse nicht dringend vonnöten. In vielen Geschäften, Restaurants oder Hotels, insbesondere in Prag und den Kurorten, wird perfektes Verkaufs- oder Speisekartendeutsch gesprochen. Zudem gibt's Erläuterungen auf vielen Hinweisschildern und Prospekten auch in deutscher und englischer Sprache. Um wenigstens die Namen der Sehenswürdigkeiten einigermaßen passabel vor sich hinstottern zu können, finden Sie in der hinteren Umschlagklappe Hilfen zur Aussprache und einen kleinen Grundwortschatz.

Sport und Freizeit

Tschechen sind sportverrückt und dazu überaus naturverbunden. Unvorstellbare Massen bevölkern in den warmen Monaten die Wanderwege und im Winter die Skilifte der Mittelgebirge. Und wer nicht mindestens jedes zweite Wochenende selbst schwitzt, geht ins Fußball- oder Eisstadion und schaut anderen dabei zu.

Angeln: Fast eine halbe Million Tschechen frönen diesem Hobby. Die Teiche und Flüsse im Tschechischen Wald (Česky les) und im Nationalpark Šumava bieten die besten Möglichkeiten, einen dicken Fisch an Land zu ziehen. Forellen, Karpfen, Hechte, Zander und Welse gehören zu den am meisten gefangenen Arten. Informationen über Angellizenzen, Schonzeiten etc. erhalten Sie bei den örtlichen Infozentren. Die Angelzeit dauert in der Regel von Mai bis Oktober.

Baden und Schwimmen: Alle Kurorte und größere Städte besitzen entweder Frei- oder Hallenbäder oder haben Stauseen oder Teiche mit Badestränden in ihrer Nähe. In Prag sollte man von einem Bad in der Moldau absehen, auch wenn es viele Prager selbst tun, denn die Wasserwerte stimmen bedenklich.

Golf: Die schönsten Plätze im Reisegebiet liegen rund um Marienbad, Karlsbad und Franzensbad. Weitere Infos dazu finden Sie unter „Sport & Freizeit" bei den jeweiligen Städten.

Radfahren: Markierte Radwege gibt es in vielen Gegenden des Reisegebiets, die schönsten im Böhmerwald sowie rund um die Kurorte. Wer ausschließlich zum Radfahren anreist oder mehrtägige Touren unternehmen will, sollte sich eine Radwanderkarte *(cykloturistická mapa)* des jeweiligen Gebietes besorgen; sie sind für wenig Geld überall erhältlich (→ „Literatur/Karten“, S. 29). Am besten bringt man sein eigenes Rad mit, vor Ort werden in erster Linie Bikes von Kaufhausqualität verliehen. Im Buch finden Sie unter vielen Ortschaften Tourenvorschläge. Diese sind lediglich als Anregungen gedacht. Aus Platzgründen ist es nicht möglich, exakte Routen zu beschreiben und zudem den unterschiedlichen konditionellen Anforderungen gerecht zu werden. Wer ausgedehnte Radtouren durch Westböhmen plant, sollte bedenken, dass abgesehen von den Kurorten und den touristisch erschlossenen Vorzeigedörfern im Böhmerwald viele kleine Ortschaften keine Unterkunfts- oder Verpflegungsmöglichkeiten aufweisen.
Grundsätzlich gilt: Mit die schönsten Routen verlaufen entlang der Flusstäler.

Reiten: Ausritte kann man von mehreren Ortschaften im Reisegebiet unternehmen. Adressen finden Sie u. a. unter Marienbad, Franzensbad, Domažlice, Sušice, Kraslice und Rabštejn nad Strelou.

Tennis: Der weiße Sport ist äußerst beliebt. Wie sollte es auch anders sein in einem Land, das Ivan Lendl und Martina Návratilová hervorgebracht hat? Tennis kann man in jedem größeren Ort spielen.

Wandern: ist fast ein Nationalsport. Dafür sorgten der Eisernen Vorhang (außer dem eigenen Land konnte man ja nicht viel erkunden) und der Mangel an qualitativ guten Fahrrädern. Dementsprechend sind die unzähligen Wanderwege perfekt markiert, laufend werden zudem neue Routen erschlossen. Zahlreiche grenzüberschreitende Wanderwege entstanden in den letzten Jahren insbesondere im Böhmerwald. Doch auch rund ums Bäderdreieck und im Erzgebirge lassen sich schöne, ausgiebige Touren unternehmen.
Rote Markierungen kennzeichnen Kammwege und Fernwanderstrecken, blaue, Strecken von mittlerer Länge, grüne, kurze Touren, und gelbe, kurze, verbindende Strecken. Naturlehrpfade sind weiß-grün markiert.
Wie schon unter dem Stichwort „Radfahren“ erwähnt, finden Sie unter vielen Ortschaften Tourenvorschläge. Diese sind auch beim Wandern lediglich als Anregungen gedacht, da es aus Platz-

Prager Marathon

gründen nicht möglich ist, exakte Touren zu beschreiben und den unterschiedlichen Anforderungen gerecht zu werden. Grundsätzlich gilt auch hier: Mit die schönsten Routen verlaufen entlang der Fluss- und Bachtäler.

Verbotsschilder

Viele Straßen im Grenzgebiet sind mit Verbotsschildern *„Vjezd zakázán"* oder *„Průjezd zakázán"* versehen und für den Verkehr gesperrt, meist aus Gründen des Naturschutzes. Zum Teil sind die Schilder jedoch noch Relikte aus der Zeit des Kalten Krieges. Auch wenn ein paar der Schilder heute keinen Sinn mehr machen, ist für einen ordentlichen tschechischen Beamten die Durchfahrt so lange verboten, wie das Schild steht. In der Regel gelten die pauschal ausgesprochenen Verbote nur für Kraftfahrzeuge, Radfahrer sind davon ausgenommen. Nachfragen ist aber immer besser als nachzahlen. Wo sie als Wanderer oder Radfahrer Schilder am Weges- oder Straßenrand mit der Aufschrift *„Vstup zakázán"* („Betreten verboten") sehen, befolgen Sie diese zu Ihrer eigenen Sicherheit: Im Grenzgebiet gab es mehrere Truppenübungsplätze, die noch nicht von alten, explosiven Munitionsresten geräumt wurden.

Wassersport: Kanu- und Kajakfahren ist sehr populär. Im Reisegebiet bieten sich dazu insbesondere der Flusslauf der Ohře bei Kyselka an, die Otava bei Rabí und die Berounka nördlich von Pilsen.

Wintersport: Alpiner Skisport ist im Erzgebirge und im Böhmerwald möglich, Langlauf zudem rund um das Bäderdreieck. Die Alpinskigebiete sind selbstverständlich nicht so anspruchsvoll wie in der Schweiz oder in Österreich, da die Gipfel auch nur Höhen von 1.300 m erreichen, aber dafür auch nicht so teuer. Tageskarten gibt es ab 5 €, Leihausrüstungen ab 10 €.

Telefonieren

Das Telefonieren mit dem Handy ist problemlos möglich, aber teuer. Wer keines hat oder Geld sparen will, telefoniert am einfachsten von Kartentelefonen. Telefonkarten sind an Zeitungskiosken und in Postämtern erhältlich. Das Freizeichen ist ein kurzer Ton, gefolgt von einem langen.

Internationale Vorwahlnummern: nach Deutschland ✆ 0049, nach Österreich ✆ 0043, in die Schweiz ✆ 0041. Danach wählt man die Ortsvorwahl, jedoch ohne die Null am Anfang, dann die Rufnummer.

Wer **nach Tschechien** telefonieren möchte, wählt ✆ 00420 und danach die Rufnummer. Es gibt keine Ortsvorwahl!

Notrufnummern: Polizei ✆ 158, Feuerwehr ✆ 150, Rettungsdienst ✆ 155.

Telefonauskunft: national ✆ 1180 und international ✆ 1181. Da letztere Nummer mit deutschsprachigem Personal besetzt ist, das meist sehr hilfsbereit ist, kann man es hier als Ausländer auch versuchen, wenn man eine tschechische Nummer braucht.

Call-by-Call: Den günstigsten Anbieter von Deutschland nach Tschechien erfahren Sie unter www.billiger-telefonieren.de oder www.call-by-call.com. Von Tschechien nach Deutschland, Österreich oder die Schweiz können Sie Gespräche über das Internet führen – berauschende Ersparnis bei manchmal rauschender Leitung. Dafür wählen Sie im Festnetz ✆ 970 vor, mit dem Handy ✆ 55 oder 1042, dann die Landesvorwahl (ohne 00!) und weiter wie gehabt.

Toiletten

Sofern keine Symbole angebracht sind, sollten Damen auf die Bezeichnungen *Dámy* oder *Ženy* achten, Herren auf *Muži* oder *Páni*. Öffentliche Toiletten sind meist gebührenpflichtig oder die Klofrau erwartet ein Trinkgeld. Viele Kabinen kann man nicht abschließen!

Zeit

Es gilt wie in Deutschland, Österreich und der Schweiz die Mitteleuropäische Zeit (MEZ) inklusive Sommerzeit.

Zeitungen und Zeitschriften

Tagesaktuelle Zeitungen und Zeitschriften aus Deutschland bekommt man in den Kurorten und in Prag ohne Probleme. Hintergrundinformationen und Aktuelles zu Politik, Wirtschaft, Sport und Kultur bietet auch die deutschsprachige, stets donnerstags erscheinende „Prager Zeitung". Deren Beilage, das „Prager Tagblatt", informiert über kulturelle Veranstaltungen in der Moldaustadt. Ähnliches gilt für die umfangreichere englischsprachige Wochenzeitung „Prague Post", die mittwochs herauskommt.

Zollbestimmungen

Für Bürger der EU: Bei Reisen innerhalb der EU unterliegen Waren für den Eigenbedarf keinen Beschränkungen. Jedoch gibt es Richtmengen, bei deren Überschreitung die Zöllner den Eigenbedarf in Frage stellen. Bezüglich des neuen EU-Mitglied Tschechiens existieren zudem Übergangsregelungen. So gibt es für die **Ein- und Ausfuhr von Tabakprodukten nach Österreich** voraussichtlich für mehrere Jahre noch folgende Beschränkungen pro Person: max. 25 Zigaretten oder 5 Zigarren oder 10 Zigarillos oder 25 g Tabak. **Nach Deutschland** dürfen bis Ende 2006 pro Person nur 100 Zigarillos oder 50 Zigarren oder 250 g Tabak und bis Ende 2007 nur 200 Zigaretten ausgeführt werden. Für Deutsche, die nahe der Grenze zu Tschechien wohnen, gelten gesonderte Regelungen, diese dürfen z. B. nur 40 Zigaretten ausführen. Die weiteren Beschränkungen im Reiseverkehr mit Tschechien betreffen 99 % aller Touristen nicht. Wer aber glaubt, er müsse für den Eigenbedarf einen Anhänger mit Bierfässern oder einen Kofferraum voll Benzinkanistern oder Ähnliches über die Grenze bringen, erkundigt sich besser davor bei seinem Zollamt oder unter www.zoll-d.de.

> **Antiquitäten** dürfen nur ausgeführt werden, sofern man eine Bescheinigung hat, dass sie nicht zum kulturellen Erbes des Landes gehören.

Für Schweizer: Eidgenossen haben die Möglichkeit, sich an der Grenze die Mehrwertsteuer für die in Tschechien gekauften Produkte erstatten zu lassen (→ „Tax-Free-Einkauf", S. 25). Ansonsten gelten für Schweizer für die zollfreie Ein- bzw. Ausfuhr folgende Richtmengen:

Tabak: 200 Zigaretten oder 100 Zigarillos oder 50 Zigarren oder 250 g Tabak.
Alkohol: 1 l Spirituosen oder Schaumwein oder 2 l Tafelwein.
Parfüm: 50 g Parfüm oder 0,25 l Eau de Toilette.

Marktplatz in Horšovský Týn

Geschichte

Von Böhmen und Tschechen – die Vorgeschichte: Vermutlich wurden die waldfreien Gebiete Böhmens in der Altsteinzeit (Paläolithikum) erstmals besiedelt. Im 5. Jh. v. Chr. drangen die *Bojer*, einer der bedeutendsten keltischen Stämme, nach Mitteleuropa vor. Noch vor Christi Geburt wichen sie dem germanischen Stamm der Markomannen, dem Land hinterließen die Bojer aber ihren Namen, auf Lateinisch *Boiohaemum*, Böhmen. Anfang des 6. Jh. stießen im Zuge der Völkerwanderung westslawische Stämme bis an die Moldau vor, der Mythologie zufolge auch einer mit einem Anführer namens *Čech*. Dessen Clan sollte ebenfalls namengebend für Land und Leute werden. Aber schon in der zweiten Hälfte des 6. Jh. wurden diese Stämme von den Awaren unterworfen, ein zu den Hunnen gehörendes, nomadisierendes Steppenvolk aus Zentralasien.

Von Karl dem Großen bis zum Großmährischen Reich – ab 796: Der Frankenkönig Karl der Große vertrieb die Awaren wieder. Die Fürstentümer Böhmens, Mährens und der Westslowakei fielen damit an das Fränkische Reich und mussten hohe Tributzahlungen leisten. Um sich diesen zu entziehen, schlossen sie sich gegen das Fränkische Reich zusammen (Jahrhunderte später prägten Historiker dafür den Begriff „Großmährisches Reich"). Die tschechischen Fürsten aus dem sagenumwobenen Geschlecht der Přemysliden (→ S. 250) nahmen dabei im gerade entstehenden Prag eine führende Rolle ein. Um auch religiös unabhängig zu werden (die Region gehörte zum fränkischen Bistum Regensburg), bat man Byzanz um Unterstützung. Missionare wurden gesandt, angeführt von den Brüdern Kyrill und Method, die das Evangelium nicht in Latein, sondern in der Landessprache verkündeten. Am 5. Juni 863 trafen die beiden „Apostel der Slawen" in Mähren ein (seit der Samtenen Revolution ist dieser Tag ein Feiertag in Tschechien).

Böhmen wird Teil des Römischen Reiches – ab 950: In jenem Jahr schickte der deutsche König und spätere Kaiser Otto der Große sein Heer nach Böhmen. Der Přemyslidenfürst Boleslav unterwarf sich ihm, womit Böhmen ein gleichgestelltes Mitglied im Römischen Reich wurde. Etwas mehr als ein Jahrhundert später folgte die Ernennung der ersten böhmischen Könige. Und wieder ein Jahrhundert später warben diese Siedler aus der ober- und niederdeutschen Nachbarschaft zur Entwicklung des Landes an. Soběslav II. räumte ihnen gar besondere Privilegien und Rechte ein. So wurden weite Gegenden Böhmens deutschsprachig, woran sich bis 1945 kaum etwas änderte.

Erste große Blüte unter Karl IV. – im 14 Jh.: Mit dem Tode Königs Václavs III. 1306 endete nach über drei Jahrhunderten die Přemysliden-Dynastie. Das Land erlebte daraufhin innerpolitische Wirren mit Rebellion und Anarchie, bis der böhmische Adel Johann von Luxemburg die Krone anbot. Goldene Zeiten führte dessen Sohn *Karl IV.* herbei, der als böhmischer König 1355 in Rom zum Kaiser des mittlerweile Heiligen Römischen Reiches gekrönt wurde. Prag stieg daraufhin zu einer der bedeutendsten Städte Europas auf (→ „Prag/Geschichte“, S. 187). Aber schon zwei Jahre nach Karls Tod, im Jahr 1380, brach die Pest aus, ein schwerer Schlag für das Reich. Und weitere sollten folgen, denen Karls Sohn Václav IV. nicht gewachsen war, der das politische Geschick seines Vaters nicht geerbt hatte, sondern vielmehr als fauler Trunkenbold in die Geschichte einging.

Im Zeichen der Hussiten – 15. Jh.: In Anlehnung an die Thesen des englischen Reformators Wyclif forderte *Jan Hus* (vermutlich 1370–1415) die Abkehr der Kirche von Besitz und weltlichem Machtstreben, was insbesondere bei der tschechischsprachigen Bevölkerung auf breite Zustimmung stieß. 1414 wurde er daraufhin zum Konzil nach Konstanz beordert. Man sicherte ihm freies Geleit zu. Doch um der Gefahr einer immerwährenden Spaltung der Kirche entgegenzuwirken, verbrannte man ihn auf dem Scheiterhaufen. In weiten Teilen Böhmens – mit Ausnahme streng katholischer Städte wie z. B. Eger (heute Cheb) oder Tachau (heute Tachov) – erreichte man mit seinem Tod genau das Gegenteil: Hus wurde zum Märtyrer. Die sozialen Spannungen verschärften sich. Es kam zu Unruhen und 1419 mit dem ersten Prager Fenstersturz (→ Kasten S. 243) zur Revolte. Für den Papst waren die Hussiten jedoch nichts anderes als Ketzer aus Böhmen, und so erließ er die Kreuzzugsbulle. Doch die Hussiten stellten Heere auf und triumphierten in der berühmten Schlacht auf dem Vítkov (Veitsberg) mit *Jan Žižka* als Anführer über das zahlenmäßig weit überlegene Kreuzfahrerheer. Krieg auf Krieg folgte, 16 lange Jahre, in denen auch Städte und Klöster in Westböhmen verwüstet wurden, dann war die Niederlage der Hussiten besiegelt. In der Folgezeit löste ein böhmischer König den anderen ab, darunter welche aus dem Geschlecht der Luxemburger und der polnischen Jagellonen. Sie alle aber waren zu schwache Persönlichkeiten für das Zeitalter religiöser Umwälzungen.

Böhmen unter den Habsburgern – ab 1526: In jenem Jahr begann mit Ferdinand I. die Habsburgerherrschaft über Böhmen. Mitte des 16. Jh. holte er die Jesuiten ins Land, die die Gegenreformation durchführen sollten. Am Ende der Regierungszeit von Ferdinand I. und unter seinem Nachfolger Rudolf II. leistete sich der katholische Adel und Klerus zahlreiche Paläste, entworfen von italienischen Baumeistern, die den Renaissancestil nach Böhmen gebracht hatten. Bezahlt hatten diese unter anderem etliche protestantische Adelige mit ihrem Leben und Vermögen.

1618 eskalierten die Spannungen zwischen Protestanten und Katholiken erneut in Prag. Es kam zum berühmten zweiten Prager Fenstersturz (→ Kasten S. 243), der den Dreißigjährigen Krieg zur Folge hatte. Die protestantischen böhmischen Stände verweigerten daraufhin den katholischen Habsburgern die Gefolgschaft. Ein Jahr später wählten sie den jungen, protestantischen Friedrich von der Pfalz zu ihrem neuen König. Als „Winterkönig" ging er in die Geschichte ein, was ungefähr der Zeitspanne seiner Regentschaft entsprach. Denn bereits 1620 setzte der Habsburger Ferdinand II. mit seinem kaiserlichen Heer in der siegreichen Schlacht am Weißen Berg *(Bílá hora)* bei Prag seine Thronrechte über Böhmen wieder durch. Die Strafe für die Aufständischen folgte auf dem Fuß: 27 Adelige wurden in Prag am Altstädter Ring in einem Schauprozess hingerichtet, andere spießte man am Altstädter Brückenturm auf – 10 Jahre lang blieben ihre Überreste dort hängen. Fast die gesamte protestantische Aristokratie und alle nichtkatholischen Geistlichen wurden verfolgt. Wer konnte, verließ das Land. Grund und Vermögen der Geflüchteten fielen loyalen katholischen Adelsfamilien zu.

Infolge des Dreißigjährigen Krieges wurde das Land verwüstet, die Bevölkerung um fast zwei Drittel dezimiert. Bis zum Westfälischen Friede 1648 marschierten das sächsische und das schwedische Heer plündernd durch Böhmen. Nach dem Krieg regierten die Habsburger Böhmen von Wien aus und ließen das Land durch hohe Steuern förmlich ausbluten. Alle Formen des Protestantismus wurden verboten, die Rekatholisierung flächendeckend durchgesetzt, Kirchen und Klöster barockisiert. Die Tschechen wurden zu Menschen zweiter Klasse, ihre Sprache zu einem verachteten Dialekt, der nur von Leibeigenen, Bauern, Handwerkern und Dienstboten gesprochen wurde. Hingegen bestand die Händlerschicht überwiegend aus Deutschen, und die deutsche Sprache, die Lingua franca des habsburgischen Zentralismus, wurde zur alleinigen Amtssprache erhoben.

Aufklärung und Industrialisierung – 18./19. Jh.: Während der österreichischen Erbfolgekriege, die auf den Tod Karls VI. 1740 folgten, wurde Böhmen vorübergehend von Bayern, Sachsen, Franzosen und Preußen belagert, die der Thronfolgerin Maria Theresia das Erbe streitig machen wollten. Ihr Sohn Joseph II. (1765–1790) reformierte das Habsburgerreich nach den Ideen der Aufklärung: Einführung der Schulpflicht, Glaubensfreiheit, Säkularisierung der Klöster usw. Aber weiterhin herrschte eine große Kluft zwischen dem, was „deutsch", und dem, was „tschechisch" war.

Wirtschaftlich jedoch entwickelte sich Böhmen zu einer Perle in der Krone der Habsburger und dank der Bildungsreform entstand zu Anfang des 19. Jh. ein kleines tschechisches, intellektuelles Bürgertum. Aus diesem ging u. a. die *Národní obrození* hervor, eine Bewegung, die zunächst die Gründung tschechisch-nationaler Vereinigungen in Kunst und Literatur zur Folge hatte. Diese fanden in Prag regen Zulauf, wo infolge der industriellen Revolution und des damit verbundenen Zuzugs an Tschechen das zahlenmäßige Verhältnis zwischen Deutschen und Tschechen zugunsten Letzterer kippte. Widerstand gegen die deutsche Dominanz begann sich zu regen. Und die Habsburger Monarchie, die keine Gleichberechtigung kannte, die Presse- und Versammlungsfreiheit verweigerte und deren Erhalt Polizeispitzel und eine Bürokratie garantierten, die für ganz Afrika gereicht hätte, brachte mehr und mehr junge böhmische Patrioten hervor, anti-deutsch eingestellt.

Die Spannungen eskalierten schließlich 1848. In Prag und in anderen Städten kam es zu schweren Protesten, weniger in Westböhmen, wo der Anteil der Tschechen vielerorts weniger als 1 % betrug. Um die Aufständischen zu besänftigen, erfolgte am 8. April 1848 per kaiserlichem Dekret die Gleichstellung der Sprachen – ein Schritt, der zu spät kam. Der Traum von einem tschechischen Staat war bereits geboren, Straßenschlachten waren die Folge. Doch die Hoffnungen auf eine Hauptstadt namens Praha fanden schon bald ihr Ende. Bereits am 17. Juni 1848 verschaffte sich das österreichische Militär mit schwerem Geschützfeuer wieder Respekt.

Dorf bei Nýrsko

Nach der kurzen Erschütterung der Habsburgerherrschaft übte sich die alte Oberschicht deutsch-böhmischer Prägung wieder in Ignoranz und Überheblichkeit. Doch das Streben der Tschechen nach Souveränität und kultureller Emanzipation war nicht mehr umkehrbar.

Erster Weltkrieg, erste Republik: Während des 1. Weltkriegs sah eine Gruppe von Exilanten die Gelegenheit gekommen, bei den Entente-Mächten für eine unabhängige tschechoslowakische Republik zu werben. Eine Schlüsselrolle unter ihnen nahm *Tomáš Garrigue Masaryk* (1850–1937) ein. Und als die habsburgische Monarchie zerschlagen war, wurde die Republik Realität und Masaryk ihr erster Präsident.

Der neue Staat (ČSR) hatte gute Karten, ca. 60 % der Industrieanlagen Österreich-Ungarns waren ihm in intaktem Zustand zugefallen – von heute auf morgen befand sich das Land an 10. Stelle unter den Industrienationen der Welt. Die Bevölkerung war bunt gemischt: 8,7 Mio. Tschechen und Slowaken, 3,1 Mio. Deutsche (über 80 % davon lebten in geschlossenen Siedlungsgebieten, insbesondere in West-, Nord- und Südböhmen, aber auch in Nord- und Südmähren), 750.000 Ungarn, 460.000 Ukrainer, 180.000 Juden und 70.000 Polen. Um ethnischen und sozialen Spannungen vorzubeugen, wurde unter Masaryk eine der liberalsten Verfassungen jener Zeit verabschiedet. Dennoch, viele Deutsche, insbesondere in den grenznahen Gebieten Böhmens, wollten die Eingliederung in die ČSR nicht akzeptieren. Und als peu à peu Gesetze folgten, die ihre Rechte einschränkten, formierten sie sich als Sudetendeutsche (die Bezeichnung existierte zuvor noch nicht) und forderten die Selbstbestimmung. 1933 wurde die „Sudetendeutsche Heimatfront" gegründet, aus der später die „Sudetendeutsche Partei" hervorging. Ihr Führer war Konrad Henlein, der die Nähe zum Führer in Berlin suchte. Sehnsüchtig blickten die Sudetendeutschen ins Reich, wo die Nazis nach der Weltwirtschaftskrise für Aufschwung sorgten, während in der ČSR allein 500.000 Deutsche arbeitslos waren.

Braune Hosen – ab 1938: Am 29. September dieses Jahres unterzeichneten Hitler, Mussolini, Chamberlain und Daladier das Müncher Abkommen, das die Abtretung der Sudetendeutschen Gebiete ans Deutsche Reich regelte. Zwei Tage später marschierten deutsche Truppen ein. Im März 1939 etablierten die Nazis das Reichsprotektorat Böhmen und Mähren. Für die Tschechen brachten sie Unterdrückung und Terror, für über 75.000 Juden aus Böhmen und Mähren den Tod. Aufgrund einschüchternder Vergeltungsmaßnahmen der Nazis war Widerstand selten. Ein Beispiel: Nach dem tödlichen Attentat auf den Reichsprotektor Reinhard Heydrich im Prager Vorort Libeň, wurde das ganze Dorf Lidice nordwestlich von Prag – dort vermutete man die Herkunft der Widerstandskämpfer – dem Erdboden gleichgemacht und alle männlichen Bewohner über 14 ermordet.

Im April und Mai 1945 erfolgte die Befreiung des Landes. Im Westen durch die Amerikaner, im Osten durch die Russen. Später, im Kalten Krieg, leugneten übrigens die Kommunisten aus Propagandagründen die Befreiung Westböhmens durch die US-Armee und behaupteten, es wären russische Soldaten gewesen, aus taktischen Gründen jedoch als US-Soldaten verkleidet. Der bereits erwähnte Henlein beging in alliierter Haft Selbstmord, der letzte Reichsprotektor Frick wurde in Nürnberg zum Tode verurteilt.

Rote Socken – ab 1946: Kurz nach Kriegsende wurde die Tschechoslowakische Republik (ČSR) wiederhergestellt und Edvard Beneš ihr erster Präsident. Unter seiner Führung wurden 1945 auch jene von der Potsdamer Konferenz gebilligten Dekrete verabschiedet, die der deutschen Bevölkerung das Recht auf die tschechoslowakische Staatsangehörigkeit aberkannten und deren gewaltsame Abschiebung zur Folge hatten. Fast drei Millionen Deutsche waren davon betroffen. Nur rund 200.000 Deutsche durften bleiben, insbesondere jene, die für die Industrie „unersetzlich" waren. Bis heute belasten die Beneš-Dekrete das deutsch-tschechische Verhältnis. Die entvölkerten Gebiete versuchte man in den folgenden Jahren mit der Ansiedlung von Tschechen, Slowaken, Roma und Ukrainern wiederzubeleben.
Ein Jahr später erhielten die Kommunisten bei den Wahlen zur Nationalversammlung knapp 40 %, das beste Ergebnis, das eine kommunistische Partei je in einer freien Wahl erzielte. 1948 führten sie eine Regierungskrise herbei, riefen den Generalstreik aus und zwangen Beneš zum Rücktritt. Neuer Staatspräsidenten wurde Klement Gottwald, eine tschechische Ausgabe Stalins. Mit ihm kam eine neue Verfassung und die Entmündigung des Volkes. Es folgten die kommunistische Ideologisierung von Kultur und Wissenschaft, die Verstaatlichung von Industrie und Handel, die gewaltsame Kollektivierung der Landwirtschaft und Fünfjahresplan auf Fünfjahresplan. Etwa 2 Mio. Tschechen und Slowaken verließen ihr Land.

Die einseitige Förderung der Schwerindustrie, Korruption und Unfähigkeit der Regierenden führten das Land in die wirtschaftliche Krise. Wer das Regime kritisierte, wurde interniert oder zum Tod verurteilt. Einigen Quellen zufolge soll bis 1968 fast jeder fünfte männliche Erwachsene vorübergehend inhaftiert gewesen sein. Auf jeden Fall litt das Volk, und mit ihm auch überzeugte Kommunisten, die sich eingestehen mussten, dass es so nicht mehr weitergehen konnte. Aus den innerparteiliche Streitigkeiten zwischen den selbstgefälligen Genossen stalinistischer Prägung und Reformern gingen schließlich Letztere als Sieger hervor.

Prager Frühling – 1968: Im Januar 1968 wurde Alexander Dubček Erster Parteisekretär und damit neuer Staatschef. Die von ihm vorgestellten Liberalisierungs- und Demokratisierungsprogramme sollten zu einem „Sozialismus mit menschlichem

Antlitz" führen, was viel über die vorherige Gestalt des Systems aussagt. Das Volk jubelte Dubček zu. Es herrschte Optimismus, der Prager Frühling verwandelte die Stadt und das Land.

Walter Ulbricht aber gingen die geplanten Reformen vor seiner Haustür zu weit. Und der kalte Krieger Leonid Breschnew sah sogleich die Außengrenzen des Warschauer Paktes in Gefahr und pochte auf die beschränkte Souveränität der zugehörigen Staaten (Breschnew-Doktrin). Am 21. August 1968 marschierten die Truppen des Warschauer Paktes auf, insgesamt 650.000 Mann. Es kam zu lang anhaltenden Protesten. Die Bilder gingen um die Welt: Tausende Prager auf den Straßen, in ihrer Mitte sowjetische Panzer. Sechs Studenten übergossen sich in aller Öffentlichkeit mit Benzin und zündeten sich an. Bevor der Eiserne Vorhang die Tschechoslowakei endgültig abriegelte, verließen mehr als 150.000 Menschen das Land.

Wo die Wende spurlos vorübergegangen ist ...

Lange Winter – ab 1968/1969: Die Tristesse des sozialistischen Alltags wurde wiederhergestellt, aus dem großen Hoffnungsträger Dubček ein paar Jahre später ein kleiner Forstbeamter. Mit Hilfe eines gigantischen Sicherheitsapparates schaffte es die kommunistische Partei (KSČ) für Ruhe zu sorgen und den Lebensstandard sogar so weit zu verbessern, dass er im Ostblock nur noch von der DDR übertroffen wurde.

1976, in dem Jahr, in dem man Fußballeuropameister wurde, wurden die Musiker der Undergroundband „The Plastic People of the Universe" verhaftet. Liberale Intellektuelle setzen sich daraufhin für die Musiker ein. 1977 schlossen sie sich zur Charta 77 zusammen, aus der das Bürgerforum hervorging. Einer der geistigen Urheber war Václav Havel. Man forderte die Einhaltung der Menschenrechte und erlebte dafür das Gegenteil: Überwachung, Verfolgung und Gefängnis.

Samten fällt der Eiserne Vorhang – 1989: Gorbatschows Politik der Perestrojka läutete Ende der 80er Jahre das Aus für die greisen Funktionäre des gesamten Ostblocks ein. In Berlin war die Mauer bereits gefallen (9. November 1989), in Polen, Ungarn und Bulgarien hatte sich das Volk schon erhoben, als in Prag am 17. November 1989 über 50.000 Menschen auf die Straße zogen. Die Kommunisten hatten die Kundgebung genehmigt, da sie offiziell an die Novemberdemonstration von 1939 erinnern sollte. Damals waren Studenten gegen Hitlers Einmarsch auf die Straße gegangen. Der Protest aber, so zeigte sich schnell, galt der eigenen politischen Führung. Die Demonstration schlug man brutal nieder. Über 100 Teilnehmer wurden verhaftet, ca. 500 verletzt. Dieser Tag gilt heute als der Auftakt zur „Samtenen Revolution“. Seit 2000 ist er ein Feiertag.

Es folgten Arbeitsniederlegung und Großdemonstrationen und noch bevor das Jahr zu Ende war, hatten die Kommunisten ihre Führungsrolle verloren. Das Volk forderte mit Plakaten „Havel auf die Burg“, und so kam es. Um die Turbulenzen jener Zeit zu verdeutlichen, wird gerne die Geschichte von Jiří Dienstbier erzählt, der als Dissident im Gefängnis saß und danach für die Heizanlagen mehrerer Plattenbauten verantwortlich war. Seine Ernennung zum Außenminister kam so prompt, dass manche kalt duschen mussten, weil seine Stelle so schnell nicht wieder besetzt werden konnte.

1990 gab es schließlich nach langer Zeit wieder die ersten freien Wahlen, zu denen nicht nur jeder gehen durfte, sondern auch ging: Die Wahlbeteiligung lag bei 99 %. Havels Bürgerforum gewann. Demokratie war nun da, aber die Fragen der Zukunft blieben ungeklärt. Eine bewegte alle osteuropäischen Länder: Wie schafft man den Übergang von einer veralteten Planwirtschaft zu einer freien Marktwirtschaft, wenn die Gesellschaft – wie Havel es ausdrückte – an einer „Postgefangenschaftspsychose“ litt, der Unfähigkeit ihrer Mitglieder, selbst Entscheidungen zu treffen und zu handeln.

Die Trennung – 1993: Am 1. Januar 1993 erfolgte die Trennung der ČSFR (der Name existierte seit 1990) in die Tschechische und die Slowakische Republik. Aus den 1,5 Millionen Mitgliedern der Kommunistischen Partei wurden über Nacht Demokraten. So wundert es auch nicht, dass bei der 1996 gegründeten Behörde, die die Verbrechen der Kommunisten dokumentieren und untersuchen soll, bislang wenig herauskam. Bei vielen einstigen Dissidenten herrscht deswegen bittere Enttäuschung. Freuen konnten sich hingegen viele, die nach 1948 enteignet worden waren, unzählige Gebäude, Burgen, Schlösser, Klöster und Kirchen wurden ihren früheren Besitzern zurückgegeben. Durch ein radikales Privatisierungsprogramm versuchte man, die Wirtschaft des Landes wieder auf Vordermann zu bringen. Eine große Zahl ausländischer Unternehmen investierte und erntet heute bereits Früchte. Für viele kleine Betriebe erwies sich die Hoffnung, Privatisierung gehe mit höherer Produktivität einher, bislang aber als Trugschluss. Der lokalen Wirtschaft fehlte und fehlt es teils noch immer an starken Interessenverbänden, dem Know-how und den Geldern für Investitionen. Lediglich jene, die ihre Waren exportieren, können auch die Investitionskosten auf das Produkt sofort umlegen. Im Land hingegen ist ein Anheben der Verkaufspreise durch die noch immer niedrigen Löhne nur bedingt möglich.

Und was bringt die Zukunft? Die westböhmischen Kurorte und die Hauptstadt Prag können frohen Mutes in die Zukunft blicken, zumal sie von Jahr zu Jahr an Attraktivität gewinnen. Wie es um den Rest des Landes und die Bevölkerung steht, ist eine andere Sache. Die Modernisierung scheint insbesondere in ländlichen Regionen nicht voranzukommen. Immerhin fließt seit dem EU-Beitritt im Mai 2004 ordentlich Geld dorthin – Gewerbegebiete werden und wurden bereits erschlossen, die touristische Infrastruktur aufgebaut und das kulturelle Erbe restauriert. Sorge bereitet auch die wachsende Kluft zwischen Reformverlierern und Reformgewinnern, zwischen Arm und Reich, eine Entwicklung, unter der vor allem ältere Menschen zu leiden haben.

Beim Schlossbad

Karlovy Vary (Karlsbad)

„Karlsbad ist ein Brillant in einer Smaragdfassung" – so beschrieb Alexander von Humboldt das prunkvolle Kurzentrum mit seiner verschwenderischen Pracht an Bauten aus der Belle Epoque. Umgeben von grünen, waldreichen Höhen liegt es inmitten des romantischen Teplá-Tals.

Karlovy Vary ist noch heute auf der ganzen Welt unter dem deutschen Namen Karlsbad bekannt. Knapp 55.000 Einwohner zählt die Stadt und ca. 8.000 Gästebetten. Sie liegt rund 340 m ü. d. M. Die Hügel drum herum erreichen Höhen von knapp 650 m. Von allen großen böhmischen Kurorten ist Karlsbad nicht nur der berühmteste, sondern auch der nobelste. Exklusive Designerboutiquen, Pelz- und Schmuckgeschäfte dominieren im Kurzentrum. Das Publikum zeigt sich im Vergleich auch gemischter und jünger; es beschränkt sich nicht in erster Linie auf deutsche Rentner.

Ein großer Anteil der Kurgäste kommt übrigens aus Israel und Russland, von Tel Aviv und Moskau gibt es direkte Charterflüge nach Karlovy Vary. Die russischen Besucher fallen sofort ins Auge, die meisten sind in Freizeitkleidung der Firma mit den drei Streifen unterwegs. Das war noch anders, als die russischen Zaren und der russische Adel anreiste. Aber auch Könige und Kaiser, indische Maharadschas und afrikanische Prinzen trugen sich in die Gästelisten Karlsbads ein, die an berühmten Persönlichkeiten wohl weltweit von keinem anderen Kurort übertroffen werden. Allein die Auflistung von Staatshäuptern und Staatmännern würde Seiten einnehmen. Heute, nach einem halben Jahrhundert „Arbeiter- und Bauernkuren" knüpft Karlsbad – und darin unterscheidet sich der westböhmische Kurort von allen anderen – an alte Tage an und ist bereits wieder eine bevorzugte Kuradresse der Kö-

Vitáme vas – Willkommen in Karlsbad!

nigshäuser. Schon König Harald V. aus Norwegen und Prinzessin Sayako, die Tochter des japanischen Kaisers, waren zu Besuch.

Aber nicht nur als Kurort hat Karlsbad einen Namen. Im Rampenlicht steht die Stadt auch stets in der ersten Julihälfte, wenn das Internationale Filmfestival über die Bühne geht. Zwar wird Karlsbad noch nicht in einem Atemzug mit Cannes, Venedig oder Berlin genannt, dennoch reisen Größen aus Hollywood an. Wer war nicht schon alles hier? Leonardo di Caprio, Whoopi Goldberg, Gregory Peck, Robert de Niro usw. Auch als Filmkulisse selbst lockt die Stadt übrigens Produktionsgesellschaften an, u. a. wurden hier Aufnahmen für den Film „Honoré de Balzac" mit Gerard Depardieu und Jeanne Moreau gedreht.

Geschichte: Damit die Geschichte der Kurstadt nicht mit nüchternen Jahreszahlen beginnt, hat man sich eine Gründungslegende einfallen lassen. Angeblich ging Karl IV. im 14. Jh. in der Gegend gerne auf Jagd. Einmal hatten seine Hunde die Fährte eines großen Hirschen aufgenommen. Um seinen Verfolgern zu entkommen, sprang der Hirsch von einem mächtigen Felsen und landete in heißem Quellwasser. Die Hunde sprangen hinterher und jaulten auf. So entdeckte Karl IV. die Quellen und gründete hier die nach ihm benannte Stadt.

In Wirklichkeit aber gab es hier schon vor den Zeiten Kaiser Karl IV. eine kleine Gemeinde, und die Quellen waren schon damals wohlbekannt. Unter Karl IV. lernte man sie jedoch als Heilquellen zu schätzen, und so verlieh der Kaiser im Jahre 1370 dem Ort zahlreiche Privilegien und Rechte. Bereits im 15. Jh. kamen die ersten Kurgäste aus verschiedenen europäischen Adelshäusern. Anfangs badete man in den Thermen, mit Trinkkuren begann man erst im 16. Jh. Im Jahre 1604 zählte man bereits exakt 102 Häuser in Karlsbad. Das weiß man aus einem Bericht, der verfasst wurde, weil ein gewaltiges Feuer 99 davon vernichtet hatte – lediglich drei blieben stehen. Auch von anderen Katastrophen berichtet die Stadtchronik, insbesondere von Überschwemmungen.

Anfang des 18. Jh. wurde Karlsbad schließlich weltberühmt; die ersten Kaiser und Zaren kamen zur Kur. In jenem Jahrhundert glaubte man übrigens auch, durch das Trinken von Karlsbader Wasser Armut heilen zu können. Bis zu 500 Becher pro Hungerleider wurden dagegen verschrieben. 1762 entstand das erste große Badehaus. 1812 schrieb Goethe in einem Brief an Wilhelm von Humboldt: „Weimar, Karlsbad und Rom sind die einzigen Orte, wo ich leben möchte". Wie in Marienbad (→ Kasten S. 92) fühlte sich der alte Goethe übrigens auch in Karlsbad zu jungen Damen hingezogen: Angeblich hatte er ein heimliches Techtelmechtel mit der 20-jährigen Marie Louise, der Gattin Napoleon Bonapartes. Goethe verbrachte insgesamt, zählt man die Tage seiner 13 Aufenthalte zusammen, fast zwei Jahre seines Lebens in Karlsbad.

In der zweiten Hälfte des 19. Jh. entstand das Gros der heute erhaltenen Kur- und Bürgerhäuser, und Karlsbad entwickelte sich zu einem einzigartigen weltoffenen Erholungsort, an dessen Quellen sich Menschen mit unterschiedlichsten Ansichten, Hautfarben und Religionen trafen – lediglich Geld und Macht waren ihnen gemein.

1870 erfolgte die Anbindung an das Eisenbahnnetz, worauf immer mehr Besucher kamen. Einer unter ihnen war übrigens Karl Marx mit seiner Tochter Eleanor. In das Gästebuch trug er sich als Charles Marx, Privatier aus London ein. Die habsburgerische Geheimpolizei überwachte ihn. Die Kommunisten setzten ihm später ein Denkmal an der Petra Velikého im Norden des Kurzentrums. Auch wurde in Karlsbad das einzige Marxmuseum in der ganzen kommunistischen Welt eröffnet; es existiert aber nicht mehr.

Zu Anfang des 20. Jh. verzeichnete man jährlich über 70.000 wohlhabende Kurgäste. Doch dann kamen die Weltkriege und dazwischen die Weltwirtschaftskrise – für den internationalen Nobelkurort eine Katastrophe. Als schließlich nach 1945 die Deutschen aus der Stadt vertrieben wurden, die die Mehrzahl der Einwohner gestellt hatten, war es mit dem Glanz Karlsbads vorbei. Die Kommunisten verstaatlichten das Kurwesen. Das Kurzentrum ließ man verfallen, dafür entstanden im Süden der Stadt große Plattenbausiedlungen. Seit der Samtenen Revolution sieht der Sachverhalt genau umgekehrt aus. Den Ortsrandsiedlungen schenkt man keine Beachtung, das Kurzentrum wurde und wird aufwändig restauriert. Die Investoren kommen größtenteils aus Russland, das Geld dazu aus oft unbekannten Quellen. Die „neuen Herren von Karlsbad" sind vielen Ortsansässigen ein Dorn im Auge: Neu gebaute Wohnungen werden auf Plakatflächen zum Teil nur noch in kyrillischer Schrift angeboten, an tschechischen Kunden ist man gar nicht interessiert.

Die Zahl der Kurgäste von einst hat man heute wieder erreicht. Und da heute zudem erfolgreich Schönheitsoperationen durchgeführt werden, tummelt sich zuweilen auch Highsociety darunter. Laut offizieller Statistik reisen übrigens Gäste aus 80 Ländern an. Im Durchschnitt verweilen sie 13 Tage.

Orientierung: Das Kurzentrum liegt im Süden Karlovy Varys und erstreckt sich entlang des gewundenen Teplá-Tals. Das Geschäftszentrum und die Bus- und Bahnhöfe liegen im Norden der Stadt. Die Grenze zwischen Geschäfts- und Kurviertel liegt in etwa auf Höhe der Hauptpost. Der Flusslauf der Ohře (Eger), in welche die Teplá fließt, grenzt gleichzeitig die nördlichen, tristen Plattenbausiedlungen vom Geschäfts- und Kurzentrum ab.

Information/Parken/Verbindungen

• *Information* **Infocentrum města** (städtisches Informationsbüro) an der Lázeňská 1. Im Sommer Mo–Fr 8–18 Uhr, Sa/So 10–16 Uhr, im Winter Mo–Fr 8–17 Uhr, Sa/So 10–16 Uhr. ✆ 353224097, www.karlovyvary.cz. Eine weitere Tourist Information befindet sich im Dolní nádraží (Unterer Bahnhof, zugleich Intercity-Busterminal), im Sommer Mo–Fr 9–17 Uhr, Sa/So 10–16 Uhr, im Winter nur Mo–Fr 9–16 Uhr.

• *Parken* Gebührenpflichtig und verhältnismäßig sicher sind die Parkplätze des Hotels Thermal (4 €/Tag). Rund um die Uhr bewacht sind die Plätze des Grand Hotels Pupp (12 €/Tag). Die meisten Unterkünfte verfügen zudem über eigene Parkplätze.

Hinweis: Das Kurzentrum ist für Fahrzeuge gesperrt. Lediglich Hotelgäste dürfen zum Entladen bzw. Beladen am Tag der An- und Abreise zu ihrem Hotel vorfahren. Dafür bedarf es einer Hotelreservierung in schriftlicher Form. Sollte Ihr Wagen abgeschleppt worden sein, können Sie ihn am Parkplatz beim Stadion Závodu míru in der Západní 63 abholen, ✆ 353221556.

• *Verbindungen* **Stadtbusse,** es gibt 21 Buslinien, alle treffen sich am innerstädtischen Busbahnhof Tržnice. Fahrkarten erhält man an den aufgestellten Automaten, in vielen Geschäften oder Kiosken (0,35 €, mit Umsteigen 0,50 €) und – etwas teuerer – direkt beim Fahrer. Eine nette Abwechslung verspricht eine Panoramarundfahrt mit Ⓑ 91, die am Divadelní nám. startet. Es existieren zwei Nachtbuslinien, die jedoch nur im Stundentakt fahren. Tageskarten zu 1,70 € oder Wochenkarten zu 5 € erhält man u. a. in den Tourist Informations. Dort bekommen Sie auch Busfahrpläne.

Standseilbahnen: Die Bergbahn vom Hotel Pupp zum Aussichtsturm Diana fährt tägl. von 9–19 Uhr (im Winter nur bis 17 Uhr) jede Viertelstunde. Sie überwindet auf einer Länge von 453 m einen Höhenunterschied von 174 m. Einfache Fahrt 1 €.
Die Standseilbahn vom Divadelní náměstí hinauf zum Hotel Imperial verkehrt Mo–Sa von 6–21 Uhr, So von 10–21 Uhr ca. alle 20 Min., eine Fahrt kostet 0,35 €.

Überlandbusse und Züge: Karlovy Vary besitzt zwei Bahnhöfe. Am oberen, dem Horní nádraží (zu erreichen mit Ⓑ 11 und 12) fahren die Züge nach Prag, Chomutov und Cheb ab. Am unteren, dem Dolní nádraží (zu erreichen mit Ⓑ 12), die Züge nach Marienbad und Potůčky/Johanngeorgenstadt. Dort befindet sich auch das Intercity-Busterminal, von dem man in nahezu jede Ecke Westböhmens gelangt. Für Reisen nach Prag sollte man von Karlsbad dem erheblich schnelleren Bus den Vorzug geben.

Zum Flughafen: Bislang gibt es noch keine Flüge aus Deutschland, Österreich und der Schweiz nach Karlovy Vary. Sollte sich das einmal ändern, so gelangen Sie mit Ⓑ 8 zum Flughafen von Karlsbad. Ein Bus zum Airport von Prag fährt bis zu 10-mal tägl., Abfahrt vom Busbahnhof.

Taxi: Ein zentraler Taxistandort befindet sich am Divadelní náměstí. Nach Pilsen muss man mit ca. 50 € rechnen, nach Marienbad mit ca. 40 €, zum Flughafen Karlsbad mit ca. 12 €.

Pferdekutschen: stehen an der Zahradní gegenüber der Hauptpost und am Divadelní náměstí bereit, der Preis ist Verhandlungssache.

Adressen (→ Karte S. 48/49)

• *Ärztliche Versorgung* Krankenhaus an der Bezručova 19, ✆ 353115111 oder 353224444.

• *Autoverleih* z. B. bei **Czechocar** im Hotel Kolonáda an der I. P. Pavlova. Einen Škoda gibt's ab 53 €/Tag, ein Opel Vectra kommt auf 100 €/Tag. ✆ 353232099, www.czechocar.cz.

• *Polizei* an der I. P. Pavlova 24. ✆ 353227404.

• *Post* Hauptpost an der T. G. Masaryka 1. Eine Zweigstelle im Kurzentrum finden Sie an der Vřídelní 55.

• *Reinigung* **Rychločistirna Rak,** in der Krále Jiřího 35. Hemd 1,20–1,60 €, Hose 2,20–2,90 €, je nachdem, ob man seine Klamotten nach einem oder nach drei Tagen wieder haben will.

• *Zeitungen/Zeitschriften* Internationale Zeitungen und Zeitschriften finden Sie an den meisten Kiosken im Kurzentrum. Wer nicht lange suchen will, geht zu **Noviny (29)** in der Vřídelní 51.

Einkaufen (→ Karte S. 48/49)

An Karlsbader Oblaten, Becherovka und Moser-Glas führt so gut wie kein Weg vorbei. Letzteres brauchen Sie übrigens nicht unbedingt im Fabrikverkauf erstehen, die Preise in den Geschäften im Zentrum sind im Prinzip die gleichen. Eine Reihe von eleganten Designerläden befindet sich im Kurzentrum.

• *Geschäfte* **Vinotheque Le Bouchon (39),** edler Laden ganz im Zeichen guter französischer Weine. Degustationen. Zudem tolle Accessoires wie Dekanter, Gläser, Korkenzieher etc. Nová Louka 19.

Music instruments Roko (15), kleine, bis unter die Decke vollgestopfte Musikalienhandlung. Tipp für all diejenigen, die auf der Suche nach günstigen Geigen, Gitarren oder Schlagstöcken sind. Im Garten wird schräge Kunst ausgestellt. Na vylídce 17.

Kolonáda (4), die obligatorischen Karlsbader Oblaten, warm oder kalt, offen oder verpackt. Café angegliedert. I. P. Pavlova 15.

Botanicus (43), ein kleines duftendes Paradies. Handgemachte Seifen, Öle, Tee, Gewürze und Kräutermischungen. Liebevoll dekoriert. Mariánskolázeňská 15.

• *Shoppingcenter/Supermärkte* Große Einkaufszentren und Supermärkte im westeuropäischen Stil (das größte ist das **Fontana** mit einem riesigen TESCO und etlichen Bekleidungsgeschäften) liegen an der Ausfallstraße nach Eger oder sind von dort ausgeschildert. Im Stadtzentrum befinden sich die folgenden beiden Adressen:

Atrium (10), kleines, eher billig wirkendes Shoppincenter auf 3 Etagen mit ca. 30 Läden. Von der Bluse über die Unterhose bis zum neuen Haarschnitt ist alles zu bekommen. I. P. Pavlova.

Městská tržnice (2), die frühere Markthalle am innerstädtischen Busbahnhof stand zum Zeitpunkt der letzten Recherche zwar leer, doch soll hier wieder ein großer Supermarkt einziehen.

• *Markt* Ein **Flohmarkt** findet jedes Wochenende im Vorort Tuhnice statt. Zu kaufen gibt es den üblichen Krimskrams. Kostenlose Sonderbusse ab dem innerstädtischen Busterminal.

Essen & Trinken/Nachtleben (→ Karte S. 48/49)

Entlang der Vřídelní reihen sich zig Restaurants von ähnlichem Niveau und nahezu identischen Speisekarten und Preisen aneinander. Tschechen werden Sie hier nur als Bedienungen erleben. Dafür haben fast alle Lokale Tische im Freien mit Blick auf den Fluss. Wer billig und authentisch essen will, geht am besten ins nördlich des Kurzentrums gelegene quirlige Geschäftsviertel. Ansonsten treffen Sie mit den folgenden Restaurants eine gute Wahl.

• *Restaurants* **Poštovní dvůr (46),** elegantes Restaurant in historischem Gemäuer südlich des Kurzentrums. Im ehemaligen Pferdestall mit Brunnen serviert man heute vor offenem Kamin französische und böhmische Spezialitäten. Zum Teil werden sie am Tisch zubereitet. Riesige Sommerterrasse mit Grill und Blas- oder Country-Musik an Samstagabenden. Für tschechische Verhältnisse gesalzene Preise, für westeuropäische aber noch immer angemessen. ✆ 353224119, Slovenská 2.

Embassy (40), dem gleichnamigen Hotel angegliedert. Edel-vornehmes, mehrfach ausgezeichnetes Restaurant mit zuvorkommendem Service, den schon Klaus Maria Brandauer, Gerard Depardieu oder Václav Havel genossen. Gemütliches Ambiente mit Kachelofen. Auf der Speisekarte stehen Hummersuppe, Fasanenbrüstchen oder Chateaubriand. Hg. 5,70–14,30 €, und damit für das Gebotene sehr günstig. Reservierung empfohlen. ✆ 353221161, Nová Louka 21.

Promenáda (32), ebenfalls ein Hotelrestaurant und ebenfalls bekannt für seine hervorragende Küche. Schlichtes Inventar, erlesene Speisekarte. Probieren Sie die Gänsestopfleber. Gute Weinkarte. Hg. 12,80–15 €. ✆ 353225648, Tržiště 31.

Karla IV. (25), Weinrestaurant, zu empfehlen wegen der schönen Sommerterrasse, die einem durchaus das Gefühl gibt, in Bella Italia zu speisen. Innen jedoch, im alten Gemäuer des Schlossturmes, ist es eher küchendunststickig. Wie wäre es mit Lammkeule auf Honig, Hirschspieß oder Kaninchenkeule mit Paprikarahm? Hg. 6,70–14 €. Di Ruhetag. ✆ 353227255, Zámecký vrch 2.

Übernachten
1 Jugendherberge Domov mládeže
5 Hotel Kavalerie
9 Pension Amadeus
11 Apartments Harmonie
12 Hotel Venus
13 Villa Rosa
14 Haus Stubsi
16 Hotel Excelsior
18 Pension M privat
19 Hotel Čajkovskij
20 Aparthotel Ontario
22 Pension Family
23 Hotel Eliška
24 Pension Ibiza
38 Hostel Buena Vista
41 Hotel Ostende
44 Grand Hotel Pupp
45 Villa Basileia
47 Hotel Aberg
48 Campingplatz
Nachtleben
8 Rotes Berlin
27 California Club
31 Cocktail Bar Mañana
42 Divadlo Husovka
Dvory, Cheb, Shoppingcenter Fontana
Oberer Bahnhof
Goethewarte
Doubí
Pobřežní
Chebský most
Ohře
Vítězná
Západní
Unterer Bahnhof
Jan-Becher
(innerstädtisch)
Varšavská
Zeyerova
Bulharská
Lázně V
WC
nábř.
Jana
Palacha
Osvobození
Smetanovy sady
Bezručova
Ondříčkova
Americká
Italská
Palackého nám.
Jiráskova
Anglická
Rumunská
Vrchlického
Švermova
Němcové
Lidická
Mozartova
Národní
Havlíčkova
Polská
Máchova
5. května
Hrbitovní
Gogolova pěšina
T. G. Masaryka
Dr. Davida Bechera
Bělehradská
Jaltská
Moskevská
Svahová
Krále
Jiřího
Vrázova
Kino Čas
Pferdekutschen
Hotel Thermal
Freibad
Polizei
I. P. Pavlova
Zahradní
Dvořákovy sady
Parkkolonnade
Ondřejská
Na vyhlídce
Czechocar
Sadová
Poděbradská
Lázně III
Skalníkovy sady
Mühlbrunnen-Kolonnade
Lazenská
Museum zum Goldenen Schlüssel
Jeana de Carro
Sady Jeana de Carro
Russisch-orthodoxe Kirche
Zámecký vrch
Velikého
Petra
Schlossbad
Marktkolonnade
Tržiště
Vřídelní
Sprudel-kolonnade
Kirche Maria Magdalena
Jelení skok
Křižíkova
Kolmá
Raisova
Tyršova
Scheinerova
Fügnerova

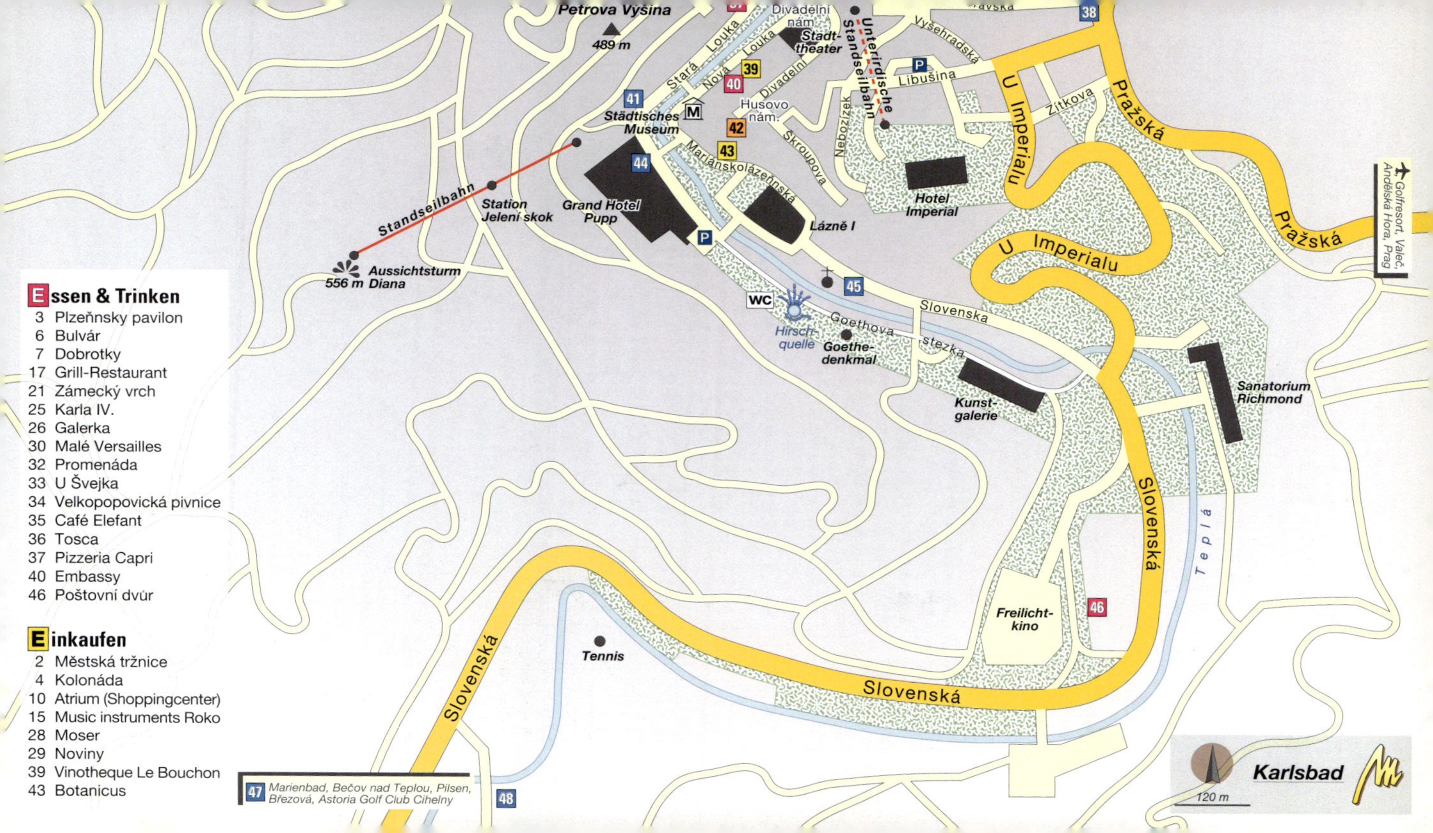

Essen & Trinken

3 Plzeňnsky pavilon
6 Bulvár
7 Dobrotky
17 Grill-Restaurant
21 Zámecký vrch
25 Karla IV.
26 Galerka
30 Malé Versailles
32 Promenáda
33 U Švejka
34 Velkopopovická pivnice
35 Café Elefant
36 Tosca
37 Pizzeria Capri
40 Embassy
46 Poštovní dvür

Einkaufen

2 Městská tržnice
4 Kolonáda
10 Atrium (Shoppingcenter)
15 Music instruments Roko
28 Moser
29 Noviny
39 Vinotheque Le Bouchon
43 Botanicus

Zámecký vrch (21), liebevoll eingerichtetes Restaurant mit schweren Schränken, gemütlichen Sitzecken und Bauernmalereien an der Wand. Ausgefallene Fleisch- und Fischvariationen, für Vegetarier gibt's u. a. gegrillte Auberginen in Olivenöl. Hauptgerichte 8–15,40 €. ✆ 353221321, Zámecký vrch 14.

U Švejka (33), urig-rustikales Restaurant, dessen schwere böhmische Kost Leser loben. Hg. 5,40–10 €. Außenbestuhlung. ✆ 353232276. Etwas zurückversetzt von der Stará Louka (Hnr. 10), eine Švejk-Puppe weist den Weg.

Malé Versailles (30), das Gartenrestaurant zehrt noch heute von seinem Ruf, einst Johann Wolfgang von Goethe als Stammgast gehabt zu haben. Die im Grünen gelegene Sommerterrasse lädt noch immer auf einen Nachmittagskaffee oder ein Bierchen ein. Die pseudorustikale Innenausstattung, wo mit Strohblumen nicht gespart wurde, weniger. Fleisch- und Hühnchengerichte 4–8 €. ✆ 353228097, Křižíkova 420.

Bulvár (6), sehr beliebtes Restaurant in einem Backsteinkeller. Gemütlich. Für das Inventar scheint man alle Trödler der Stadt aufgekauft zu haben. Vornehmlich junges Publikum. Ellenlange Speisekarte mit internationaler Küche zwischen Lendenbraten und Paella. Hg. 3–11 €. Am Abend gelegentlich Live-Musik oder lustige Themenpartys. Bis 2 Uhr nachts geöffnet. ✆ 353585199, Bělehradská 9.

Galerka (26), Publikum und Inneneinrichtung ähneln dem Bulvár. Dazu ein netter Garten mit Grill und Kinderspielplatz. Auf der außergewöhnlichen Karte stehen viele „Fleischbatzen" (sic!), darunter auch Spezialitäten vom Wild. Zudem Pasta, große Salate und einige vegetarische Gerichte. Hg. 4,30–6,70 €. ✆ 353230172, Na vyhlídce 50.

Grill-Restaurant (17), gemütliches Lokal im Herzen des Kurzentrums. Holzboden, Folklore an den Wänden, Lagerfeuergeruch in der Luft. Balkanspezialiäten wie gefüllte Riesenfrikadellen oder Čevapčici zu 3,70–8,30 €. Terrasse. ✆ 353585529, Vřídelní 37.

Pizzeria Capri (37), auch hartgesottene Fans böhmischer Küche haben vom Kloß mit Soß einmal die Nase voll. Die gemütliche Pizzeria mit breiter Glasfront, viel Grün, kleiner Galerie und Außenbestuhlung am Fluss ist einen Seitensprung wert. Gute Auswahl an Fischgerichten. Steinofen! Pizza 5–6 €. ✆ 353236090, Stará Louka 42.

Velkopopovická pivnice (34), rustikaler Gasthof mit Wagenrädern und getrockneten Zwiebeln an der Wand. Serviert wird herzhafte, urböhmische Küche: panierter Käse, Lendenbraten, Palatschinken usw. Hauptgerichte 2,30–8,30 €. Petřín 10.

Plzeňsky pavilon (3), im Vorort Drahovice gelegene zünftige Gaststätte mit nettem Außenbereich. 100 % tschechisches Publikum – sofern Sie nicht dazustoßen. Gute, deftige Hausmannskost zu günstigen Preisen, auch wenn der Inhalt des Brotkorbs nicht immer der frischeste ist. Am Wochenende brechend voll mit jungen Cliquen und Knödel essenden Opas. Lidická 2. Ⓑ 10,15 Slavia.

• *Cafés* **Café Elefant (35),** Kurgäste schwören drauf – nicht zuletzt der Tortenvitrine wegen. Große Spiegel, gediegen-kitschiges Mobiliar. Stets gut besucht, und das schon seit Goethes Zeiten: Der große Dichter feierte hier seinen 37. Geburtstag. Leider tranken wir hier den mit Abstand schlechtesten und dazu teuersten Cappuccino Westböhmens. Stará Louka 30.

Tosca (36), auf ältere Kurgäste ausgerichtetes Café im gleichnamigen Badehaus, von wo man das Treiben in der Sprudel-Kolonnade gegenüber beobachten kann. Stuck und Kronleuchter! Do/Fr/So finden Tanzabende (kleiner Eintritt) statt, dann besser reservieren. ✆ 353178111. Moravská 6.

• *Snacks* **Dobrotky (7),** leckere Mischung aus französischen Crêpes und böhmischen Palatschinken im Straßenverkauf. Ob mit Schokolade oder Käse – sind Sie zufällig im untouristischen Geschäftsviertel unterwegs, probieren Sie einen! Ecke Dr. D. Bechera/Zeyerova.

Außerhalb **Restaurant Nostalgie**, untergebracht im Schloss des ca. 4 km südwestlich von Karlsbad gelegenen Örtchens Doubí (Ⓑ 6 ab dem innerstädtischen Busbahnhof). Gediegen, aber ohne jeden Hang zum Biederen. Ideal für ein romantisches Abendessen. Und wer sich nichts mehr Liebes zu sagen hat, genießt einfach die Entenpaste und danach das Wildschweinsteak mit getrockneten Tomaten... Hg. 5–11,60 € – für das Gebotene faire Preise. ✆ 353339191.

• *Bar* **Cocktail Bar Mañana (31),** in einem ocker-blau-gestrichenen Gebäude. Für Mexikoambiente sorgen Maiskolben, Kakteen und Corona. Gegen den Hunger gibt's Tex-

Mex-Küche der mittleren Preisklasse. Vom Zentrum aus geht's ganz schön mühselig nach oben. Na vyhlídce 52.

• *Clubs* **California Club (27),** Dorfdisco östlich des Kurzentrums. Musik und Aktionen querbeet, häufig Oldieabende. Biergarten und Tattoo-Studio. Mo Ruhetag. Tyršova 2.

Rotes Berlin (8), Club und Kneipe im Zeichen des vorrevolutionären Ostberlins. Das Coolste, was der Kurort zu bieten hat. Die dominierende Farbe kann man sich vorstellen. Billard, über dem ein goldener Engel schwebt, Kicker und ein Saal für fast tägliche Konzerte oder DJ-Abende. Zu hören gibt es alles zwischen Hip-Hop, Elektroavantgarde und Crossover. Tägl. 12–24 Uhr, Eintritt je nach Event. Jaltská 7.

Divadlo Husovka (42), alternativer Jazzclub in einer ehemaligen Schule. Leider nur zu Konzerten und Veranstaltungen geöffnet, auf Plakate achten. Junges Publikum, Restaurant angegliedert. Husovo nám. 2.

• *Casinos* Es gibt mehrere. Zu empfehlen ist der noble **Pupp Casino Club,** dem gleichnamigen Hotel angegliedert. Roulette und Black Jack. Mindesteinsatz 3,30 €. Angemessene Kleidung wird erbeten. Tägl. 20–4 Uhr.

Übernachten (→ Karte S. 48/49)

Die meisten Luxushotels – jährlich werden es mehr – und gehobeneren Pensionen befinden sich im Kurzentrum. Für Karlsbad noch verhältnismäßig günstig wohnt man in den vielen Privatpensionen auf dem Hügel östlich des Kurzentrums, vornehmlich in den Straßen Tyršova, Fügnerova und Scheinerova. Die Kurtaxe, die im Übernachtungspreis oft nicht enthalten ist, beträgt 0,50 € pro Person und Tag.

• *Hotels* ***** **Grand Hotel Pupp (44),** traditionsreichstes und luxuriösestes Haus der Stadt, jeder weitere Kommentar erübrigt sich (→ „Sehenswertes"). Wer auf einen Stern verzichten kann, quartiert sich im angegliederten **Parkhotel** ein. EZ 190 €, DZ 230 €, Suite ab 290 €. Preise im Parkhotel: EZ 110 €, DZ 145 €, Apartment ab 250 €. Frühstück kostet stets extra. ✆ 353109630, www.pupp.cz, Mírové nám. 2.

**** **Imperial,** protziges, 1912 erbautes Nobelkurhotel mit Schlosscharakter hoch über der Stadt (→ „Sehenswertes"). Über 200 geräumige Zimmer. Wenn Sie am Empfang oder beim Frühstück nicht auf Russisch begrüßt werden wollen, ziehen Sie keinen Trainingsanzug an. Große Kurabteilung, Tennisplätze, Golfübungsplatz etc. EZ ab 90 €, DZ ab 140 €, Suite ab 220 €. ✆ 353206113, www.imperial.kv.cz, Libušina 18.

**** **Čajkovskij (19),** stand noch in der letzten Auflage als Tipp unter den Billigabsteigen. Wie das Imperial wurde aber auch das Kurhotel 2003 vornehm restauriert. Es bietet 37 komfortable, klassisch-moderne Zimmer, einige davon mit Balkon. Lassen Sie sich eines zur Straße hin (nicht laut) geben, die anderen sind z. T. recht dunkel. Restaurant mit Diätkost. EZ 85 €, DZ ab 140 €, Suite ab 180 €.

Karlsbader Zentrum

✆ 353237520, www.cajkovskij.com, Sadová 44–46.

**** **Venus (12),** 2001 eröffnetes Kurhotel. 53 freundliche Zimmer in guter Lage, die als EZ 83 € kosten, als DZ 126 € und als Suite 190 €. Im Preis enthalten sind neben dem Frühstücksbüfett ein Begrüßungsgetränk, Leihbademantel, freier Zugang zum Pool und Whirlpool. ✆ 353433411, www.HotelVenus.cz, Sadová 8.

**** **Eliška (23),** elegantes Haus im ruhigen Villenviertel Westend. Zeitlos eingerichtete Zimmer, tolle Sommerterrasse, entspannende Atmosphäre. Restaurant mit russischer Küche, Beautycenter. Man kann gegen Aufpreis auch einen Babysitter engagieren (9 €/Std.), sein Hemd bügeln lassen (5 €) oder eine Thermoskanne ausleihen (2 €). EZ 115 €, DZ ab 125 €, Suite ab 175 €, Frühstück extra. ✆ 353234629, www.edengroup.cz, Sadová 52.

**** **Ostende (41),** gepflegtes, komfortables Kurhotel. Beste Lage. Großzügige Zimmer mit klassischem Mobiliar und geräumigen Bädern. Balneologische Abteilung angegliedert. EZ 75 €, DZ 120 €, Apartment 160 €. ✆ 353585216, www.ostende.cz, Stará Louka 60.

*** **Excelsior (16),** gutes etabliertes Mittelklassehotel. Die meisten Zimmer sind mit Parkettboden, Whirlpool im Bad und hellen Holzmöbeln im Landhausstil ausgestattet – ob sich Letztere mit der Eleganz des historischen Stadthauses beißen oder nicht, müssen Sie selbst entscheiden. Der Großteil der Gäste kommt aus Israel, deswegen hauseigene Synagoge. EZ 50 €, DZ 80 €, Apartment 96 €. ✆ 353222391, www.excelsiorhotel.cz, Sadová 28.

** **Kavalerie (5),** kleines Hotel im Herzen des Geschäftsviertels. 16 Zimmer auf unterschiedlichem Niveau zwischen freundlich-komfortabel und lieblos-einfach, für das Gebotene jedoch faire Preise. Holzverkleidetes Café mit Sommerterrasse im Erdgeschoss. EZ ab 32 €, DZ ab 41 €, Dreier 68 €. ✆ 353229613, www.kavalerie.cz, T. G. Masaryka 43.

• *Pensionen* **Amadeus (9),** 16 individuell eingerichtete Zimmer und ein Apartment auf einem Hügel über der Stadt. Die Zimmer – z. T. mit Stuck oder schwarz-weißen Fußbodenkacheln im Stil der 30er Jahre – bieten teilweise herrliche Panoramablicke. Freundliche Inhaberin. Nicht ganz billig. EZ 50 €, DZ 63 €, Dreier 83 €. Hunde erlaubt. ✆ 353227254, ℻ 353235336, Ondřejská 37.

Villa Rosa (13), in einem ockerfarbenen Schlösschen hoch über der Stadt, 2003 eröffnet. Im Gegensatz zum Äußeren enttäuscht die Einrichtung der Zimmer und Apartments – es sei denn, Sie mögen rustikale, schwere Eichenmöbel. Trotzdem: sehr gepflegt und sauber. Dazu freundlicher Service – sofern Sie nicht rauchen, denn das ist in den Zimmern verboten. Eigene Parkplätze (5 €/Tag). EZ 33 €, DZ 43 bzw. 67 € (Zimmer Nr. 1 und 6 besitzen Panoramablicke über die Stadt und lohnen den Mehrpreis), Apartment 87 €. ✆ 353239121, www.villarosa.cz, Na vyhlídce 22.

Villa Basileia (45), am Fluss im Süden des Kurzentrums gelegene Pension. 6 liebevoll eingerichtete Zimmer und ein Apartment mit Hotelkomfort. Im Winter lockt der Whirlpool, im Sommer kann man die Füße in das kleine Becken im hübschen Garten hängen. Grillfeste. Eigene Parkplätze. DZ 55 €, Apartment 105 €. ✆ 353224132, www.villabasileia.cz, Mariánskolázeňská 4.

Ibiza (24), mitten im Kurzentrum und für die Lage zahlt man selbstverständlich mit. Kleine, relativ geschmacklose Zimmer (viel Pink und Lila, Plastikblumen), aber sauber und ordentlich. Private Bäder, Satelliten-TV. Vermittlung von Kuranwendungen. Das Personal ist nicht immer fremdsprachig. EZ 32 €, DZ 55 €. ✆/℻ 353223315, Zámecký vrch 3.

M privat (18), im hügeligen Osten der Stadt gelegene Pension mit nur 4 Zimmern, geräumig und gelb-rosa-braun gestrichen. 2 Zimmer teilen sich ein Bad. Zuvorkommender Service. DZ mit Frühstück 40 €. ✆ 353222854, Na vyhlídce 28.

Family (22), 4 Zimmer mit Bad in einem romantischen Häuschen am Waldrand. Nicht ganz so romantisch die etwas altbackenen Zimmer, dafür sehr sauber und z. T. mit Parkettboden. Eigene Parkplätze, nette Inhaber. Östlich des Zentrums. DZ 33 €. ✆/℻ 353225834, Tyršova 11.

• *Apartments* *** **Ontario (20),** 2004 eröffnetes Aparthotel in einem historischen Stadthaus. Nur 12 geräumige, blau-gelb gehaltene Suiten mit Kochgelegenheit. Klassisch-moderne Ausstattung, z. T. Balkone und schöne Ausblicke. Leider teilweise nur englischsprachiges Personal. Für 2 Pers. 100 € mit Frühstück und Parkplatz, für 1 Pers. 87 €. ✆ 353222091, www.hotelontario.cz, Zámecký vrch 20.

Haus Stubsi (14), 1899 erbautes Stadthaus im Kurzentrum, 2003 restauriert. Unter deutscher Leitung. Sehr bieder ausgestatte

Apartments mit Bad, Küche, Wohn- und Schlafzimmer. Lassen Sie sich eines mit schönem Flussblick geben. Für 2 Pers. 85 €, Hund 5 €, Waschmaschinenbenutzung 3 €. ✆ 353227117, www.hausstubsi.cz, Vřídelní 27.

Harmonie (11), Zdeněk und Marcela Peškovi vermieten 3 saubere, wenn auch nicht stilvoll möblierte Apartments. Leider etwas dunkel durch die enge Gasse nach vorne, dafür zentralste Lage. Ideal in Verbindung mit einem Beauty-Programm: Der Hausherr ist Masseur, seine Frau Kosmetikerin. Pro Person 25 € ohne Frühstück. ✆/℻ 353221650, Ondřejská 14.

• *Jugendherberge/Hostel* **Domov mládeže (1),** abseits des Zentrums im Vorort Drahovice. Das Schülerinternat hält stets einige konventionelle Zimmer für Touristen frei, z. T. mit Kühlschrank, TV und eigenem Bad. Gute Busverbindungen (auch nachts). DZ mit Bad 21 €, ohne Bad 14,50 €. Kein Frühstück. ✆ 353241111, ℻ 353228676. Lidická 38, Ⓑ 10, 15 Národní.

Hostel Buena Vista (38), die erste und bislang einzige Backpackeradresse der Stadt. Untergebracht wird man in kleinen Apartments: Die Bewohner eines Zimmers (4 oder 6 Betten) teilen sich dabei jeweils eine Küche und ein Bad. Alles noch neu und gepflegt. Laundry-Service, netter Außenbereich, Grillabende, Billard. Pro Person 9,50 €, Frühstück extra. Private Parkplätze (2,70 € pro Tag). ✆ 353365190, www.premium-hotels.com/buenavista, Moravská 42.

• *Außerhalb* **** **Aberg (47),** eine Empfehlung für alle, die absolute Ruhe einer zentralen Lage vorziehen. Vor allem von Russen frequentiertes Haus, um einen ehemaligen Aussichtsturm aus dem Jahr 1905 errichtet. Mitten im Wald gelegen, ca. 6 km von Karlsbad entfernt. Komfortable Zimmer, versuchen Sie, das Turmzimmer mit herrlichem Panoramablick zu bekommen! Restaurant mit mehreren Sälen und Spezialitäten der kaukasischen Küche angegliedert. Sauna, russisch-orthodoxe Holzkapelle auf dem Gelände. DZ 100 €, Apartment 150 €. Doubská hora, ✆/℻ 353332543, www.volny.cz/aberg. Von der Straße (Nr. 20) nach Pilsen/Bečov nad Teplou ausgeschildert.

• *Camping* Der dem Zentrum am nächsten gelegene Platz (ca. 1,5 km ab Hotel Pupp) beim **Hotel Gejzír (48)** (regelmäßige Busverbindung ab dem innerstädtischen Busbahnhof) war bei unserem Besuch wegen Bauarbeiten geschlossen und machte einen recht trostlosen Eindruck. Er soll jedoch 2005 wieder eröffnet werden. Mal sehen, was daraus wird.

Etwa 6 km nördlich von Karlsbad liegt der gepflegte **Autokemp Sasanka** im Dorf Sadov. Es handelt sich um eine recht schattenlose Wiese mit jungen Bäumen und Holzhütten drum herum. Moderne, saubere Sanitäranlagen, Schnellrestaurant. 2 Personen mit Zelt und Auto zahlen 8,30 €. Wohnwagen 4,50 €, Strom 2 €, Hütte 16 €. April–Okt. ✆/℻ 353590130. Von Karlsbad halten die meisten Busse nach Jáchymov und Ostrov in Sadov. Gute Verbindungen ab dem Busbahnhof in Karlovy Vary.

Sport & Freizeit/Kur & Kultur

• *Ausflüge* Tages- und Halbtagesausflüge per Bus nach Marienbad, Franzensbad, Loket, Prag usw. werden im Kurzentrum überall angeboten. Es ist ratsam, explizit nach organisierten Touren mit deutschsprachiger Führung zu fragen, da sich das Publikum vornehmlich aus russischen Pauschaltouristen rekrutiert.

• *Baden* Zum Hotel Thermal gehört ein hoch über der Stadt gelegenes **Freibad** (bazén), das u. a. mit warmem Quellwasser gefüllt wird. Für 1,70 €/Std. können auch Nichthotelgäste darin baden.

Rund um die Stadt findet man auch mehrere Badeseen. Der nächstgelegene, aber nicht der schönste und zudem mehr Teich als See, nennt sich **Rolava.** Er liegt im Norden der Stadt und ist mit Ⓑ 12 (Mlýnská) zu erreichen.

Der **Velký Rybník** beim gleichnamigen Dorf rund 6 km nördlich von Karlsbad hat ein Restaurant mit nettem Biergarten zu bieten, leider aber keine besonders guten Liegeflächen (Bus bis zu 9-mal tägl. von und nach Karlovy Vary).

Empfehlenswerter und gemütlicher ist der südlich des Dorfs **Děpoltovice** gelegene kleine Badesee, dessen Ufer jedoch gelegentlich überlaufen sind. Anfahrt: Von Karlovy Vary kommend zunächst der Beschilderung zum Hotel Riviera folgen, dann der Beschilderung „Koupaliště". Ein Bus fährt mehrmals tägl. von Karlovy Vary ins Dorf, dann allerdings noch ca. 25 Min. zu Fuß.

Für Baden in Kurbädern → „Sehenswertes/Kurbäder".

• *Golf* **Golf Resort,** ca. 6 km südöstlich von Karlsbad an der Straße nach Prag. Schöner

Pause am Karlsbader Theater

Platz mit altem Baumbestand, es gibt ihn immerhin seit 1904. 18 Loch, 72 Par. Greenfee 46–53 €. Im Sommer tägl. 8–20 Uhr. ✆/℻ 353331001, www.golfresort.cz.

Neueren Datums ist der 18-Loch-Platz (70 Par) des **Astoria Golf Clubs Cihelny,** 6 km südwestlich von Karlsbad (von der Straße nach Bečov nad Teplou ausgeschildert). Mit Hotel. Greenfee 40–46 €. ✆ 353972281, www.agc-cihelny.cz.

Bis zu Ihrem Besuch wurde vielleicht schon Karlsbads dritter Golfplatz, der **Golf & Racing Club** eröffnet. Dieser soll inmitten der Pferderennbahn im Vorort Dvory entstehen.

• *Kanuverleih* Leihkanus für Fahrten auf der Eger z. B. über den Campingplatz **Na Špici** im Dorf Radošov (→ S. 69).

• *Kino* Die Stadt der Filmfestspiele hat Kinos en masse. Beliebtestes Kino ist das **Čas** an der T. G. Masaryka 3. Im schönen **Freilichtkino** (Letní kino) am südlichen Ortsrand beim Restaurant Poštovní dvůr werden leider seit Jahren keine Filme mehr gezeigt.

• *Kuren* Behandelt werden insbesondere Leber-, Gallen-, Magen- und Darmerkrankungen, aber auch Störungen des Bewegungsapparat sowie des Stoffwechsels. Erfolgreich werden zudem Mundspülungen gegen Parodontose durchgeführt. Wer eine Kur machen will, kann sich über die städtische Tourist Information (→ „Information") Infomaterial zuschicken lassen.

• *Tennis* Mehrere Outdoor- und 2 Indoor-Plätze befinden sich ca. 2 km südlich des Zentrums beim Hotel Gejzír im gleichnamigen **Gejzírpark** an der Straße nach Březová. Slovenská 5A, ✆/℻ 353222306.

• *Pferderennen* Die Veranstaltungen finden in den Sommermonaten in unregelmäßigen Abständen auf der Rennbahn (Závodiště) im Vorort Dvory statt (zu erreichen mit Ⓑ 1 Závodiště). Höhepunkt ist das Rennen zum Treffen der europäischen Adeligen Ende April.

• *Radverleih* Über diverse Radsportgeschäfte und die städtische Touristeninformation (s. o.). Ab 10 € pro Tag.

• *Veranstaltungen* Anfang Februar wird die **Ballsaison** im Grand Hotel Pupp eingeleitet, die bis April andauert. Höhepunkt ist der **Ball der Adeligen** Ende April (→ „Sehenswertes/Grand Hotel Pupp"). Stets am 1. Maisamstag findet die festliche **Eröffnung der Kursaison** statt. Anfang Juni geht mit dem **Kanoe Mattoni** die größte Kanusportveranstaltung Tschechiens über die Bühne. Die erste Julihälfte steht seit Jahrzehnten ganz im Zeichen der **Internationalen Filmfestspiele**. Von den hier gezeigten rund 250 internationalen Filmen haben i. d. R. ca. 200 Weltpremiere. Ende August folgt das **Internationale Studenten-Filmfestival,** das 2004 erstmals abgehalten wurde. Das traditionelle Musikfestival **Dvořáks**

Karlsbader Herbst erinnert alljährlich im September an den Aufenthalt des berühmten Komponisten im Kurort. **Tourfilm**, ein drittes Filmfestival Anfang Oktober, beschäftigt sich mit dem Thema „Reisen". Im November gibt es einen **Internationalen Gesangswettbewerb,** in der Weihnachtszeit regelmäßige **Festkonzerte** im Grand Hotel Pupp.

Von April bis September finden regelmäßig **Kirchenmusikkonzerte** in der Maria-Magdalena-Kirche statt. Für weitere Konzerte und Partys auf Plakate achten!

• _Wandern/Radfahren_ Es gibt unzählige gut markierte Spazier- und Wanderwege rund um Karlovy Vary. Ihre Gesamtlänge beträgt ca. 130 km. Aufgrund der hügeligen Landschaft muss man jedoch bei den meisten Wegen mit anstrengenden Aufstiegen rechnen. Gemütliche Naturen fahren deshalb mit der Standseilbahn zum Aussichtsturm und **Ausflugsrestaurant Diana** und starten von dort. Wer will, kann auch auf halber Strecke aussteigen und von dort zur **Petrova výšina (Petershöhe)** spazieren; angeblich hat Peter der Große aufgrund einer verlorenen Wette auf einem ungesattelten Pferd hierher reiten müssen. Von der Petershöhe führt ein Weg weiter zum **Ausflugscafé Jelení skok (Hirschensprung),** das nahe jenem legendären Ort liegt, von dem einst Hirsch und Hunde in die heißen Quellen gesprungen sein sollen (→ „Geschichte"). Ein weiteres schönes Ausflugsziel ist die **Goethewarte (Goethova vyhlídka)** östlich der Teplá, die man über den **Gogolweg (Gogolova pěšina)** erreicht. Von dem dortigen Aussichtsturm – 180 Stufen sind es hinauf – genießt man eine herrliche Weitsicht.

Weitere Ausflugs- und (Rad-)Wanderziele → „Karlovy Vary/Umgebung".

Ein Tipp für Radfahrer: Von Mitte Juni bis Ende September besteht die Möglichkeit, 1- bis 3-mal tägl. auf sog. **Cyklobusse** aufzusteigen. Das sind Busse, die Fahrräder mitnehmen und so Radwanderrouten ermöglichen, bei denen Start- und Zielpunkt nicht identisch sein müssen. Eine Linie führt vom Busbahnhof über Sokolov, Marienbad, Stift Tepl und Bečov nad Teplou nach Loket. Die zweite Linie bedient die Strecke Karlovy Vary – Ostrov – Jáchymov – Boží Dar – Nové Hamry – Kraslice – Nejdek. Genaue Fahrpläne und Preise erhalten Sie bei den Touristeninformationen sowie unter www.autobusy-kv.cz.

Sehenswertes

Das gesamte **Kurzentrum** mit seinen überwiegend eklektizistischen Bauten ist eine Augenweide. Das offenbart sich einem, sobald man dem 1976 gebauten Hotel Thermal, einem 16-stöckigen Betonklotz am nördlichen Rand des Kurgebiets, den Rücken zugewandt hat. Die prächtigste aller Straßen ist die **Stará Louka (Alte Wiese),** eine belebte Promenadenstraße mit zahlreichen Geschäften. Le Corbusier sah in den Bauten „eine Reihe von Torten, alle vom gleichen Stil und der gleichen Eleganz". Einen wesentlichen Anteil am heutigen Erscheinungsbild der Stadt hatte übrigens das Architekturbüro *Helmer & Fellner* aus Wien. Zu über 20 Bauten Karlsbads lieferte es in den 80er und 90er Jahren des 19. Jh. die Entwürfe, darunter für das Theater, die Markt- und die Parkkolonnade, das ehemalige Kaiserbad usw.

▸ **Kolonnaden und Quellen:** In Karlovy Vary und Umgebung gibt es mehr als 70 Quellen. Im Gegensatz zu Marien- oder Franzensbad fördert das Gros der Quellen heißes Wasser zutage (auf Deutsch heißt *vary* „kochend"). Ihre Ergiebigkeit schätzt man täglich auf mehrere Millionen Liter. In den verschiedenen Mineralquellen werden bis zu 18 gelöste Mineralsalze in unterschiedlicher Konzentration nachgewiesen. Diese Mineralsalze zeichnen auch für die Heilwirkung des Wassers, insbesondere bei Verdauungsproblemen verantwortlich. Für Heilzwecke genutzt werden in der Regel jedoch nur 12 alkalische Glaubersalzthermen mit Temperaturen zwischen 39 und 73 °C. Die Quellwasser, die zudem einen unterschiedlichen Gehalt an Kohlensäure aufweisen, verwendet man für Bäder, sie werden aber auch getrunken.

Obligatorisch ist dann ein Kurbecher – eine Schnabeltasse –, damit man beim Spazieren nichts verschüttet. Für Anfänger gibt es gewöhnliche Plastikbecher zu kaufen. Es wird empfohlen, vor einer Trinkkur einen Arzt zu konsultieren. Egal, was im Befund steht, mehr als 5–7 Becher täglich sollte man nicht zu sich nehmen. (Schiller, der Karlsbad 1791 besuchte, trank 18 Becher pro Tag.)

Die Quellen im Zentrum sind allesamt gefasst. Um dem Versiegen vorzubeugen, müssen sie wegen der krustenbildenden Eigenschaft des Wassers immer wieder nachgebohrt werden. Über den Quellen wurden Pavillons und Kolonnaden errichtet, die bedeutendsten von Nord nach Süd im Überblick:

Am Rande des Dvořákparks (Dvořákovy sady) plätschert in der **Parkkolonnade** (Sadová kolonáda), einer gusseisernen Jugendstilpromenade, die **Parkquelle** (Sadový pramen, 47,4 °C). Sie entspringt im Keller des angrenzenden Militärkurhauses.

Becherovka – die 13. Quelle

Becherovka ist der berühmteste Likör des Landes und wird in Karlsbad auch liebevoll die „13. Quelle“ genannt. Denn wie den Mineralquellen vor Ort schreibt man auch dem Kräuterlikör eine heilende Wirkung zu, vor allem aber regt er die Verdauung an. Getrunken wird er in Tschechien aber nicht nur als Digestif, sondern auch als Aperitif und ohnehin zu jeder passenden Gelegenheit.

Erfunden hat den Magenlikör ein Engländer namens Dr. Frobrig. Im Jahre 1805 besuchte er Karlsbad und mietete sich im Haus des Apothekers Josef Becher ein. Tagsüber trank er sich an den 12 Quellen der Stadt gesund und abends experimentierte er mit aromatischen Kräutern und Ölen in Bechers Apotheke. Zwei Jahre später verkaufte Becher Frobrigs Mischung unter der Bezeichnung *Carlsbad English Bitter*, später dann als *Original Karlsbader Becherbitter*. Das Elixier stieß auf große Beliebtheit und fand reißenden Absatz, und die Erfolgsgeschichte des Familienunternehmens nahm ihren Lauf. Jahr für Jahr wurden neue Eichenfässer angeschafft. Bereits Anfang des 20. Jh. wurden mehr als 50.000 l im Jahr produziert. Versuche, den Becherovka zu kopieren, gab es unzählige, der *Underberg* ist einer davon. Jedoch wird die Rezeptur streng gehütet und kein anderes Tröpfchen kann – so die hiesige Meinung – dem Original die Stange reichen. Mit der Vertreibung der Deutschen nach dem 2. Weltkrieg wurde auch die Familie Becher des Landes verwiesen und das Unternehmen verstaatlicht. Während der Zeit des Sozialismus konnte sich der Becherovka als eines der wenigen angesehenen Markenprodukte der Tschechoslowakei behaupten. Nach der Samtenen Revolution überführte man das Unternehmen in eine Aktiengesellschaft, an welcher Pernod-Ricard größter Anteilseigner wurde. Die Produktionsmenge beträgt heute ca. 6 Mio. l pro Jahr. In 29 Länder wird der Likör exportiert, selbst die Taiwanesen schätzen seine heilenden Kräfte. Über die Geschichte und die Produktion des Likörs informiert das **Jan-Becher-Museum** (Jan Becher Muzeum). Ganz nebenbei: Für wen der Becherovka pur wie Hustensaft schmeckt, sollte ihn mal mit Tonic probieren. Das Getränk nennt sich dann „Beton“.

Jan-Becher-Museum in der T. G. Masaryka 57. Unter ✆ 353170156 erfahren Sie, wann deutschsprachige Führungen durch das Museum und den Betrieb stattfinden (Dauer ca. 1 Std., pro Person 3,30 €). Neben dem Museum gibt es auch einen Laden, in dem die gesamte Produktpalette des Unternehmens – mittlerweile sieben Liköre – angeboten wird. Die Preise unterscheiden sich jedoch nicht von denen in gewöhnlichen Geschäften.

Tauben füttern in Karlsbad

Karlovy Vary
Karte S. 48/49

Beim Bau des Bades III (Lázně III) stieß man auf die **Freiheitsquelle** (Pramen svoboda, 61,4 °C), die in einem angrenzenden hölzernen Pavillon, einer Gartenlaube ähnlich, zutage tritt. Unmittelbar darauf folgt die klassizistische **Mühlbrunnenkolonnade**, eine 130 m lange Säulenhalle im korinthischen Stil aus der zweiten Hälfte des 19. Jh. Die 12 Plastiken stellen die 12 Monate dar. Hier kann man das Wasser aus gleich fünf verschiedenen Quellen kosten: das der **Felsenquelle** (Skalní pramen, 52,9 °C), der **Libusaquelle** (Libušin pramen, 41,2 °C), der **Fürst-Wenzel-Quelle** (Pramen knížete Václava, 59,4 °C), der Nymphenquelle, auch **Rosenquelle** genannt (Rusalčin pramen, 49,1 °C) und des **Mühlbrunnens** (Mlýnský pramen, 52,9 °C).

Geht man geradeaus weiter, vorbei am Museum zum Goldenen Schlüssel (s. u.), passiert man die mit Schnitzereien verzierte **Marktkolonnade** (Tržní kolonáda). Darin sprudeln die **Kaiser-Karl-IV.-Quelle** (Pramen Karla IV., 42,6 °C) und der **Marktbrunnen** (Tržní pramen, 59,6 °C). Der Platz davor war übrigens einst der Marktplatz (Tržiště). Oberhalb von ihm entspringt im neuen modernen **Schlossbad** (Zámecké lázně) der **Untere Schlossbrunnen** (Dolní zámecký pramen, 62,3 °C) und der **Obere Schlossbrunnen** (Horní zámecký pramen, 49,8 °C).

Schräg gegenüber liegt die **Sprudelkolonnade** (Vřidelní kolonáda), ein gläserner, moderner Gebäudekomplex. Der sog. **Sprudel** (Vřídlo, 72,3 °C) ist die älteste und heißeste Quelle der Stadt. Einem Geysir ähnlich stößt die Quelle in einem gewaltigen, hohen Strahl (bis zu 12 m) unter einer gläsernen Rotunde annähernd 2.000 l Wasser in der Minute aus. Kosten kann man das Wasser, aus welchem übrigens auch das Karlsbader Sprudelsalz gewonnen wird, in der angrenzenden Kolonnade in unterschiedlichen Temperaturen. In den „Untergrund“ des Sprudels organisiert das städtische Informationsbüro (→ „Information“) für Gruppen ab 10 Personen Führungen (pro Person 1,30 €).

Erst 1998 entdeckte man in der Nähe des Sanatoriums Richmond die **Stephaniequelle** (Pramen Štěpánka, 10 °C), die heute als die einzige kalte Quelle genutzt wird.

Öffnungszeiten Das Gros der Kolonnaden und Quellen ist während der Kursaison frei zugänglich. Die **Vřídelní-Kolonnade,** in der man den Sprudel kosten kann, ist tägl. von 6–19 Uhr geöffnet.

▸ **Městské divadlo (Stadttheater):** Das Theater am Divadelní náměstí 2, in welchem schon Gustav Mahler dirigierte, entstand in den Jahren 1884–1886. Sehenswert ist der Zuschauersaal und dort insbesondere der Bühnenvorhang – aber nur in Verbindung mit einem Theaterbesuch zu bewundern. Der berühmteste Vertreter der Wiener Sezession, Gustav Klimt, arbeitet ebenfalls am Vorhang mit und porträtierte sich selbst darauf als Flötenspieler (rechts unten).

Kartenvorverkauf Mo–Sa 14–17.30 Uhr. ✆ 353225801.

▸ **Grand Hotel Pupp:** Es ist das berühmteste Hotel Karlsbads (→ "Übernachten") und liegt im Süden der Stadt am Mírove náměstí. Ende des 19. Jh. galt es als eines der nobelsten Häuser der Welt. Es war die bevorzugte Adresse des Adels, ein Ort um sich zu zeigen und gesehen zu werden. Mittlerweile knüpft das Grand Hotel Pupp wieder an die Tage der Belle Epoque an: Zum Frühjahrsball im April trifft sich hier der europäische Hochadel. Den Rest des Jahres wohnt darin die russische Mafia, so sagen zumindest böse Zungen. Der Name des Hotels geht übrigens auf den Zuckerbäcker Pupp zurück, der durch Heirat zu Reichtum gekommen war und das Hotel im Jahre 1775 erwarb. Damals wurde es noch „Böhmischer Saal" genannt. Hineinschauen sollte man auf jeden Fall einmal, und sei es auch nur auf einen Kaffee. Die Kuchen dazu werden noch immer nach Pupps Originalrezepten gebacken. Ganz nebenbei, das luxuriöseste Zimmer ist die Präsidentensuite (Nr. 355). Für stolze 1110 € wohnt man darin auf weit mehr als 100 qm.

▸ **Sanatorium Imperial:** War das Grand Hotel Pupp das Refugium des Adels, so wählte die Hochfinanz das Sanatorium Imperial (→ "Übernachten") hoch auf einem Hügel über der Stadt. Damit die Gäste den mühsamen Aufstieg vom Kurzentrum nicht zu Fuß bewerkstelligen mussten, baute man eine unterirdische Standseilbahn, die noch heute in Betrieb ist (→ "Verbindungen"). 2003 ließ der russische Konzern *Sariin* das Hotel für mehrere Millionen Kronen modernisieren und schenkte ihm damit wieder einen pompösen Glanz.

▸ **Sanatorium Richmond:** Schon der Weg zum palastartigen Nobelquartier am südlichen Ende Karlsbads ist einen Spaziergang wert. Rund um das Hotel erstreckt sich ein Park mit einem kleinen zen-buddhistischen Steingarten, den der japanische Gartenarchitekt Kanji Nomura 1998 anlegte.

▸ **Goethova stezka (Goetheweg):** Im Süden Karlsbads beginnt hinter dem Grand Hotel Pupp der Goetheweg, der durch einen schmalen Stadtparkstreifen entlang der Teplá zur Kunstgalerie führt. An Felsen rechts des Weges sieht man Tafeln – das Ganze erinnert fast an einen Wallfahrtsort –, die Kurgäste aus Dankbarkeit über ihre Genesung anbringen ließen. Auch kommt man an einem Goethedenkmal vorbei, worauf folgende Worte des großen Dichters zu lesen sind: „Was ich dort gelebt, genossen, was mir all dorther entsprossen, welche Freude, welche Kenntnis, Wär' ein allzu lang Geständnis! Mög' es jeden so erfreuen. Die Erfahrenen die Neuen!"
Weiter südlich im Teplá-Bogen findet man weitere Denkmäler, u. a. für Schiller und Smetana.

Die russisch-orthodoxe Kirche – ein Traum in Blau und Gold

▸ **Galerie umění (Kunstgalerie):** Die Galerie umění ist von den rund 15 Kunstgalerien der Stadt die bedeutendste, größte und interessanteste. In ihr wird überwiegend moderne tschechische Kunst präsentiert.

Adresse/Öffnungszeiten Goethova stezka 6. Tägl. (außer Mo) 9.30–12 Uhr und 13–17 Uhr. Eintritt 0,70 €, erm. die Hälfte.

▸ **Kurbäder:** Es gibt insgesamt sechs zentrale Bäder. Nicht ausschließlich Kurgästen vorenthalten ist das 2001 in neuer Gestalt wieder eröffnete **Schlossbad** (Zámecké lázně) schräg gegenüber der Sprudelkolonnade (Vřidelní kolonáda). Es besitzt ein herrliches großes Thermalwasserbassin, ein Bad darin ist ein Genuss. Ebenfalls für jedermann zugänglich ist **Bad V** (Lázně V), das ehemalige **Elisabethbad**. Vor dem Prunkbau im historisierenden Stil aus dem Jahr 1906 erstreckt sich der kleine Smetanapark. Ohne ärztliche Untersuchung können hier Sprudel-, Perl- und Wirbelbad sowie verschiedene Massagen genossen werden.

Das einst prächtigste und pompöseste Bad ist **Bad I** (Lázně I), das ehemalige **Kaiserbad** im Stil der französischen Renaissance ganz im Süden der Stadt. 1895 wurde es feierlich eröffnet, heute steht es leer und wartet auf seine Restaurierung.

• *Öffnungszeiten* **Bad V,** Mo–Fr 7.30–21 Uhr, Sa 8–18 Uhr, So 10–18 Uhr. Sprudel- oder Perlbad 12 €, Massagen ab 15 €. Nach ärztlicher Eingangsuntersuchung (31 €) können Sie auch Moorbäder (13 €), ein Vierzellenbad (6 €), ein Kohlensäurebad (13 €) und vieles mehr genießen.

Schlossbad, tägl. 7.30–19 Uhr. Wer für 15 € „Relax" bucht, darf 1 Std. lang zwischen dem Thermomineralbecken, dem japanischen Akupressurbasin sowie der Massage- und Zirkulationsdusche hin und her springen. Für mehr Geld darf man selbstverständlich länger bleiben und bekommt auch noch zusätzliche Anwendungen wie „Schottische Spritzen", Unterwassermassage, Ohrenakupunktur, etc.

▸ **Kirchen:** Von allen Kirchen Karlsbads sind lediglich zwei sehens- und besuchenswert, zumal die anderen auch meist verschlossen sind. Oberhalb der Sprudelkolonnade liegt die katholische, zweitürmige **Kirche Maria Magdalena** (Kostel sv. Máří Magdaleny). Sie ist ein barockes Meisterwerk Kilian Ignaz Dientzenhofers (→ Kasten S. 146), der sie im Auftrag des Kreuzherrenorden in der ersten Hälfte des 18. Jh. entwarf. Für Gruppen ab 10 Personen organisiert das städtische Informationsbüro (→ "Information") Führungen durch die Krypta (pro Person 1,50 €).

An der Krále Jiřího bezaubert die blau-weiße **russisch-orthodoxe Kirche Peter und Paul** (Kostel sv. Petra a Pavla) mit ihren vergoldeten Zwiebeltürmen. Sie entstand Ende des 19. Jh. im historisierend-byzantinischen Stil, der ihr etwas Märchenhaftes verleiht. Angeblich ist sie eine Nachahmung der Kirche von Ostankino. Gebaut wurde sie für den russischen Adel, der damals einen hohen Anteil der Kurgäste stellte.

Öffnungszeiten **Kirche Maria Magdalena,** tägl. 9–18 Uhr, **Kirche Peter und Paul,** tägl. 10–17 Uhr.

▸ **Museen:** Im historischen Kurzentrum liegen zwei der vier Museen Karlsbads. Das **Städtische Museum** (Karlovarské Muzeum) widmet sich der Geschichte des Kurorts und der Natur der Gegend. Es beherbergt zudem Modelle von Loket (→ S. 62) und Karlsbad, die die Ortschaften in der Zeit um 1650 zeigen, als nahezu alle Bauten noch Fachwerkhäuser waren. Das **Museum zum Goldenen Schlüssel** (Muzeum Zlatý klíč) zeigt im Obergeschoss Karlsbadimpressionen des Krefelder Malers Wilhelm Gause (1853–1916), das Erdgeschoss ist wechselnden Ausstellungen vorbehalten. Allzu spannend ist aber keines der beiden Museen. Des Weiteren gibt es das **Jan-Becher-Museum** (Jan Becher Muzeum → S. 56) und das **Moser-Museum** (Moser Muzeum → Kasten).

• *Adressen/Öffnungszeiten* **Städtisches Museum,** Nová Louka 23, Mi–So 9–12 Uhr und 13–17 Uhr. Eintritt 1 €, erm. die Hälfte.

Museum zum Goldenen Schlüssel, Lázeňská 3. Ebenfalls Mi–So 9–12 Uhr und 13–17 Uhr. Eintritt 0,70 €, erm. die Hälfte.

Moser – geblasen und geschliffen

Was eine Rolex unter den Uhren ist oder ein Rolls unter den Automobilen, das ist Moser unter den Gläsern: teuerer Glanz. Von der holländischen Königin bis zum einstigen Schah von Persien – ihren Champagner trinken oder tranken sie aus Moser-Gläsern. In ihnen spiegeln sich nicht nur Tradition und Moderne wieder, sie sind zugleich ein Statussymbol. Wer zur Highsociety gehört oder gehören will, besitzt Moser-Gläser. Dabei ist es schon erstaunlich, dass der Karlsbader Glasbetrieb die Zeit des Sozialismus überhaupt überlebt hat. Zum Arbeiter und Bauer passten bekanntlich Hammer und Sichel und vielleicht ein steinerner Krug, aber keine Luxusgüter. Die Geschichte des Glasbetriebs geht übrigens bis ins Jahr 1857 zurück. Damals setzte der Glasgraveur Ludwig Moser mit seinem perfekten Glasschnitt neue Maßstäbe. Noch heute ist das Unternehmen mit seinen rund 400 Mitarbeitern bemüht, die hohe Qualität beizubehalten. Produziert werden u. a. prächtige Farbgläser, Vasen mit geschliffenen, geätzten oder vergoldeten Dekoren usw.

Einkaufen Im **Moser-Geschäft (28)** an der Tržíště 7 kann man die bunte Produktpalette bewundern. Das billigste Glas – übrigens ein Weißweinglas – kostet ca. 25 €. Im Stadtteil Dvory (Ⓑ 1 Sklářská) kann man ab Fabrik auch Zweite-Wahl-Produkte erstehen, dort befindet sich auch ein kleines Museum (Mo–Fr 8–17.30 Uhr, Sa 9–15 Uhr, Eintritt frei).

Karlovy Vary/Umgebung

Die Umgebung des Kurorts bietet für jedermann interessante Ziele für Tages- und Halbtagesausflüge. Nicht versäumen sollte man einen Besuch von Loket und Bečov nad Teplou, zwei überaus malerische Städtchen. Radfahrer und Wanderer finden insbesondere im Erzgebirge (nördlich von Karlsbad) und im Kaiserwald (südlich davon) landschaftlich reizvolle Wege und Sträßlein. Dabei lassen sich Rad- oder Wandertouren auch mit einer Zugfahrt kombinieren, insbesondere die Eisenbahnstrecke von Karlsbad über Nejdek nach Potůčky und von Karlsbad über Bečov nad Teplou nach Teplá sind ein Erlebnis. Kanuten bevorzugen den Flusslauf der Eger (Ohře) bei Kyselka.

Svatošské skalý (Hans-Heiling-Felsen)

Etwa 9 km südwestlich von Karlovy Vary, auf halber Strecke nach Loket, liegen die Hans-Heiling-Felsen, ein beliebtes Ausflugsziel von Wanderern, Radfahrern und Kletterern. Dabei handelt es sich um bizarre Granitwände, die einer Legende nach einen versteinerten Hochzeitszug darstellen. Die imposante Felsformation über dem hier überaus reizvollen Flusstal der Eger (Ohře) beflügelte u. a. die Phantasie Goethes und der Gebrüder Grimm. Der deutsche Komponist Heinrich August Marschner verwandelte die Legende in die romantische Oper „Hans Heiling" (1833). Ein weiß-blau markierter **Wanderweg** führt vom Aussichtsturm Diana (Rozhledna Diana), hoch über Karlsbad, an den Felsen vorbei und weiter bis nach Loket. Auch ein markierter **Radweg** (Nr. 2014) führt von Karlsbad an den Felsen vorbei bis nach Loket; halten Sie sich in Karlsbad am Flusslauf der Ohře gen Westen und Sie finden den Einstieg.

• *Anfahrt* In Karlsbad die Straße nach Doubí (Richtung Pilsen/Bečov nad Teplou) nehmen, dort beim Hotel Prima rechts abbiegen und dann stets der Vorfahrtsstraße folgen, bis die Straße für den Verkehr gesperrt ist. Hier parken und zu Fuß weiter, noch ca. 2,5 km. Die Weiterfahrt ist nur für Pensionsgäste erlaubt.

• *Essen & Trinken/Übernachten* **Svatošské skály,** idyllisches Waldrestaurant gegenüber den Hans-Heiling-Felsen an der Eger. Schöne Sommerterrasse am Fluss, kuschelige Atmosphäre mit Bärenfell und offenem Kamin im Inneren. Deftige Hausmannskost zu 5–10 €. Wer über Nacht bleiben will, kann sich in einem der 3 Zimmer (Standardeinrichtung) einmieten. Pro Person mit Frühstück 17 €. ✆ 353332595.

Kletterspaß an den Hans-Heiling-Felsen

Loket

(Elbogen)

Keine Stadt Böhmens – außer natürlich Prag – wurde öfter von Malern verewigt als Loket. Goethe nannte die Stadt zu Recht „ein landschaftliches Kunstwerk". Daran hat sich bis heute nichts geändert.

Der Anblick Lokets ist märchenhaft: Auf einem riesigen Granitfelsen, der in einer Schleife von der Ohře (Eger) umflossen wird, erhebt sich eine prachtvolle Burg, zu deren Füßen sich die Ortschaft schmiegt. Wie durch ein Wunder überstand das Städtchen nordwestlich von Karlsbad die kommunistische Ära, kein Plattenbau raubt dem Zentrum sein Flair. Der weite Markplatz mit einer barocken, rot-weißen Kirche aus der ersten Hälfte des 18. Jh. und einer Pestsäule ist malerisch. Ihn umgeben Häuser im Stil der Renaissance, Gotik und des Barock. Viele davon wurden bereits aufwändig und liebevoll restauriert und machen Loket zu einer Perle unter den böhmischen Städten – keine Gasse, durch die man nicht schlendern will. Schade nur, dass man alle recht schnell durchlaufen hat, denn der Ort ist klein. Loket zählt weniger als 3.000 Einwohner. Verliebten scheint das Städtchen trotz seines romantischen Charmes aber wenig Glück zu bescheren: Goethe feierte hier 1823 seinen 74. Geburtstag mit der von ihm angebeteten Ulrike von Levetzow. Bekanntlich wurde nichts daraus (→ Kasten S. 92). Der Dichter besuchte Loket nie mehr wieder.

Blick auf Loket

Information/Parken/Verbindungen/Adressen

• *Information* **Infocentrum Loket,** schräg gegenüber der Post an der T.G. Masaryka 12. Im Sommer tägl. 10–12 Uhr und 13–17 Uhr, im Winter nur Mi–So. ✆/📠 352684123, www.loket.cz. Kompetentes und freundliches Personal.

• *Verbindungen* Mehrmals tägl. **Busse** nach Karlovy Vary, Sokolov und Bečov nad Teplou, 2-mal tägl. nach Cheb.

• *Parken* Am Marktplatz.

• *Einkaufen* Wer sich mit **Thun-Porzellan (1)** eindecken will, kann dies hier ab Fabrik tun. Das Werk liegt an der Straße, die rund um den Ort führt. Mo–Fr 9–12 und 12.30–16.30 Uhr.

Hrnčírna (8), netter kleiner Keramikladen – einer von vielen im Ort. Tassen, lustige Figuren, beim Fertigen der Produkte kann man zusehen. Zudem alternative Batikkleidung. Náměstí T. G. Masaryka 32/36. Ebenfalls recht hübsch ist das **Atelier ve Zbrojnici (4),** T.G. Masaryka 11. Auch hier kann man beim Töpfern zusehen und sich mit allerlei Schräg-Kitschigem für den Garten eindecken.

Nikola (10), originelles Schnapslädchen, wo neben Absinth und Slivovice auch der sog. „Gottstein Lok", ein hiesiger Bitterlikör, verkauft wird. Náměstí T. G. Masaryka 61.

• *Polizei* in der Zahradní, ✆ 352684158.

• *Veranstaltungen* Alljährliches Highlight ist der **Loketer Kultursommer,** ein Open-Air-Opernfestival im Freilichttheater, das sich den ganzen Juli hinzieht. Ein **mittelalterliches** Burgfest findet jedes Jahr am ersten Wochenende im August statt.

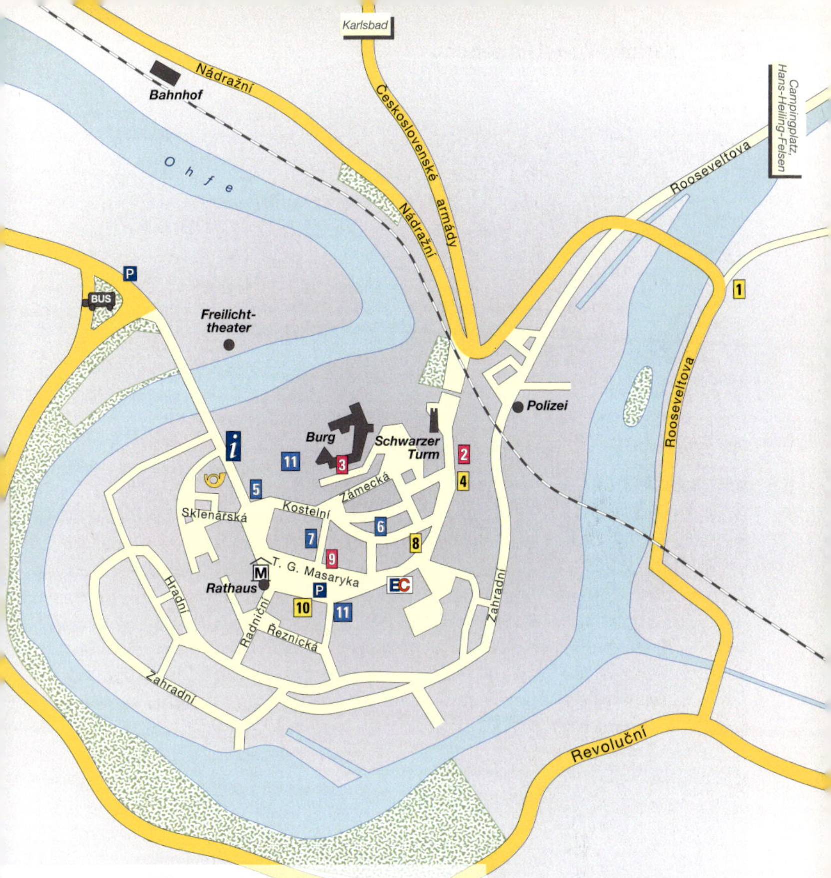

bernachten	Essen & Trinken	Einkaufen
St. Florian	2 U Fausta	1 Thun-Porzellan
Penzion 72	3 Hradní	4 Atelier ve Zbrojnici
U Frídy	9 Goethe	8 Hrnčírna
Bílý kůň	11 Bílý kůň	10 Nikola

Essen & Trinken/Übernachten

• *Restaurants* **Hradní Restaurant (3),** gediegenes Lokal in den Kellergemächern der Burg. Zuvorkommender Service. Böhmische und internationale Küche. Hauptgerichte 5–12,30 €. ✆ 352685103, Zámecká 67.

U Fausta (2), war bislang der Tipp Nr. 1 unter den einfacheren Restaurants der Stadt. Geboten wurde gute und günstige Hausmannskost in Wohnzimmeratmosphäre. Zum Zeitpunkt der letzten Recherche vollzog sich ein Besitzerwechsel – hoffentlich bleibt alles beim Alten. ✆ 352684496, T. G. Masaryka 10.

Böhmische Standards zu fairen Preisen servieren auch die Restaurants der Hotels **Goethe (9)** und **Bílý kůň (11)** am Platz.

• *Übernachten* *** **Bílý kůň (11),** Hotel mit langer Geschichte – schon Goethe nächtigte hier. Recht spießige, teilweise aber sehr geräumige Zimmer mit Kaufhausmobiliar. Zuweilen mäßiger Service. Dafür zentralste Lage und herrliche Panoramaterrasse. EZ 33 €, DZ 56 €, Apartment 93 €. Bello und Mieze übernachten für zusätzliche 3,30 €. ✆ 352685002, www.hotel-horse.cz, Náměstí T. G. Masaryka 10.

*** **St. Florian (5),** liebevoll eingerichtetes Familienhotel am Ortseingang, unser Tipp. 27 geschmackvolle und farbenfrohe Zimmer. Sehr sauber, freundlicher Service, Café im Haus. EZ 32 €, DZ 54 €. ☏/℻ 353225959, T. G. Masaryka 70.

U Frídy (7), Minipension. Nur zwei schöne, große Zimmer mit klassischer Einrichtung. Das Bad wird geteilt. DZ 33 € mit Frühstück. ☏ 352684058, www.sokolovsko.cz/ufridy, Zámecká 3.

Preiswerte Zimmer in einfachen Pension finden Sie an der Ausfallstraße nach Karlsbad.

Penzion 72 (6), freundliche kleine Pension mit ansprechender, moderner Einrichtung. Viel Holz, dazu Parkettboden. EZ 19 €, DZ 28 €, Dreier 35 €. Im Sommer Reservierung empfohlen. ☏/℻ 352684918, Kostelní 72.

• *Camping* Im Nordosten von Loket direkt an der Eger. Idyllisch gelegener, sehr einfacher Zeltplatz. Beliebt bei Kanuten. Kein Hinweisschild, nicht einfach zu finden. Folgen Sie der Rooseveltova, die entlang der Eger verläuft. Der Platz befindet sich am Ende der geteerten Straße.

Sehenswertes

Hrad (Burg): Ende des 12. Jh. wurde die Burg zum Schutz der böhmischen Westgrenze errichtet. Nach mehrfachen Umbauten im Laufe der Zeit diente sie im 19. Jh. als Staatsgefängnis. Heute im Besitz der Stadt und weitestgehend restauriert, darf man die einstigen Kellerverliese (mit nachgestellten Folterszenen!) freien Fußes betreten und auch wieder verlassen. Den Burgturm bewohnt ein Furcht einflößender Plastikdrache. In anderen Räumlichkeiten der Burg werden Waffen, eine alte Apotheke, archäologische Funde und eine Sammlung von böhmischem Porzellan mit chinesischen Motiven gezeigt. Ausgestellt ist auch die Kopie eines Bruchstücks eines schwarzen Meteoriten, der ursprünglich 107 kg schwer war. 1775 fand

Die Burg von Loket

man diesen im Burggraben und hielt ihn für einen versteinerten Burggrafen. Der ehemaligen Festsaal dient wechselnden Ausstellungen.

Öffnungszeiten Nov.–März tägl. 9–16 Uhr, sonst bis 17 Uhr. Eintritt mit Führung 3,50 €, mit deutschsprachigem Textblatt 3 €, erm. 2,50 €.

Městské muzeum (Städtisches Museum): Das Museum befindet sich im spätbarocken Rathaus am Marktplatz, das wegen seines Giebelturms ins Auge sticht. Es beherbergt eine kleine Ausstellung zum Thema „Der Bucheinband im Jahrhundertwandel", die der Sammelleidenschaft des 1997 aus den USA zurückgekehrten Loketer Buchbinderehepaars Sobota entspringt. Zu sehen ist u. a. eine alte Buchbinderwerkstatt aus der Wende vom 19. zum 20. Jh., die noch voll funktionsfähig ist. Angegliedert ist eine Verkaufsgalerie mit handgebundenen Notizbüchlein und marmorierten Seidentüchern – wer auf der Suche nach einem netten Mitbringsel ist, wird hier fündig. Direkt unter den Räumlichkeiten des Museums befinden sich übrigens mittelalterliche Kerkeranlagen (leider nicht zugänglich).

Öffnungszeiten Mai–Sept. tägl. 10–13 und 14–17 Uhr, Okt.–Dez. sowie im April nur Mi–So. Eintritt 1 €, erm. die Hälfte.

Černá věž (Schwarzer Turm): Im nördlichen Stadtturm, der auch bestiegen werden kann, befand sich bei unserem letzten Besuch eine Vinothek mit vornehmlich französischen Tropfen. Dies kann sich jedoch – wie die Vergangenheit zeigte – schnell wieder ändern.

Öffnungszeiten Tägl. 10–18 Uhr. Für die Besteigung zahlt man 0,50 €, erm. 0,20 €.

Für weitere Ziele westlich von Karlovy Vary → „Františkovy Lázně/Umgebung" ab S. 116.

Sokolov (Falkenau)

Etwa 19 km südwestlich von Karlovy Vary liegt an der E 48/49 die rund 30.000 Einwohner zählende Kreisstadt Sokolov. Goethe beschrieb das seinerzeitige Falkenau noch als „einen wohlgebauten Ort, den ich gar oft, nach Carlsbad fahrend, gar anmutig im Tal der Eger liegen sah". Doch Dinge können sich bekanntlich ändern. Die Stadt, inmitten eines Braunkohlebeckens gelegen, stieg zu einem industriellen Zentrum auf bzw. ab. Die riesigen Plattenbaukonglomerate, durch die oberirdische Pipelines zu verwahrlosten und rußenden Industriebetrieben führen, zeigten sich bis vor wenigen Jahren im tristesten Grau, das Tschechien zu bieten hatte. Mittlerweile wird mancherorts gestrichen. Farbe bekam z. B. schon das altrosa **Schloss der Grafen Schlick und Nostitz** im Stadtpark nahe der Mini-Altstadt ab. Heute befindet sich darin eine Bücherei und das Kreismuseum (Krajské muzeum). Die in wenig ansprechenden Vitrinen ausgestellten Exponate sind bunt gemischt: Gesteine der Gegend, Fanta- und Becherovkaflaschen, eine Gnadenstatue der Jungfrau Maria aus Maria Kulm (um 1300), ein Wimpel aus Karl-Marx-Stadt, Schlösser und Türbeschläge aus dem 17. und 18. Jh. Am interessantesten ist die kleine Dokumentation über das NS-Konzentrationslager Svatava, heute ein Vorort von Sokolov.

• *Verbindungen* Der Bahnhof liegt etwas außerhalb des Zentrums im Norden der Stadt. Dort befindet sich auch der Busbahnhof.
Regelmäßige **Busse** nach Cheb, Loket und Karlovy Vary.
Nahezu stündlich **Züge** nach Cheb, Karlovy Vary und Kraslice, bis zu 5-mal tägl. nach Kadaň, Klašterec nad Ohří und Ostrov, bis zu 3-mal tägl. nach Perštejn.

• *Öffnungszeiten* **Kreismuseum**, tägl. (außer Mo) 9–12 Uhr und 13–17 Uhr, Eintritt 0,70 €, erm. die Hälfte.

Leben zwischen Plattenbau und Datscha

Sokolov ist eines von vielen Paradebeispielen sozialistischer Wohnungsbaupolitik aus der Zeit der Tschechoslowakei: Plattenbauten, so weit das Auge reicht. In den 50ern schraubte man die ersten Blocks zusammen, heute lebt jeder dritte Tscheche in einem Plattenbau. Auf 50 Jahre wird die „Lebenserwartung“ dieser Modularbauten angesetzt, Jahr für Jahr überschreiten also immer mehr dieses Alter. Vielerorts hat man damit begonnen, die einst einheitsgrauen Fassaden zu verschalen und zu streichen. Doch im Inneren lebt der Geruch des Sozialismus meist noch bis heute fort, ein eigenartiger Dreiklang aus Bohnerwachs, Küchenmief und dem in jeder Betonritze festsitzenden Gestank verheizter Braunkohle. Die Gänge erinnern an Flure von Krankenhäusern, in denen man niemals gesund wird. Die Klospülung im 10. Stock ist auch noch im Keller zu hören und der Streit des jungen Ehepaars im Erdgeschoss durch die ganze Etage – als Mega-Reality-Soap entpuppt sich schließlich das Leben. Die Enge der Wohnung ist bedrückend, aus dem Weg kann man sich kaum gehen – kein Wunder also, dass tschechische Kneipen stets gut gefüllt sind. Die Raumknappheit führte übrigens auch dazu, dass die Tschechen überaus früh heirateten, eine Tradition, die bis heute fortbesteht, wenn auch in abgeschwächter Form. Es war die einzige Möglichkeit, den vier Wänden bei Mama und Papa zu Hause zu entgehen.

Einen Ausgleich zur Anonymität der Plattenbauten finden die Tschechen in ihren Datschen. Sie sind ebenfalls ein Relikt aus sozialistischer Zeit. Die meisten dieser Laubenkolonien findet man an Seen und Flussläufen. Fast jede Familie besitzt ein Wochenendhäuschen. Dort vergisst man Arbeitsstress und grauen Beton, grillt stattdessen Würstchen und plaudert mit dem Nachbarn am Gartenzaun. Wie die Zukunft der Plattenbauten liegt auch die der Datscha-Kultur im Ungewissen – für viele Tschechen ist ein Badeurlaub an der türkischen Riviera mittlerweile attraktiver als ein Schrebergarten an der Eger.

Bečov nad Teplou (Petschau)

Von tiefen Wäldern umgeben, erhebt sich Bečov nad Teplou auf einem Hügelrücken. Eine Burg und ein Schloss überragen den reizvollen, romantischen Ort.

Der kleine Ort ca. 20 km südlich von Karlsbad macht einen verschlafenen Eindruck. Lediglich ein paar Touristen sorgen für Leben. Das war nicht immer so. Bečov nad Teplou war einst viel größer und zählte annähernd 2.500 Einwohner. Nach der Vertreibung der deutschen Bevölkerung blieben keine 200 übrig. Alle Versuche, Tschechen hier anzusiedeln, scheiterten, niemand wollte sich in dem abgelegenen Ort niederlassen. Viele Häuser wurden schließlich abgerissen und keine Plattenbauten kamen hinzu. So konnte der Ort seinen alten Charme bewahren, und so zeigt sich das kleine schmucke Zentrum mit seinem rosa Rathaus malerisch. Daneben befindet sich übrigens ein **privates Museum,** das Messer (Erdgeschoss), Spielzeug (1. Stock) und historische Motor- und Fahrräder (2. Stock) zeigt.

Die **Burg** wurde im 14. Jh. als Wach- und Zollstation gegründet. Im 16. Jh. erweiterte man sie durch einen Renaissanceanbau. Direkt unterhalb der Burg kam Mitte des 18. Jh. das altrosa **Barockschloss** mit seinem markanten achteckigen Turm hinzu. Die letzten Adeligen, die darin wohnten, gehörten dem belgischen Geschlecht

Beaufort-Spontini an. Sie brachten auch das heute wertvollstes Stück der Schlosssammlung nach Bečov, den ursprünglich aus Florennes (Belgien) stammenden Reliquienschrein des Hl. Maurus aus dem 13. Jh. Noch bevor die Adelsfamilie zu Ende des Zweiten Weltkriegs das Land verlassen musste, vergrub sie den Schrein in der Burgkapelle, die mit ihren gotischen Wandmalereien ebenfalls sehenswert ist. Rund 40 Jahre blieb er dort versteckt. Heute, nach jahrelangen Restaurierungsarbeiten, ist das knapp 140 cm lange Reliquiar in Form einer Tumbe wieder zu bewundern. Es ist verziert mit kostbaren Steinen und winzigen Emailbildchen, die Szenen aus dem Alten Testament zeigen, zudem mit filigranen Goldschmiedearbeiten wie den zwölf Aposteln an den Seiten.

Eine weitere Dominante des Orts ist die **Pfarrkirche**, ausgeschmückt im Stil des Rokoko. Die Kirche ist dem Hl. Georg geweiht, aber so ruinös wie sie dasteht, scheint den hier niemand mehr zu mögen.

Wer mit dem **Rad** von Karlovy Vary nach Bečov nad Teplou fahren möchte, kann die Route über die E 49 entlang dem Flusslauf der Teplá nehmen. Auch wenn es sich um eine Europastraße handelt, hält sich der Verkehr in Grenzen, und die Gegend ist landschaftlich reizvoll. Ruhiger geht es jedoch auf den schmalen Parallelstraßen zu. Wer will, kann auch noch über Landstraßen weiter bis Teplá oder Marienbad fahren und den Rückweg mit dem Zug antreten, die Bahnstrecke ist herrlich.

• *Verbindungen* Die Anbindung mit dem **Bus** ist miserabel. Der Bahnhof liegt ca. 15 Fußmin. westlich des Zentrums im Tal der Teplá. **Züge** regelmäßig nach Karlovy Vary und über Teplá nach Marienbad.

• *Übernachten/Essen & Trinken* **Penzion U zámku,** nahe dem Schloss in bester Lage. Helle, z. T. recht geräumige, aber etwas lieblos ausgestattete Teppichbodenzimmer mit eigenem Bad. Nette Terrasse nach vorne und herrliche nach hinten. Böhmische Küche der mittleren Preisklasse. DZ 30 €. ✆/📠 353999365.

• *Camping* **Autokemp Bečov nad Teplou,** gepflegte, fast idyllische Bungalowanlage ca. 1 km östlich von Bečov an der Straße nach Toužim. Der Campingbereich ist jedoch wenig attraktiv. 2 Pers. mit Zelt und Auto 7 €, Hütte pro Person 6 €. ✆ 353999266.

• *Öffnungszeiten* **Schloss,** März, April u. Nov. nur Sa/So 9–15 Uhr, Mai u. Sept. tägl. (außer Mo) 9–16 Uhr, Juni–Aug. tägl. (außer Mo) 9–17 Uhr, Okt. tägl. (außer Mo) 9–15 Uhr. Es werden zwei Führungen angeboten, die eine widmet sich dem Schrein des Hl. Maurus, die andere dem Schloss selbst mit seinen diversen Salons. Für beide Führungen zusammen zahlt man 3,70 €, erm. 2,70 €.

Museum, Juni–Sept. tägl. 9–12 Uhr und 12.30–17.30 Uhr, im Mai nur Sa/So 9–12 Uhr und 12.30–17.30 Uhr. Eintritt pro Stockwerk 0,70–1 €, erm. die Hälfte.

Für weitere Ziele südlich von Karlovy Vary → „Mariánské Lázně/Umgebung" ab S. 96.

Andělská Hora (Engelsberg)

Andělská Hora, ca. 8 km südöstlich von Karlovy Vary, ist ein schön gelegenes Städtchen unterhalb einer wildromantischen Burgruine, die seit jeher ein beliebtes Ausflugsziel der Karlsbader Kurgäste ist. Wer die Reste der Burganlage aus dem 14. Jh., die auf einem über 700 m hohen Felsen thront, besichtigen will, findet einen Orientierungsplan hinter der Kirche in der Ortsmitte. Vom Kurzentrum in Karlsbad führt ein erst rot, dann grün markierter **Wanderweg** nach Andělská Hora. Mit dem **Rad** fährt man am besten auf Nebenstraßen über Hůrky und Olšová Vrata hin. Erfrischungen bietet eine nette *hostinec,* zudem werden im Ort auch ein paar Privatzimmer vermietet.

Verbindungen **Busse** mehrmals tägl. von und nach Karlovy Vary.

Doupovské hory (Duppauer Gebirge)

Östlich von Andělská Hora erstreckt sich das Duppauer Gebirge, dessen höchster Berg, der Hradiště, annähernd 1.000 m erreicht. Das rund 330 qkm große Areal ist komplett unbesiedelt und als militärisches Sperrgebiet nicht zugänglich. Dies war jedoch nicht immer so: Bis 1945 lebten hier über 15.000 Menschen, es gab das Städtchen **Duppau (Doupov)**, drum herum 17 kleine Dörfer und etliche Bauernhöfe. Nach der Vertreibung der deutschen Bevölkerung wurden Tschechen im Duppauer Gebirge angesiedelt. Doch 1953 mussten auch sie gehen, denn die tschechoslowakische Armee hatte die Duppauer Berge zu ihrem Übungsplatz erkoren. Innerhalb kürzester Zeit wurden alle Spuren menschlicher Besiedelung beseitigt. Wegen der jahrzehntelangen Isolation konnte sich im Duppauer Gebirge jedoch eine Landschaft mit außergewöhnlicher Flora und Fauna entwickeln, die, das meinen hoffnungsvolle Naturschützer, irgendwann vielleicht wieder zugänglich sein wird.

Valeč (Waltsch)

Im touristischen Abseits, ca. 35 km östlich von Karlovy Vary, liegt Valeč, ein kleiner Ort mit ein paar barocken Bauten und Fachwerkhäusern, der jüngst zur städtischen Denkmalzone erklärt wurde. Valeč präsentiert sich als Mischung aus malerisch und schäbig, tendiert im Ganzen aber bislang noch eher zu Letzterem. Die Kehrtwende ist aber schon eingeleitet. Die Pfarrkirche mit ihrem imposanten Holzschindeldach wurde bereits restauriert. Und fleißig setzt man das hoch über dem Ort thronende **Renaissanceschloss** (Zámek Valeč) in Stand, das Ende des 17. Jh. seine barocke Gestalt erhielt und bis zu Ihrem Besuch vielleicht schon zugänglich sein wird. Der heute etwas verwilderte **Schlossgarten** zählte einst zu den schöns-

Valeč – morbider Charme

ten Böhmens. Er beherbergt barocke Skulpturen (heute Kopien) aus der Werkstatt des Bildhauers Matthias Bernhard Braun (→ Kasten S. 146).

Auf ihre Restaurierung hingegen wartet noch immer die recht heruntergekommene **Dreifaltigkeitskirche** gegenüber dem Parkeingang. Diesen Barockbau entwarf Giovanni Santini.

Verbindungen **Busse** mehrmals tägl. nach Chyše, Andělská Hora und Karlovy Vary.

Chyše (Chiesch)

Etwa 10 km südlich von Valeč liegt Chyše, ein kleines Städtchen, das sich schon aus der Ferne durch seine überdimensionale, weiß-rote Kirche ankündigt. Warum man ausgerechnet deren Frontfassade nie gestrichen hat, weiß der Henker. Einzige Sehenswürdigkeit des Ortes ist das **Schloss der Familie Lažanský,** im 16. Jh. errichtet und im 18. Jh. barockisiert. Anfang des 20. Jh. war darin der Schriftsteller *Karel Čapek* (1890–1938) als Hauslehrer tätig. Čapek zählt zu den bedeutendsten tschechischen Dramatikern und Prosaautoren des frühen 20. Jh. Seine utopischen Werke wurden in alle Weltsprachen übersetzt. Das heute so gängige Wort „Roboter" ist z. B. seine Schöpfung. An den Autor erinnert eine kleine Ausstellung im Schloss, zudem können mehrere schön restaurierte Salons in unterschiedlichen Farben besichtigt werden. Aus Chiesch stammen übrigens die Vorfahren des rasenden Reporters Egon Erwin Kisch. Als die Familie im 17. Jh. nach Prag übersiedelte, nannte sie sich nach ihrem Herkunftsort.

• *Verbindungen* **Züge** (Bahnhof im Norden des Orts) bis zu 5-mal tägl. nach Bečov nad Teplou und Rakovník. Für Pilsen und Žatec steigt man in Blatno um.
Busse mehrmals tägl. nach Valeč.

• *Öffnungszeiten* **Schloss,** Mai–Sept. tägl. (außer Mo), Okt. nur Sa/So 10–17 Uhr. Eintritt 1,30 €, erm. die Hälfte.

Für weitere Ziele südöstlich von Karlovy Vary → „Plzeň/Umgebung" ab S. 141.

Kyselka (Gießhübel)

12 km nordöstlich von Karlovy Vary, direkt am Flusslauf der Ohře (Eger), die sich hier durch ein reizvolles schmales Tal windet, liegt der kleine ehemalige Kurort Kyselka. An seine einstige Pracht erinnern feudale Kurbauten aus der zweiten Hälfte des 19. Jh. – heute jedoch allesamt im Verfall begriffen. Das Quellwasser des Orts ist aber noch immer berühmt, Kyselka ist die Heimat des Mattoni-Tafelwassers, und so stehen auf der einzigen Straße des Orts die Sprudellaster Schlange. Eine Zeitlang gab es Pläne, Kyselka für den Tourismus wieder attraktiv zu machen, u. a. als eine Art romantisches Disneyland. Doch daraus wurde nichts.

Vom Kurzentrum Karlsbads führt ein rot markierter **Wanderweg** nach Kyselka, der von dort mehr oder weniger entlang dem Flusslauf der Eger weiter über Perštejn bis nach Klášterec nad Ohři verläuft. Auch mit dem **Rad** bietet sich von Karlsbad eine Tour entlang der Eger bis nach Perštejn an. Am schönsten aber ist es, das hiesige Egertal mit dem Kanu zu entdecken.

• *Verbindungen* **Busse** mehrmals tägl. nach Ostrov und Karlovy Vary.

• *Übernachten/Camping* Der oberhalb von Kyselka gelegene Campingplatz **Ontario** (ausgeschildert) bietet zwar einen kleinen Pool und teilweise nette Ausblicke, ist gegenüber dem Camping **Na Špici** im nördlich angrenzenden Dorf Radošov jedoch nur die zweite Wahl. Na Špici ist ein großer, freundlicher Platz an der Eger. Tischtennis,

Badminton, Feuerstellen, Waschmaschine. Kanu- und Radverleih, Gartenrestaurant. 2 Personen mit Zelt und Auto zahlen 11 €, Hund 2,50 €. Wer nicht auf Zeltromantik steht, kann sich in Hütten (20 € für 4 Pers.) oder Zimmern im angeschlossenen Hotel (DZ ab 17 €) einmieten. ✆ 353941285, www.naspici.com.

Radwander-Tipp: Wechseln sie bei Vojkovice auf das linke Flussufer und folgen Sie dort dem markierten Radweg (Nr. 2011) bis nach Stráž nad Ohří. Ab da können Sie am rechten Flussufer weiterradeln. Auf diese Weise brauchen Sie sich nicht auf der E 442 von Schwerlastern in den Graben drücken lassen. Von Perštejn kann man mit dem Zug den Rückweg antreten.

Perštejn (Pürstein)

Perštejn liegt etwas abseits der überaus reizvollen Strecke von Ostrov nach Klášterec nad Ohří und erstreckt sich hoch über der Eger in einem schönen Tal. Zu sozialistischer Zeit galt der Ort als das tschechische Meran (ein Vergleich, den man nur so lange aufrechterhalten konnte, wie die Grenzen dicht waren). Im Ort findet man ein paar Restaurants und Unterkünfte.

Auf einigen Höhen der Umgebung stehen Burgruinen. Eine der besuchenswertesten ist die **Burg Hauenštejn.** Oberhalb der Häuseransammlung Horní Hrad (von der Straße nach Ostrov kurz hinter Stráž nad Ohří ausgeschildert) ragt sie aus dem Wald. Ihre Grundmauern stammen aus der zweiten Hälfte des 13. Jh., im 19. Jh. wurde die Burg neugotisch im Windsor-Stil umgestaltet. Ihre letzten Bewohner mussten sie 1945 verlassen, danach verkam sie zusehends. Trotz laufender Restaurierungsarbeiten, die sich wahrscheinlich noch Jahre hinziehen werden, ist die romantische Baustelle zugänglich – eine finstere Turmbesteigung belohnt mit tollen Ausblicken. Ein blau markierter **Wanderweg** verläuft von Stráž nad Ohří über Horní Hrad bis nach Jáchymov.

- *Verbindungen* **Züge** (Bahnhof sehr weit außerhalb!) bis zu 10-mal tägl. nach Karlovy Vary und über Klašterec nad Ohří nach Kadaň. **Busse** regelmäßig von und nach Kadaň, jedoch nur 3-mal tägl. über Ostrov nach Karlsbad. Letztere halten auch an der Abzweigung zur Burg Hauenštejn.
- *Öffnungszeiten* **Burg Hauenštejn**, Juli und Aug. tägl. 9–20 Uhr, ansonsten Sa/So und feiertags 10–17 Uhr. Nov.–April geschl. Eintritt 0,70 €, erm. die Hälfte.
- *Übernachten* **Selský Dvůr**, die schönste Unterkunft Perštejns, hoch über dem Ort gelegen. 2003 eröffnetes Berghotel im alpenländischen Stil, dementsprechend innen wie außen sehr rustikal. Geräumige, komfortable Zimmer mit schönen Bädern (EZ 40 €, DZ 50 €), alle mit Balkon. Zudem Vermietung von einfachen, im Grünen gelegenen Holzhütten ohne Bad (für 2 Pers. 15 €). Pool, Sauna, Restaurant, Fitnessraum und traumhafte Ausblicke. Von der Verbindungsstraße zwischen Perštejn und Klášterec nad Ohří unübersehbar ausgeschildert. ✆ 474319410, ℻ 474319418.

Klášterec nad Ohří (Klösterle an der Eger)

Auf dem Weg von Karlsbad nach Kadaň passiert man das 17.000-Einwohner-Städtchen Klášterec nad Ohří. Einzige Sehenswürdigkeit ist das **Vitzthumer Schloss** (Zámek) in der Altstadt, das die aus Österreich zugewanderten Thuns in der ersten Hälfte des 17. Jh. im damaligen Klösterle an der Eger erwarben. Dabei handelt es sich um jene Thuns, die Ende des 18. Jh. eine Porzellanfabrik gründeten, und deren Name noch heute für Porzellan steht, das für einen Polterabend zu schade ist. Die Räumlichkeiten hinter der neugotischen Fassade beherbergen passend dazu das „Museum des böhmischen Porzellans", das neben lokalem Porzellan auch ein paar chinesische und japanische Exponate sowie Stücke aus der Meißner Manufaktur zeigt. Wer zudem eine Führung (s. u.) durch das Schloss wählt, kann auf Wunsch auch die Thunsche Familiengruft besichtigen.

Ganz im Süden des Städtchens am Flusslauf der Ohře liegt die **Mineralquelle Eugenie,** die ein Wasser mit einem erhöhten Gehalt an Kieselsäure fördert. Im kleinen **Kurareal Kyselka** wird dieses getrunken und für Bäder verwendet. Insbesondere bei Magenerkrankungen soll es Wirkung zeigen. Westlich der Altstadt erstreckt sich die Neustadt – nichts anderes als eine große Plattenbausiedlung –, allerdings ist man dort stolz auf einen Aquapark.

• *Information* **Informační centrum** in der Altstadt am Nám. Dr. E. Beneše 86, ✆/℻ 474376431. Mo–Fr 8.30–17 Uhr, im Sommer auch Sa/So 10–16 Uhr.

• *Verbindungen* → Kadaň, S. 72. Busbahnhof und Bahnhof liegen ganz im Osten der Stadt, Ⓑ 2 bringt Sie in die Altstadt.

• *Übernachten/Essen & Trinken* Gepflegt, wenn auch noch lange nicht stilvoll, ist das **** **Hotel Novohradský** an der Třebízského 184. DZ 49 €, EZ 25 €. ✆/℻ 474376944, Hotel.Novohradsky@quick.cz.

Mehr Charme hat die 2003 eröffnete **Pension Peřeje** in schöner Lage im Kurareal. Geräumige, freundliche Zimmer, kleiner Fitnessraum, Sauna. EZ 23 €, DZ 46 €. Beliebt ist auch das dazugehörige Restaurant mit kleiner Terrasse direkt am Fluss und deftiger böhmischer Küche. ✆ 604520910 (mobil), KrizVaclav@seznam.cz.

• *Camping* **U Jezu,** wenig attraktiver Platz, dafür gut gesichert und saubere Sanitäranlagen. Ausgeschildert. 2 Pers. mit Zelt und Auto zahlen 6,70 €. Es werden auch günstige Zimmer vermietet. ✆ 474371561.

• *Öffnungszeiten* **Schloss,** April–Okt. tägl. (außer Mo) 9–17 Uhr. Führungen durch das Museum (70 Min.) und das Schlossareal (50 Min.) im Stundentakt. Pro Führung 1,70 €, erm. 1 €.

Kadaň (Kaaden)

Eine freundliche Stadt in einer stellenweise unfreundlichen Umgebung, einen Abstecher aber allemal wert.

Kadaň liegt ca. 30 km nordöstlich von Karlovy Vary im Vorland des Erzgebirges. Die Region lebt vornehmlich vom Braunkohletagebau. Wo sich einst weite Hopfenfelder erstreckten, ragen heute rußende Schornsteine, riesige Kühltürme und Schlote von Strom- und Heizkraftwerken in den Himmel.

Bei der Anfahrt von Klášterec nad Ohří und im Zentrum von Kadaň merkt man von alldem glücklicherweise nichts. Die Altstadt steht komplett unter Denkmalschutz. Der weite, gepflasterte **Marktplatz** mit einer figurenreichen Pestsäule aus dem 18. Jh. ist umgeben von größtenteils frisch restaurierten Laubenganghäusern. Am Marktplatz steht auch das Rathaus mit einem eigenartigen gotischen Turm. Schräg gegenüber beginnt die **Katova ulička,** die Henkerstraße, die angeblich schmalste Gasse Böhmens, in die nur spärliches Licht durch ein Labyrinth von Stützpfeilern fällt. Der Henker wohnte im früheren Kaaden übrigens am Ende der Gasse unter dem Tor.

Im Süden der Altstadt, über dem Flusslauf der Ohře (Eger), wo noch weite Abschnitte der Stadtbefestigung erhalten sind, erhebt sich eine **Gotische Burg** (Gotický hrad). In ihrem Inneren befinden sich heute ein Seniorenheim, die städtische Bibliothek und die Galerie Josefa Lieslera (Mo–Fr 9–15 Uhr, Sa 9–12 Uhr). Der preisgekrönte Maler *Josef Liesler* wurde 1912 in Kadaň geboren. Sein Schaffen orientierte sich an Dürer, Goya und Delacroix. 1975 erhielt er den UNESCO-Preis für die schönste Briefmarke.

Im Westen Kadaňs, etwas außerhalb der Altstadt, liegt das ehemalige **Franziskanerkloster** (Františkánský klášter) der „Vierzehn heiligen Nothelfer“ aus dem

15. Jh., das heute das Stadtmuseum beherbergt. Es widmet sich in erster Linie der Archäologie, Mineralogie, Geologie und dem Bergbau (Führungen Di–Fr um 13, 14.30 und 16 Uhr, Sa auch um 11 Uhr, So nur um 14 und 16 Uhr, Eintritt 0,70 €). Der Andrang hält sich in Grenzen, doch das ist man gewohnt. Zu sozialistischer Zeit befand sich darin eine Ausstellung über die Arbeiterbewegung der Region, wegen Besuchermangels wurde sie schon bald nach der Eröffnung wieder geschlossen. Im Klostergarten lädt das Café Konírna posezaní auf ein kühles Getränk ein.

Information/Verbindungen/Adressen

• *Information* Das **städtische Informationszentrum** (Městské informační centrum) samt kleiner Galerie befindet sich am Hauptplatz, dem Mirové náměstí 1. Nur englischsprachig. Mo–Fr 9–17 Uhr, Sa 9–12 Uhr. ✆/℻ 474319550, www.mesto-kadan.cz.

• *Parken* Gebührenpflichtiger Parkplatz am Mírove nám. 0,35 €/Std.

• *Verbindungen* Der Bahnhof liegt außerhalb des historischen Zentrums im Norden der Stadt, ebenso der Busbahnhof. **Busse** häufig nach Klášterec nad Ohří (einige davon fahren weiter nach Perštejn), regelmäßig nach Chomutov und Most, mehrmals tägl. nach Prag, Karlsbad (über Ostrov), Žatec, Teplice und Ústí nad Labem. Regelmäßige **Züge** nach Chomutov, Klášterec nad Ohří, Perštejn, Karlovy Vary und Ostrov.

• *Ärztliche Versorgung* Krankenhaus im Norden der Stadt an der Golovinova. ✆ 474944111.

• *Polizei* Im Norden der Stadt an der Chomutovská. Über die Notrufnummer ✆ 156 zu erreichen.

• *Post* Zentral in der Kpt. Jaroše 58 oder nördlich des Zentrums in der Poštovní.

• *Veranstaltung* Zwischen Ende Aug. und Mitte Sept. (Termin variabel) wird der **Kaisertag** (Císařův den) gefeiert, der an den Einzug Karls IV. in die Stadt erinnert – ein Kostümfest mit Rittern, Gauklern usw.

Essen & Trinken/Übernachten

• *Restaurants* **Restaurant Gulliver (2),** gemütlich-gepflegtes Lokal in der B. Němcové 1689 hinter dem Marktplatz. Internationale Küche, die insbesondere Fleischliebhaber erfreut (wer will, kann sich für ein 400-Gramm-Steak entscheiden). Aber keine Sorge, auch an Vegetarier ist gedacht. Junges Publikum. Hg. 3,50–13 €. ✆ 474342356.

U svaté brány (5), die Alternative zu Kloß mit Soß: gute Pizzeria mit großer Auswahl. Kleiner Gartenbereich hinterm Haus. Tägl. außer So. ✆ 474343295, J. Švermy 18.

Slunce (6), neben dem Infozentrum. Alteingesessenes, einfacheres Restaurant, gemütlicher Innenhof im Sommer. Beliebtes Mittagslokal dank der billigen Tagesgerichte. Abends ellenlange Speisekarte. Zügiger Service. Mirové nám.

• *Übernachten* Für seine Größe besitzt Kadaň ein bemerkenswert gutes Unterkunftsangebot.

Penzion U Johanky (4), dieser Familienbetrieb in der Altstadt verdient unsere Empfehlung, nicht zuletzt wegen der freundlichen, deutschsprachigen Betreuung. 10 Zimmer und Apartments in einem historischen Gebäude. Hell und ansprechend eingerichtet, Telefon und TV. Schönes Café im Erdgeschoss. EZ ab 21 €, DZ 39 €, Apartment für 4 Pers. 69 €. ✆/℻ 474343307, J. Švermy 17.

Pension Split (8), 2002 eröffnete Pension in einem architektonisch ansprechenden Gebäude direkt an der Eger. Zwar läuft man ca. 15 Min. ins Zentrum, wohnt dafür idyllisch-ruhig und dazu noch sehr schön. 10 jugendlich-trendig eingerichtete Zimmer und Apartments, einige davon mit tollem Flussblick. Nettes Restaurant mit Terrasse am Fluss, Biergarten. EZ 23 €, DZ 41 €. ✆ 474342741, U Splitu 933.

Penzion Bílý Beránek (3), 11 ordentliche Zimmer mit dunklen Möbeln, z. T. mit Gewölbedecken. Sehr sauber. Gutes Restaurant mit Biergarten und Bowlingbahn angegliedert. EZ 23 €, DZ 41 €. ✆/℻ 474343402, www.bilyberanek.kadan.cz, Čsla. Armády 27.

bernachten

Campingplatz
Penzion Bílý Beránek
Penzion U Johanky
Pension Tercier
Pension Split

Essen & Trinken

2 Restaurant Gulliver
5 U svaté brány
6 Slunce

Pension Tercier (7), 2004 eröffnet. Etwas einfachere, aber freundliche Zimmer, warme Raumfarben, private Bäder. Das angegliederte „Höhlenrestaurant" ist ein Hit für Kinder und Jurassic-Park-Fans, ansonsten aber hart an der Grenze des guten Geschmacks. EZ 25 €, DZ 33 €. ✆/📠 474345234, Žatecká 566.

• *Camping* Der **städtische Campingplatz (1)** beim Eisstadion bzw. Schwimmbad nördlich des Zentrums ist nicht zu empfehlen. Vorzuziehen ist der **Camping Hradec,** ca. 6 km südöstlich von Kadaň bei Hradec u Kadaně. Großer Platz mit großen Rutschen am Badeteich. Vornehmlich junges Publikum in Partylaune – trashige Countrybands sorgen am Wochenende zuweilen für Stimmung. Restaurant. 2 Personen mit Zelt und Auto zahlen 7 €, Holzhütte für 2 Pers. 19 €. Ein einfacherer, billigerer Campingplatz namens **Óáza** befindet sich gleich daneben. ✆ 605216105 (mobil). Anfahrt: Von der Straße nach Žatec ausgeschildert. Mehrmals tägl. Zugverbindungen nach Kadaň, bis zum Bahnhof von Hradec u Kadaně läuft man vom Zeltplatz allerdings ca. 15 Min.

Ostrov (Schlackenwerth)

Etwa 10 km nördlich von Karlovy Vary liegt Ostrov, eine Industriestadt mit weit über 20.000 Einwohnern. Schön ist Ostrov nicht, dafür architektonisch überaus interessant. Keine andere Stadt Tschechiens offenbart ein so reines und einheitliches Bild des „sozialistischen Realismus", ein Baustil, der sich unter Stalin in der Sowjetunion etablierte und später von den Bruderstaaten übernommen wurde. Damit wollte man sich von den Visionen eines rigiden Funktionalismus zugunsten einer gegenständlichen, parteilichen Kunst abwenden. Was man sich darunter vorzustellen hat, zeigt das Zentrum der Neustadt (mit „Centrum" ausgeschildert) vorzüglich. Deren Mittelpunkt bildet der trostlos zubetonierte Mirové náměstí mit dem *Dům kultury*, einer Art Kulturzentrum. Drum herum erstrecken sich riesige Plattenbauviertel im Schachbrettmuster.

Durchquert man jedoch Ostrov auf dem Weg von Karlsbad in Richtung Jáchymov, passiert man jenen Teil der Stadt nicht; er liegt östlich der Hauptdurchgangsstraße. Dafür kommt man an der Altstadt (mit „Staré město" ausgeschildert) vorbei, die heute nur noch rund ein Zehntel Ostrovs ausmacht und den südlichen Stadtrand bildet. Gesehen haben muss man sie nicht. Früher war das jedoch anders. Denn ganz im Süden der Altstadt gab es einst ein großes Schloss, zwei Flügel sind davon noch erhalten geblieben, und einen **Schlosspark** (Zámecky park), den der Historiker Bohuslav Balbín gar als das „achte Weltwunder" beschrieb. Heute erinnert im Park lediglich ein kleines, restauriertes **Lustschloss** (Pobočka Ostrov Letohradek) an die gute alte Zeit. Die Kunstgalerie Karlsbad präsentiert darin wechselnde Ausstellungen mit vornehmlich moderner Malerei.

• *Öffnungszeiten* **Schlosspark,** April, Mai, Sept. und Okt. 5.30–21 Uhr, Nov.–März 5.30–20 Uhr und Juni–Aug. 5.30–23 Uhr. **Lustschloss,** tägl. (außer Mo und Di) 13–17 Uhr. Eintritt 0,70 €, erm. die Hälfte.

• *Verbindungen* Regelmäßig **Busse** nach Jáchymov und Karlovy Vary, mehrmals tägl. nach Boží Dar, zudem 1-mal tägl. nach Cheb, Franzensbad, Aš, Bečov nad Teplou und Pilsen.

Züge bis zu 10-mal tägl. nach Kadaň sowie bis zu 6-mal tägl. nach Perštejn. Bahnhof nahe der Altstadt.

Jáchymov (St. Joachimsthal)

Jáchymov zu Füßen des Keilbergs (→ S. 78) ist zweifelsohne der schäbigste Kurort Westböhmens. Das Gros der ausländischen Besucher aus dem grenznahen Sachsen kommt auch nicht zum Kuren, sondern der billigen Liebe und Zigaretten wegen. Dabei liegt der Ort eigentlich ganz idyllisch in einem tiefen Taleinschnitt, in dessen unterer Hälfte rund um das **Sanatorium Radium Palace** sogar ein kleiner an-

Straßenzug in Jáchymov

sehnlicher Park existiert. Besuchenswert ist – wenn überhaupt – nur das **Stadtmuseum** (Městské muzeum) im oberen Teil des Orts beim Rathaus. Das in der ehemaligen königlichen Münze untergebrachte Museum erinnert an die Zeit, als der Ort noch wegen seiner Silbervorkommen berühmt war. Im Jahre 1519 begann man, in St. Joachimsthal Silbermünzen zu prägen. Aus dem so genannten „Joachimsthaler" leiteten sich später die Bezeichnungen „Taler" und „Dollar" ab.

In Jáchymov liegen aber nicht nur die Anfänge des Dollars, sondern auch des Uranerzabbaus. Zur Glas- und Porzellanherstellung wurde es verwendet. Zu Beginn des 20. Jh. entdeckte die Chemikerin *Marie Curie* im Joachimsthaler Uranerz das Element Radium, wofür sie später den Nobelpreis erhielt. Doch der Kontakt mit dem Uran erwies sich für sie als genauso tödlich wie für Generationen deutscher Bergleute. Die durchschnittliche Lebenserwartung lag in Jáchymov bis in die Mitte des 20. Jh. bei 42 Jahren. Danach besorgten in erster Linie politische Gefangene im Zuge der stalinistischen Säuberungen den Abbau des Urans. Der Name Jáchymov stand für eines der berüchtigsten Konzentrationslager der Tschechoslowakei. Viele Internierte starben an Erschöpfung, Hunger und Leukämie. Auch daran erinnert heute das Stadtmuseum.

Seit 1964 wird kein Uran mehr abgebaut. Im ehemaligen Uranerzbergwerk entspringen jedoch radioaktive Thermalquellen, deren Wasser in der Behandlung von Nerven- und Rheumaerkrankungen Anwendung findet. Was hier einst den Tod brachte, schenkt heute Kranken Linderung. Ein solches Radonbad ist nur nach ärztlicher Voruntersuchung möglich.

• *Information* **Informační centrum Jáchymov,** im Rathaus am Náměstí Republiky. Tägl. 8–12 Uhr und 13–17 Uhr. ✆/℻ 353811379, www.info-jachymov.cz.

• *Verbindungen* **Busse** bis zu 7-mal tägl. über Ostrov nach Karlovy Vary. Ähnlich häufige Verbindungen bestehen nach Abertamy, Pernink, Horní Blatná, Potůčky und Boží Dar.

• *Kuren* Informationen hält die **Kurverwaltung** nahe dem Kreisverkehr (im Haus „Tolar") im unteren Ortsbereich bereit. ✆ 353811208, www.laznejachymov.cz.

• *Übernachten* Man übernachtet besser in Boží Dar, unter den hiesigen Unterkünften findet man nur wenige ansprechende. Wirklich empfehlenswert ist nur das **Sanatorium Radium Palace**. Das feudale Vier-Sterne-Haus, 1910–12 erbaut, bietet komfortable Zimmer mit Parkettböden und klassischer Einrichtung. An Nichtkurgäste wird allerdings nur vermietet, wenn Kapazitäten frei sind. Pro Person im DZ mit VP und Kurtaxe ab 60 €. Im kleinen Kurzentrum, nicht zu übersehen, ✆ 353811511, www.laznejachymov.cz.

• *Öffnungszeiten* **Stadtmuseum,** Mincovní 37, Mi–So 9–12 und 15–17 Uhr. Eintritt 0,65 €.

• *Auf den Klínovec* Die Talstation der auf den Keilberg führenden Sesselbahn liegt ca. 3 km außerhalb von Jáchymov, vom Kreisverkehr im unteren Ortsbereich mit „Lanovka" ausgeschildert. Im Winter befördert sie Skifahrer, im Sommer Wanderer hinauf. Tägl. 9–16 Uhr, einfache Fahrt 1,20 €.

Das Erzgebirge ist sauer

Wie der Böhmerwald (→ S. 168) im Süden ist auch das Erzgebirge (Krušné Hory) im Norden Böhmens ein Grenzgebirge zwischen der Tschechischen Republik und Deutschland. Es erstreckt sich über eine Länge von ca. 140 km vom Elstergebirge im Westen bis zum Elbsandsteingebirge im Osten. Die Kammlinie besitzt keine herausragenden Bergmassive, sondern verläuft leicht wellig – ein Paradies für Radfahrer. Bewaldete Kuppen bilden meist die Gipfel, die z. T. auf über 1.200 m ansteigen. Jedoch sind die Wälder aufgrund der Emissionen der Braunkohlekraftwerke im nordböhmischen Kohlebecken und des damit verbundenen sauren Regens stark in Mitleidenschaft gezogen.

Die Besiedlung des Erzgebirges erfolgte im 12. Jh. durch Bergleute, die hier, wie der Name schon verrät, insbesondere Erze, aber auch Silber abbauten. Die Landwirtschaft wird bis heute vernachlässigt, da hohe Niederschlagsmengen, niedrige Temperaturen und ein alles andere als fruchtbarer Boden keine guten Ernten versprechen. Größere Städte gibt es keine. Freundlichere Dörfer findet man insbesondere in der westlichen Hälfte. Die Ortschaften östlich von Boži Dar sind überwiegend trostlos. Auch zum Radfahren, Wandern oder Langlaufen ist die westliche Hälfte die schönere.

Boží Dar (Gottesgab)

Die kleine 182-Seelen-Gemeinde bezeichnet sich stolz als die höchstgelegene Ortschaft Böhmens (1.028 m ü. d. M.) und ist das touristische Zentrum des Erzgebirges auf tschechischer Seite.

Das ehemalige Bergbaustädtchen liegt nahe der deutsch-tschechischen Grenze, ca. 5 km nördlich von Jáchymov und rund 27 km nördlich von Karlovy Vary. Heute steht es ganz im Zeichen des Fremdenverkehrs, insbesondere des **Wintersports**. Geboten werden mehr als 70 km gespurte Langlaufloipen, einige davon führen grenzüberschreitend ins benachbarte **Oberwiesenthal**. Für Abwechslung im alpinen Skisport sorgen annähernd 20 Lifte, die meisten davon an Boží Dars Hausberg, dem Klínovec (s. u.). Aber auch im Sommer lockt der Ort Touristen an, insbesondere zum Wandern und Radfahren in der Umgebung. Ein interessanter Weg ist der Naturlehrpfad durch das südwestlich des Orts gelegene Hochmoor (ausgeschildert). Im Ort selbst gibt es zwar jede Menge Hotels, Pensionen und Restaurants, oft in hübschen Holzhäuschen, ansonsten aber wenig zu tun. Um dem ein wenig abzuhelfen, hat man im Informationszentrum ein kleines **Heimatmuseum** eingerichtet. Hier erfährt man alles Mögliche über den Ort und seine Bewohner.

Ein schöner, markierter **Radrundwanderweg** (Nr. 2005, auch als Trasse 5 bekannt) von 45 km Länge führt von Boží Dar nach Jáchymov und vorbei am Klínovec wieder zurück. Zudem kann man sich auf die Spuren des lokalen Heimatdichters und -sängers Anton Günther (→ "Essen & Trinken/Übernachten") begeben und den nach ihm benannten, grenzüberschreitenden 65 km langen Rundwanderweg wählen. Er führt über den Plessberg, Horní Blatná, Johanngeorgenstadt und Tellerhäuser bis Oberwiesenthal und von dort zurück nach Boží Dar.

Information/Verbindungen/Sport/Diverses

• *Information* **Infocentrum Boží Dar,** im winzigen „Zentrum". ☏/℻ 353815108, www.bozidar.cz. Tägl. 8–11.30 Uhr und 12–18 Uhr. Der dazugehörige Infopavillon neben dem Hotel Zelený dům an der Hauptdurchgangsstraße hat außer einem Kaffeeautomaten wenig zu bieten.

• *Verbindungen* **Busse** bis zu 7-mal tägl. über Jáchymov und Ostrov nach Karlovy Vary.

• *Bäckerei* **Pekárna U Pohorných,** weit über die Grenzen Boží Dars hinaus bekannte und beliebte Backstube. Traditionelles Sauerteigbrot aus dem Steinofen, kleine Gebäckstücke für den Hunger zwischendurch. Gegenüber dem Infocentrum.

• *Wintersport* In und rund um Boží Dar gibt es 3 Skiareale mit über 20 Liften. Anspruchsvollere Abfahrten bestehen am Klínovec (bis zu 2,5 km Länge, s. u.), für Kinder und Anfänger genügt das Areal Novako direkt am Ort. Ein eintägiger Skipass kostet 4,60–13,70 €. Es sind auch Kombinationen mit dem Skigebiet in Oberwiesenthal möglich. Ski- und Snowboardunterricht sowie Ausrüstungsverleih (ca. 10 €/Tag) gibt es in Boží Dar an jeder Ecke.

Essen & Trinken/Übernachten

• *Restaurants* **Sv. Hubert,** eines der beliebtesten Restaurants im Ort, dem gleichnamigen Hotel (s. u.) angegliedert. Rustikalgepflegte Einrichtung. Ausgefallene böhmische Küche. Empfehlung: Wildfondue mit vier hausgemachten Dressings und Knoblauchbaguette. Hg. 3,30–13 €. Boží Dar 22.

Zelený dům („Grünes Haus"), unübersehbar grünes Haus an der Hauptdurchgangsstraße. Als Unterkunft alles andere als der Renner, auch wenn hier schon Luther übernachtete. Dafür mit gemütlich-dunklem Restaurant im Bauernstubenstil. Leser loben die gute Küche – dicke Pfeffersteaks, Braten und Wildgerichte zu 6–9,30 €. Nette Terrasse. ☏ 353815133, Boží Dar 46.

Anton Günther Schänke, heißt wirklich so. Die Gaststätte widmet sich ganz dem Leben und Werk des 1937 verstorbenen, gleichnamigen lokalen Volkssängers (sein Grab befindet sich am örtlichen Friedhof). Andenken, Liedpostkarten und Schwarzweißfotografien bis unter die Decke. Speisekarte vom „Schmuggler-Rostbraten" bis zum „Henkers Rutenstreich". Hg. 3–6 €. Schräg gegenüber dem Infocentrum.

Radniční sklípek, bei Einheimischen beliebtes Kellerlokal – das günstigste im Ort! Pfannengerichte, Fisch und Vegetarisches. Neben dem Infocentrum in der Ortsmitte.

Über gute Restaurants verfügen zudem die Pensionen **Daro** und **Daniela**.

• *Kneipe* **Kolíba,** urige, mit Holz beheizte Bierstube. Rund ein Zehntel der Dorfbevölkerung kommt hier allabendlich zusammen. Tschechische Schlager und die Stones aus den Boxen. Herzlicher Wirt, der gern Wacholderschnaps trinkt. Tägl. 17–1 Uhr. Gegenüber der Kirche.

• *Übernachten* In Boží Dar gibt es rund 40 Unterkünfte, fast jedes zweite Haus ist ein Hotel oder eine Pension. Im Sommer wird man wenig Probleme haben, irgendwo unterzukommen, im Winter reserviert man besser im Voraus.

Sv. Hubert, sehr gepflegtes Haus am Ortseingang bei der Kirche. 12 neu ausgestattete, rustikale Zimmer. Eigene Parkplätze. Gutes Restaurant (s. o.) angegliedert. DZ 44 €. ☏/℻ 353815144, www.svhubert.cz, Boží Dar 22.

U sněhuláka, kleine Pension mit 7 Zimmern im romantischen Landhausstil. Karierte Vorhänge und Bettbezüge. Freundliches Café (hausgemachte Kuchen) angegliedert. DZ 40 €. ☏/✆ 353815123, www.hotel.cz/u-snehulaka, bei der Kirche.

Jolly, 3 helle und freundliche Zimmer (2 DZ, ein Vierer) mit privaten Bädern in einem schnuckeligen Holzhäuschen. Garten mit kleinem Pool, gemütlicher Frühstücksraum. Lässige, deutschsprachige Inhaberin. Pro Person ab 17 € mit Frühstück. ☏ 353815010, Boží Dar 26.

Klínovec (Keilberg)

Östlich von Boží Dar erhebt sich mit 1.244 m ü. d. M. der stolzeste Hügel des Erzgebirges. Auf seinem höchsten Punkt befindet sich eine heruntergekommene, verwaiste Hotelanlage (die allerdings bis 2008 restauriert werden soll) und ein mit Satellitenanlagen bestückter Sendeturm. Der Klínovec ist nicht nur von grünen Wäldern umgeben, sondern auch von mausgrauen – die Zahl toter Bäume in den oberen Lagen ist erschreckend. Dennoch lässt es sich hier nicht nur gut Ski fahren (→ Boží Dar), sondern auch gut wandern. Von Boží Dar führt ein rot markierter **Wanderweg** zum Gipfel. Von dort gelangt man auf einem erst gelb, dann grün markierten Weg hinab nach Jáchymov. Zurück kann man den Bus nehmen oder fährt mit der Seilbahn (→ S. 76) wieder hinauf.

• *Anfahrt* Von der Verbindungsstraße von Boží Dar nach Vejprty (Richtung Chomutov) aus beschildert. Mit dem **Auto** kann man bis zum höchsten Punkt fahren. Im Winter auch **Skibusse** ab Boží Dar.

• *Übernachten* **Sport Hotel Rudolf**, auf dem Klínovec, nur wenige Meter unterhalb des Gipfels. 8 zwar etwas billig ausgestattete, aber insgesamt freundliche Zimmer (z. T. mit tollen Ausblicken), pro Person mit HP im Winter 35 €, im Sommer 27 €. Restaurant mit herrlichem Biergarten angeschlossen (Mo geschl.), beliebt bei Radfahrern und Wanderern. Sauna und kleines Hallenbad. ☏ 353812000, sporthotel@seznam.cz.

Von böhmischen Dörfern und der Bohème

„Ich sag' ihm das bei meiner Ehren, mir das böhmisch' Dörfer wären" – im didaktischen Tierepos „Froschmeuseler" von Georg Rollenhagen, das im Jahr 1595 erschien, tauchte die Redewendung erstmals auf. Viele Ortsnamen Böhmens klangen für deutsche Reisende schon damals fremd und unaussprechbar. Seither bringen „böhmische Dörfer" etwas Unverständliches zum Ausdruck.

Die Bezeichnung „Bohème" für die Pariser Künstleravantgarde des Quartier Latin Anfang des 19. Jh. hat mit Böhmen hingegen nur wenig zu tun. Als „Bohemi" bezeichnete man im Mittelalter auch die Zigeuner. Und unter diesem Namen versuchten nun die Literaten und Maler, ihre gesellschaftliche Außenseiterrolle zu betonen. Das Leben der Bohème wurde Thema von Henri Murgers Roman „Scènes de la bohème" (1851), der literarischen Vorlage von Puccinis Oper „La bohème" (1896).

Plešivec (Plessberg)

Wie der Klinovec ist auch der Plešivec (1.028 m), ca. 8 km südwestlich von Boží Dar, ein beliebtes Ausflugsziel. Diverse markierte **Wanderwege** kreuzen sich hier, die sich zu großen und kleinen Touren verbinden lassen. Von seinem Gipfel genießt man an klaren Tagen eine herrliche Fernsicht. Von der Straße zwischen Jáchymov/Boží Dar und Abertamy ist der Weg auf den Plešivec beschildert.

• *Übernachten/Essen & Trinken* **Horská Bouda Orion,** eine von mehreren gemütlichen Gasthütten rund um den Gipfel. Für Anspruchslose und Leute ohne Platzangst fast ein Tipp. Das urige kleine Holzhaus bietet 5 winzige Zimmer, die z. T. nur aus Betten unter der Dachschräge bestehen. Etagenbad. Rauchen in den Zimmern (verständlicherweise) verboten. Urgemütliche Gaststube mit offenem Kamin, idyllische Terrasse. 10 € pro Person mit Frühstück. ☎ 353892228, 📠 353890098.

Unterkünfte verschiedener Kategorien findet man auch im 3 km westlich gelegenen **Abertamy**.

Nejdek (Neudek)

In einem schönen Tal, ca. 13 km nordwestlich von Karlsbad, liegt das annähernd 9.000 Einwohner zählende Nejdek. Das Zentrum rund um den Náměstí Karla IV. ist freundlich und mit Bürgerhäusern im Jugendstil und im Stil des Historismus durchsetzt. Man findet ein paar Restaurants und eine Weinstube. Ins Auge fällt der **Schwarze Turm** (Černá věž) auf einem überhängenden Felsen, der einst Teil einer gotischen Burg war (nicht zugänglich). Ganz in der Nähe liegt das örtliche **Museum,** das aus dem Fundus des Karlsbader Museums wechselnde Ausstellungen präsentiert (Di–So 8.30–12 und 13–16.30 Uhr, Eintritt 0,65 €). Den Süden der Stadt dominieren Industriebetriebe, u. a. die größte Kammgarnspinnerei Tschechiens, den Norden Plattenbauten.

Von Karlsbad führt ein anspruchsvoller, markierter **Radweg** (Nr. 2014) nach Nejdek, Beginn des Weges im Vorort Dvory beim Bahnhof.

• *Verbindungen* **Züge** bis zu 12-mal tägl. nach Karlovy Vary, bis zu 10-mal tägl. nach Nové Hamry und bis zu 8-mal tägl. über Perník und Horní Blatna nach Potůčky. **Busse** bis zu 9-mal tägl. nach Nové Hamry, regelmäßig nach Karlsbad und Ostrov.

• *Übernachten* Beste Unterkunft vor Ort ist das 2004 eröffnete *** **Hotel Anna** am Nám. Karla IV 486. Alle Zimmer und Apartments (gelbe Wände, blaue Bäder) mit Satelliten-TV. Restaurant. EZ 40 €, DZ 46 €, Apartment 60 €, gutes Frühstück inkl. ☎/📠 353825756, www.hotel-penzionanna.cz.

Nové Hamry (Neuhammer)

Verlässt man Nejdek in Richtung Norden, erreicht man nach ca. 5 km Nové Hamry, ein bäuerlich wirkendes kleines Dorf in einem malerischen Tal. Die Anfahrt mit dem Zug von Karlsbad über Nejdek ist herrlich, die Strecke idyllisch. Vom Bahnhof in Nové Hamry verläuft ein gelb markierter **Wanderweg** zum weiter südöstlich gelegenen Aussichtsturm auf dem Tisovský vrch (997 m. ü. M.), ein beliebtes Ausflugsziel. Folgt man von dort noch ein Stück weiter dem gelb markierten Weg und schwenkt dann nach links auf einen grün markierten Weg ab, gelangt man nach Nejdek (Länge ca. 8 km).

Verbindungen **Züge** bis zu 8-mal tägl. über Pernink und Horní Blatná nach Potůčky, bis zu 11-mal tägl. über Nejdek nach Karlovy Vary. **Busse** bis zu 9-mal tägl. nach Nejdek.

Übernachten **Pension Jelínek,** eine der freundlichsten Unterkünfte im gesamten Erzgebirge, in idyllisch-ruhiger Lage über Nové Hamry (ausgeschildert). Neubau im alpenländischen Stil. Blitzsaubere, geräumige Zimmer mit rustikaler Einrichtung, z. T. mit Balkon. Garten, lichtes, modernes Restaurant, netter deutschsprachiger Inhaber. Pro Person mit Frühstück 14 €. ☎/📠 353825208, www.jelinex.com.

Pernink (Bärringen)

Etwa 8 km nordöstlich von Nejdek liegt Pernink, einst Bärringen genannt, da einer Legende nach ein Bär hier einen Zinnbarren ausgrub. Schön ist Pernink nicht gerade, es bietet jedoch mehrere Unterkünfte und Restaurants, die insbesondere im

Im Erzgebirge

Winter gut besucht sind, zumal es ein paar Schlepplifte gibt und Abfahrten dazu, die man allesamt im Schuss meistern kann.

Die Landschaft um Pernink ist recht idyllisch. Etwa 2 km südlich liegt das **Naturschutzgebiet Oceán** mit einem weiten intakten Torfmoor. Auch verlaufen durch Pernink mehrere markierte **Radwanderwege,** die sich zu Rundkursen unterschiedlicher Länge kombinieren lassen. Reizvoll ist z. B. eine Tour nach Potůčky (s. u.), hin über die Trasse Nr. 2001, zurück über die Nr. 2004.

Verbindungen **Busse** bis zu 7-mal tägl. nach Jáchymov und bis zu 4-mal tägl. nach Karlovy Vary. **Züge** bis zu 8-mal tägl. nach Potůčky und über Nejdek nach Karlovy Vary. Bahnhof ca. 1 km westlich der Ortschaft im Wald.

Horní Blatná (Bergstadt Platten)

Weitere 3 km nördlich von Pernink erreicht man Horní Blatná, ein ehemaliges Bergbaustädtchen mit exakt 237 Häusern. Das schönste davon, ein liebevoll restauriertes Fachwerkpatrizierhaus, beherbergt ein unspektakuläres **Zinnmuseum**. Es befindet sich an der Bezručova, nur wenige Schritte vom Dorfplatz mit seiner barocken Pfarrkirche entfernt.

Nahe dem Ort liegen die **Wolfsgruben;** einfach am Museum vorbei bergauf und dann der roten Wandermarkierung folgen (Dauer ca. 30 Min., unterwegs viele Himbeersträucher). Dabei handelt es sich um einstige Stollen, die jedoch schon vor Jahrhunderten einstürzten. So entstanden tiefe, bizarre Schluchten, in denen bis in den Sommer hinein oft noch Schnee liegt.

- *Verbindungen* **Busse** bis zu 7-mal tägl. nach Jáchymov und Potůčky und bis zu 4-mal tägl. nach Karlovy Vary.
Züge bis zu 8-mal tägl. nach Potůčky und über Pernink und Nejdek nach Karlovy Vary.

- *Übernachten/Essen & Trinken* Unterkünfte und Restaurants sind vorhanden, darunter jedoch keine, die wir guten Gewissens empfehlen könnten.

- *Öffnungszeiten* **Zinnmuseum**, Mi–Fr 14–18 Uhr, Sa/So 9–17 Uhr. Eintritt 0,35 €.

Potůčky (Breitenbach)

4 km trennen Horní Blatná von Potůčky, das umgeben von weiten Wäldern am Flusslauf der Černá liegt. Potůčky ist ein beliebtes Ausflugs- und Einkaufsziel der Sachsen. Ein **Fußgängergrenzübergang** verbindet den Ort mit **Johanngeorgenstadt** auf deutscher Seite. Und wie es sich für einen tschechischen Grenzort gehört, gibt es hier einen riesigen Asia-Markt, auf dem man neben Zigaretten Spielzeug, Bier, Wein, Korbwaren, Gardinen, Riesenschnitzel, Trikots, Hossa-Hossa-CDs, Briefkästen usw. kaufen kann.

Verbindungen **Busse** mehrmals tägl. nach Jáchymov, bis zu 3-mal tägl. nach Karlovy Vary. **Züge** bis zu 8-mal tägl. über Horní Blatná, Pernink und Nejdek nach Karlovy Vary.

Kraslice (Graslitz)

Annähernd 8.000 Einwohner zählt das von Klinkersteinhäusern geprägte Städtchen rund 30 km nordwestlich von Karlsbad. Es wirkt um einiges größer und lebendiger, zumal es auch für die umliegenden, kleinen Ortschaften des westlichen Erzgebirges das kulturelle und wirtschaftliche Zentrum darstellt. Bekannt war das ehemalige Graslitz wegen seiner langen Tradition im Musikinstrumentenbau, in erster Linie Geigen, und in der Textilfertigung, insbesondere Spitzen. Rund um Kraslice findet man **Wanderwege** in allen Farben, nach Nejdek führt ein gelber (anstrengend, aber schön). Die schmalen Landstraßen der Umgebung eignen sich bestens zum **Radeln**. Wintersportlern stehen im nahe gelegenen **Bublava** vier neue Skilifte zur Verfügung. Das weit verstreute Dorf selbst besitzt bislang jedoch nicht nur wenige Unterkünfte und Restaurants, sondern auch kaum Charme.

• *Information* **Infocentrum,** an der Straße nach Stříbrná, Havlíčkova 1784. ✆ 352686328, ℻ 352687586. Mo–Fr 10–17 Uhr, Sa nur vormittags.

• *Verbindungen* Bahnhof und Busbahnhof ca. 500 m westlich des Zentrums. **Busse** mehrmals tägl. nach Sokolov, bis zu 4-mal tägl. nach Stříbrná und Karlovy Vary. Regelmäßige **Züge** nach Sokolov, Zwickau, Plauen und Klingenthal.

• *Übernachten/Essen & Trinken* **Pension Krista,** geräumige Zimmer mit etwas zusammengewürfelter Standardausstattung. Bei deutschen Tagestouristen recht beliebtes Restaurant mit böhmischer Küche angegliedert. Sichere Parkplätze im Hof. Pro Person 17 € mit Frühstück. ✆ 352686054, penzion_krista@post.cz. Dukelská 753 (Straße Richtung Chodov/Sokolov).

Pension U Kina, im altrosa Haus werden 5 helle Zimmer vermietet (am schönsten sind die unterm Dach), nur 3 mit eigenem Bad. Pro Person 15 € mit Frühstück. ✆ 352696415. Havlíčkova 35, schräg gegenüber dem Infocentrum.

> Im Herzen des westlichen Erzgebirges gibt es nur einen Campingplatz, **Camping Nancy,** ca. 6 km nördlich von Kraslice an der Straße nach Přebuz. Der idyllische Wiesenplatz mit Naturpool, Sandkasten, einem plätschernden Bächlein, Grillgelegenheiten und netten Betreibern zählt zu den schönsten Plätzen Westböhmens. Nur Imbiss. Fahrbarer Untersatz vonnöten. Ganzjährig geöffnet, künftig auch mit Zimmervermietung. 2 Pers. mit Zelt und Auto zahlen 7,70 €, Wohnmobil 2 €. ✆ 352696360.

• *Reiten* Ausritte ins Gelände, auch ganztägige, werden im ca. 5 km nördlich gelegenen Dorf Bublava angeboten. Pro Std. 9 €. Informationen unter ✆ 606560253 (mobil).

• *Skifahren* 8,70 € kostet die Tageskarte. Pistenlänge 1,6 km. Alles weitere unter www.ski-bublava.cz.

Für Ziele südöstlich von Kraslice → „Františkovy Lázně/Umgebung", S. 116.

Neue Kolonnade

Mariánské Lázně (Marienbad)

„Marienbad ist unbegreiflich schön", schwärmte einst Franz Kafka. Und das ist der Kurort noch immer: Ein inmitten von dicht bewaldeten Hügeln gelegenes, mit weiten Parkanlagen durchsetztes Paradies. Es gibt nur wenige Städte Europas, die ohne Küstenromantik so viel Flair haben.

Allein die Tatsache, dass Dichter und Denker, Könige und Adelige hier gerne verweilten, ist eigentlich schon Beweis genug. Die Gästeliste des Kurortes liest sich wie ein Who's who des 19. und frühen 20. Jh. Richard Wagner reiste mehrmals an und plante gar, seine Festspiele nicht in Bayreuth, sondern in Marienbad ins Leben zu rufen. Friedrich Hebbel verfasste in Marienbad den geistreichen Satz: „Hier sitz' ich in einem böhmischen Bade". Mit seiner Frau war er angereist, der die Leber Sorge bereitete. Der russische Literat Nikolaj Wassiljewitsch Gogol kam, er hatte es mit dem Magen. Ein gleichzeitig anwesender Millionär inspirierte ihn übrigens zur Gestalt des Kostausschogel in seinem Roman „Tote Seelen". Ein anderer russischer Autor, Iwan Aleksandrowitsch Gontscharow, schuf in Marienbad die Gestalt der Olga Sergejewna Iljinska für seinen „Oblomov" – jener literarische Antiheld, der das Bett nie mehr verlassen wollte. Hugo von Hofmannsthal schrieb in Marienbad „Das Bergwerk zu Falun".

Seiten könnte man mit Schriftstellern füllen, die das westböhmische Bad besuchten: Johann Wolfgang von Goethe, Turgenjew, Henrik Ibsen, Rudyard Kipling, Mark Twain, Maxim Gorki, Jan Neruda, Alexander K. Tolstoj usw. Aber auch mit Komponisten wie Antonín Dvořák, Johann Strauß oder Anton Bruckner oder aber mit Wissenschaftlern wie dem Slawisten Josef Dobrovský, Sigmund Freud oder Samuel von Basch, der eine wissenschaftliche Methode zur Messung des Blutdrucks begründete. Gekrönte Häupter kamen ebenfalls, u. a. Napoleon III., Otto I. von Griechenland, Kaiser Franz Josef I. oder Englands König Eduard VII.

Es war en vogue, in den weltberühmten, von weiten Kiefernwäldern umgebenen Kurort Marienbad zu reisen. Die Gäste liebten die stets etwas frischere und kühle Luft des Ortes in den heißen Sommermonaten, immerhin liegt Marienbad auf 630 m ü. d. M. Aber sie genossen auch die in den Stadtkern einbezogene Quellenlandschaft, die Galanterie- und Luxuswarengeschäfte, die vielen Parks und nicht zuletzt den Prunk der Kurhäuser, Casinos, Hotels und Musikpavillons, viele mit einem Überschwang an historisierenden Formen. Noch heute ist das alte Kurzentrum Marienbads eine fast unbeschreibliche Pracht. Wo man hinsieht, stehen klassizistische Brunnentempel, Schweizerhäuser und luxuriöse Prachtbauten, die ein Bild von der Üppigkeit des Fin de Siècle vermitteln.

Geschichte: Erstmals erwähnt wurden die Quellen Marienbads im 16. Jh. Damals gab es den Ort jedoch noch nicht. Dort, wo die Quellen sprudelten, existierte nichts anderes als sumpfiges, bewaldetes Terrain. Bereits im ausgehenden 17. Jh. gewann man aus Verdampfung des Quellwassers der heutigen Kreuzquelle Glaubersalz, welches man als *sal teplensis* verkaufte und das sich schnell zu einem geschätzten Abführmittel entwickelte. Erst 1808 wurde hier auf Initiative des Abtes Karl Kasper Reitenberger vom nahe gelegenen Stift Tepl (→ S. 98) und des Arztes Dr. Joseph Johann Nehr ein Heilbad gegründet. Zehn Jahre später erklärte man Marienbad offiziell zum Kurort. Ein Denkmal des Abtes befindet sich an der Promenade, die an die Neue Kolonnade anschließt, eine Büste des Arztes beim Kreuzbrunnen. Letzterer schrieb auch die erste Abhandlung über die medizinische Bedeutung der Marienbader Quellen. Hohe Verdienste an der heutigen Erscheinung des Ortes hatte der Gartenarchitekt Václav Skalník. Nach seinen Plänen wurden im frühen 19. Jh. das gesamte Tal trockengelegt, weitläufige Parkanlagen geschaffen und gezielt Kurhäuser und Hotels drum herum platziert.

Einer der ersten VIPs, die den Ort populär machten, war der zu jener Zeit schon bejahrte Johann Wolfgang von Goethe. Die rapide Entwicklung Marienbads ließ ihn zu dem Ausspruch hinreißen: „Mir war es, als wäre ich in den nordamerikanischen Einsamkeiten, wo man Wälder aushaut, um in drei Jahren eine Stadt zu bauen". Wahre Worte. Etwas mehr als zehn Jahre vergingen und schon besaß der Ort ein Symphonieorchester. Zu Mitte des 19. Jh. kamen bereits 25.000 Kurgäste im Jahr. 1872 erhielt Marienbad Anschluss an das Eisenbahnnetz. Bis dato lag neben dem heutigen Chopinhaus (→ S. 92) die Postkutschenstelle, die zugleich das Zentrum des Ortes bildete. Ende des 19. Jh. reihte sich Marienbad neben Karlsbad in die Liste der bedeutendsten europäischen Kurorte ein. Bis zur Weltwirtschaftskrise, welche der Ort schwer zu spüren bekam, stieg die Zahl der Gäste auf über 50.000 Besucher im Jahr. Auf den Promenaden der Stadt ging es teilweise zu wie auf dem Ku'damm am Tag vor Heiligabend, und mit Schildern, auf denen „Rechts gehen" stand, versuchte man, die Massen auf den Straßen einigermaßen zu koordinieren.

Nach dem 2. Weltkrieg und dem Fall des Eisernen Vorhangs geriet Marienbad in Vergessenheit. Das sozialistische Einheitsgrau legte sich über die Mauern. Mittlerweile ist das Gros der alten palastartigen Kurbäder und der feudalen Bauten restauriert und strahlt in neuem Glanz. Ein zum Teil jedoch trügerisches Bild, denn hinter den pompösen Fassaden wurde nicht immer etwas getan. Das hat aber einen Vorteil: All jenes, was vor gar nicht allzu vielen Generationen nur den Reichen und

Mariánské Lázně
Karte S. 86/87

Berühmten der Welt vorbehalten war, steht heute nahezu jedem offen. Nur wie lange noch? Mit viel Mühe wird versucht, den Anschluss an die international renommierten elitären Weltbäder wiederherzustellen. Die Besucherzahlen von einst hat man zumindest schon nahezu wieder erreicht.

Orientierung: Die Hlavní třída, die Hauptstraße, ist die Hauptachse des Kurortes. Sie verbindet das nördlich gelegene feudale Kurzentrum mit den weniger reizvollen südlichen Vororten, wo das Gros der ca. 15.000 Einwohner Marienbads lebt. Elektrobusse fahren auf ihr hoch und runter. Der Schnittpunkt zwischen dem alten und neueren Teil Marienbads befindet sich ungefähr auf Höhe der Chebská, wo auch bislang die einzige Ampel des Ortes steht. Ein Zentrum im üblichen Sinne gibt es nicht.

Information/Parken/Verbindungen

- *Information* **Infocentrum** im Dům Chopin an der Hlavní třída 47. Tägl. 9–12 Uhr und 13–18 Uhr. ✆ 354622474, www.marianskelazne.cz.
- *Parken* Am sichersten steht das Auto im Parkhaus **Parking Centrum** an der Pramenská 653/1 in der Nähe des Stadttheaters. Pro Std. 0,90 €.
- *Verbindungen* **Stadtbusse,** es gibt insgesamt 14 Linien, die jedoch nicht allzu oft verkehren. Die genauen Abfahrtszeiten sind bei der zentralen Bushaltestelle nahe dem Hotel Excelsior ausgehängt. Jede Fahrt kostet 0,25 €. Die wichtigsten Linien im Überblick: Mit Ⓑ 5 gelangen Sie zum Bahnhof. Ⓑ 13 fährt in das südlich von Marienbad gelegene Dorf Hamrníky, Ⓑ 2 und 3 nach Úšovice. Ⓑ 12 fährt zur Seilbahn und weiter bis zum Golfplatz.

Seilbahn: Sie nennt sich *Lanová dráha* und führt zum über der Stadt gelegenen Hotel Krakonoš. Betrieb offiziell Mai–Okt., tägl. (außer Mo) 9.30–17 Uhr. Einfache Fahrt 1 €.

Überlandbusse und Züge: Von der zentralen Bushaltestelle im Kurzentrum fährt bis zu 14-mal tägl. ein Bus über Bečov nad Teplou nach Karlovy Vary. Alle anderen Busse starten am Busbahnhof beim Bahnhof: Ständige Verbindungen nach Cheb, Chodová Planá, Planá und Lázně Kynžvart. Zudem mehrmals tägl. nach Pilsen, Franzensbad, Aš, Stříbro, Prag und Tachov.
Der Bahnhof liegt im Süden Marienbads, telefonische Auskunft unter ✆ 900119041. Mehrmals tägl. Zugverbindungen nach Chodová Planá, Planá, Lázně Kynžvart, Stříbro, Plzeň, Konstantinovy Lázně, Bečov nad Teplou, Teplá, Cheb, Františkovy Lázně, Karlovy Vary und Prag.

Taxis: mehrere Standorte entlang der Hlavní třída. Preisbeispiele: Prag (retour) 100 €, Plzeň (retour) 33 €, Františkovy Lázně und Karlovy Vary 33 €, Cheb 25 €, Teplá 13 €.

Adressen *(→ Karte S. 86/87)*

- *Ärztliche Versorgung* Krankenhaus in der Vorstadt Úšovice, U Nemocnice 1, ✆ 354625561.
- *Autoverleih* **Autorent** in der Lužická 519 (Autogeschäft!). Einen Škoda bekommt man ab 20 €/Tag, wenn man nicht mehr als 150 km pro Tag damit fährt. ✆ 354622319.
- *Einkaufen/Markt* Böhmisches Kristall und Porzellan gibt es in Hülle und Fülle an der Hlavní třída. Dort findet man auch Juwelier- und ein paar Designerläden; insgesamt ist das Angebot an qualitativ hochwertigen Waren bislang aber eher bescheiden – zu viele reisen mit dem Bus an, zu wenige mit dem Rolls. Ein paar Tipps:

Pyramida (29), hier kauft man Schnaps – Slivovice aus Mähren, Becherovka aus Karlsbad oder Kräuterliköre aus dem Raum Marienbad. Werktags erst ab 14 Uhr, Sa 10–14 Uhr. Hlavní třída 7.

Raffael (22), kleines duftendes Lädchen mit Naturprodukten, Tees, Ölen und Holzspielzeug. Poštovní, nahe dem Restaurant Filip.

Antik Bazar (30), ein toller Trödelladen. Zwischen ein bisschen Schrott verstecken sich auch ausgewählte Stücke verschiedenster

Epochen unter teilweise dicksten Spinnweben! Chebská 251/10.

Filadelfie (24), für alle, die deutschen Lesestoff suchen. Mischung aus Antiquariat, Buchhandlung (mit deutschsprachigen Zeitungen) und Antiquitätenhandlung. Nett zum Stöbern. Dykova 152/2.

Einen kleinen **Asia-Markt** (Tržnice) findet man bei Marienbads einziger Ampel südlich des Kulturzentrums: Elektroartikel, Billigklamotten, Zigaretten, Obst und Gemüse.

• *Polizei* In der Hlavní třída 64, ✆ 354623066.

• *Post* In der Hlavní třída 17.

• *Reinigung* **Čistírna Apolenna Oděvů,** etwas versteckt gelegene Reinigung in der Bezejmenná 12 in der südlichen Vorstadt.

• *Zeitungen/Zeitschriften* In deutscher Sprache finden Sie in dem kleinen Laden **Knihy (9)** an der Hlavní třída neben der Tourist Information im Chopinhaus.

Essen & Trinken/Nachtleben (→ Karte S. 86/87)

Da viele Kurgäste Vollpension buchen, ist die Angebotsvielfalt an guten hotelunabhängigen Restaurants eher bescheiden. Preiswertere Restaurants, wo auch die Tschechen essen, finden Sie insbesondere in der südlichen Vorstadt. Ein Traum sind im Sommer die vielen Cafés mit ihren herrlichen Terrassen. Was das Nachtleben angeht, so ist es im Ganzen vorwiegend auf Kurgäste zugeschnitten – Konzertabende à la Karel Gott veranstalten unzählige Häuser.

• *Restaurants* **U zlaté koule (2),** liebevoll und gemütlich eingerichtetes Restaurant mit ausgefallener Speisekarte. Stoffbären und Holzpuppen schauen beim Essen zu, serviert werden u. a. russischer Kaviar, hausgemachte Wildpastete oder Shrimps. Ab und zu Piano- und Geigenmusik live. Hg. 6,70–16,30 €, günstige Mittagsmenüs. ✆ 354624455, Nehrova 26.

Charlie (19), dunkel-gemütliches Lokal mit Wohnzimmeratmosphäre. Böhmische Standards werden originell variiert, wählen Sie z. B. spanische Hühnerbrust mit Oliven oder gedünstete Froschschenkel. Hg. 4,60–8,70 €. Lesern schmeckte es hier so gut, dass sie nirgendwo anders in Marienbad mehr essen wollten. Tägl. mittags und abends geöffnet. ✆ 354622974, Anglická 137.

Restaurace Jizera (28), kleines, verspielt eingerichtetes Fischrestaurant. Aal auf Salbei, Haifischsteak oder Hecht auf Ingwer spült man mit Chodovar-Bier hinunter. In der Saison tägl. frische Forelle. Kleine Sommerterrasse. Hg. 3–7 € – für das Gebotene günstig. ✆ 354622014, Tyršova 414.

Moravská Restaurace U Ječminků (20), rustikale Gaststätte mit mährischen Spezialitäten auf dem Teller (viel Wild) und tschechischer Volksmusik aus den Boxen. Gute Brotzeiten. Vorrangig tschechisches Publikum – eine Seltenheit in diesem Teil der Stadt. Hg. 3,30–7,70 €. ✆ 354620482, Klíčova 10.

Filip (21), kleines Restaurant mit hellem Mobiliar und orangefarbenen Wänden, immer voll. Kleine Terrasse. Fisch, Kaninchen, Pfeffersteak oder Vegetarisches zu 3–7,40 €. Freundlicher Service, große Portionen. ✆ 354626161, Poštovní 96.

• *Cafés* **Kavárna Goethe (5),** dem Hotel Palace angegliedert. Edel-vornehmes Café mit klassischem Mobiliar, Wintergarten und schöner Sommerterrasse. Die Tortenvitrine kann sich sehen lassen. Hlavní třída.

Café Polonia (11), nichts, was hier nicht üppig ist: die Ornamente der Ausstattung, die Torten und die älteren Damen. Plüschige, zuweilen allerdings etwas gähnende Atmosphäre. Hlavní třída 34.

Classic (17), ein für Marienbader Verhältnisse fast jugendliches nettes Café. Eine Adresse fürs Frühstück. Hin und wieder werden Jazzabende (Beginn i. d. R. um 20 Uhr) veranstaltet: leicht-seichter Dixieland und Swing. Hlavní třída 50.

Kolonáda (16), Oblatenverkaufsstelle mit angegliedertem kleinem, preiswertem Café. Serviert werden heiße Schoko-, Nuss und Kakaooblaten. Hlavní třída 44. Wer wissen will, wie die Oblaten hergestellt werden, sollte zudem einen Blick ins Fenster der Kolonáda-Verkaufsstelle **(4)** an der Nehrova/Ecke Masarykova werfen – witzig!

• *Pivnice* **Vrbičky (31),** wer in Marienbad noch Marienbader treffen will, sollte diese einfache, gesellige Bierstube abseits des touristischen Zentrums nicht verpassen. Bunt und spaßig, Arbeiterpublikum jeglichen Alters und Umfangs. Tagesgerichte für ca. 2 €. Jiráskova 4.

• *Tanz* **Společenský dům Casino (10),** wo Casino drauf steht, muss nicht Casino drin sein. Der Neorenaissancebau aus dem spä-

Einkaufen
9 Knihy
22 Raffael
24 Filadelfie
29 Pyramida
30 Antik Bazar

Nachtleben
10 Společenský dům Casino
26 Scottish Pub Highlander's
32 La Bazaar
33 D-Club Dylen

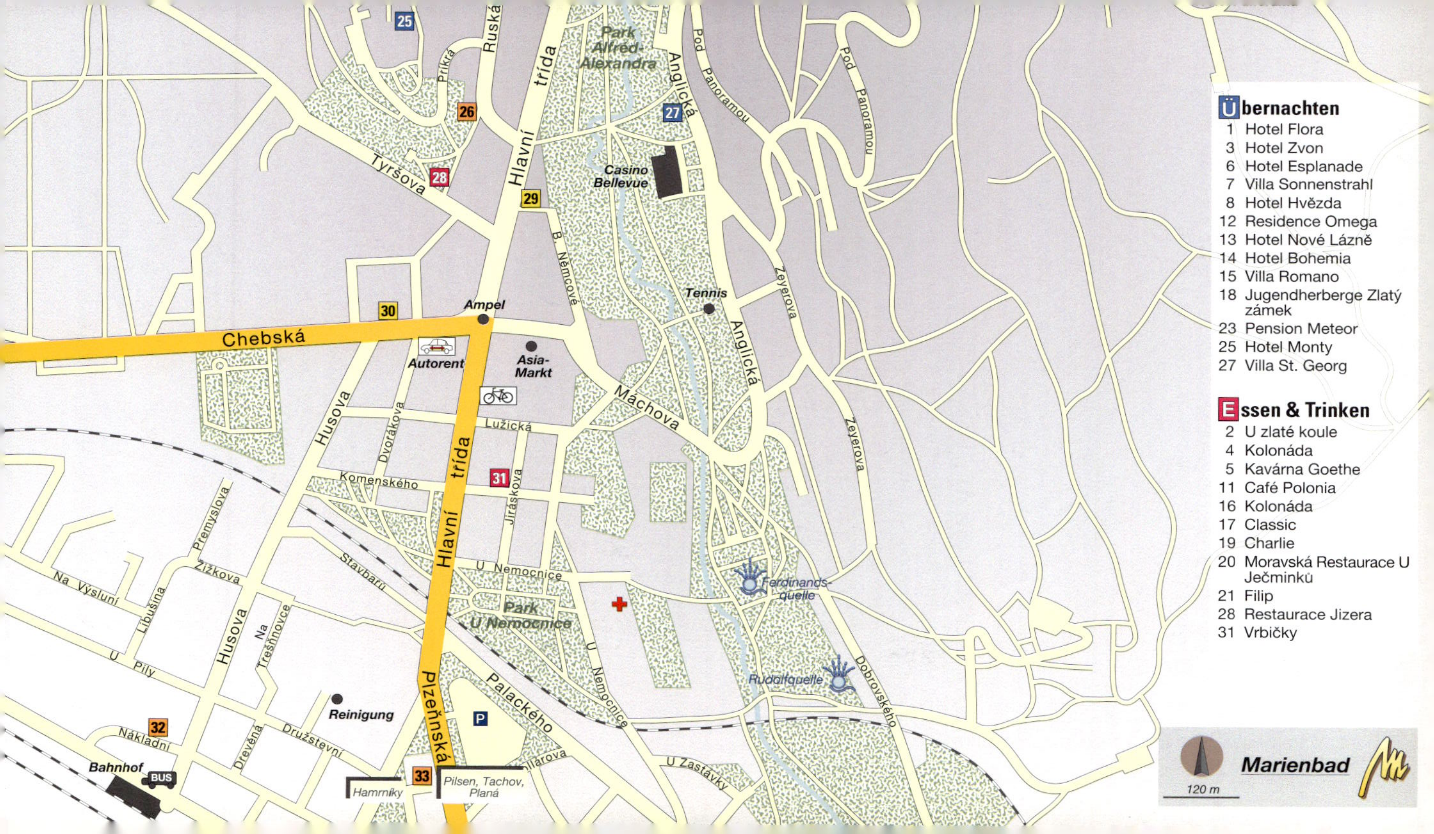

Übernachten
1 Hotel Flora
3 Hotel Zvon
6 Hotel Esplanade
7 Villa Sonnenstrahl
8 Hotel Hvězda
12 Residence Omega
13 Hotel Nové Lázně
14 Hotel Bohemia
15 Villa Romano
18 Jugendherberge Zlatý zámek
23 Pension Meteor
25 Hotel Monty
27 Villa St. Georg
Essen & Trinken
2 U zlaté koule
4 Kolonáda
5 Kavárna Goethe
11 Café Polonia
16 Kolonáda
17 Classic
19 Charlie
20 Moravská Restaurace U Ječminků
21 Filip
28 Restaurace Jizera
31 Vrbičky
Marienbad
120 m
Park Alfred-Alexandra
Casino Bellevue
Tennis
Ampel
Autorent
Asia-Markt
Chebská
Hlavní třída
Ruská
Příkrá
Tyršova
Anglická
Pod Panoramou
Zeyerova
B. Němcové
Máchova
Lužická
Dvořákova
Husova
Komenského
Jiráskova
U Nemocnice
Park U Nemocnice
Ferdinands-quelle
Rudolfquelle
Dobrovského
Palackého
Plzeňská
U Zastávky
Stavbařů
Přemyslova
Žižkova
Na Výsluní
Libušina
Na Třešňovce
U Pily
Družstevní
Dřevěná
Nákladní
Reinigung
Bahnhof
BUS
Hamrníky
Pilsen, Tachov, Planá

ten 19. Jh. dient heute kulturellen Veranstaltungen jeglicher Art. Regelmäßige Tanzabende in prunkvollem Ambiente, beliebt bei fitten Kurgästen. Reitenbergerova 66.

• *Clubs/Kneipe* **D-Club Dylen (33),** an der Kollárova 707 in der Vorstadt Úšovice. Angesagt, aber nicht abgefahren: stetig wechselndes Programm zwischen Blackmusic-Nächten, Oldie-Abenden, Discoklassikern usw. Restaurant angeschlossen.

La Bazaar (32), Vergnügungskomplex nahe dem Bahnhof. In einem Gebäude befinden sich eine rund um die Uhr geöffnete Bar mit 100 Sorten Bier, ein Steakhouse und der **Retro Music Club** "où tout le monde se connait" (Eigenwerbung). Verschiedene Events, auf Plakate achten, Eintritt 3–4 €. Nákladní.

Morrison, Rockclub in der ca. 4 km vom Zentrum gelegenen Gemeinde Hamrníky (Ⓑ 13). Großer Saal, in dem an Wochenenden Livebands ihr Bestes geben. Ansonsten Musik von Metal bis Techno. Tägl. 18–2 Uhr. Vítězství 3.

Scottish Pub Highlander's (26), nette Kneipe mit englischem Touch. Bunt-verspielte Einrichtung, man kann auch essen. Etliche Sorten Bier, kleiner hübscher Garten. Tägl. ab 16 Uhr. Ruská 310/56.

Die Marienbad-Legende

Der Name Marienbad leitet sich ganz belanglos von einer Quelle ab, über der früher ein Marienbild an einem Baum hing. Um die Stadtgeschichte jedoch ein wenig attraktiver zu machen, ließ man sich eine nette Legende einfallen. Sie erzählt von dem kleinen Jesulein, das gebadet werden sollte. Und so gingen die Engel für Maria Wasser aus den verschiedensten Quellen der Welt holen, und jeder flatterte mit einer Schüssel voll heran. Ein Wasser gefiel dem kleinen Heiland besonders, und er erkundigte sich bei dem zuständigen Engel, woher es denn käme. Der Engel antwortete, es komme vom Teplgrunde, aber die Quelle habe keinen Namen. So sagte das Christuskind: „Sie soll nach meiner Mutter heißen, da sie mir mit diesem Wasser das schönste Bad bereitet hat. Und Heilung sollen dort finden alle Kranken bis ans Ende der Tage."

Übernachten (→ Karte S. 86/87)

Viele Häuser wurden in den letzten Jahren restauriert und entsprechen heute – entweder auf billig-schickem oder stilvoll-edlem Niveau – internationalem Standard. Für so manche Häuser gilt aber leider noch immer: von außen hui, von innen pfui. Mit den im Folgenden beschriebenen treffen Sie in jedem Fall eine gute Wahl. Das Gros der Mehr-Sterne-Hotels verfügt über eigene Kurbäder. Preiswerte Pensionen mit böhmischer Standardausstattung finden Sie in der südlichen Vorstadt in großer Zahl (DZ ab 20 €).

• *Hotels* ***** **Esplanade (6),** der über den Dächern Marienbads (ca. 5 Fußmin. ins Zentrum) gelegene weiße Prachtpalast wurde bereits 1911 als Luxushotel errichtet und 2002 nach einer Generalrestaurierung wiedereröffnet. Seitdem zählt das Haus, eine Mischung aus kühl-modernem Design und Jugenstilschnörkeln, mit dem Hotel Pupp in Karlsbad (→ S.) zum Besten, was Westböhmen zu bieten hat. Es erwartet Sie Luxus pur: 110 Zimmer und Suiten mit Klimaanlage, Internetanschluss, 200-Kanal-TV sowie Marmorbädern (inkl. Massagestrahl). Limousinenservice, Indoor-Pool, römisches Bad, eigenes Kurzentrum und und und... Dementsprechend reichen die Preise für Pers. von 290–1.340 € pro Nacht. ✆ 354627855, www.esplanade-marienbad.cz.

**** **Nové Lázně (13),** das „Neue Bad" ist eines der architektonisch schönsten Gebäude Marienbads. 40 komfortable Zimmer mit Stuck, Kronleuchtern und z. T. Originalkacheln aus dem späten 19. Jh. Sämtliche Kuranwendungen unter einem Dach, z. T. in herrlichen historischen Bädern. DZ ab 148 €. Reitenbergerova 53, ✆ 354644111, novelazne@badmarienbad.cz.

**** **Hvězda (8),** eines der traditionsreichsten Kurhotels der Stadt. Schon König Edward VII. pflegte hier zu dinieren, wählte

Profi-Kurer

von seidenen Speisekarten und trank aus vergoldeten Gläsern. Ganz so feudal geht es heute nicht mehr zu. Gediegene, geräumige Zimmer. Arztpraxen und Kurbehandlungen im Haus. EZ ab 75 €, DZ ab 130 €, Suite ab 170 €. ✆ 354631111, hvezda@marienbad.cz, Goethovo náměstí 7.

**** **Zvon (3),** plüschiges Kurhotel in bester Lage. Alle 79 Zimmer sind mit klassischem, weiß-rosa Mobiliar ausgestattet. Café im gleichen Stil angegliedert. Kuranwendungen vom Kohlensäurebad bis zur Gasinjektion im Haus. EZ ab 91 €, DZ ab 129 €. ✆ 354415111, hotelzvon@telecom.cz, Hlavní třída 68.

**** **Bohemia (14),** Gebäude im Wiener Jugendstil mit unzähligen Rundbalkons. 1945 kamen hier vorübergehend amerikanische Soldaten unter, heute wieder betuchtere Kurgäste. Dementsprechend macht die Eleganz nicht vor den Zimmertüren Halt – alle Zimmer mit Stuck und Kronleuchtern. Eigene Parkplätze. EZ 84 €, DZ 121 €, Apartment ebenfalls ab 121 €. ✆ 354610111, www.orea.cz/bohemia, Hlavní třída 40.

**** **Monty (25),** hoch über der Stadt gelegenes Hotel. Wer noch nie in einer Burg oder einem Schloss übernachtet hat, hat hier zumindest das Gefühl, es zu tun. Zimmer z. T. mit herrlichem Ausblick auf Marienbad. 2001 zwar neu restauriert, trotzdem noch etwas vorrevolutionärer Touch. Hallenbad, Kurbehandlungen. EZ ab 72 €, DZ 118 €, Suite 164 €. ✆ 354624682, reservation@hotelmonty.cz, Příkrá 218.

*** **Flora (1),** bis zum 1. Weltkrieg eines der luxuriösesten Hotels der Stadt – die russische Aristokratie war hier Stammkundschaft. Heute Mittelklassehotel mit Standardzimmern. Aussichtsterrasse mit Panoramablick, beste Lage. Kuraufenthalte möglich. EZ 67 €, DZ 90 €. Wer den Hund mitbringt, zahlt 10 € extra. ✆/📠 354625415, Nehrova 128.

**** **Villa St. Georg (27),** mit Geschmack restaurierte Fachwerkgiebelvilla im Grünen, unweit des Kurzentrums. 14 stilvolle, gehoben ausgestattete und geräumige Zimmer. Eigene Parkplätze (3 € pro Tag), kleine Küche zur freien Benutzung. Von Lesern hoch gelobt wird das Frühstücksbüfett. Der Inhaber hat lange Jahre in der Schweiz gelebt. EZ 46 €, DZ 68 €. ✆ 603244914 (mobil), sant.georg@telecom.cz, Anglická 358/4.

Zlatý zámek (18), Tipp unter den Billigunterkünften. Das Haus nennt sich selbst Jugendherberge, bietet jedoch Zimmer auf Hotelniveau zu Pensionspreisen. Großes, verwinkeltes Gebäude in bester Lage, 32 ordentliche, wenn auch nicht schöne Zimmer mit hellem Mobiliar. Etwas anonym. EZ 14 €, DZ 30 €, Apartment für 2 Personen 32 €. ✆/📠 354623924, Klíčova 4.

• *Pension* **Meteor (23),** kleines Häuschen zwischen Wald und Wiesen auf einem Hügel über dem Ort – sehr idyllisch und ruhig. 4 unspektakulär möblierte Zimmer mit eigenem Bad. Nettes Gärtchen, Parkplätze, freundliche deutsch-tschechische Inhaber. Wer sich hierfür entscheidet, sollte entweder gut zu Fuß sein oder ein Fahrzeug mitbringen. EZ 31 €, DZ 39 €. ✆ 354625418, villameteor@tiscali.cz, Ke hvozdu 584.

• *Apartments* **Sonnenstrahl (7),** oberhalb der Kolonnade gelegene Villa aus dem Jahr 1910. Neun klassisch-originell möblierte Apartments mit bunten Wänden. Gepflegter Garten mit Grill, Sandkasten und Goldfischteich. Die Preise bewegen sich je nach Jahreszeit und Anzahl der Personen zwischen 35 und 75 €. ✆ 354620825, 📠 354620957, Karlovarská 334.

Villa Romano (15), jugendlich-moderne, großzügige Suiten (Schlafzimmer, Wohnzimmer, Bad, keine Küche!) in interessanter Architektur. Nettes Personal, gute Lage, originelles Restaurant mit schöner Sommerterrasse. Apartment für 2 Personen 70 €. ✆ 354626858, www.romano.cz, Anglická 62.

*** **Residence Omega (12),** neueres Aparthotel in bester Lage, etwas zurückversetzt von der Hauptstraße in einer Ladenpassage. 6 lichte Apartments, in denen man Platz hat, jugendlich und farbenfroh eingerichtet. Für das Gebotene sehr faire Preisgestaltung: für 2 Pers. 57 €. ✆/📠 354601300, www.residence-omega.cz, Hlavní třída 650/36a.

• *Camping* Wer auf öffentliche Verkehrsmittel angewiesen ist, wählt am besten den Campingplatz am Badesee (mit „Koupaliště Lido" ausgeschildert) im 4 km entfernt gelegenen Dorf **Hamrníky,** das mit Ⓑ 13 zu erreichen ist. An sich ganz idyllisch, nur kann es hier an Wochenenden brechend voll werden, zudem gibt es gerade Platz für 5 Zelte und 5 Wohnwagen. Ähnliche Preise. ✆ 354673250.

Camp Stanowitz Spessart, im Dörfchen Stanoviště, ca. 3 km südlich von Marienbad, an der Straße nach Karlovy Vary ausgeschildert. Freundlicher, von sympathischen jungen Leuten geführter Platz: idyllische Obstbaumwiese, gemütlicher Biergarten, sauberste Sanitäranlagen (wenn auch nicht viele), gutes Restaurant. 2 Pers. mit Zelt und Auto zahlen 9,70 €. Vermietet werden zudem saubere Zimmer mit Bad, DZ 33 €. Keine Busanbindung. ✆ 354624673, www.stanowitz.com.

Sport & Freizeit/Kur & Kultur

• *Ausflüge* Tagesausflüge in die nähere Umgebung und nach Prag können überall im Kurzentrum gebucht werden. Preisbeispiele: Karlsbad 19 €, Franzensbad und Eger 17 €, Bečov nad Teplou und Loket 5 €, Prag 30 €.

• *Baden* Im Waldbad **Koupaliště Lido** nahe dem Vorort Hamrníky, dort ausgeschildert. Gemütlicher See, teils von Wald umgeben, Ruderbootverleih. Ⓑ 13 hält in Hamrníky.

Kurbäder können auch von Nichtkurgästen im Nové Lázně (→ S. 92) gebucht werden.

• *Casinos* Marienbad besitzt 2 Casinos. Empfehlenswert ist das **Casino Bellevue,** eines der schönsten Europas, 1835 als Kaffeehaus errichtet. Unter deutscher Leitung. 10 € Eintritt (für Jetons). Mindesteinsatz 1 €. Die Turnschuhe sollten im Hotel bleiben. Exquisites Restaurant angegliedert. So–Do 15–3 Uhr, Sa/So 15–4 Uhr. Anglická 281.

• *Golf* **Golf Club Mariánské Lázně,** schöner 18-Loch-Platz, 72 Par, am nordöstlichen Ende Marienbads. 1905 vom englischen König Edward VII. eröffnet. Greenfee 43–50 €. ✆ 354624300, wwwgolfml.cz. Preiswerter, aber auch stilloser golft man beim Kloster Teplá (→ S. 99).

• *Kuren* Therapiert werden insbesondere Erkrankungen, die mit Nieren, Harnwegen, Atemwegen und Dickleibigkeit in Verbindung stehen. Dagegen helfen Moorpackungen, Inhalationen, Bäder, Trinkwasserkuren und – betrachtet man das Angebot in den Cafés vor den Heilbädern – ewig fette Sahnetorten. Preise und Infos zu Kurangeboten erhält man bei der Kurverwaltung **Léčebné lázně Mariánské Lázn**ě (Marienbad Kur & Spa Hotels), Masarykova 22, ✆ 354655501, www.marienbad.cz.

• *Radverleih* **Sport Denk,** Hlavní třída 267/1 (nahe dem Asia-Markt an der einzigen Ampel Marienbads, etwas zurückversetzt). 5 €/Tag. ✆ 354627799.

• *Reiten* Von Mai bis Sept. in der dem **Hotel Levada** angegliederten Reitschule möglich. Anfängerkurse (13,30/30 Min.), spezielle Kurse und Ausritte für Könner (16,60 €/Std.). Krakonoš 53, ✆ 354673626.

• *Skifahren* Vier Loipen (5–9 km) werden rund um Marienbad gespurt. Im Nordosten des Orts gibt es zudem einen kleinen Tellerlift und eine Gondelbahn für Abfahrtsläufer. Leider sind die Hänge nicht arg lang – für die Fahrt von der Berg- bis zur Talstation kann man die Luft anhalten.

• *Wandern/Radfahren* Die Wege rund um den Ort sind bestens ausgeschildert und lassen sich beliebig zu einer großen oder kleinen Tour kombinieren. Da die Landschaft hügelig ist, sollte man ein wenig Kondition mitbringen. Beliebt sind Spaziergänge zu den verschiedenen Quellen rund um Marienbad, aber auch zum Goethefelsen (Weg vom Kurzentrum aus rot-gelb markiert).

Tourenvorschläge finden Sie auch unter den ab S. 96 vorgestellten Ortschaften im Kapitel „Mariánské Lázně/Umgebung".

• *Tennis* Auf Sand und im Winter in der Halle beim **Tenisový Klub** an der Anglická 10. ✆ 354620064.

• *Theater* Im **N.V.-Gogol-Theater,** überwiegend Gastspiele, hin und wieder auch Oper und Ballett. Třebízského 106, ✆ 354622036.

• *Veranstaltungen/Festivals* Am 2. Samstag im Mai wird die **Kursaison** festlich eröffnet. In der ersten Juliwoche findet alle zwei Jahre ein renommierter **Pianistennachwuchswettbewerb** statt. Stets in der 3. Augustwoche begeistert das **Chopinfestival**. Im gleichen Monat steht auch meist ein **Golfturnier** auf dem Programm. Im Oktober geht gewöhnlich ein **Mozartfestival** über die Bühne.

Sehenswertes

Das Kurzentrum Marienbads mit seinen vielen Zuckertortenbauten, seinen Parkanlagen, Kolonnaden und Pavillons, in denen die Quellen sprudeln, ist beeindruckend und verzaubert die Sinne. Zu jedem der feudalen Hotels ließen sich unzählige Geschichten erzählen: In die westböhmischen Kurorte zog es nämlich nicht nur die Leidenden, sondern auch die Gelangweilten und die Hautevolee aus aller Welt mit ihren heiratsfähigen Töchtern. Herzschmerz war hier nicht seltener als Rückenschmerz.

▸ **Skalníkovy Sady (Skalníkovy-Park):** Der Park ist das Herz des Kurviertels. Benannt ist er nach Václav Skalník, Gartenkünstler und zugleich Architekt der gesamten Kurstadt. Im Park erinnert ein Denkmal an die Befreiung Marienbads durch die US-Armee am 6. Mai 1945. Im Norden der Grünanlage liegt der einzige schäbige Fleck im Kurzentrum, das Abrissareal Arnika, ein Relikt aus sozialistischer Zeit. Seit Jahren soll ein Kulturhaus mit Geschäften und Restaurants darauf entstehen. Im Westen des Parks, vor der Neuen Kolonnade (s. u.), sprudelt der **Singende Brunnen** (Zpívající fontána) mit einem Durchmesser von 18 m. Zu jeder vollen ungeraden Stunde finden hier computergesteuerte Wasserspiele zu klassischer Musik statt, am späten Abend werden sie zudem farbenfroh illuminiert.

▸ **Nová kolonáda (Neue Kolonnade):** Die lange, leicht geschwungene gusseiserne Konstruktion mit Motiven aus Neorenaissance und Neobarock ist zweifelsohne eines der schönsten Bauwerke der Stadt. Sie wird auch Maxim-Gorki-Kolonnade genannt und wurde 1889 gebaut. In der Mitte befindet sich eine kleine Orchesterbühne, auf der im Sommer fast täglich Blasmusik geboten wird. Des Weiteren beherbergt sie Cafés, Geschäfte und ein öffentliches WC. Direkt daneben liegt der **Kreuzbrunnen** (Křížový pramen), ein klassizistischer Brunnentempel, der von 72 Säulen umgeben wird. Hier lassen sich auch das ganze Jahr über drei verschiedene Quellwasser probieren (→ „Quellen", S. 93).

▸ **Nové Lázně (Neues Kurbad):** 1896 wurde das Bad im Stil der Neorenaissance am südlichen Rand des Skalníkovy-Parks eröffnet. Es ist das imposanteste und prunkvollste Kurbad des Orts und auch Nichthotelgästen (→ „Übernachten“, S. 88) zugänglich. Das Nové Lázně bietet für jedermann ärztliche Untersuchungen und Kuranwendungen von Mineralbädern über „pulsierende Magnettherapien“ bis zu Paraffinwickel.

• *Öffnungszeiten* Mo–Fr 7–15 Uhr, Terminvereinbarung nötig. Preisbeispiele: Mineralbad in der Königskabine 26 €, Sprudelbad 8 €, Fußreflexmassage 13 €, Ganzkörpermassage 16 €.

Tipp: Verlangen Sie *kabina 1* oder *kabina 2*, die für königliche Besucher eingerichtet wurden.

▸ **Dům Chopin (Chopinhaus):** Als man das Gebäude baute, war es das fünfte des ganzen Ortes und hieß Dům U bílé labutě – Haus zum Weißen Schwan. 1836 wohnte der damals 26-jährige polnische Komponist Frédéric Chopin in der zweiten Etage. Wie Goethe (→ Kasten) verliebte auch er sich in Marienbad. Und wie Goethe hatte auch er kein Glück, als er um die Hand einer jungen Dame anhielt. Seine Angebetete, die 16-jährigen Maria, stammte aus einer alten polnischen Adelsfamilie. Da Chopin aber nicht standesgemäß war, vereitelte Marias Vater eine Verbindung. Seine Sehnsucht verarbeitete der Komponist später in der Ballade „G-Moll“. Heute erinnert im zweiten Stock des Gebäudes eine kleine Ausstellung (Památník Fryderika Chopina) an Chopin. Im Erdgeschoss hat die städtische Tourist Information ihren Sitz.

Adresse/Öffnungszeiten Hlavní třída 47. **Chopingedenkstätte,** nur im Sommer Di/Do/So 14–17 Uhr, Eintritt 0,70 €, erm. die Hälfte.

Goethe und eine Liebesquelle, die nicht sprudeln wollte

Als Johann Wolfgang von Goethe 1821 in Marienbad weilte, waren die Tage von Wolken verhangen und es regnete unaufhörlich. Das Haus zu verlassen war unmöglich, und so vertrieb sich der Dichter die Zeit bei Tee und Gesellschaftsabenden. Dabei lernte er die junge Ulrike von Levetzow kennen. 1823, bei Goethes letztem Besuch der Stadt, trafen sich die zwei erneut. Goethe war – wie heute die meisten Besucher Marienbads – über 70, sie gerade 19 Jahre alt geworden. Auf Gesellschaften und Smalltalk hatte Goethe keine Lust mehr: „Auch ist es trostlos von politischen Dingen, wohin man auch horcht, zu vernehmen. Mich von allen solchen wie von ästhetischen Gesprächen und Vorlesungen zu befreyen, hatte ich mich auf sechs Wochen einem hübschen Kinde in Dienst gegeben.“ Ein inniges Verhältnis sollte entstehen, das er später in seiner „Marienbader Elegie“ beschrieb. Hand in Hand schlenderten sie durch die Parkanlagen und tranken für gewöhnlich vom Ambrosiusbrunnen, der auch „Quelle der Liebe“ genannt wird. Nebenbei lernte Goethe Tschechisch und sammelte fleißig Steine – eine seiner Leidenschaften. Den Serpentinvorkommen und Mineralien der Gegend widmete er in der Abhandlung „Marienbad überhaupt und besonders in Rücksicht auf Geologie“ ein Kapitel. Weniger ertragreich sollte seine leidenschaftliche Neigung zu Ulrike werden: Es gab angeblich nur einen Kuss, und als Goethe um ihre Hand anhielt, bekam er eine Absage. Die anmutige Ulrike, die als steinalte Äbtissin endete, tat später immerhin noch den berühmten Spruch: „Keine Liebschaft war es nicht“.

Marienbad: Nové Lázně – das neue Bad

▸ **Městské muzeum (Städtisches Museum):** Das klassizistische Gebäude nannte sich einst „Zur Goldenen Traube“. Als Goethe 1823 bei seinem vierten und letzten Aufenthalt in Marienbad darin wohnte, wurde es im Volksmund zum **Goethehaus**. Heute erfüllt das Museum zugleich die Funktion einer Goethegedenkstätte: Mehrere Räume zeigen noch das Originalinventar aus der Zeit des Dichters. Ansonsten widmet sich das Museum der kurgeschichtlichen Entwicklung des Ortes. Zum Museum gehört auch ein geologischer Park – wenig spannend und nur im Sommer zugänglich.
Der Platz vor dem Museum ist heute nach Goethe benannt. Der Dichter selbst – aus Aluminium – sitzt in dessen Mitte und überblickt die Stadt. Das hinter ihm aufragende große, auf eine Restaurierung wartende Gebäude ist übrigens das einstige „Hotel Weimar“, in dem King Eduard VII. zu wohnen pflegte und ein Techtelmechtel mit einer Hutmacherin hatte.
Adresse/Öffnungszeiten Goethovo náměstí 11. Di–So 9.30–12.30 Uhr und 13–17 Uhr. Im Winter eine Stunde kürzer. Eintritt 2 €.

▸ **Quellen:** Weit über 40 kalte Quellen (9–12 °C) befinden sich in und rund um Marienbad. Sie kommen aus unterschiedlichen Tiefen, haben z. T. sehr unterschiedliche chemische Zusammensetzungen, weisen aber nahezu alle einen hohen Anteil an Kohlendioxyd auf, weshalb sie auch als Sauerbrunnen bezeichnet werden. Teils sprudelten sie einst einfach aus dem Boden und wurden gefasst, teils hat man sie durch Bohrungen zum Vorschein gebracht. Um viele von ihnen baute man klassizistische Pavillons. Die bedeutendsten Quellen sind der **Kreuzbrunnen** (Křížový pramen) und die **Ferdinandsquelle** (Ferdinandův pramen) – beide haben einen hohen Anteil an Glaubersalz, das stark abführend wirkt, zudem sind sie gut gegen Allergien. Die **Rudolfquelle** (Rudolfův pramen) und die stark eisenhaltige **Ambrosiusquelle** (Ambrožův pramen) helfen bei urologischen Beschwerden und bei Blut-

Der Kreuzbrunnen

armut. Der **Karolinenbrunnen** (Karolinin pramen) soll gegen Blasensteine ankommen, ähnliches wird dem Wasser der **Marienquelle** (Mariin pramen) zugeschrieben, das auch in Flaschen abgefüllt und als Aqua Maria vermarktet wird.

Das alkalische Wasser der **Waldquelle** (Lesní pramen) ist gut gegen Atemwegserkrankungen. Unter uns gesagt, schmecken die meisten fürchterlich. Die vielen anderen Quellen der Stadt helfen noch so gegen manch andere Zipperlein. Erkundigen Sie sich vor dem Genuss der Wässerchen bei einem Arzt, wie viel Sie wovon trinken sollten.

• *Adressen/Öffnungszeiten* Die Quellen liegen über die ganze Stadt verteilt (→ Stadtplan). Im **Kreuzbrunnen** vor der großen Kolonnade kann man die Rudolf-, Karolinen- und Kreuzbrunnenquelle kosten, tägl. 6–18 Uhr. Dort gibt es auch Schnabeltassen zu kaufen. Angeblich soll man nämlich beim Spazierengehen trinken, und mit der Profikurtasse verschüttet man weniger. So mancher trägt in ihr auch seinen Schnaps spazieren. Achtung: Die meisten außerhalb der Kreuzbrunnenanlage gelegenen Quellen sind den Winter über abgedreht.

▸ **Kirchen:** Hoch über dem Ort an der Ruská liegt die sehenswerteste Kirche Marienbads, die **russisch-orthodoxe Kirche** (Pravoslavny kostel). Sie wurde 1902 gebaut und beherbergt wertvolle Ikonen und eine Ikonostase (dreitürige Bilderwand), die auf der Pariser Weltausstellung 1900 ausgezeichnet wurde. Sie ist angeblich das größte Porzellanstück der Welt. Nur ein paar Schritte weiter liegt die kleine **anglikanische Kirche** (Anglický kostel), ein roter Backsteinbau aus der zweiten Hälfte des 19. Jh. Gottesdienste mit königlichem Besuch finden darin nicht mehr statt, heute werden in ihr Ausstellungen und Lesungen veranstaltet.

Den Skalníkovy-Park überblickt die römisch-katholische **Dekanatskirche Mariä Himmelfahrt** (Nanebevzetí Panna Maria). Der Bau in Form eines Oktagons entstand in der Mitte des 19. Jh. im üppigen neobyzantinischen Stil. Dekorative Szenen aus dem Apostelzyklus schmücken ihr Inneres.

Ein eher unauffälliges Gebäude ist die **evangelische Kirche** (Evangelický kostel) am Mírové náměstí. Auch sie wurde in der Mitte des 19. Jh. gebaut, gestiftet vom preußischen König Friedrich Wilhelm IV. In ihr gab einst Albert Schweitzer ein Orgelkonzert.

• *Öffnungszeiten* **Russisch-orthodoxe Kirche,** Mai–Okt. tägl. 8.30–12 Uhr und 13–17 Uhr, Nov.–April 9.30–11.30 Uhr und 14–16 Uhr. Keine Besichtigung während der Messe von 10–11.30 Uhr. Eintritt 0,30 €. **Anglikanische Kirche,** nur zu Ausstellungen geöffnet. **Römisch-katholische Kirche,** im Sommer tägl. 10–18 Uhr, im Winter 10–16 Uhr. Die **evangelische Kirche** ist meist verschlossen – achten Sie auf angeschlagene Orgelkonzerte oder gehen Sie sonntags um 10 Uhr zum Gottesdienst.

▸ **Weitere Sehenswürdigkeiten:** Der **Miniaturpark,** ein kleiner Freizeitpark, zeigt originalgetreue Nachbauten landesweit bekannter Burgen, Schlösser und dergleichen – ein Spaß für Kinder. Er liegt hoch über Marienbad neben dem alten **Hotel Krakonoš,** dem verwunschensten, märchenhaftesten Hotel der Stadt. Leider ist es in einem erbärmlichen Zustand und steht heute leer. „Krakonoš" heißt übrigens Rübezahl. Als große Steinfigur blickt die Sagengestalt aus dem Riesengebirge vor dem Hotel auf Marienbad hinab.

Vom Hotel Krakonoš führt ein schöner Spazierweg vorbei an einem Wildgehege zu einer nur noch spärlich erhaltenen, aber dennoch romantischen **Burgruine mit Aussichtsturm** (der Beschilderung „Rozhledna" folgen), von wo man einen herrlichen Blick über Marienbad genießt. Etwas tiefer liegt das **Hotel Panorama,** das derzeit leider auch leer steht, aber künftig hoffentlich wieder auf seine schöne Aussichtsterrasse einladen wird.

• *Anfahrt/Öffnungszeiten* Das Hotel Krakonoš und der benachbarte Miniaturpark sind von der Dusíkova entweder zu Fuß, mit der Seilbahn oder mit Ⓑ 12 zu erreichen. **Miniaturpark,** nur Mai bis Mitte Nov. Mo–Do 10–17 Uhr, Fr/Sa 10–19 Uhr. Eintritt 1,30 €, erm. die Hälfte.

Mariánské Lázně
Karte S. 86/87

Zuckerbäckerarchitektur in Marienbad

Tachov im Abendlicht

Mariánské Lázně/Umgebung

Die Umgebung Marienbads ist sehr hügelig und ideal zum Radfahren und Wandern – gute Kondition vorausgesetzt. Im Westen erhebt sich der Tschechische Wald (Český les; → „Der Böhmerwald", S. 168), im Norden und Osten das Tepler Hochland (Tepelská plošina), das auf über 900 m ansteigt. Bis nach Karlsbad erstreckt sich der **Kaiserwald (Slavkovský les)**. Weite Fichten- und Buchenwälder prägen ihn, durchsetzt von Teichen und Mooren. Nahezu überall bestimmen kleine Dörfer das Bild. Der Landstrich war seit eh und je dünn besiedelt, daran hat sich bis heute nichts geändert. Gen Süden setzen im Sommer immer wieder rot blühende Mohnfelder farbliche Akzente.

Lázně Kynžvart (Bad Königswart)

In der ersten Hälfte des 19. Jh. wurde der Kurort Bad Königswart gegründet. Die Familie Metternich wollte damit dem ca. 5 km südöstlich gelegenen Marienbad Konkurrenz machen. Doch mit der Pracht Marienbads kann der kleine Ort trotz so mancher ansehnlicher Bauten keinesfalls mithalten. Dafür hat Lázně Kynžvart heute die jüngeren Besucher, es ist die bedeutendste Kureinrichtung für Kinder in der Tschechischen Republik.

Lohnenswert ist ein Besuch des **Schlosses Königswart** am Ortsrand, das Fürst Metternich zwischen 1833 und 1839 nach Plänen des Wiener Architekten Pietro Nobile im Empirestil umbauen ließ. Fürst Metternich (1773–1859) – heute in erster Linie als Sektmarke bekannt – war einer der wichtigsten europäischen Staatsmänner seiner Zeit. Dem Verfechter der Monarchie war das Gedankengut der Französischen Revolution und Volkssouveränität jeglicher Art verhasst. Privat war der gebürtige Koblenzer ein leidenschaftlicher Sammler. In seinem Schloss häufte er Kunstgegenstände, Porzellan, literarische Werke, Kuriositäten usw. an und wandelte es schließlich in ein Museum um, heute eines der ältesten Europas. Zeitgenossen wie der Dramatiker Friedrich Hebbel beschrieben die Kollektion als „mehr durch den Zufall zusammengebracht, als mit Sinn und Absicht angelegt". Wie dem auch sei, eine Führung durch das Schloss, u. a. durch das Kanzlerarbeitszimmer, die Bibliothek, das Zeughaus mit rund 200 Waffen, das Billardzimmer, den Speisesaal mit einer Kollektion von 22 Familienporträts und den Musiksalon ist interessant. Am bizarrsten ist das Kabinett der Kuriositäten Hier sind u. a. ein Handschuh des 1867 hingerichteten mexikanischen Kaisers Maximilian, eine Spazierstocksammlung und ein Abdruck der rechten Hand von Alexandre Dumas – der französische Literat weilte öfters hier – ausgestellt. Im Sommer finden im weiten Schlossgarten gelegentlich Konzerte statt.

Markierte Wege laden in den umliegenden Wäldern zu ausgiebigen Spaziergängen ein. Von Marienbad führt ein schöner, markierter **Wanderweg** (erst blau, dann grün) nach Lázně Kynžvart. Eine gemütliche Rundtour per **Rad** lässt sich ebenfalls von Marienbad hierher unternehmen, der Hinweg führt über Kladská (s. u.) und zurück über Valy.

• *Verbindungen* **Busse** fahren mehrmals tägl. von und nach Mariánské Lázně, der Bus hält auch vorm Schloss.

Weniger vorteilhaft ist die Anfahrt mit dem **Zug,** da der Bahnhof weit außerhalb des Zentrums liegt. Verbindungen bestehen u. a. nach Cheb und über Marienbad, Planá und Stříbro nach Pilsen.

• *Übernachten/Essen & Trinken* **Schlosshotel Metternich,** 2003 eröffnetes Hotel in den einstigen Wirtschaftsgebäuden des Schlosses. Klingt sehr vielversprechend, enttäuscht aber. Das Personal war nicht einmal in der Lage, uns ein Zimmer zu zeigen. Ohnehin machte alles einen etwas niveaulosen Eindruck. EZ 20 €, DZ 25 €. Restaurant mit böhmischer Standardküche (Hg. 3,30–5,30 €) und Sommerterrasse angeschlossen. Beliebt bei Busreisenden. ✆ 354691240. Nebenan war im Sommer 2004 ein 9-Loch-Golfplatz im Entstehen.

Hotel Diana, an der Hauptdurchgangsstraße im Ort Lázně Kynžvart. Vermietet werden ordentliche Zimmer, jedoch ohne jegliche persönliche Note. Eine riesige Auswahl an Speisen vom Schweinebraten bis zum Krokodil bietet das angegliederte Lokal (Hg. 6,70–20 €). Terrasse. DZ 40 €. ✆ 354691286, ℻ 354691439. Spartipp: Halb so teuer isst man im **Restaurace U Bučků** gleich gegenüber!

• *Öffnungszeiten* **Schlossführungen** finden April und Okt. nur Sa/So von 9–16 Uhr statt, Mai, Juni und Sept. tägl. (außer Mo) 9–16 Uhr, Juli/Aug. tägl. (außer Mo) 9–17 Uhr. Eintritt 2,70 €, erm. die Hälfte.

Kladská (Glatzen)

Das ist Alpenromantik ohne Berge, ca. 13 km nördlich von Mariánské Lázně und ca. 4,5 km nordöstlich von Lázně Kynžvart. Inmitten des Kaiserwalds ließ Fürst Otto Schönburg-Waldenburg in der zweiten Hälfte des 19. Jh. ein **Jagdschloss** im Stil einer Schweizer Jagdhütte errichten. Im Laufe der Zeit kamen mehrere Blockhütten im Alpenstil hinzu. Kladská entwickelte sich zum Wanderermekka und zu einem beliebten Ausflugsziel der Marienbader Kurgäste. Heute ist das Wald- und Seengebiet drum herum ein **Naturschutzgebiet** mit Naturlehrpfad.

Ganz nebenbei: Ein paar Kilometer weiter liegt **Prameny,** ein kleines unscheinbares Dorf. Das war aber nicht immer so. Bis zur Aussiedlung der Deutschen lebten hier weit über 2.000 Menschen. Einst gab es hier auch ein großes Kurhaus, das Elisabethbad, an das heute jedoch rein gar nichts mehr erinnert.

• *Verbindungen* **Busse,** bis zu 4-mal tägl. nach Mariánské Lázně.

• *Übernachten/Essen & Trinken* **Lovecký zámeček,** das unübersehbare Jagdschlösschen des Fürsten. Eingangsbereich und Speisesaal mit Holzvertäfelung, Antiquitäten, Trophäen und offenem Kamin. Enttäuschend dagegen die lieblos eingerichteten Zimmer. Dennoch viel Flair und ruhige Lage. EZ ab 15 €, DZ ab 29 €. ✆/℻ 354691339.

Restaurace U Tetřeva, an der Durchgangsstraße. Rustikales Lokal mit schöner Terrasse und Biergarten. Hirschgulasch, Fasan, Wildschwein oder Zander zu 3–10 €. Vermietet werden zudem Zimmer mit Etagentoiletten, das DZ kostet 35 €. Über den Service kann man sich streiten. ☏/✆ 354691244.

Für weitere Ziele nordwestlich von Marienbad → „Františkovy Lázně/Umgebung" ab S. 116, für weitere Ziele nördlich und nordöstlich von Marienbad → „Karlovy Vary/Umgebung" ab S. 61.

Klášter Teplá (Stift Tepl)

Das Kloster liegt ca. 2 km von der recht schäbigen **Ortschaft Teplá** entfernt und ca. 12 km östlich von Marienbad. Es wurde 1193 von Fürst Hroznata gestiftet und mit Mönchen des Prämonstratenserordens aus dem Kloster Strahov in Prag (→ S. 232) besetzt. Das barocke **Konventsgebäude** wurde nach Plänen von Christoph Dientzenhofer Ende des 17. Jh. umgebaut. Bis ins 20. Jh. prägte das Kloster maßgeblich die Entwicklung des gesamten Umlands. 1950 wurden die Mönche vertrieben, und die tschechoslowakische Armee zog ein. 1990 bekam der Orden das Kloster zurück, aber nicht mehr in dem Zustand von einst. Obwohl mittlerweile mit Restaurierungsarbeiten begonnen wurde, blicken die hier lebenden 10 Mönche noch vielfach auf blankes Mauerwerk und bröselnden Stuck. Sehenswert ist die gut erhaltene Bibliothek im Neobarockstil (1905–1908), die zweitgrößte Böhmens. Sie besitzt über 100.000 Bände, im Hauptsaal befindet sich davon rund ein Drittel. In ihrem Archiv lagert die älteste deutsche Übersetzung des Neuen Testaments aus dem 14. Jh. und über 700 bedeutende Handschriften. Ein Schmuckstück ist auch die Klosterkirche, eine dreischiffige Basilika mit gotischem Kreuzrippengewölbe, die ebenfalls im 17. Jh. barockisiert wurde. Ihre Pracht entfaltet die Kirche aber bislang nur im restaurierten Innern, insbesondere in den Sommermonaten, wenn darin Orgelkonzerte stattfinden. Die sterblichen Überreste Fürst Hroznatas ruhen im nördlichen Querschiff in einem monumentalen Grabbau. Nach dem Tode seiner

Kloster Teplá

Úterý

Frau war er selbst dem Orden beigetreten. Am 14. Juli 1217 starb er in Gefangenschaft. 1897 wurde er heilig gesprochen. Mitte des 20. Jh. stieg er zum Schutzpatron der politischen Gefangenen auf. Seitdem pilgern an seinem Todestag politisch Verfolgte aus der Nazizeit und der Ära des Sozialismus an sein Grab. Im Kornspeicher des Klosters präsentiert man heute wechselnde Ausstellungen.

Ein markierter **Wanderweg** (rot) verbindet Marienbad mit dem Kloster, leider verläuft dieser oft nahe einer Straße. Schöner ist es, mit dem **Fahrrad** die Strecke zurückzulegen; die Straßen sind nur schwach befahren, und wer hinwärts über Ovesné Kladruby radelt und zurück über Horní Kramolin, hat einen abwechslungsreichen Rundkurs.

- *Verbindungen* Von Marienbad kein direkter **Bus** zum Kloster, in Teplá umsteigen.
- *Übernachten/Essen & Trinken* *** **Hotel Klášter Teplá,** neben dem Eingang zum Kloster, in der ehemaligen Scheune des Klostergebäudes untergebracht. Hält von innen leider nicht, was es von außen verspricht. 58 mit billigem furniertem Mobiliar und abgeschabten Teppichböden ausgestattete Zimmer. Teilweise hängt der Papst überm Bett. Die Bäder (z. T. ebenfalls mit Teppichböden!) sind nur in den „Businesszimmern" restauriert. Immerhin ist ein gutes Restaurant angegliedert. DZ ab 55 €. ✆ 353392264, www.pmgastro.cz. Im Ort befinden sich noch einige schlichte **Privatunterkünfte**.
- *Golf* Auf dem Gelände des Klosters, ausgeschildert. 9-Loch-Platz. Viele Bahnen wurden auf ein kleines Stück Wiese gepresst. Greenfee 11,60 €, Sa/So 18,30 €. Informationen erteilt das Hotel Klášter Teplá.
- *Öffnungszeiten* **Kloster,** Febr.–April und Okt.–Dez. Mo–Sa 9–16.30 Uhr, So 11–15 Uhr. Mai–Sept. Mo–Sa 9–17 Uhr, So 11–17 Uhr. Jan. geschl. Besichtigung nur mit Führung. Eintritt 3 €, erm. 2 €. Infos zum Kloster unter www.tepla.cz.

Úterý (Neumarkt)

Etwa 26 km östlich von Marienbad liegt Úterý, ein uriger Ort inmitten eines von bewaldeten Hügeln umrahmten Tals. Angeblich wurde er im 11. Jh. von deutschen

Kolonisten, die hier nach Gold suchten, gegründet. Rund um den kopfsteingepflasterten Markplatz stehen ein paar Fachwerkhäuser, z. T. noch mit einem gotischen Kern. Auf einer kleinen Anhöhe inmitten des Tals erhebt sich die **frühbarocke Kirche** des Orts, ein Werk Christoph Dientzenhofers (→ Kasten S. 146). Hektik herrscht nirgendwo, auch scheint der Fortschritt an Úterý spurlos vorübergegangen zu sein. Außer Charme, zwei Kolonialwarenläden und einer Kneipe, in der zu tschechischen Musikantenstadlklängen deftige Snacks serviert werden, besitzt der Ort wenig. Da aber alles so gemütlich und malerisch wirkt, diente Úterý schon mehrmals als Kulisse für tschechische Filme.

Rund um Úterý lässt es sich herrlich wandern. Ein schöner **Wanderweg** führt nach Konstantinovy Lázně (erst grün, dann blau markiert, ca. 8 km). Auch zum **Radfahren** ist die Gegend ideal. Es gibt bislang zwar keine markierten Radwege, aber die Straßen sind nur schwach frequentiert. Schön ist z. B. ein Rundkurs mit den Etappenpunkten Konstantinovy Lázně – Úterý – Teplá – Konstantinovy Lázně. Auch die Strecke nach Manětín (→ S. 150) ist einladend.

Verbindungen **Busse,** 5-mal tägl. von und nach Pilsen, 4-mal nach Stříbro, 2-mal nach Manětín.

Für weitere Ziele östlich von Marienbad → „Plzeň/Umgebung" ab S. 141.

Bezdružice (Weseritz)

Auf halbem Wege zwischen Úterý und Konstantinovy Lázně liegt Bezdružice, ein verschlafenes, typisch böhmisches Landstädtchen. Es wird überragt von einem spätbarocken, gelb-roten **Schloss**, das im 18. Jh. auf den Resten einer gotischen Burg entstanden war. In sozialistischer Zeit diente das Schloss als Erholungsheim. Seit 2004 ist es nach langjährigen Restaurierungsarbeiten der Öffentlichkeit zugänglich. Derzeit präsentiert man vorrangig moderne böhmische Glaskunst, die auch zum Verkauf angeboten wird.
Zum Getränk im Schlosscafé empfiehlt sich die Lektüre der „Verlorenen Geliebten" von Johannes Urzidil. Das Werk hat u. a. Weseritz zum Inhalt.

- *Öffnungszeiten* **Schlossgalerie,** Mi–So 10–17 Uhr. Eintritt 1,30 €, erm. die Hälfte.
- *Verbindungen* **Busse,** mehrmals tägl. nach Konstantinsbad, seltener nach Stříbro. **Züge,** mehrmals tägl. nach Konstantinsbad.

Konstantinovy Lázně (Konstantinsbad)

Ein kleiner Kurort im Grünen. Wer ausschließlich Ruhe und Erholung sucht, ist hier richtig.

Konstantinovy Lázně liegt etwa 34 km südöstlich von Marienbad mitten im Nirgendwo. Zwischen gepflegten Wiesen und Wäldchen verstecken sich ein paar Häuser – Konstantinovy Lázně ist mehr Park als Ort. Egal, ob am Tag oder in der Nacht, Ruhe ist garantiert. Und da man vor lauter Bäumen keine Stadt sieht, ist zum Glück alles bestens ausgeschildert. So stößt man letztendlich doch noch auf das, was sich „Zentrum" nennt, eine kleine Häuseransammlung rund um die Kneipe U Krkovičky nahe der Polizei.

Anfang des 19. Jh., als es hier nur Felder und eine schwefelhaltige Quelle gab, welche die deutschen Bauern „Stinker" nannten, nahm die Kurgeschichte ihren Lauf. Beeinflusst von der Entwicklung Marienbads glaubte man, auch hier ein Kurhaus bauen zu müssen, auf das eine folgte das zweite und so weiter. Ende des 19. Jh. erlebte Konstantinsbad, so der damalige Name, schließlich seine Blüte – insbesondere bei Offizieren und Industriellen war der Kurort beliebt. In jungen Jahren verbrachte der Dichter *Rainer Maria Rilke* (1875–1926) hier seine Sommerwochen, damals noch ein Nobody unter den Gästen, heute einer der wenigen Namen, mit denen sich der Ort schmücken kann. Behandelt werden in erster Linie Herz-Kreislauf-Erkrankungen, Epilepsie, Blutarmut, Stoffwechselstörungen und Krankheiten der Atemorgane. Die Prusíkquelle hilft dagegen. Ihr Wasser ist ein Gemisch aus fünf verschiedenen Quellen.

Rund 4 km westlich von Konstantinovy Lázně liegt auf einer Anhöhe die dominante **Burgruine Švamberk** (im Tschechischen auch "Krasíkov" genannt) mit einer kleinen Kapelle – aus der Ferne imposanter als unmittelbar davor. Wer's nicht glauben will, folgt von Konstantinovy Lázně erst dem blauen und dann dem gelb markierten Wanderweg hinauf. Es bieten sich aber noch eine Vielzahl weiterer herrlicher **Wander- und Radfahrmöglichkeiten** rund um den Ort an (→ „Útery", S. 100).

Information/Verbindungen/Diverses

• *Information* Eine offizielle Informationsstelle gibt es nicht. Bei Fragen kann man sich an die Rezeption des **Kurhotels Jirásek** (→ „Übernachten") wenden, hier liegt auch Informationsmaterial aus.

• *Verbindungen* **Busse,** mehrmals tägl. nach Bezdružice, Planá und Stříbro, 2-mal nach Pilsen. Eine Weiterreise mit der Bahn lohnt nicht: mehrmals täglich nur **Direktzüge** nach Bezdružice und Pňovany. Bahnhof und Busbahnhof liegen nebeneinander.

• *Baden* Im **Hallenbad** des Hotels Jirásek. Ein alles andere als idyllisches **Freibad** befindet sich im Sportovní areál hinter dem Campingplatz.

• *Kuren* Für jedermann im Hotel Prusík. Wer sich über Kurmöglichkeiten näher informieren will, kann dies beim Kurhotel Jirásek tun (→ „Übernachten").

• *Tennis* Im Sportovní areál (s.o.) möglich.

• *Veranstaltungen* Am 3. Samstag im Mai wird die Kursaison feierlich eröffnet.

Übernachten/Essen & Trinken

Trotz vieler Hotels und Pensionen ist das Angebot an guten Quartieren relativ gering, zumal so manche bessere Häuser nur in Verbindung mit einer Kur gebucht werden können. Zudem gilt, wie leider noch so oft in Tschechien: von außen hui, von innen pfui.

• *Übernachten* **Kurhotel Jirásek,** eines der besten Kurhäuser vor Ort, ausgeschildert. Um übernachten zu können, braucht man keine Kur zu belegen, pro Person mit Frühstück 36 € (mit HP 40 €, mit VP 45 €). Vermittelt auch das Gros der anderen Kurhäuser. Infos unter ✆ 374625436, www.konstantinovy.cz.

Pension V pohodě, im Zentrum. Saubere Familienpension. Standardzimmer, nur z. T. mit eigenem Bad. Hinterhofgarten, kleines Restaurant. Personal nicht immer fremdsprachig. 8,30 € pro Person. ✆ 374625710.

• *Außerhalb* **Hof Schwanberg,** Urlaub auf dem Bauernhof und zwar im winzigen Dorf Lomy ca. 5 km südwestlich von Konstantinsbad. Nichts für Familien mit hohen Ansprüchen. 4 einfache Zimmer, die sich Essecke, Kühlschrank, Bad und großen Innenhofgarten teilen. Freundlicher Service. Pro Person 9–12 €. ✆ 374635725, hof.schwanberg@tiscali.cz. Von der Straße 230 von Černošín nach Kokašice beschildert.

• *Camping* **Camping La Rocca,** im Ort ausgeschildert. Großer gepflegter Platz mit leider nur wenig Schatten. Restaurant, Kiosk, Kneipe, Feuerstelle. Hütten z. T. mit privatem Bad. Negativ: recht unfreundliches Personal. 2 Personen mit Zelt und Auto zahlen 8,30 €, Hütte für 4 Pers. mit Bad 23 €. ✆ 374645287.

• *Essen & Trinken* An gehobeneren Restaurants herrscht Mangel. Ganz ordentlich isst man im Restaurant des **Hotels Jitřenka** im „Zentrum" und schräg gegenüber in der **Pension V pohodě**. Bei Kurgästen beliebte

Cafés befinden sich in den Hotels Prusík und Jirásek. Eine einfache Adresse für billigste böhmische Standards in zentraler Lage ist die Pinte **U Krkovičky** schräg gegenüber dem Kurhaus Mánes. Stets gut besuchter Treffpunkt, da sonst ohnehin im Ort nicht viel geboten wird.

Chodová Planá (Kuttenplan)

Etwa 8 km südlich von Marienbad, an der Straße nach Planá, liegt Chodová Planá, aus dem das süffige, malzige **Chodovar-Bier** kommt. Abgefüllt wird es in der gleichnamigen Brauerei, einem der ältesten Brauhäuser Westböhmens, das bereits 1573 gegründet wurde. Ende Juni findet hier der traditionelle Wettkampf im Rollen von Eichenholzfässern statt, im August das lokale Bierfest – beide Male steht das Städtchen kopf. Den Rest des Jahres hingegen zeigt sich Chodová Planá recht grau und trist und würde keine Seele anlocken, gäbe es da nicht noch die **Brauereigaststätte Ve Skále** in einem alten, stilvollen Gewölbekeller. Die Gaststätte fungiert zugleich als kleines Brauereimuseum, ausgestellt wird altes Handwerkszeug. Der Zugang erfolgt über einen 40 m langen Gang durch massiven Fels. Die Küche ist mehr als deftig – Braten dominiert. Wer will, bestellt „17 kg gebratenes Ferkel für den ganzen Verwaltungsrat“. Angeboten werden aber auch einfache Biersnacks und für Vegetarier gibt's panierten Käse. Zur Verdauung empfiehlt sich eine Brauereibesichtigung oder ein Spaziergang durch den angrenzenden Park.

Anfahrt/Öffnungszeiten Die Brauerei samt Gaststätte (✆ 374798122) und Museum ist im Ort nicht zu übersehen. Für Verbindungen → Planá. Tägl. 11–23 Uhr. Hg. 2,30–7,70 €. Führungen (tägl. um 14 Uhr) kosten 1,70 € pro Person.

Planá (Plan)

Planá, ca. 11 km südlich von Marienbad, ist ein freundliches kleines Städtchen und jederzeit eine Pause wert. Der weite Marktplatz mit einer Nepomukstatue ist umringt von einfachen, niedrigen Bürgerhäusern. Den Störchen gefällt der Anblick, auf so manchen Schornsteinen drum herum nistet ein Paar. Etwas abseits vom Marktplatz steht die **Marienkirche** mit einem alles überragenden neobarocken Turm samt Zwiebelhaube. Die Kirche selbst ist nicht allzu interessant, im Turm aber präsentiert die **Galerie Ve věži** immer wieder Ausstellungen zeitgenössischer Maler. Nur ein paar Schritte weiter gab es einst eine gotische Feste, woraus im Laufe der Zeit ein Barockschloss wurde. Heute ist darin eine Schule untergebracht.

Die Giebel von Planá

Lohnenswert ist ein Besuch des **Bergbaumuseums** (Hornické muzeum; ausgeschildert). Es befindet sich in einem alten Stollen, aus welchem vom Ende des 16. bis ins frühe 20. Jh. Silber gefördert wurde. Mit einem Schutzhelm geht es hinein, zu sehen gibt es alte Grubenlampen und Bergbaugeräte –

schön für Kinder, denn sie dürfen nahezu alles anfassen, nur ganz wenige Ausstellungsstücke stehen hinter Glas. Heute fördert man in der Umgebung von Planá übrigens Uranerz.

• *Verbindungen* Der Bahnhof liegt etwas außerhalb des Zentrums im Südwesten der Stadt an der Straße nach Bor. Dort fahren auch die Busse ab.

Züge mehrmals tägl. nach Tachov und Prag, regelmäßige Verbindungen zudem nach Cheb, Franzensbad, Marienbad und Pilsen. Regelmäßige **Busse** über Chodová Planá nach Marienbad und nach Tachov, unregelmäßiger nach Stříbro und Konstantinovy Lázně.

• *Essen & Trinken* **Mes Amis,** unweit des Marktplatzes, dort ausgeschildert. Gutbesuchtes, kleines Lokal mit Bierstube. Spieße, Nudeln und Geflügel zu 3–9 €.

Café Club 19, am Marktplatz (Hnr.19). Liebevoll eingerichtetes Café im 1. Stock. Holzdecke, Duftkerzen, frische Blumen. Snacks und Salate. Im Sommer stehen ein paar Tische auf der Straße.

• *Öffnungszeiten* **Bergbaumuseum,** April, Mai und Sept. nur Sa/So, Juni–Aug. tägl. (außer Mo) 10–12 Uhr und 13–16 Uhr. Führungen zur vollen Stunde, Eintritt 1,70 €, erm. die Hälfte.

Galerie Ve věži, tägl. (außer Mo) 14–16 Uhr. Der kleine Eintritt hängt von der jeweiligen Ausstellung ab.

Tachov (Tachau)

An den Ausläufern des Böhmerwalds, ca. 24 km südwestlich von Marienbad, liegt Tachov, vormals Tachau, eine Kreisstadt mit rund 14.000 Einwohnern. Hier gibt es alles, was zu einer Kreisstadt gehört, zumindest an öffentlichen Einrichtungen. Der Stadtkern selbst hat ein paar schöne Ecken, vieles wirkt dennoch eher schmucklos. Den leicht bergauf verlaufenden Marktplatz umgeben mehrere alte Bürgerhäuser. Auch gibt es eine Stadtmauer, noch in weiten Teilen erhalten, und ein Schloss, das ein wenig an die Prager Burg erinnert. Heute beherbergt es das Rathaus und eine Schule, davor plätschert ein Brunnen. Das **Kreismuseum** (Okresní muzeum, ausgeschildert) sammelt fleißig: Heiligenfiguren, hussitische Kanonenkugeln, Renaissance- und Barockschlüssel, alte Bierflaschen der Chodovar-Brauerei, dazwischen ein paar Keramikfunde aus der späten Steinzeit und die Ergebnisse des letzten Grundschulmalwettbewerbs. Etwas Besonderes wird vielleicht die imposante Reitschule aus der Mitte des 19. Jh. im Vorort **Světce** (Richtung Svobodka), sofern die Restaurierungsarbeiten einmal abgeschlossen sind.

• *Information* **Městské kulturní středisko** (Städtisches Kulturzentrum) am Náměstí Republiky. Mo 13–17 Uhr, Di–Fr 9–12 und 13–17 Uhr, Sa 9–12 Uhr. ✆ 374723740, www.tachov-mesto.cz.

• *Verbindungen* Busbahnhof und Bahnhof liegen etwas außerhalb des Zentrums im Norden der Stadt. Regelmäßige **Züge** nach Planá, bis zu 8-mal tägl. nach Domažlice. Regelmäßige **Busse** nach Planá und Stříbro. Mehrmals tägl. zudem nach Přimda, Pilsen und Marienbad.

• *Parken* Gebührenpflichtiger Parkplatz am Marktplatz, pro Std. 0,65 €. Gleiche Preise etwas weiter nördlich beim Parkplatz an der Husitská.

• *Übernachten* Die Stadt besitzt nur wenige Unterkünfte. Eine von Lesern empfohlene ist die **Pension Café Gleixner** – zugleich die beste Unterkunft vor Ort – in nächster Nähe zum Marktplatz. Vom Platz aus gesehen gleich hinter dem Supermarkt Dům Potravin. Nur 3 riesige, neu ausgestattete Zimmer (private Bäder, Gemeinschaftsküche) und ein großes Apartment. Café mit Sommerterrasse angegliedert (Sa/So geschl.). DZ 36 €. ✆ 374732211, www.cafe-gleixner.com.

Pension Praha, 4 Zimmer mit Standardausstattung und eigenem Bad. EZ 19 €, DZ 32 € mit Frühstück. ✆/℻ 374724343, B. Němcové 480.

• *Essen & Trinken* **Zámecká Restaurace U tří rybiček,** in der Stadtmauer beim Schloss, ausgeschildert. Recht nettes Ambiente, auf Fischküche spezialisiert, mittlere Preisklasse.

Čajovna a kavárna Jiná Krajina, ein Lesertipp in Marktplatznähe (vom Platz aus gesehen ebenfalls hinter dem Supermarkt Dům

Potravin). Alternatives Kaffee- und Teehaus, liebevoll mit Bodenkissen ausgestattet. Probieren Sie Mischungen aus China, Indien oder Japan oder etliche Sorten Kaffee. Kleine Snacks. Nur Di–Sa ab 15 Uhr. Rokycanova 131.

• *Öffnungszeiten* **Kreismuseum,** nahe der Pension Praha an der Durchgangsstraße, Mo–Fr 9–17 Uhr, So 10–16 Uhr, Eintritt 0,50 €.

Verschwundene Ortschaften

Auf das Ende des 2. Weltkriegs folgte die Zwangsaussiedlung der Sudetendeutschen aus der damaligen Tschechoslowakei. In den Gebieten zur bayerischen Grenze verloren damit viele Städte das Gros ihrer Einwohner, manche Dörfer waren gar ausgestorben. Um die Gegend wiederzubeleben, versuchte die Regierung in Prag, wolhynische Tschechen – im Nordwesten der Ukraine lebende Landsleute – zum Übersiedeln in die Grenzgebiete zu bewegen. Doch der Erfolg war bescheiden. Schließlich siedelte man, teils auch unter Zwang, Slowaken, Rumänen, Ukrainer, Sinti und Roma an. Das Terrain unmittelbar vor der Grenze wurde durch den Eisernen Vorhang zum Sperrgebiet. Die Ortschaften in jenem Streifen verfielen im Lauf der Zeit und wurden von der Natur zurückerobert. Allein im Grenzland bei Tachov verschwanden so über 20 Dörfer mit Kirchen, Schulen, kleinen Schlössern und Kapellen, zudem etliche Einöden, Mühlen usw. Jenes Gebiet lässt sich heute per pedes oder Rad herrlich erkunden (s. u.). An die Ortschaften erinnert oft so gut wie nichts mehr. Wer aufpasst, findet irgendwo im Wald noch eine Hausfassade stehen, anderswo ein Denkmal für die Opfer des 1. Weltkrieges, von Sträuchern verschlungen. Angeblich sollen hier noch viele Schätze unter der Erde schlummern, vom Tafelsilber bis zum Familienschmuck, vergraben von den Sudetendeutschen kurz vor ihrer Vertreibung.

Přimda (Pfraumberg)

Ungefähr 20 km südlich von Tachov liegt Přimda, einer der vielen Orte der Gegend, die durch die Nähe zu Deutschland geprägt sind: ein paar Casinos und viele Nightclubs mit dicken BMWs davor. Auf einem Hügel im Norden von Přimda steht die gleichnamige **Burgruine** mit den Überresten eines romanischen Wohnturms. Von hier genießt man einen herrlichen Panoramablick nach Bayern und im Winter bei klarer Sicht bis nach Prag. Die Burg wurde bereits im 12. Jh. errichtet, und besitzt angeblich die älteste steinerne Toilette Mitteleuropas – noch nahezu komplett erhalten. Auf dem Weg zur Burg passiert man übrigens einen kleinen Heiligenschrein mit einer Madonnenstatue. Einer Legende nach steht sie an jener Stelle, wo der Burgherr seine Handwerker ermorden ließ, um sicher zu gehen, dass niemand von den geheimen Gängen zur Burg erfahren konnte.

• *Anfahrt zur Burg* Im Ort der Beschilderung zum „Horský Hotel" folgen, dort beim Fußballplatz parken und noch ca. 30–40 Min. zu Fuß weiter.

• *Übernachten/Essen & Trinken* Zwei Adressen ohne hauseigenen Nightclub: **Horský Hotel,** vor Ort ausgeschildert. 4 gepflegte Zimmer mit böhmischer Standardeinrichtung. Rustikales Restaurant mit netter Sommerterrasse angeschlossen. DZ 40 €. ✆ 374796231, horskyhotel@tiscali.cz.

Pension Oma, ebenfalls nur 4 Zimmer. Allesamt unterm Dach, farbenfroh gestrichen und mit den Möbeln von der Oma vollgestellt. Nette Terrasse. Im angegliederten Restaurant wird sehr gute böhmische Küche (hervorragender Schweinebraten!) serviert. DZ 28 €. Severní 178 (auf dem Weg zur Burg noch vor dem Horský Hotel), ✆/℻ 374796430.

Wandern und Radfahren entlang der tschechisch-deutschen Grenze

Von Cheb gen Süden bis nach Česká Kubice (südlich von Domažlice → S. 181) verläuft parallel zur Grenze ein rot markierter Wanderweg, mal etwas näher daran, mal etwas weiter davon entfernt. Auf diesem passiert man neben dem angeblichen **Mittelpunkt Europas** (in der Nähe der Anhöhe Dyleň, in guten Karten vermerkt) auch diverse verschwundene Ortschaften (→ Kasten) – Augen offen halten. Teils führt er durch breite, baumfreie Schneisen inmitten des Waldes. Sie wurden zur Grenzüberwachung angelegt, manchmal sogar ein paar Kilometer vor der wirklichen Grenze – ein gemeiner Trick, um Flüchtlinge zu überführen: Hatten diese die Sperranlagen bis dahin robbend und kriechend überwunden, glaubten sie sich dahinter in Sicherheit und marschierten aufrechten Schrittes in die Hände der Grenzsoldaten. Der rote Wanderweg wird von blauen, grünen und gelben Wegen gekreuzt, teils führen diese auch über die Grenze nach Deutschland. Mit einer Wanderkarte lassen sich Rundwege jeder Länge zusammenstellen. Auch mit dem Fahrrad kann man das gesamte Grenzgebiet herrlich erkunden. Zum Teil gibt es schon markierte Radwege (von Tachov z. B. „Radwanderweg Nr. 36“ in Richtung Süden), z. T. werden sie gerade erst eingerichtet. Grundsätzlich eignet sich jedes Sträßlein zum Radeln, der Verkehr hält sich überall mehr als nur in Grenzen. Restaurants findet man jedoch nur wenige, die Brotzeit sollte im Rucksack sein. Ein idyllisches Dorf unterwegs ist **Diana** mit schönen Holzhäusern, wildromantischen Gärten und einem ockerfarbenen Schloss. 1960 wurde darin ein Altersheim eingerichtet. Wenn der letzte Bewohner gestorben ist, so sagt man im Dorf hinter vorgehaltener Hand, will die Adelsfamilie Kolovrat, der das Schloss heute wieder gehört, von ihrem Wohnrecht Gebrauch machen. Eine Gastwirtschaft findet man aber auch in Diana nicht. Bei **Nové Domky** (hier gibt's Lokale!) erinnert ein Denkmal am Straßenrand an den Fall des Eisernen Vorhangs. Die Inschrift: „Hier haben die Außenminister Genscher und Dienstbier den Eisernen Vorhang durchschritten. 23.12.1989“.

Goldene Felder so weit das Auge reicht

Für weitere Ziele südlich von Tachov → „Domažlice/Umgebung“ ab S. 180.

Kurhaus Imperial

Františkovy Lázně (Franzensbad)

Franzensbad ist der Archetyp eines Heilbads. Ockerfarbene neoklassizistische Bauten prägen das Kurzentrum, in dem selbst das Kino noch mit Pilastern geschmückt ist. Drum herum laden Parks zum Spazieren durch die Quellenlandschaft ein.

Von den drei renommierten westböhmischen Kurorten ist Franzensbad mit rund 5.000 Einwohnern der ruhigste und kleinste. Alles steht hier im Zeichen der Erholung. Das schachbrettartig angelegte Kurzentrum ist verkehrsberuhigt. Schrilles Nachtleben, das die Genesung beeinträchtigen oder die Nachtruhe stören könnte, gibt es nicht, lediglich ein paar „Nightclubs“ am Stadtrand, die den deutsch-tschechischen Grenzverkehr ankurbeln.

Ähnlich wie Marienbad oder Karlsbad lockte auch Franzensbad berühmte Persönlichkeiten an, nur nicht so viele. Von der Gästeliste des Ortes kennt man den Maler Carl Spitzweg, Komponisten wie Ludwig van Beethoven und Joseph Strauß, Philosophen wie Friedrich Nietzsche und Arthur Schopenhauer oder Staatsmänner wie Otto von Bismarck und den serbischen König Milan. Auch Dichter kamen, z. B. der Prager Schriftsteller Jan Neruda, aber selbstverständlich auch der überall in Böhmen kurende Johann Wolfgang von Goethe.

Im Gegensatz zu Marienbad oder Karlsbad scheint Franzensbad auch heute wieder Dichter in seinen Bann zu ziehen. Deren Popularität lässt jedoch noch auf sich warten. In den „Franzensbader Blättern“, einer kleinen deutschsprachigen Loseblattsammlung, veröffentlichen sie zuweilen ihre Verse – zur Kostprobe das Gedicht „Glauberquelle IV“: „Wenn dein Darm schon träge ist, seine Arbeit fast vergisst, rührt sich kaum noch auf der Stelle, dann hilft nur die Glauberquelle. Ganz so ähnlich ging es mir, ich trank Glauberquelle vier, Davon zwei, drei warme Becher und mein Darm wurde zum Rächer."

Geschichte: Schon im Mittelalter war die Gegend für ihr Quellwasser bekannt, der Säuerling (kohlensaures Wasser) wurde geschätzt und gerühmt. Dadurch entwickelte sich im 17. Jh. das 5 km entfernte Eger (das heutige Cheb) zu einem Kurort. Ganze Scharen von Trägern verdienten sich ihr Brot mit dem Transport des Wassers von der Quelle in die Stadt. Ein dortiger Kaufmann begann während des Dreißigjährigen Krieges, das Wasser in Tonkrüge abzufüllen und in verschiedene europäische Städte zu versenden. Schiller und Goethe z. B. ließen es sich nach Weimar schicken. 1793 erst wurde das Heilbad gegründet, und die kleine Häuseransammlung von „Egerwasser" in „Kaiser Franzensdorf" nach Kaiser Franz I. umbenannt. Verständlicherweise hatte das Proteste der Wasserträger zur Folge, die um ihr Einkommen fürchteten. In den ersten Jahren des Kurbetriebs trank man nur das Wasser der Franzensquelle. Aufgrund der starken Nachfrage und der vielen Gäste reichte es bald nicht mehr aus, und man suchte und bohrte nach weiteren Quellen. So entdeckte man die Luisenquelle (benannt nach der Tochter Kaisers Franz I.) und Gasquellen, die zur Einrichtung der ersten Gasbäder führten. Auch begann man zu jener Zeit mit Moorbehandlungen zu experimentieren, und Franzensbad war in diesem Punkt wegbereitend.

Mitte des 19. Jh. gab es schon drei Kurgebäude. 1865 wurde Franzensbad zur Stadt erhoben. Im gleichen Jahr erfolgte der Anschluss an das Eisenbahnnetz, was der weiteren Entwicklung der Stadt zugute kam. Damals machte Franzensbad übrigens noch einen recht bunten Eindruck, die Häuser waren in pastelligen Blau-, Grün-, Rot- und Gelbtönen gestrichen. Seine große Blütezeit erlebte der Kurort vor dem 1. Weltkrieg. Zum Wohle und zur Freizeitgestaltung der Besucher waren Sporteinrichtungen gebaut worden: Es entstanden Reitanlagen, Tennis- und Golfplätze, Kricketfelder usw. Damit die Kurgäste nicht durch Lärm gestört wurden, war schon damals das Bauen während der Kursaison verboten. Bis zu 20.000 Kurgäste und 80.000 Kurzbesucher zählte man im Jahr. Nach dem 1. Weltkrieg, in dem Franzensbad als Lazarett fungierte, wurden neue Quellen entdeckt. 1941 richtete man gar ein balneologisches Forschungsinstitut ein. Die Befreiung Franzensbads durch die Amerikaner erfolgte am 25. April 1945; ein Denkmal bei der Kolonnade erinnert heute daran. Bald darauf stand die Stadt leer, sämtliche deutsche Einwohner waren vertrieben. Unter den Kommunisten verfiel Franzensbad, die Gebäude wurden verstaatlicht. Zugleich wurde es eine Art kleine Künstlerenklave, da sich viele Journalisten, Schriftsteller, Schauspieler und Regisseure, die in Prag Publikations- oder Auftrittsverbot hatten, in Franzensbad niederließen. Seit der Wende wird fleißig restauriert – die Fassaden erstrahlen größtenteils in neuem Glanz.

Orientierung: Franzensbad liegt inmitten eines weiten, leicht welligen Beckens. Kein Hügel oder großes Bauwerk kann als Orientierungspunkt herangezogen werden. Das eigentliche Kurzentrum ist klein und fast quadratisch, es umfasst nur fünf Straßenzüge, ist aber weitgehend von Wäldern und Parkanlagen umgeben. Nördlich, entlang der Americká, schließt sich das moderne Franzensbad an. Dort liegen auch die Restaurants und Kneipen, die von den Einheimischen besucht werden.

Karte S. 111

Information/Parken/Verbindungen

• *Information* Das hilfsbereite Reisebüro **FL Tours** in der Americká 2 fungiert zugleich als städtisches Informationsbüro. Buchung von Ausflügen und Kuraufenthalten, Tickets für kulturelle Veranstaltungen, Unterkunftsvermittlung etc. Mo–Fr 9–18 Uhr, Sa/So 9–14 Uhr. ✆ 354543162, www.frantiskolazensko.cz.

> **Achtung:** Bei der Einfahrt ins verkehrsberuhigte Stadtzentrum mit dem Pkw wird eine Gebühr von 0,70 € erhoben.

• *Parken* Recht sicher sind die Parkplätze an der Ecke Chebská/Klostermannova im Süden des Orts (1 €/Std., 5,90 €/Tag) und der Großparkplatz gleich beim Bahnhof (0,70 €/Std., 5,40 €/Tag).

• *Verbindungen* Der Bahnhof liegt im Norden der Stadt an der Nádražní stezka. Die Zugauskunft erreichen Sie unter ✆ 354542246. Häufige **Züge** nach Cheb, bis zu 7-mal nach Aš und Zwickau/Bad Brambach sowie bis zu 5-mal tägl. nach Prag und Marktredwitz. Die **Busse** fahren in der Americká beim Infobüro FL Tours ab. Ständige Verbindungen nach Cheb, mehrmals tägl. nach Aš, Loket, Prag, Karlovy Vary, Mariánské Lázně, Stříbro und Plzeň.

• *Taxi* Ein Taxistandort befindet sich an der Americká bei der Bushaltestelle. Wer ein Taxi rufen will, wählt z. B. ✆ 354544444. Preisbeispiele: innerhalb des Orts 1,50 €, zum Campingplatz Amerika 2,50 €, nach Cheb 5,50 €.

Adressen (→ Karte S. 111)

• *Ärztliche Versorgung* In vielen Kurhäusern gibt es einen ärztlichen Bereitschaftsdienst rund um die Uhr.

• *Einkaufen* Im Kurzentrum wird viel böhmisches Glas angeboten, ansonsten gibt es nur wenig Interessantes oder Außergewöhnliches zu kaufen.

Knihkupectví (18), der kleine Buchladen hält gutes Kartenmaterial und ein paar deutschsprachige Reisehandbücher zu Westböhmen und Tschechien bereit, ansonsten leider nur tschechische Literatur. Neue Kolonnade.

Kolonáda (13), Oblaten zum Gleichessen oder als Mitbringsel. Jiráskova 15.

Galerie Šperků (8), kleine Verkaufsgalerie, in der vornehmlich Mineralien, Edelsteine und Schmuck angeboten werden. Nur Mo–Fr 10–12 und 14–17 Uhr. Boženy Němcové 2.

Ein kleiner **Asia-Markt (22)** mit etwas aufdringlichen Händlern befindet sich am Parkplatz im Süden der Stadt. Oblaten, Schnaps, Zigaretten und der übliche Krimskrams.

• *Polizei* An der Americká 16, ✆ 354542333.

• *Post* In der Boženy Němcové 11.

Essen & Trinken/Nachtleben (→ Karte S. 111)

• *Restaurants* **Rybářská bašta (6),** mit Liebe eingerichtetes kleines Fischlokal in einem romantischen Minischlösschen am Schwanensee (Labutí jezírko). Im Winter heizt der offene Kamin, im Sommer sitzt man draußen. Alles zwischen Forelle und Hai. Hg. 5–13 €. ✆ 354542964.

Amerika, eher gediegenes Restaurant im Fachwerkhaus am Amerika-See. Schöne Terrasse. Gute Brotzeiten, viel Wild und Fisch. Hg. 3,70–8,30 €. So Ruhetag. ✆ 354542421.

Gruzia (15), rustikal angehauchtes Weinrestaurant mit offenem Kamin und kleiner Sommerterrasse. Fast tägl. Tanzabende (kleiner Eintritt). Hg. 3–5,60 €. ✆ 354542877. Husova 129.

> **Goethe Restaurant (14),** im Gesellschaftshaus Společenský dům. Eines der vornehmsten Restaurants des gesamten Bäderdreiecks. Eleganter Saal mit gelb-weißem Stuck und dunkelroten Vorhängen. Am Wochenende abends Klavierbegleitung. Das Besondere aber ist der Boden, zugleich Europas größtes Bodenaquarium – hier tummeln sich japanische Koi-Karpfen (2.500 € pro Stück!). Keine Knödelküche – serviert wird zeitgemäße internationale Kost zu 5,60–21,60 €. ✆ 354500146. Národní třída.

Švejk Restaurant (24), zünftiges Restaurant mit böhmischer Küche. Neben Lenden- und Rostbraten steht auch „Bataillonstransport" auf der Karte – lassen Sie sich überraschen. Außenbereich, ab und zu Country-Abende. Hg. 3–5 €. Klostermannova 2.

U vrby (21), die Gaststätte selbst hat zwar das Flair eines Vereinslokals, besitzt jedoch eine nette Terrasse am Bach. Gute Möglichkeit, um mit Franzensbadern ins Gespräch zu kommen. Kleine Auswahl an preiswerten warmen Gerichten, *Chodovar*-Bier. Slepá 2.

• *Außerhalb* **Štekrův Mlýn (1),** idyllisch gelegene alte Mühle ca. 3 km nördlich von Franzensbad. Nebenan fließt ein Bächlein, und die Pferde weiden auf der Koppel. Gute böhmische Hausmannskost, Hg. 3–5,70 €. Mo Ruhetag. Von der Straße nach Vojtanov (E 49) ausgeschildert.

Restaurace Hrad Vildštejn (2), in der romantischen Burg Wildstein, ca. 6 km nördlich von Franzensbad in Skalná (im Ort ausgeschildert). Dezentes, helles Lokal. Der Ober im höfischen Kostüm, mittelalterliche Musik aus den Boxen. Empfehlenswert sind die originellen Gerichte auf Bestellung (✆ 354594930): gefüllte Wachteln, gebratener Fasan oder ein ganzes 18-kg-Ferkel. Netter Service, mittlere Preisklasse. Im Untergeschoss ein kleines kostenloses Museum. Ganz nebenbei: Der Burgherr selbst ist ein echter Ritter. Pumr Miroslav, zugleich auch Unternehmer, wurde dazu geschlagen, nachdem er sich um den Wiederaufbau der Burg verdient gemacht hatte. Mehrmals tägl. mit dem Bus von Cheb und Franzensbad zu erreichen.

• *Cafés* **Wiener Café (14),** im Gesellschaftshaus Společenský dům an der Národní třída. Vornehmes Café mit viel Gold und Stuckdecken. Guter Platz, Passanten zu beobachten, ohne selbst beobachtet zu werden – die Fenster sind verspiegelt. Schöne Terrasse, hauseigene Konditorei.

Sadová Kavárna (7), am Rande des Stadtparks (Městské sady). Eine von vielen Tortenvertilgungsstätten Franzensbads. Je üppiger, desto besser, heißt auch hier die Devise. Langweilige Inneneinrichtung, aber schöne Sommerterrasse. Günstige Tagesgerichte. Nahezu täglich Blasmusiktanzabende.

Kurpublikum in Franzensbad

Café Kolonáda (17), Terrassencafé, ein netter Ort für den Nachmittagskaffee im Sommer. Neue Kolonnade.

Kavárna Zámeček, gemütliches kleines Café in einem Märchenschlösschen inmitten des Sady Míru, eines Waldgebiets im Osten der Stadt. Nette Terrasse und die üblichen Torten. Das Café lässt sich bei einem Spaziergang von Franzensbad erreichen. Zudem vom Hotel Zatiší an der E 21, der Hauptverbindungsstraße zwischen Cheb und Aš, beschildert.

• *Kneipe* **Music Bar Stínadla (23),** Bier, Pizza und ein bisschen Musik, sonst nichts. Hässliche 08/15-Kneipe, aber immerhin fast die einzige Möglichkeit vor Ort, ein paar junge Gesichter am Abend zu sehen. Klostermannova 2.

• *Tanz* **Vinárna Royal (9),** der Tanzsaal gehört zur **Kavárna Beethoven (9)**. Fast tägliche Schlager-Livemusik (unter der Woche bis 24 Uhr, Sa/So bis 2 Uhr), tanzfreudiges Publikum zwischen 25 und 75. Wein und Pizza, Innenhofterrasse, in der im Sommer zuweilen gegrillt wird. Kein Eintritt. Absolute Geschmackssache! Národní třída 7.

Františkovy Lázně
Karte S. 111

Übernachten

Grundsätzlich gilt: Lassen Sie sich vom äußeren Eindruck des Hauses nicht täuschen und bestehen Sie darauf, Ihr Zimmer vor Bezug zu sehen. Viele Häuser nämlich verfügen unter demselben Dach über Zimmer vom Hostel- (nur mit Waschbecken!) bis zum Vier-Sterne-Niveau und können so auch nicht nach Sternen kategorisiert werden. An Kurzurlauber werden nicht in allen Kurhäusern Zimmer vermietet, in den hier aufgeführten Hotels dürfte dies jedoch kein Problem sein. Wer günstig unterkommen will, findet preiswerte Pensionen insbesondere im Norden der Stadt zwischen den Straßen Anglická und Americká.

• *Hotels* **** **U tří lilie (11),** nach dem Imperial (s. u.) das zweitbeste Hotel der Stadt. Inmitten des Kurzentrums. Goethe und der Fürst von Metternich weilten schon hier. Moderne Zimmer mit großzügigen Bädern. Restaurant, Café und eine Konditorei im Haus, Reisebüro angegliedert. Kuranwendungen. Behindertengerecht! EZ 56 €, DZ 84 €, Apartment 100 €. ✆ 354208900, trililie@franzensbad.cz, Národní 3.

**** **Imperial (19),** eines der elegantesten Hotels Westböhmens und das Beste, was Franzensbad zu bieten hat. Prunkvolle, freistehende Palastvilla, 2003 nach einer Generalrestaurierung wieder eröffnet. 49 stilvolle, komfortable Zimmer, darunter auch behindertengerechte. Lobby-Bar, Terrasse, bewachte Parkplätze. Kuranwendungen im Haus. EZ 67 €, DZ ab 87 €, Apartment 116 €. ✆ 354206600, imperial@franzensbad.cz, im Sady Bedřicha Smetany.

*** **Reza (5),** etwas nördlich des Kurzentrums in bequemer Laufnähe. 2004 nach einer Restaurierung wiedereröffnetes, gehobenes Mittelklassehotel in einem historischen Stadthaus. 39 freundliche, der Sternenzahl entsprechend ausgestattete Zimmer. Schwimmbad, Sauna, Kosmetiksalon usw. Restaurant, Café. Kuranwendungen im Haus. EZ 51 €, DZ 82 €. Parken pro Tag 3,30 € extra. ✆ 354544111, info@hotel-reza.com, Americká 47.

Diana (25), 2002 eröffnetes privates Kurhaus ganz im Süden von Franzensbad. Neubau. Helle Zimmer mit Kaufhausmobiliar, die meisten davon mit Balkon. Es wird viel geboten: Außen- und Innenpool, Fahrradverleih, Organisation von Jagdausflügen, Kurbehandlungen etc. Pro Person mit Frühstück ab 29 €. Parken 1,50 €/Tag extra. ✆/℻ 354543708, www.diana-ld.com, Klostermannova 122/1A.

Pawlik-Isis (16), im Osten des Bads gelegen. Neu restauriertes Doppel-Kurhotel mit modernen, komfortablen Zimmern, alle mit Blick ins Grüne. Kosmetiksalon und Friseur im Haus. EZ 33 €, DZ 55 €, Apartment 77 €. ✆ 35420600, pawlik@franzensbad.cz, Ulice 5. května.

Dr. Adler (12), zentral gelegenes Kurhotel. Die mit TV, Kühlschrank und Telefon ausgestatteten Zimmer (z. T. mit Balkon) sind ordentlich und bequem, wenn auch nicht unbedingt geschmackvoll gestaltet. Nur begrenzte Parkmöglichkeiten. Diatküche möglich – wer mag oder muss. EZ ab 30 €, DZ ab 43 €. ✆ 354202000, adler@franzensbad.cz, Dr. Pohoreckého 53/18.

• *Pensionen* **Klima (26),** ruhig und abseits des Zentrums gelegene, familienfreundliche Kurpension. Überaus populär – frühzeitige Buchung dringend notwendig. Große Zimmer mit Hotelkomfort. Kleiner Pool im Garten. Ärztliche Untersuchungen und Kuranwendungen im Haus. Pro Person mit Frühstück ab 25 €. ✆ 354542890, www.kurpensionklima.cz, Lesní 1.

Abbazia (4), historisches Gebäude nördlich des Kurzentrums. 7 farbenfrohe, moderne Zimmer mit WC/Dusche und Satelliten-Fernseher. Hauseigener abschließbarer Parkplatz. EZ 25 €, DZ 32 € inkl. Frühstück. ✆ 354542660, Abbazia@seznam.cz, Francouská 169.

Lionetta (10), freundliche Zimmer auf Hotelniveau. Küchenbenutzung möglich. Mitten im Zentrum, leider ohne eigene Parkplätze. DZ mit Frühstück 30 €, EZ 21 €. Schnell ausgebucht, am besten frühzeitig reservieren. ✆ 354544065, lionetta@seznam.cz, Národní třída 10.

Villa Altona (3), in einem ruhigen Wohnviertel nordwestlich des Kurzentrums. Neu und sauber, aber alles andere als eine Villa. Alle Zimmer mit Bad, TV, Minibar. Parkplätze im Hof. EZ 17 €, DZ ab 24 €, Frühstück extra. ✆ 354542979, ℻ 354542185, Anglická 63.

Milano (20), nette, jugendliche Pension mit ebensolchem Personal in zentraler Lage. 7 Zimmer mit Kiefernholzmöbeln, z. T. mit Etagenbädern. Im Sommer kann es allerdings recht stickig werden. Sehr günstig: EZ 10 €, DZ 18 €, Dreier 20 € ohne Frühstück. ✆ 354542521, Máchova 8.

• *Camping* **Jadran,** eine Empfehlung. Ruhiger Platz in der Nähe des Amerikasees (s. o.), bestens ausgeschildert. Beliebt bei holländischen Familien. Große Wiese mit ein paar Bäumen, betoniertes Baggerloch zum Plantschen. Es können auch Holzhütten und Zimmer gemietet werden. Ganzjährig geöffnet. 11 € für 2 Pers. mit Zelt und Auto. Wohnmobil 4 €. Hütte pro Person 7,20 €. ✆/📠 354542412, atc.jadran@centrum.cz.

Sport & Freizeit/Kur & Kultur

• *Ausflüge* Halbtages- und Tagesfahrten werden überall angeboten. u. a. auch bei **FL Tours** (→ "Information"). Preisbeispiele: Loket 14,30 €, Pilsen 17,30 €, Prag 25 €. Eine nette Abwechslung ist eine sommerliche Ausflugsfahrt in einem historischen Bus. Je nach Ziel 11–44 €, fragen Sie nach dem **Euroexpress**.

• *Baden* Zum **Camping Jadran** (→ „Übernachten") gehört ein betoniertes Baggerloch – und es ist schöner, als es klingt. Zum Zeitpunkt der Recherche war zudem ein **Aquapark** nahe dem Bad II im Bau, der bei Ihrem Besuch bereits eröffnet sein sollte.

• *Casino* **Casino Ingo,** im ersten Stock des Gesellschaftshauses Společenský dům an der Národní třída. Roulette, Poker und Black Jack. Für 10 € Eintritt bekommt man Jetons im Wert von 12 €. Mindesteinsatz 1 €. Angemessene Kleidung erbeten. Tägl. 15–4 Uhr.

• *Golf* Der **Golf Club Františkovy Lázně,** ein 18-Loch-Platz (72 PAR) befindet sich ca. 6 km nördlich von Franzensbad bei Hazlov (von der Straße nach Aš ausgeschildert). ☎/℻ 354526132, www.gr-fl.cz. Greenfee 27–33 €. Zudem gibt es den **Golf Club Luby,** rund 25 km nördlich von Franzensbad im gleichnamigen Dorf (dort ausgeschildert). 9-Loch-Platz (PAR 70), Greenfee 8–10 €. ☎ 354560022. www.golfluby.cz.

• *Kuren* Die über 20 Quellen von Franzensbad und die vor Ort gewonnene radioaktive Moorerde haben den Kurort zu einem Herz-, Rheuma- und Frauenheilbad von Weltrang gemacht. Interessierte können umfangreiches Infomaterial von der **Kurverwaltung** in der Jiráskova 3 anfordern, ☎ 354201105, www.franzensbad.cz. Mo–Fr 10–16 Uhr. Auch ohne Pauschalkur können einzelne Anwendungen gebucht werden, einfach in den Kurhäusern oder bei der Kurverwaltung nachfragen. Angeboten werden z. B. Kohlensäurebäder (11 €) oder Massagen (ab 9 €).

• *Radverleih* Beispielsweise bei **Adriana Tour** im Areál Milano. 4 Std. je nach Qualität des Rads 2,70–4,30 €, Tag 3,30–5 €. ☎/℻ 354543775, www.adriana-tour.com.

• *Reiten* Bei **Eva Šimáčková** im ca. 10 km östlich von Franzensbad gelegenen Dorf Nebanice möglich. Eine Stunde kostet 5 €. Voranmeldung nötig. Nebanice 10, ☎ 354597105.

• *Rundflüge* Bietet **Plumero Air** in der Komenského 2, ☎ 607653000 (mobil), plumero air@seznam.cz. Pro Person und Std. 67 €.

• *Wandern/Radfahren* Sehr beliebt sind die Spazierwege nach Amerika („Sehenswertes") und zum Aussichtsturm (Rozhledna) im Süden des Orts. Da die Gegend insgesamt eher flach ist, sind auch größere Wanderungen nicht allzu anstrengend. Rund um den Ort findet man eine Vielzahl gut ausgeschilderter Wanderwege. Für Wander- und Radtouren → auch „Franzensbad/Umgebung" ab S. 116.

• *Tennis* Im **Tenisový Klub** am westlichen Ende des Kurzentrums. Schöne Anlage mitten im Grünen. Sandplätze. Tägl. 9–20 Uhr. Platz 6,70 €/Std.

• *Theater* **Divadlo B. Němcové,** an der Ecke Dr. Pohoreckého/Ruská. Neben Vorstellungen in tschechischer Sprache auch Konzerte und Operetten. Kartenvorverkauf Mo–Sa 13–15 Uhr.

• *Veranstaltungen* Im Mai **Quellenweihe** und Eröffnung der Kursaison. Eine **Strausswoche** im April, **Musiksommer** von Juli–Sept.

Božena Němcová – die Fünfhundert-Kronen-Frau

Božena Němcová (1820–1862) gilt als die tschechische George Sand und als die Begründerin des tschechischen Realismus. In vielen Novellen und Erzählungen prangerte sie die soziale Ungleichheit der Frauen an. Ihr bekanntestes Werk ist der Roman „Die Großmutter" (Babička), der in mehr als 20 Sprachen übersetzt wurde. Noch heute zählen ihre Bücher zu den meistgelesenen Tschechiens. Wer Božena als Autorin nicht kennt, kann sich ihr Konterfei auf dem 500-Kronen-Schein anschauen.

1846 weilte Sie zur Kur in Franzensbad und hielt das gesellschaftliche Treiben der Stadt in mehreren Essays fest. Vor dem Areál Milano hat man ihr ein Denkmal gesetzt. Das Theater der Stadt trägt heute ihren Namen.

Sehenswertes

Das kleine **Kurzentrum,** umgeben von weiten Parks, ist ein Gesamtkunstwerk. Das Erscheinungsbild ist von Maß und Eleganz, nicht von überladener Tortigkeit wie in Marienbad oder Karlsbad. Dazu trägt jedes einzelne der in Schönbrunner Gelb und

Im Kurzentrum

Stuckweiß gehaltenen Gebäude bei. Wirklich hervorzuheben ist abgesehen vom Společenský dům (s. u.) jedoch kaum eines. Auch die Kirchen machen da keine Ausnahme.

- **Národní třída (Nationalstraße):** Auch wenn der Name eine stark befahrene Straße vermuten lässt, ist sie die Hauptflaniermeile im Kurzentrum. Auf Deutsch hieß sie früher „Kaiserstraße". Einen schönen Blick auf die Straße genießt man vom Musikpavillon im **Stadtpark** (Městské sady), wo im Sommer häufig Nachmittagskonzerte veranstaltet werden. Spaziert man die Straße hinab, vorbei an gusseisernen Laternen und jungen Bäumchen, passiert man unter anderem die **Kavárna Beethoven**. Hier wohnte Ludwig van Beethoven 1812. Weiter am örtlichen Kino und dem **Společenský dům** (s. u.) vorbei, führt die Národní třída direkt auf den Pavillon der **Franzensquelle** (Františkův pramen, s. u.) zu. Er wurde 1832 errichtet und löste einen Vorgängerbau aus dem Jahre 1793 ab. Linker Hand befindet sich die **Neue Kolonnade** mit einem gemütlichen Café. Wenige Meter rechts vom Pavillon steht die **Statue des František,** eines puttenartigen Jungen mit Fisch, der auf einer Kugel sitzt. Ein alter Volksglaube veranlasst Frauen, seine Füße und andere Körperteile zu berühren, um fruchtbar zu werden. Wer daran glauben will, sollte zumindest die Originalfigur anfassen; sie steht im städtischen Museum (s. u.). Weiter südlich schließt sich der **Salzquellenpark** (Sadý Solného) an, in dem sich die Halle der berüchtigten Glaubersalzquelle (→ „Quellen", S. 114) befindet.

- **Isabelina promenáda (Isabellapromenade):** Hinter der Neuen Kolonnade führt die von klassizistischen Statuen und Vasen gesäumte Promenade zur **Kolonnade der Salz- und Wiesenquelle** (Kolonáda Solného a Lučního prmene). Einst war die Promenade selbst eine offene Kolonnade mit über 60 dorischen Säulen. Doch sie war nicht allzu standhaft; nachdem sie ein Sturm vernichtet hatte, baute sie niemand mehr auf. Nördlich der Promenade erstreckt sich der **Smetanapark** (Sady Bedřicha Smetany). Neben einem Goethedenkmal im Stil der Wiener Sezession aus dem Jahr 1906 findet man dort auch das „Kurhaus Imperial", eines der elegantesten Hotels Westböhmens (→ „Übernachten").

Ein sprudelndes Abführmittel – die Glauberquelle

▸ **Společenský dům (Gesellschaftshaus):** Es wird auch Traiterhaus genannt und ist eines der ältesten und schönsten Gebäude der Stadt. 1795 wurde es feierlich eröffnet. Der Neue Saal im Stil der Neorenaissance wurde 1876 angebaut. Alle bedeutenden gesellschaftlichen Veranstaltungen – Bälle, Versammlungen und dergleichen – wurden zur Blütezeit des Kurbads darin abgehalten. Heute neu saniert, beherbergt es das Casino des Orts, das vornehme Goethe-Restaurant und das Wiener Café (→ „Essen & Trinken"). Im Neuen Saal finden noch immer Tanznachmittage und -abende statt; das Niveau hat aber fürchterlich nachgelassen. An Goethes Aufenthalte in Franzensbad erinnern Medaillons im Gebäude. Direkt hinter dem Gesellschaftshaus schließt das **Hotel U tří lilie** (Zu den Drei Lilien) an, ebenfalls eines der ersten Gebäude Franzensbad.

▸ **Městské muzeum (Stadtmuseum):** Auf zwei Etagen informiert es über die Geschichte des Kurorts und des Kurwesens überhaupt: Zu sehen gibt es alte Badewannen, Arztbestecke zum Aderlass, Etiketten längst zerbrochener Wasserflaschen usw. Des Weiteren beherbergt das Museum die Originalstatue des František.
Adresse/Öffnungszeiten Dr. Pohoreckého 8. Tägl. (außer Mo) 10–17 Uhr. Eintritt 0,65 €, erm. 0,30 €.

Quellen: 24 Quellen entspringen rund um die Stadt mit einer Temperatur zwischen 10,1 und 12,5 °C. Viele davon wurden in Empirepavillons gefasst, so z. B. die bekannteste Quelle des Ortes, die **Franzensquelle** (Františkův pramen) unter einer schlichten klassizistischen Rotunda. Ihr Wasser besitzt einen hohen Salzgehalt, unterstützt die Rekonvaleszenz und hilft bei Verdauungsstörungen. Einen besonderen Ruf haben die in ihrer Wirkung „durchschlagenden" **Glauberquellen** (Glauberův pramen) von Franzensbad. Es gibt vier, die durch römische Zahlen unterschieden werden. Glauberův pramen IV weist den höchsten Glaubersalzanteil aller Glauberquellen der Welt auf. Das Salz ist übrigens ein Natriumsulfat und trägt seinen Namen nach dem Apotheker und Chemiker Johann Rudolf Glauber (1604–1670). Verwendung findet es außer als bewährtes Abführmittel bei der Glasfabrikation und der Stofffärberei. Weitere bedeutende Quellen sind die **Neuquelle** (Nový pramen), die bei Anämie hilft, die schwefelhaltige **Salzquelle** (Solný pramen), deren Wasser insbesondere bei Atemwegserkrankungen eingesetzt wird, sowie die **Sophienquelle** (Pramen Zofie) und die **Natalienquelle** (Pramen Natálie), die Linderung bei Nierenerkrankungen schaffen. Das Wasser der **Adlerquelle** (Adlerův pramen), benannt nach Bernhard Vinzenz Adler, der sich um die Gründung des Kurorts verdient gemacht hatte, der **Luisenquelle** (Luisin pramen), die in einem herrlichen Empirepavillon aus dem Jahr 1826 gefasst ist, und der **Kaltquelle** (Studený pramen) wird insbesondere für Bäder verwendet. Das Wasser der **Wiesenquelle** (Luční pramen) unterstützt zudem noch die Magen- und Darmfunktion.

• *Öffnungszeiten* Die Quellen liegen über die ganze Stadt verteilt (→ Stadtplan). Viele Quellen sind nur während der Kursaison zugänglich. Ganzjährig ist der Pavillon der Glauberquelle III und IV geöffnet. Tägl. 8–17 Uhr. Außerhalb der Öffnungszeiten stehen die Glauberquellen III und die Kirchenquelle auf der Rückseite des Gebäudes zur Verfügung.

▸ **Amerika:** Keine Stadt Europas liegt näher an Amerika als Franzensbad. Nur meinen die Franzensbader mit Amerika einen ca. 1,5 km südwestlich des Kurzentrums gelegenen **See** und den zwischen Ort und See angelegten **Waldpark**. An Sommernachmittagen fährt stündlich eine Bummelbahn, angetrieben von einem Range Rover, vom Aréal Milano mit Gebimmel zum See. Wer zu spät kommt, muss laufen, aber das tun viele, Amerika ist ein beliebtes Ausflugsziel. Beim See gibt es einen Minizoo (kostenlos) mit Ziegenböcken, Schafen und Straußen und ein gemütliches Restaurant (→ „Essen & Trinken“). Bei Letzterem findet man auch eine kleine Liegewiese mit Bootsverleih und Imbiss – Baden ist jedoch nicht erlaubt, der See dient der Fischzucht.

Schwanengesang am Amerikasee

Egerländer Fachwerk

Františkovy Lázně/Umgebung

Inmitten eines Beckens, eingeschlossen von den Ausläufern des Tschechischen Waldes (→ S. 168) im Süden, des Fichtelgebirges im Westen, des Elstergebirges im Norden und des Kaiserwalds (Císařský les) im Osten, liegt Franzensbad. Die Umgebung wird landwirtschaftlich intensiv genutzt. Auf den umliegenden Anhöhen stehen Burgruinen, in vielen Dörfern Schlösser, die meisten davon sind aber verwahrlost. Diverse Wanderwege verbinden sie miteinander, auf Nebenstraßen kann man sie auch gemütlich mit dem Rad erkunden. Um das 5 km entfernte Cheb sollten Radfahrer und Wanderer einen großen Bogen machen: Industrietristesse pur umgibt die einstige Reichsstadt Eger, deren Zentrum jedoch ein lohnenswertes Ausflugsziel ist. Westlich von Cheb liegt der Stausee Skalka, östlich der Stadt der Stausee Jesenice. In beiden kann man – sofern es die Wasserqualität zulässt (im Sommer oft verschmutzt durch Bakterien und starke Algenbildung) – baden. Ein weiteres interessantestes Ausflugsziel ist das Naturschutzreservat Soos.

Kleinere Ziele ab Františkovy Lázně

Motýlí farma a muzeum (Schmetterlingsfarm) in Stodola: Auf der Straße von Františkovy Lázně nach Soos passiert man das Dorf Stodola. An der Hauptstraße liegt das kleine private Schmetterlingsmuseum von Stanislav Macek. In Schaukästen sind präparierte Exemplare in allen Farben ausgestellt, in einem Raum über dem Museum kann man sich inmitten flatternde Exemplare setzen.

Öffnungszeiten Tägl. (außer Mo) 10–17 Uhr. Eintritt 1,30 €, erm. 0,50 €.

Ivetas' Erlebnishof in Nový Kostel: Im Nordosten von Franzensbad machen immer wieder Schilder auf „Ivetas' Erlebnishof" aufmerksam. Er liegt im Dorf Nový Kostel,

Vom Egerland zur Euregio Egrensis

Das historische Egerland im Nordwesten Böhmens umfasste einst das Egertal bis Karlsbad, den Kaiserwald (Cískařský les) und das Tepler Hochland (Tepelská plošina). Im 12. Jh. wurde das Gebiet von Westen her, überwiegend aus dem heutigen Bayern, besiedelt. Und obwohl hier über die Jahrhunderte hinweg Deutsch gesprochen wurde, gehörte die Region stets zur böhmischen Krone. Die Bevölkerung blieb bis 1945 größtenteils deutschsprachig, sprach eine eigene Mundart und pflegte ihr besonderes Brauchtum mit Trachten, Dudelsackmusik usw.

Das Gros der Egerländer und Tschechen hegte keine Sympathien füreinander, aufgrund mangelnder Kontakte waren jedoch im Egerland – anders als in Prag oder Ostböhmen – ethnische Spannungen lange Zeit die Ausnahme. Das änderte sich, als die Egerländer gegen ihren Willen nach dem 1. Weltkrieg in die ČSR eingegliedert wurden. Mit der Sudetendeutschen Partei unter der Führung von Konrad Henlein bereiteten sie den Anschluss an das Deutsche Reich vor. Und als die Hakenkreuzfahne über Eger und später über Prag wehte, herrschte zunächst Jubelstimmung unter vielen. Den Gipfel nationalsozialistischer Gesinnung markiert Hitlers Aussage aus dem Jahr 1942: „Die Tschechen sind ein Fremdkörper inmitten der deutschen Gemeinschaft. Es gibt keinen Platz für uns beide. Einer muss verschwinden". Diese Haltung gegenüber den Tschechen kehrte sich am Ende des 2. Weltkrieges um in einen offenen Hass gegenüber allem Deutschen und gipfelte in der Vertreibung der Egerländer.

Mit der Schaffung der „Euregio Egrensis" (1992), ein bayerisch-böhmisch-sächsischer Zusammenschluss grenznaher Regionen, will man sich wieder näher kommen und alte Mauern vor allem in den Köpfen einreißen. Die länderübergreifende Initiative hat sich zum Ziel gesetzt, insbesondere den Ausbau der Infrastruktur, des Tourismus, der Wirtschaft und der Kultur auf dem Gebiet des ehemaligen Egerlands zu fördern. Vielleicht verhilft dies der Region irgendwann einmal wieder zu einer neuen Identität.

ca. 20 km nordöstlich von Františkovy Lázně. Dabei handelt es sich um eine Mischung aus improvisiertem Minizoo und vollgestopftem Bauernhof mit rund 400 Tieren 75 verschiedener Arten. Zu sehen gibt es alles zwischen Schabe und Klapperschlange, zwischen Bambi und Esel. Im Ganzen aber alles andere als spannend und ein recht trauriges Erlebnis für Tierfreunde.

Verbindungen/Öffnungszeiten Mit dem Bus über Cheb zu erreichen (4-mal tägl.). Im Sommer tägl. (außer Mo) 10–18 Uhr, Eintritt 1,30 €, erm. die Hälfte.

Naturschutzgebiet Soos (bei Nový Drahov)

Etwa 6 km nordöstlich von Franzensbad liegt das über 200 ha große Naturreservat. Mofetten, kleine schlammgefüllte Erdlöcher, in denen Kohlendioxyd blubbernd und gelegentlich auch zischend zutage tritt, sind die letzten Zeichen vulkanischer Aktivität in Mitteleuropa. Der angeblich jüngste Vulkan Mitteleuropas ist übrigens der **Komorní Hůrka** (Kammerbühl), ein 500 m hoher Hügel ca. 2 km westlich von Franzensbad. Leider ist der Hügel bewaldet und an die Zeit, als er Lavafontänen gen Himmel spukte, erinnert nichts mehr – immerhin geschah es am Ende des Quartärs, vor ca. 1,5 Millionen Jahren.

Durch das Naturschutzgebiet führt ein Lehrpfad auf einem Holzsteg (Dauer ca. 1 Std.). Es geht vorbei an Sümpfen, Mooren, Quellen und schwarzen Seen. Gelegentlich hat man fast den Eindruck, als hätte sich hier eine schreckliche Umweltkatastrophe abgespielt. Seltenen Vögeln und Pflanzen bietet das Terrain Schutz, auch gibt es viele Schlangen. Früher transportierte man von hier Schlamm für Kurbehandlungen nach Karlsbad. Zwei Museen am Eingang des Naturreservats informieren über Soos, die Entstehung des Lebens und zeigen ein paar Modelldinos. Zudem kann man auch eine Station für kranke Vögel besichtigen.

Per **Rad** gelangt man von Franzensbad auf Nebenstraßen recht gemütlich nach Soos. Auch führt ein rot markierter **Wanderweg** nach Soos, dieser verläuft jedoch meist entlang einer Straße.

• *Verbindungen* **Busse,** von Cheb und Františkovy Lázně nach Nový Drahov 2- bis 4-mal tägl., von da aus noch ca. 10 Min. zu Fuß. **Züge,** von Cheb nach Nový Drahov bis zu 7-mal tägl., der Bahnhof liegt außerhalb der Ortschaft Nový Drahov direkt beim Naturreservat.

• *Übernachten/Essen & Trinken* **Selský dvůr,** in Nový Drahov, einem denkmalgeschützten Bauerndorf mit Weiher. Großes ehemaliges Landgut, das zu einer Pension mit mehreren Restaurants umgebaut wurde. Beliebtes Tagesausflugsziel bayerischer Grenztouristen. Deftige Hausmannskost, Hauptgerichte 3–6,70 €. Große Terrasse. 22 rustikal ausgestattete Apartments, pro Person 15 €. Leider etwas unfreundlicher Service. An der Hauptdurchgangsstraße, ✆ 354542449, dellinger@mybox.cz.

Pod Břízou, ebenfalls in Nový Drahov an der Hauptstraße. Kleiner, freundlicher und preiswerter als das Selský dvůr. Kleine Gartenterrasse. Gute Brotzeiten. Mo Ruhetag.

• *Öffnungszeiten* **Soos,** März/April und Okt./Nov. tägl. 10–17 Uhr, Mai–Sept. 9–19 Uhr. Eintritt 1,70 €, erm. 1 €, die Eintrittskarte gilt für alle Sehenswürdigkeiten auf dem Gelände.

Für weitere Ziele nordöstlich von Františkovy Lázně → „Karlovy Vary/Umgebung" ab S. 61.

Chlum Svaté Maří (Maria Kulm)

Chlum Svaté Maří, ca. 18 km östlich von Franzensbad, ist eine kleine verschlafene Ortschaft. Das war nicht immer so: Im 17. Jh., als man zu Chlum Svaté Maří noch Maria Kulm sagte, war der Ort größer als Karlovy Vary. Man zählte über 1.800 Einwohner, 9 Schuhmacher und 21 Gasthäuser. Heute sind es 330 Einwohner, kein Schuhmacher und 2 Gasthäuser. In ganz Böhmen berühmt wurde Maria Kulm einst durch Heinrich Cunos (1796–1835) Drama „Die Räuber von Maria Kulm", in welchem das tapfere Burgvogtstöchterlein Bibiena einer gefürchteten Räuberbande das Handwerk legt. Das Stück löste des Öfteren Tumulte unter den Zuschauern aus und geriet dadurch immer wieder in die Schlagzeilen.

Heute ist Maria Kulm einzig und allein noch wegen der **Wallfahrtskirche Mariä Himmelfahrt** bekannt. Regelmäßige Pilgerfahrten dahin finden stets von Mai bis Oktober statt. Über die letzte wundersame Heilung, so wurde uns mitgeteilt, durfte sich im Sommer 2000 ein Deutscher freuen. Obwohl evangelisch, bereitete ihm der Ischiasnerv vom einen auf den anderen Moment keine Beschwerden mehr. Die sehenswerte und reich ausgeschmückte Kirche wurde 1702 nach Plänen von Jean Baptiste Mathey fertig gestellt. Heute restauriert man fleißig. Die Kuppel der Kirche ist eine Kopie der Kuppel des Petersdoms. Das dazugehörige Kloster verwalten die Kreuzherren mit dem roten Stern. Dieser Männerorden wurde übrigens im 13. Jh. von der Hl. Agnes von Böhmen gegründet.

Wallfahrtskirche Chlum Svaté Maří

• *Verbindungen* Mit dem **Bus** mehrmals tägl. von Sokolov zu erreichen.

• *Übernachten* **Schlosshotel Mostov**, im gleichnamigen Dorf, rund 5 km Luftlinie (ca. 16 km mit den Fahrzeug) südwestlich von Clum Svaté Maří. 2002 nach umfangreicher Restaurierung eröffnet, an der Anlage drum herum wird noch gearbeitet. Halb Museum (tägl. von 11–18 Uhr kann eine **Porzellansammlung** mit rund 200 Exponaten besichtigt werden, Eintritt 0,80 €), halb Hotel mit 20 komfortablen, behindertengerechten Zimmern (DZ ab 60 €, Apartment 108 €). Es werden auch Hochzeitspartys organisiert und Wellnessprogramme geboten. ✆/℻ 354597277, www.mostov.cz. Von der E 48 Eger– Karlsbad Ausfahrt 160 (Odrava) nehmen.

• *Öffnungszeiten* Die **Kirche** betritt man über das Kloster. Einfach klingeln, tagsüber ist immer jemand da. Führungen, sehr aufschlussreich, aber lang, finden Sa/So statt. Der Eintritt ist kostenlos. Wer will, kann eine Spende geben.

Für weitere Ziele östlich von Františkovy Lázně → „Karlovy Vary/Umgebung" ab S. 61.

Hrad Ostroh (Burg Seeberg)

Über schmale Sträßlein erreicht man etwa 5 km westlich von Franzensbad das kleine Dorf Ostroh mit einer mittelalterlichen, gleichnamigen Burg. Der frühere, deutsche Name „Seeberg" ist heute ein wenig irreleitend, denn einen See zu Füßen der Burg gibt es schon seit Jahrhunderten nicht mehr. Dennoch, die Burg liegt schön und ist ein beliebtes Ausflugsziel. Sie beherbergt in ihren gut restaurierten Räumlichkeiten verschiedene kleine Ausstellungen. In der Vorburg werden alte landwirtschaftliche Geräte, Bauernschränke, Spinnräder, Trachten, vergilbte Fotografien usw. aus dem Egerland gezeigt. In der Hinterburg, von der Vorburg durch einen Graben getrennt, präsentiert eine Werbeausstellung Karlsbader Porzellan; zudem sind mehrere Räume mit Möbeln verschiedener Stilrichtungen – von Empire bis Chippendale – ausgestattet. Ritterburgromantik kommt aber nicht auf. Angeschlossen ist ein etwas biederes Burgrestaurant (ganzjährig geöffnet).

Von Franzenbad führt ein **Wanderweg** vorbei am Amerikasee (erst grün, dann blau markiert) zur Burg.

• *Verbindungen* Schlechte Busanbindung, Ostroh ist in erster Linie für Selbstfahrer geeignet.

• *Übernachten* *** **Hotel Seeberg,** im Dorf nicht zu verfehlen. Neueres Haus mit 22 hellen, ordentlichen Zimmern, sehr ruhig, teilweise mit Balkon oder Terrasse (EZ 25 €, DZ 35 €). Wer billiger wohnen will, geht in die dazugehörende Pension auf der anderen Straßenseite: etwas einfacher, aber alle Zimmer mit Dusche/WC (EZ 17 €, DZ 25 €). Hauseigene Kurbehandlungen. ✆ 354595081, www.seeberg.cz.

• *Öffnungszeiten* **Burg,** März/April sowie Okt./Nov. tägl. 10–16 Uhr, Mai/Juni 9–17 Uhr, Juli/Aug. 9–18 Uhr, Sept. 10–17 Uhr. Eintritt 1,50 €, erm. 0,80 €.

Aš (Asch)

Nordwestlich von Franzensbad erstreckt sich das **Ascher Ländchen,** auch Ascher Zipfel genannt, weit nach Deutschland hinein und trennt dort Bayern von Sachsen. Im Mittelpunkt steht das rund 12.000 Einwohner zählende Aš, ein wenig ansprechendes Städtchen, das im 2. Weltkrieg stark in Mitleidenschaft gezogen wurde und dessen einziges blühendes Gewerbe zugleich das älteste der Welt ist. Einen Stadtkern sucht man vergebens, das Zentrum bildet die lange Hauptdurchgangsstraße. An ihr stehen ein paar Häuser im Stil des Historismus. Viele davon warten noch auf ihre Restaurierung und heben sich in ihrer Schäbigkeit kaum von den umliegenden Plattenbauten ab. Am „Hauptplatz", nichts anderes als eine Verkehrsinsel, befindet sich ein Goethedenkmal – könnte der Dichter selbst noch eine Inschrift darunter setzen, stünde da „Welch ein Grauen".

Einzige Sehenswürdigkeit der Stadt ist das **Neorenaissanceschlösschen** des Grafen Zedtwitz, das heute das **Stadtmuseum** (Městské muzeum) beherbergt. Es informiert über die Geschichte des Ascher Ländchens (in dem vor 1945 übrigens rund 45.000 Deutsche und nur 500 Tschechen lebten) und seiner Textilindustrie. Dazu erfährt man auch, dass Goethe auf seinen Reisen nach Karlsbad mehrmals in Asch Halt machte, der Komponist Robert Schumann hier eine Freundin hatte, der Philosoph Friedrich Nietzsche einmal zu Besuch war und der NS-Scherge Konrad Henlein hier als Turnlehrer arbeitete.

Der Hausberg des Städtchens ist der 757 m hohe **Háj** (Hainberg), zugleich die höchste Erhebung des Fichtelgebirges auf tschechischem Boden. Auf ihm befindet sich ein Aussichtsturm; für die Anfahrt → Restaurant Hainberg.

• *Information* Städtisches Infobüro **Informační centrum města Aše** in der Neumannova 1, im unteren Teil der Stadt. Mo–Fr 8–17.30 Uhr, Sa/So 9–12 Uhr, im Winter nur Mo–Fr 9–17 Uhr. ✆ 354525714, www.mestoas.cz.

• *Verbindungen* **Busse** regelmäßig nach Cheb, Podhradí und Franzensbad. Mehrmals tägl. nach Bad Elster.

Züge bis zu 4-mal tägl. nach Podhradí sowie bis zu 9-mal tägl. nach Františkovy Lázně und Cheb.

• *Essen & Trinken* **Restaurant Hainberg,** auf dem Gipfel des Háj gleich beim Aussichtsturm. Rustikales Ambiente, schöne Sommerterrasse. Serviert wird böhmische Küche der mittleren Preisklasse. Beliebt bei bayerischen Tagestouristen. Von der Hauptdurchgangsstraße mit „Rozhledna Háj" ausgeschildert, danach stets der Vorfahrtsstraße folgen, bis weitere Hinweisschilder auftauchen.

• *Übernachten* **Hotel U Radnice,** neueres Haus. 9 Zimmer, abgesehen von ein paar schäbigen Möbelstücken sehr freundlich. Pro Person 13 €, Frühstück extra. ✆ 354526954. Nahe dem Rathaus in der Pivovarská 2.

• *Öffnungszeiten* **Stadtmuseum,** Mikulašská 3, offiziell Di–Fr 8–12 Uhr und 13–17 Uhr, Sa/So 8–12 Uhr, in Wirklichkeit jedoch mehr nach Lust und Laune. Eintritt 0,65 €.

Podhradí (Neuberg)

Etwa 5 km nördlich von Aš liegt das kleine nette Dorf Podhradí zu Füßen seiner Burg, von der jedoch nicht mehr als der **Burgturm** übrig geblieben ist. Die Burg wurde im 13. Jh. vom Geschlecht der Neipperger, berühmt-berüchtigten Raubrittern, zur Überwachung des Handelswegs von Asch ins sächsische Bad Elster errichtet. Kaum ein Kaufmann konnte passieren, ohne von ihnen überfallen zu werden. Im 17. Jh. kam ein Renaissanceschloss hinzu, Anfang des 20. Jh. brannte es ab. Interessant ist das Areal aber noch immer, auch wenn es der Wald zurückerobert hat. Inmitten von Bäumen lassen sich noch Reste der Ummauerungen, Parkanlagen und Terrassen erkennen. Auch kann man in die alten Kellergewölbe (Achtung Einsturzgefahr!) klettern; in ihnen soll es spuken. Im Dorf selbst lädt das gemütliche Lokal „U Hradu" mit netter Terrasse Wanderer und Radfahrer auf eine Pause ein.

Von Podhradí führt ein schöner, grün markierter **Wanderweg** bis nach Hazlov, von wo man mit der Bahn zurück nach Franzensbad gelangt. Wer bis nach Franzensbad zu Fuß gehen will, folgt von Hazlov einem blau markierten Weg nach Ostroh (für den letzten Abschnitt → S. 120).

Verbindungen **Busse** 6-mal tägl. über Franzensbad nach Cheb, häufiger nach Aš.

Cheb (Eger)

Cheb besitzt eine herrliche Altstadt und einen farbenfrohen Marktplatz, der eines Kostümfilms würdig ist. Nur kunterbuntes Markttreiben fehlt darauf. Das bietet Cheb aber auch: auf einem der größten Asia-Märkte Tschechiens.

Cheb, 10 km von der deutschen Grenze entfernt und Kreisstadt der westlichsten Region Böhmens, ist ein wichtiger Verkehrsknotenpunkt und ein bedeutendes Industriezentrum. Sehenswert ist die Altstadt mit ihrem lebendigen Marktplatz, auf dem im Sommer Straßencafés und Restaurants auf eine gemütliche Pause einladen. Gotik-, Renaissance- und Barockbürgerhäuser, hinter deren fröhlichen Fassaden sich so manch geschichtsträchtiges Ereignis abgespielt hat, verleihen ihm ein besonderes Flair. Rund um die Altstadt liegen weniger einladende Viertel. Dort erstreckt sich ein plattengrauer, trostloser Gürtel. Kehrt man aber diesem den Rücken, wird es gleich ländlich. Dann erfreuen Wiesen, Weiden und Wälder, zudem ist die Umgebung seenreich. Beliebt ist Cheb vor allem bei Tagesausflüglern aus dem grenznahen deutschen Raum. Die Schönheit der Altstadt interessiert die meisten weniger; es sind die niedrigen Preise, die sie anlocken – egal ob für Wurst, Schnaps oder Zigaretten. Das Einkaufszentrum schlechthin ist der „Dragoun Bazar", ein riesiger Vietnamesenmarkt (→ „Einkaufen", S. 123).

Geschichte: Erstmals urkundlich erwähnt wurde Eger 1061. Unter Kaiser Friedrich I. Barbarossa entwickelte sich die Stadt gegen Ende des 12. Jh. zu einem wichtigen Handels- und Verwaltungszentrum. 1355 erhielt sie von Kaiser Karl IV. das Münzrecht. Im folgenden Jahrhundert stieg Eger zu einer der größten und reichsten Städte der böhmischen Krone auf. Tuchmacher, Gerber und Kaufleute zählten zu den wichtigsten Zünften. Im 16. Jh. erlebte die Stadt eine kulturelle und wirtschaftliche Blütezeit, herrschaftliche Häuser im Zentrum bezeugen dies noch heute. Der Dreißigjährige Krieg führte die Stadt jedoch an den Rand des Abgrunds, viele Bewohner emigrierten. Erst mit der Entstehung des nahe gelegenen Kurorts Franzensbad Ende des 18. Jh. folgten wieder bessere Zeiten. Nach dem Anschluss an das Eisenbahnnetz Mitte des 19. Jh. siedelten sich Industriebetriebe rund um

Marktplatz in Eger

den Ort an. Anfang des 20. Jh. fuhr man sogar auf den Straßen Berlins oder Londons mit Fahrrädern und Motorrädern der Marken Premier und Eska aus Eger. Die Einwohnerzahl stieg rapide an, zwischen 1870 und 1921 verdoppelte sie sich auf über 27.000, der Anteil an Tschechen betrug dabei keine 5 %. 1944 lag die Einwohnerzahl gar über 40.000. Vernichtend für Eger sollten sich der 2. Weltkrieg und dessen Folgen auswirken, weniger jedoch durch Schäden im Stadtbild, als durch den Aderlass an der Bevölkerung. Das Gros der jüdischen Einwohner war von den Nazis ermordet worden; lediglich die Židovská (Jüdische Straße) erinnert heute noch an sie. Und die Deutschen selbst, die sich stets vehement gegen alles Tschechische gewehrt hatten – Eger war z. B. die einzige Stadt Böhmens, die sich lange Zeit geweigert hatte, tschechische Straßennamen anzuschreiben –, wurden vertrieben. So blieb eine leere, tote Stadt zurück. Nicht gerade mit Erfolg gekrönt waren die Versuche in der zweiten Hälfte des 20. Jh., Tschechen in Cheb anzusiedeln. Nur wenige wollten sich hier niederlassen. So versuchte man der Stadt durch Umsiedlung von Slowaken und Einbürgerung von Sinti und Roma neues Leben einzuhauchen. Seit der Grenzöffnung ist Cheb eine aufstrebende Kreisstadt, deren Stadtkern sich in neuem Glanz zeigt.

Information/Parken/Verbindungen

• *Information* **Turistické infocentrum** am Náměstí krále Jiřího z Poděbrad 33, ✆ 354422705, www.mestocheb.cz. Informationsprospekte, Zimmervermittlung und Kartenvorverkauf. Hilfsbereit. Mo–Fr 9–17 Uhr, Sa 10–14 Uhr, So (nur Mai–Sept.) 10–13.30 Uhr.

• *Parken* Tagsüber bewachter Parkplatz beim Hotel Hvězda (→ "Übernachten"), 0,50 €/Std.

• *Verbindungen* Bahnhof und Busbahnhof befinden sich ca. 500 m südlich des Zentrums. Auskunft über Zugverbindungen unter ✆ 354413505, über Busverbindungen unter ✆ 354413240.

Züge, regelmäßige Verbindungen nach Karlovy Vary, Prag und Plzeň, mehrmals tägl. über Ostrov nach Kadaň.

Busse, regelmäßig nach Františkovy Lázně, Mariánské Lázně, Karlovy Vary und Plzeň, zudem mehrmals tägl. nach Prag.

Adressen (→ Karte S. 125)

• *Ärztliche Versorgung* Das **Okresní nemocnice** (Bezirkskrankenhaus) befindet sich in der K nemocnici 17 südlich des Zentrums, ✆ 354405111 oder 354430221.

• *Einkaufen/Markt* Ein paar kleine **Kunsthandwerksläden** haben sich im Stöckl am Marktplatz eingemietet. Zu kaufen gibt es alles zwischen Keramik, Kristall und Holzspielzeug.

Kolonáda (12), hier gibt's die berühmten Karlsbader Oblaten zu kaufen. Im Muss-Mitbringsel-Laden steht man zuweilen Schlange. Náměstí krále Jiřího z Poděbrad, gegenüber dem Hotel Hvězda.

Antik (1), Trödler mit alten Porzellanfiguren, Broschen, Bügeleisen, Möbelstücken etc. Kamenná 12.

Dragoun Bazar (16), einer der größten Asia-Märkte Tschechiens. Verkaufsgepflogenheiten ähnlich wie in Saigon. Nahezu nichts, was es hier nicht gibt: Markenimitate von der Rolex bis zur Levis, Bataillone von Gartenzwergen, Zigaretten, Schnapsflaschen. Dazwischen Asia-Restaurants und -Läden. Zählen Sie Ihr Wechselgeld genau nach! Ecke Májovná/26.dubna, vom Zentrum ausgeschildert. Großer Ableger auch am Grenzübergang Svatý Kříž/Waldsassen.

Ein kleiner **Markt** mit etwas Gemüse, Kleidung und Haushaltswaren wird in den Sommermonaten jeden Sa am Náměstí krále Jiřího z Poděbrad abgehalten.

• *Polizei* Am Marktplatz auf der Westseite des Stöckl, zu erreichen unter der Notrufnummer 156.

• *Post* Z. B. in der Šlikova.

Aus der Fabrik an den Marktstand – Vietnamesen in Tschechien

In nahezu allen grenznahen Städten gibt es Vietnamesenmärkte. Sie schossen nach der Wende wie Pilze aus dem Boden. Angeboten werden in erster Linie billiger Alkohol, Markenimitate und unverzollte Zigaretten. Während der Zeit des Kommunismus verdienten die Vietnamesen in Industriebetrieben ihre Brötchen. Ähnlich wie in der DDR waren sie als Vertragsarbeiter ins Land geholt worden. Nach 1990 folgte der Nachzug der Verwandten. Heute leben etwa 100.000 Vietnamesen in Tschechien, 3.000 davon in Cheb, wo sie rund ein Zehntel der Einwohner stellen. Dem heimischen Einzelhandel sind sie ein Dorn im Auge, ihre Dumpingpreise verderben das Geschäft. Aufgrund von Integrationsschwierigkeiten bilden sie Cliquen, denen oft mafiaartige Vertriebsstrukturen nachgesagt werden.

Essen & Trinken/Nachtleben (→ Karte S. 125)

• *Restaurants* **Barbarossa (11),** das Restaurant des gleichnamigen Hotels (→ „Übernachten") gilt derzeit als das beste der Stadt. Luftig-hell, besonders im mit Korbmöbeln bestückten Wintergarten. Weißhemdige Kellner. Serviert wird variantenreiche böhmische Küche, darunter auch Fisch, Wild und Vegetarisches zu 5–8,30 €. ✆ 354436130.

Guiseppe (10), Holzofenpizzeria. Sehr beliebt, auch wenn die Einrichtung nicht unbedingt an Bella Italia erinnert. Riesige Auswahl an Pizza und Pasta, auch Hummer, Lachs und große Salate. Hg. im Durchschnitt 3,30–10 €. Jateční 18.

Restaurace Klára (9), auf den Tisch kommt vornehmlich gesunde Küche mit Sojafleisch, Geflügel, Fisch, Obst und Quark – was nicht heißt, dass man sich keinen Schweinebraten bestellen kann! Zu empfehlen in erster Linie wegen der blumiglauschigen, romantischen Hinterhofterrasse. Leser loben den netten Service. Hg. günstige 1,70–4 €. So Ruhetag. Es werden auch schlichte Zimmer vermietet, pro Person ab 10 € mit Frühstück. ✆ 354422024, Dlouhá 18.

• *Cafés* **Pekařství (8),** Mischung aus Bäckerei und Café. Wirkt zwar etwas steril, aber hat dafür eine gute Auswahl leckerer Torten und Kuchen, Sandwiches und Eis. Mo–Sa 7–18 Uhr. Ecke Náměstí krále Jiřího z Poděbrad/Jateční. Zum Frühstücken empfehlen Leser zudem das kleine, stets gut besuchte

Konditorei-Café **Cukrárna Kapucín (6)** an der Židovská 22 (auch am So geöffnet).

• *Kneipen* **U Kata (7),** beliebte Kneipe am Abend: Billard und preiswertes Bier. Am Wochenende bis 2 Uhr. Abwechslung bietet die Kneipe **Děravý Kotel (5)** gleich gegenüber. Židovská 17.

Šenk U Mnicha (2), ebenfalls ein feuchtfröhlicher Treffpunkt mit vornehmlich jungem Publikum. Úzká 2.

Café U Kamene (3), kleine gemütliche Bar mit schöner Innenhofterrasse im Schirndinger Haus. Junges Publikum. Mit Galerie. Náměstí krale Jiřího z Poděbrad 7.

Übernachten

**** **Barbarossa (11),** Altstadthaus und bestes Hotel der Stadt, 2002 eröffnet. Geräumige Zimmer mit nettem Mobiliar, schöne Bäder. Dennoch: Vier-Sterne-Niveau nach westeuropäischem Maßstab besitzt es nicht. Hotelgarage. EZ 30 €, DZ 55 € (5 € weniger, wenn man auf den Fernseher verzichten kann). ✆ 354423446, www.hotel-barbarossa.cz, Jateční 7.

Hotel Hvězda (13), traditionsreiches Haus, aber mehr auch nicht. Zimmer mit dicken Teppichen und Kaufhausmobiliar, aber z. T. sehr geräumig und mit Blick auf den Marktplatz. Nicht alle Zimmer sind bislang renoviert und haben private Bäder! EZ ohne Bad 20 € (mit Bad 30 €), DZ ohne Bad 30 € (mit Bad 50 €). Eigene Parkplätze, Hunde erlaubt. ✆ 354422549, www.hotel-hvezda.cz, Náměstí krále Jiřího z Poděbrad 4–6.

*** **Hotel Slavie (15),** saniertes Hotel in der Fußgängerzone. Zimmer mit TV, Telefon, Safe, Teppichböden und bunt gestrichenen Wänden. Moderne, aber recht billige Ausstattung. Eigene Parkplätze im Hof. EZ mit Frühstück 26,50 €, DZ 43 €. ✆/℻ 354433216, www.hotelslavie.cz, Svobody 32.

Hotel Monika (14), zentralste Lage. Renovierte und unrenovierte Zimmer (Letztere unterm Dach und mit Küche), alle jedoch mit privaten Bädern. Sehr beliebtes Restaurant (böhmische Standards ab 1,70 €) angeschlossen. Pro Person je nach Ausstattung der Zimmer 18–21 € mit Frühstück. ✆ 354430046, monika.b@quick.cz, Svobody 9.

Hostel Cheb (4), verfügt sowohl über einfache als auch über relativ ansprechende Zimmer mit Parkettboden, die so manchem Drei-Sterne-Hotel den Rang ablaufen könnten. Zwei Zimmer bilden ein Apartment mit Gemeinschaftsbad, sind jedoch auch separat buchbar. Eigene Parkplätze. Von Lesern empfohlen. Achtung: Rezeption nur von 8–12 und von 16–20 Uhr besetzt. Pro Person ab 12 €. ✆/℻ 354423401, Židovská 7.

• *Außerhalb* *** **Hotel Stein,** alter restaurierter Gutshof am Nordufer des Skalka-Stausees, von dort bestens ausgeschildert. 2004 eröffnet. Freundliche Zimmer mit Massivholzmöbeln (DZ ohne Frühstück 27 €, Dreier 33 €). Gemütliches Restaurant mit Sommerterrasse, Pool, Tennisplätze, Bowling, Pferdeausritte in die Umgebung (6,70 €/Std.) – ideal für einen entspannten Familienurlaub. Auch Zelten möglich (für 2 Pers. 5 €). ✆ 354423301, www.hotelstein.cz. Keine Busanbindung.

• *Camping* Wer mit dem Zelt oder Wohnmobil unterwegs ist, hat an den stadtnahen Stauseen mehrere Plätze zur Auswahl. Im Hochsommer sind sie jedoch leider recht überlaufen. Zwei gute Empfehlungen:

Autokemp Václav, großer Platz in schöner Lage am Nordufer des Jesenice-Sees, von Chebs südlichem Vorort Podhrad aus beschildert. Beliebt bei Holländern, freundliches Personal. Restaurant, Kinderspielplatz, Fußballwiese, Waschmaschine etc. 2 Personen mit Zelt und Auto zahlen 11 €, Hund 1,70 €. April–Sept. geöffnet; ✆/℻ 354435653, www.kempvaclav.cz. Bahnhof Všeboř in Laufnähe, bis zu 9-mal tägl. Zugverbindungen nach Cheb und Mariánské Lázně.

Autocamping Podhori, gemütliche Anlage westlich des Zentrums am Stausee Skalka. Schattiger Biergarten, Mini-Billard, Kiosk. 2 Pers. mit Zelt und Auto zahlen 12,30 €, Hütte 13,30 €. ✆ 354431542. Nur ca. 3-mal tägl. mit Ⓑ 5 vom Busbahnhof in Cheb zu erreichen (Haltestelle Podhoří). Von der südlichen Seestraße Richtung Pomezí mit „Auto Camping" ausgeschildert.

Sport & Freizeit/Kultur

• *Baden* Am **Jesenice-Stausee** östlich und am **Skalka-Stausee** westlich von Cheb (Letzteren erreicht man bis zu 9-mal tägl. mit dem Zug, in Všebor aussteigen) kann man gegen geringe Gebühr die „Strände" der Campingplätze nutzen. Ansonsten hat man zu den Seen durch das Schilf und die Datschensiedlungen drum herum nur schlechte

Zugangsmöglichkeiten. Achtung: Schwimmen ist nur möglich, wenn durch Umweltverschmutzung und Sonneneinstrahlung Bakterien und Algen nicht überhand nehmen.

- *Casinos* Eger besitzt drei Casions. Das beste ist noch das **Estor** in der Májová 22.
- *Go-Kart* Eine Bahn mit 390 m Länge befindet sich im Osten der Stadt im Stadtteil Dolní Dvory, Karlovarská 50. Fr–So 16–19 Uhr.
- *Reiten* → Františkovy Lázně, S. 112.
- *Tennis* **Tenis klub,** nahe der Burg in der Nad Řekou 3. ✆ 354422082.
- *Theater* **Západočeské divadlo** (Westböhmisches Theater), ein schönes klassizistisches Gebäude am Divadelní náměstí. Zuweilen finden auch deutschsprachige Aufführungen statt, erkundigen Sie sich beim Infozentrum. ✆ 354432522.
- *Veranstaltungen* Ein internationales **Festival der Jugendblasorchester** findet jedes gerade Jahr im Juli statt. Den August bestimmt alljährlich das **Festival Mitte Europa** mit jeder Menge Konzerte, Ausstellungen und Seminare in und um Eger (www.festival-mitte-europa.com). Einen **internationalen Tanzwettbewerb** bringt der Oktober. Gleichzeitig findet dann das **Jazz Jam Cheb** statt, ein traditionelles Jazzfestival.
- *Wandern/Radfahren* Ein rot markierter Wanderweg führt von Cheb aus entlang

der tschechisch-bayerischen Grenze bis nach Česká Kubice (→ S. 181) südlich von Domažlice. Egal, wie weit sie wandern wollen, steigen Sie bei der Ortschaft **Starý Hrozňatov** (→ S. 129) ein, damit ersparen Sie sich die tristen Randbezirke Chebs. Der rote Wanderweg führt auch gen Norden stets die Grenze entlang. Wer will, gelangt auf ihm auch über den **Komorní hůrka** (→ S. 117) nach Franzensbad, man spaziert jedoch fast ausschließlich an Straßen entlang. Die Nebenstraßen südlich von Cheb eignen sich gut für Radtouren.

Sehenswertes

Die Sehenswürdigkeiten Chebs liegen alle in der Altstadt, das Gros sogar rund um den Marktplatz. Von dessen Westseite zweigen romantische Gassen ab, die auch auf der Prager Kleinseite liegen könnten. Östlich des Platzes ist die Pracht der Altstadt hingegen schon nach ein paar Parallelstraßen dahin. Zum Schaufensterbummel lädt die lebhafte Třída Svobody ein, die geschäftigste Straße der Stadt, die als Fußgängerzone vom Marktplatz Richtung Bahnhof verläuft. Alle Sehenswürdigkeiten sind bestens ausgeschildert.

▶ **Náměstí krále Jiřího z Poděbrad (Marktplatz):** Der lang gestreckte brunnengeschmückte Platz, heute benannt nach dem böhmischen König Georg von Poděbrady (1458–71), der wie kaum ein anderer die Sympathien der deutschen Bevölkerung genoss, ist seit dem 12. Jh. das Zentrum des Städtchens. Der untere Teil diente früher als Gemüse-, der obere als Pferdemarkt. Er ist umgeben von schönen alten Bürgerhäusern; die wichtigsten im Überblick: An der Ostseite steht das **neue Rathaus** (Nová Radnice), ein auffälliger Barockbau mit Uhrturm aus der ersten Hälfte des 18. Jh., heute Sitz der Staatsgalerie (s. u.). Rechts daneben schließt das so genannte **Schillerhaus** (Schillerův dům, Nr. 17), ein Patrizierhaus, an. Ende des 18. Jh. befand sich darin der Gasthof „Zum Goldenen Hirsch“, in dem sich Schiller für seine Recherchen zur Wallensteintrilogie 1791 einmietete. Ebenfalls an der Ostseite, etwas tiefer am Platz, hebt sich das weiße **Schirndinger Haus** (Schirndingerův dům, Nr. 7) ab, eines der repräsentativsten Häuser des gesamten Marktplatzes und zugleich das einzige Gebäude, dessen Giebelseite zum Platz ausgerichtet ist. Hinter dem gotischen Portal besitzt es einen schönen Arkadenhof mit Bar (→ "Essen & Trinken“). Direkt daran grenzt linker Hand das rosa-weiße **Gablerhaus** (Gablerův dům, Nr. 6) mit einer reich verzierten Rokokofassade. Goethe übernachtete einst darin.

Den unteren Teil des Marktplatzes dominiert das **Stöckl** (Špalíček), ein verschachtelter Gebäudekomplex aus 11 bizarren Fachwerkhäusern. Im Mittelalter befanden sich darin deutsch-jüdische Handelshäuser, später Krämerläden, heute sind hier vorrangig Kunsthandwerksgeschäfte und ein Café untergebracht. Hinter dem Stöckl, im Stadthaus Nr. 3, hat heute das Egermuseum seinen Sitz.

▶ **Chebské muzeum (Egermuseum):** Das Museum informiert über die Entwicklung der Stadt und der Region von ihren Anfängen bis zur Gegenwart, lediglich die Nachkriegszeit wird ausgespart. Ausgestellt sind Heiligenfiguren, das Beil, das Karl Huss, dem letzten Henker von Eger gehörte, Folterinstrumente, Egerländer Trachten, Ölgemälde aus dem 17. und 18. Jh. usw. Zudem widmet sich das Museum in besonderem Maße Albrecht von Wallenstein (→ Kasten), der hier 1634 auf Anordnung von Kaiser Ferdinand ermordet wurde. Er selbst ist als Gipsbüste anwesend. Auch seinem Pferd, das in der Schlacht bei Lützen 1632 erschossen wurde, huldigt man mit einer Kopie. Zudem können Wallensteins Spitzenkragen, seine Stiefel, sein Sterbezimmer und anderes besichtigt werden.

Adresse/Öffnungszeiten Náměstí Krále Jiřího z Poděbrad 3. Tägl. (außer Mo) 9–12 Uhr und 13–17 Uhr. Eintritt 2 €, erm. die Hälfte.

Wie aus Albrecht von Waldstein „Wallenstein“ wurde

Albrecht von Waldstein (1583–1634), eine der zentralen Figuren des Dreißigjährigen Krieges, stammte aus einer protestantischen böhmischen Adelsfamilie, konvertierte zum Katholizismus und kam durch Heirat zu großem Reichtum. Diesen wusste er geschickt zu vermehren. Für Ferdinand II., Kaiser des Heiligen Römischen Reichs, stellte er auf eigene Kosten Heere von bis zu 40.000 Mann Stärke auf, denn die Kriegsbeute gehörte stets dem, der die Söldner bezahlte. Er vertrieb nichtkatholische Adelige und eignete sich deren Vermögen an. Machtbesessen wie er war, mussten sich seine Offiziere auf seine Person statt auf den Kaiser verpflichten. Ferdinand II. verdächtigte ihn des Hochverrats. Bald darauf war Waldstein tot, von einem irischen Hauptmann in Eger erstochen. Unsterblich wurde er jedoch durch Friedrich Schillers Historiendrama, das aus einem „Waldstein“ einen „Wallenstein“ machte.

▸ **Státní galerie výtvarných umění (Staatsgalerie der bildenden Kunst):** Sie beherbergt im 1. Stock eine durchaus sehenswerte Sammlung tschechischer Kunst des 20. Jh., auch wenn diese nicht gerade ansprechend präsentiert wird. Beachtenswert sind insbesondere die kubistischen Plastiken Otto Gutfreunds (leider oft an andere Galerien verliehen) und die Arbeiten des Bildhauers František Bílek im 2. Stock. Zudem finden hier häufig wechselnde Ausstellungen statt.

Adresse/Öffnungszeiten Náměstí krále Jiřího z Poděbrad 16. Tägl. 9–12 und 12.30–17 Uhr. Eintritt 1 €, erm. die Hälfte.

▸ **Chebský hrad (Egerer Burg):** Im Nordwesten der Stadt, hoch über dem Flusslauf, liegt die Egerer Burg, auch Kaiserburg genannt, da sie Kaiser Friedrich I. Barbarossa in der zweiten Hälfte des 12. Jh. auf den Fundamenten einer alten slawischen Befestigung errichten ließ. Eine Besonderheit ist die romanische **Burgkapelle,** komplett erhalten und bestens restauriert. Eigentlich handelt es sich dabei um zwei übereinander liegende Kapellen. Die untere, dunklere war für das Dienstpersonal bestimmt. Deren Kreuzgewölbe ruht auf vier stämmigen Granitsäulen mit Würfelkapitellen. Die obere, in der der Kaiser zu beten pflegte, ist beschwingter, schlanke Marmorsäulen tragen hier ein spitzbogiges Gewölbe.

Hinter der Burgkapelle befand sich früher der **Palast** mit einem großen Bankettsaal, in dem Wallensteins Generäle ermordet wurden, wenige Stunden bevor der große Feldherr selbst sterben musste. Seitdem soll der Geist Wallenstein stets um Mitternacht in einer von vier Rappen gezogenen Kutsche hier erscheinen. Von dem Palast sind ein paar Mauerreste mit einem Rundbogenfenster erhalten.

Wer will, kann noch den **Schwarzen Turm** (Černá věž) besteigen, ein Relikt der slawischen Befestigung mit 3 m dicken Mauern. Die vielen Stufen belohnen aber nicht unbedingt mit einer tollen Aussicht.

Adresse/Öffnungszeiten Trčky z Lípy. April und Okt. 9–12 Uhr und 13–16 Uhr, Mai und Sept. 9–12 Uhr und 13–17 Uhr, Juni–Aug. 9–12 Uhr und 13–18 Uhr. Mo geschl. Eintritt 1 €, erm. die Hälfte.

▸ **Dům Balthasara Neumanna (Balthasar-Neumann-Haus):** 1687 wurde Balthasar Neumann, einer der großen Architekten des europäischen Barock, in Eger geboren. 1753 starb er in Würzburg – die dortige Residenz zählt zu seinen imposantesten Werken. Das Balthasar-Neumann-Haus ist nicht – wie der heutige Name vermuten lässt – das Geburtshaus des Baumeisters, sondern das ehemalige Gästehaus des Klarissenklosters. Später diente es als eine der Zentralen der Sudetendeutschen Heimatfront, danach als Treffpunkt der trinkfreudigen sozialistischen Jugend und heute als deutsch-tschechische Begegnungsstätte. Unter anderem werden hier Seminare und Sprachkurse abgehalten, zudem gibt es eine Bibliothek. Auch können sich Interessierte einige wenige Andenken an Balthasar Neumann ansehen. Träger der Begegnungsstätte sind die Euregio Egrensis (→ S. 117), die Eghalanda Gmoin und der Bund der Deutschen Landschaft Egerland, eine Vereinigung nichtvertriebener Deutscher aus dem Raum Eger.

Adresse/Öffnungszeiten Františkánské náměstí. Nur Di 10–12 und 14–19 Uhr sowie Mi 10–12 und 13–17 Uhr. Kein Eintritt.

▸ **Kirchen:** Nordöstlich des Egermuseums steht die gotische **Hauptkirche Sankt Niklas** (Kostel sv. Mikulaše), ursprünglich eine romanische Basilika, im 18. Jh. nach einem Brand u. a. durch Balthasar Neumann barockisiert. Die nahe gelegene **Sankt-Wenzels-Kirche** (Kostel sv. Václava) des ehemaligen Dominikanerklosters ließ der Deutsche Ritterorden zwischen 1688 und 1689 errichten. Auf einen Kirchturm verzichtete man. Der Orden unterhielt hier auch ein Brauhaus. Das Kloster beherbergt heute mehrere Ämter, zudem dient es als Veranstaltungsort. Wie die St.-Niklas-Kirche entstand auch die **Kirche des Franziskanerklosters** (Františkánský klášter) südwestlich des Marktplatzes im 13. Jh. Leider wurde das Gros ihres kostbaren Interieurs während der sozialistischen Herrschaft beschädigt, zerstört oder geraubt. Die **Klarakirche** (Kostel Klarisek) schräg gegenüber war einst die Klosterkirche des Klarissenordens. Sie wurde Anfang des 18. Jh. errichtet und ist vermutlich das Werk Christoph Dientzenhofers (→ S. 146). Heute stellt man hier gotische Bildhauerei des historischen Egerlands und europäische Kunst des 17. und 18. Jh. aus. Eine weitere erwähnenswerte Kirche ist die **Sankt-Bartholomäus-Kirche** (Kostel sv. Bartoloměje) nahe dem Fluss Ohře (Eger), die zu Beginn des 15. Jh. von den Kreuzherren mit dem roten Stern erbaut wurde. Das einst dazugehörige Spital jagten deutsche Truppen 1945 versehentlich in die Luft, als man versuchte, die nahe gelegene Brücke zu sprengen, um den Amerikanern den Einzug in die Stadt zu erschweren.

Öffnungszeiten **Klarakirche,** tägl. (außer Mo) 9–12 und 12.30–17 Uhr, kein Eintritt. Alle anderen Kirchen sind nur zu Messen geöffnet.

▸ **Galerien:** Einen Besuch wert ist die renommierte **Fotogalerie G 4,** die der heutige Stadtrat und studierte Fotograf Zbynek Illek bereits vor 20 Jahren gründete. Die Galerie zeigt interessante wechselnde Ausstellungen und verkauft zudem Fotobände und extravagante Postkarten, u. a. mit Motiven von Jan Saudek. Die **Galerie Růžový kopeček** organisiert internationale Künstlerbegegnungen, kleine Konzerte und präsentiert vornehmlich Künstler der Region. Angegliedert ist ein kleines Geschäft mit Künstlerbedarf.

Adressen/Öffnungszeiten **Fotogalerie G 4,** Kamenná 2, Di–Fr 10–18 Uhr, Sa 10–17 Uhr, kein Eintritt. **Galerie Růžový kopeček,** Růžový kopeček 5, tägl. (außer Mo) 11–18 Uhr, Eintritt 0,30 €.

Doubrava (Taubrath)

Doubrava, ca. 10 km südöstlich von Cheb, ist ein Dorf wie aus dem Bilderbuch. Gäbe es keine Telefonleitungen und Straßenbeleuchtungen, würde man glauben, die Zeit sei hier vor 150 Jahren stehen geblieben. Der kleine idyllische Ort besteht aus typischen alten, Egerländer Fachwerkhäusern. Die Gebäude mit ihren bunt bemalten Balken, sind allesamt restauriert – liebevoll, nicht mit der oft anderswo üblichen Gleichgültigkeit. Aus einem **Wehrhof** aus der Mitte des 18. Jh., einem der ältesten noch erhaltenen der Gegend, wurde ein Gasthof mit gemütlichem kleinem Biergarten und privatem Freilichtmuseum. Es zeigt alte landwirtschaftliche Geräte, antike Bauernmöbel und Hausrat. Umgeben ist der Hof von jahrhundertealten Buchen, Eichen und Linden. Drum herum grasen Kühe und Pferde auf den Weiden.

Rund um Doubrava kann man herrlich wandern. Ein erst gelb, dann rot markierter **Wanderweg** führt z. B. nach Starý Hrozňatov (s. u.). Auch bieten sich die Landstraßen der Gegend zum **Radeln** an.

• *Verbindungen* **Busse** nur 3-mal tägl. über Kozly von und nach Cheb.

• *Öffnungszeiten* **Museum,** tägl. 10–19 Uhr. Eintritt 1,30 €. Die **Gaststätte** hat am Di Ruhetag.

Starý Hrozňatov (Altkinsberg)

Etwa 4 km Luftlinie trennen Doubrava von Starý Hrozňatov, einem verschlafenen kleinen Ort mit einem Fußballplatz in der Mitte und einem alles überblickenden, märchenhaft-verwitterten Schloss. Deswegen kommt aber niemand, zumal das Schloss auch nicht zugänglich ist. Die nahe gelegene **Wallfahrtskirche Maria Loreto** (von der Straße Eger – Waldsassen ausgeschildert) ist die Attraktion. Sie wurde in der zweiten Hälfte des 17. Jh. errichtet (zur Geschichte der Loretoheiligtümer → „Prag“, S. 234). Vor dem 2. Weltkrieg pilgerten jährlich über 20.000 Gläubige hierher, der Sozialismus setzte dem ein Ende. Heute, nach Jahren mühevoller Restaurierung, erstrahlt der Wallfahrtsort in neuem Glanz, und es kommen wieder Pilger, u. a. aus dem bayerischen Waldsassen.

• *Verbindungen* **Busse** (Ⓑ 2 ab Busbahnhof) mehrmals tägl. von und nach Cheb.

• *Öffnungszeiten* **Kapelle,** tägl. 11.15–16.30 Uhr.

• *Übernachten/Essen & Trinken* **Penzion Pergola,** in Starý Hrozňatov nicht zu übersehen. Hübsches, grünes Haus, schöner Garten, Restaurant mit deftiger Hausmannskost und günstigen Brotzeiten, absolut ruhige Lage. Unspektakuläre Zwei- bis Fünfbettzimmer mit dicken Teppichen und akzeptablen Bädern. Pro Person 17 € inkl. Frühstück. ✆ 354439732, re-pe.pergola@post.cz.

Vraní dvůr, ca. 4 km südöstlich von Starý Hrozňatov im Weiler Kozly. 2003 eröffnet. Man wohnt in einem Fachwerkhaus mit idyllischer Terrasse im Grünen. Ordentliche Zimmer mit privaten Bädern, pro Person 18 €. Restaurant angeschlossen, satt machende Portionen (Mo Ruhetag). Anfahrt: Von Starý Hrozňatov nimmt man die Straße zur Wallfahrtskirche Maria Loreto und zweigt unmittelbar dahinter links ab. Es geht an einem alten, aufgegebenen Tonwerk vorbei. Bei einer Bushaltestelle rechts ab, von da an auch ausgeschildert.

Für weitere Ziele südöstlich von Cheb und Františkovy Lázně → „Mariánské Lázně/Umgebung“ ab S. 96.

Herausgeputzt – das Pilsner Zentrum

Plzeň (Pilsen)

Pilsen ist berühmt wegen seiner Braukunst, berüchtigt wegen seiner Industrietristesse und dennoch besuchenswert wegen seines regen Kulturlebens.

Pilsen ist nach Prag mit rund 170.000 Einwohnern die zweitgrößte Stadt Böhmens. Ihren Horizont begrenzen Industrieanlagen mit rauchenden Schloten, allen voran die Škoda-Werke, und trostlose Plattenbaukonglomerate. Obwohl fleißig restauriert wird, sind viele Viertel noch so schäbig, dass sie jeder Beschreibung spotten. Das Zentrum aber ist freundlich, wenn auch bei weitem kein Schmuckkästchen.

Pilsen bezeichnet sich selbst gerne als „Hauptstadt des Bieres“. Das Bier wurde hier zwar nicht erfunden, die nach der Stadt benannte Biersorte aber schon. Trinken kann man es in aller Welt. Allein wegen des Gerstensafts nach Pilsen zu fahren, lohnt also kaum. Eher schon kommt man wegen so mancher Sehenswürdigkeit, auch wenn kein wirkliches Highlight darunter ist. Was der Stadt jedoch Attraktivität verleiht, ist die Mischung aus Bier, Sehenswürdigkeiten und der Tatsache, dass Pilsen eine überaus lebendige Studentenstadt ist mit allem, was dazugehört: eine große Kneipenvielfalt, verschiedene Bibliotheken, gemütliche Cafés, unzählige Galerien, mehrere Theater usw. Unterm Strich lohnt Pilsen daher mehr als nur einen kurzen Zwischenstopp.

Geschichte: Pilsens Chronik unterscheidet sich bis in die Mitte des 19. Jh. kaum von der anderer böhmischer Städte: Es gab gute Zeiten und schlechte Zeiten, Letztere bedingt wie fast überall durch große Feuerbrünste und Pestepidemien, die Hussitenkriege und den Dreißigjährigen Krieg. Stolz ist man darauf, dass in Pilsen 1468 mit der Trojanischen Chronik das erste tschechische Buch gedruckt wurde, und dass Kaiser Rudolf II. die Stadt 1599 für knapp ein Jahr zu seiner Residenz machte – er war vor der in Prag wütenden Pest geflohen. In der ersten Hälfte des 19. Jh. versuchte man sein Glück im Kurwesen – mit Karlsbad und Marienbad als die großen Vorbilder. Im Norden der Stadt, beim heutigen Lochotinský-Park ließ man einen Kurpark anlegen. Auch baute man ein Kurhaus. Doch die einzige eisenhaltige Quelle, in die man seine Kurorthoffnungen gesetzt hatte, versiegte nach kurzer Zeit.

Als Pilsens Straßen 1858 eine Gasbeleuchtung erhielten, zählte man ca. 14.000 Einwohner. Waffen und Bier besorgten Pilsens rasanten Aufstieg zur Wirtschaftsmetropole, genauer „Škoda" (→ S. 140) und die Rüstungsindustrie sowie die „Westböhmische Brauerei" und das Pilsener Urquell (→ S. 139). Infolgedessen vervielfachte sich die Einwohnerzahl. Die Kehrseite dieser Entwicklung brachte der 2. Weltkrieg. Pilsen wurde durch die Rüstungsschmiede Škoda, die gleich hinter Krupp kam, zum Ziel alliierter Luftangriffe: 11-mal tauchten Bomber über Pilsen auf, knapp 7.000 Häuser wurden zerstört. Als die US-Armee Pilsen befreite, lagen weite Teile der Stadt in Schutt und Asche.

Nach dem Krieg bauten die Kommunisten die Škoda-Werke wieder auf und tranken dazu fleißig Bier. Um Pilsen errichteten sie Plattenbauten und im Zentrum Hässlichkeiten wie das Dům kultury in Bahnhofsnähe, eine Mischung aus Shopping- und Kulturzentrum. Zudem förderten sie das Hochschulwesen, aber nicht alle Studenten dankten es ihnen mit Ehrfurcht: Etwas außerhalb, im Gefängnis Bory an der Straße nach Klatovy, inhaftierte man politisch oppositionelle Intellektuelle. Unter anderem saßen hier der ehemalige Präsident Václav Havel und der einstige Außenminister Jiří Dienstbier ein.

Im letzten Jahrzehnt bemühte man sich, das Stadtbild wieder zu verschönern. Es wird saniert und restauriert an allen Ecken. Die architektonischen Gräueltaten aus kommunistischer Ära wegzuschminken, ist jedoch nach wie vor fast ein Ding der Unmöglichkeit.

Plzeň
Karte S. 134/135

Zur Orientierung: Das Zentrum der Stadt erstreckt sich um den Náměstí Republiky. Es ist schachbrettartig angelegt und wird dort, wo einst die Stadtbefestigungen standen, z. T. von schmalen Grünstreifen umschlossen. Mit Ausnahme der Pilsner-Urquell-Brauerei und des Škoda-Museums liegen alle Sehenswürdigkeiten nahe beieinander und lassen sich gemütlich zu Fuß abgehen.

Information/Parken/Verbindungen

• *Information* **Městské informační středisko Plzeň** (Informationszentrum der Stadt Pilsen), neben dem Rathaus am Náměstí Republiky 41. Kartenvorverkauf, Internetzugang, Vermittlung von Hotel- und Pensionszimmern sowie Privatunterkünften. Mo–Fr 9–18 Uhr, im Sommer auch Sa/So. ✆ 378035330, infocenter@mmp.plzen-city.cz.

• *Parken* Von 7–19 Uhr bewachter, gebührenpflichtiger Parkplatz nahe der Großen Synagoge, 0,65 €/Std. Parkmöglichkeiten zudem im Innenhof der Pilsner-Urquell-Brauerei östlich des Zentrums, bis zu 6 Std. umsonst, danach 0,35 €/Std. Zudem verfügen die meisten Hotels über eigene Parkplätze.

• *Verbindungen* **Stadtverkehr:** Es existieren 5 Straßenbahnlinien, die alle durchs Zentrum führen. Zusteigemöglichkeiten für die Straßenbahn bestehen am Náměstí Republiky; Busse und Trolleybusse fahren z. B. am Kopeckého Sady nahe dem Westböhmischen Museum ab.

Renaissancefassade am Pilsner Rathaus

Überlandbusse: Der Busbahnhof befindet sich an der Husova, ca. 1,5 km westlich des Zentrums. Nahezu stündlich Busse nach Prag, außerdem gute Verbindungen in alle größeren Städtchen Westböhmens, insbesondere nach Domažlice, Karlovy Vary und Jáchymov.

Züge: Der Bahnhof liegt ca. 1 km südwestlich des Zentrums. Häufige Verbindungen nach Prag, Mariánské Lázně und Cheb.

Adressen/Einkaufen *(→ Karte S. 134/135)*

• *Ärztliche Versorgung* Mehrere Krankenhäuser vor Ort, z. B. im südlich des Zentrums gelegenen Stadtteil Bory, Ed. Beneše 13, ✆ 377401111.

• *Autoverleih* Alle Verleiher befinden sich außerhalb des Zentrums, eine Liste hält die Tourist Information bereit. Rechnen Sie pro Tag für das günstigste Auto mit ca. 50 €.

• *Einkaufen* **Olympia,** neues Mega-Shoppingcenter mit unzähligen Läden. Vom Zentrum ausgeschildert, ca. 8 km südöstlich, nahe der Autobahn Prag – Rozvadov und der Ortschaft Černice. Kostenlose Shuttlebusse von der Americká.

Koření od Antonína (8), alternativer Gewürzladen, dessen Duft bis auf die Straße zieht. Offene Gewürze en masse. Dominikánská 7.

Vinotéka Plzeň (28), Vinothek mit mährischen Tröpfchen. Zudem offizielle Verkaufsstelle des in Starý Plzenec (→ S. 141) gekelterten *Bohemia*-Sekts. Prokopova 21.

Music Records (9), großer, auf zwei Läden verteilter CD-Shop mit angeblich über 10.000 Titeln. Dominikánská 3.

Styl (20), liebevoll eingerichteter Nostalgieladen, der fast wie ein vollgestopftes Minimuseum wirkt. Porzellan, Puppen, Bücher, Kerzen, auf antik gemachte Grammophone usw. Bezručova 32.

Antik Mini Galerie (6), einer von vielen kleinen Trödelläden in der Stadt. Der Schwerpunkt liegt auf Schmuck und Silber. Nebenan ein **Antiquariat,** das auch viel Deutschsprachiges bereithält. Veleslavínova 25.

• *Polizei* Eine zentrale Polizeidienststelle befindet sich in der Perlova, Notruf ✆ 158.

• *Post* Hauptpost im Zentrum in der Solní.

• *Wäsche* Einen Waschsalon (und zugleich Studententreff) findet man im Norden der Stadt (Stadtteil Lochotín) an der Sokolovská 105. Zu erreichen mit Ⓢ 4 Sokolovská.

Essen & Trinken/Nachtleben (→ Karte S. 134/135)

Die Auswahl an guten Restaurants im Stadtzentrum ist enorm, und jedes Jahr werden es mehr. Die gleiche Vielfalt zeichnet auch das Pilsner Nachtleben aus.

Gurmánská orlice (4), kleines und schlichtes, dennoch auf seine Weise elegantes Restaurant im Souterrain. Feine, ausgefallene böhmisch-französische Küche (viel Wild und Fisch). Hg. 5,30–12,70 €. Sa/So geschl., im Juli/Aug. Betriebsferien. ✆ 377222025, Sady 5. května 32.

Stará Sladovna (3), ein Tipp in Sachen Erlebnisgastronomie. Dunkle Höhle, in der „mittelalterliche" Kost auf den Tisch kommt. Empfehlenswert sind z. B. die Wildbretmischung mit Wildschwein und Hirsch oder die bizarren „Überreste vom Pilsner Henker". Wer will, kann mit Groschen zahlen und mit den Händen essen. Das Essen wird im Tongeschirr zu angemessener Musik serviert. Hg. 4–10 €. ✆ 377225151, Malá ulice 3.

Archa (5), klein und fein, trendig und elegant zugleich. Schicke Sitzecken, rot gestrichene Wände, tolle Innenhof-Lounge. Internationale Küche mit großen Steaks, Pasta und etwas Fisch. Hg. 3,30–10 €. Di–Sa ab 18 Uhr. ✆ 377329536, Veleslavínova 22.

Šatlava (14), ebenfalls ein Tipp. Uriges Backsteingewölbe mit Grill im Eck, auf dem dicke Fleischlappen gebrutzelt werden. Biergarten im Miniformat. Hg. 3,30–10 €. ✆ 377235969, Pražská 23.

Plzeňská bašta (17), mitten in der Altstadt. Gepflegtes, stilvolles Restaurant, gediegen und rustikal-gemütlich zugleich. Für das Gebotene extrem günstige Tagesgerichte, ansonsten die üblichen böhmischen Standards zu 3,30–8,30 €. ✆ 377237262, Riegrova 5.

Star (18), verspielt eingerichtetes Trendlokal mit schmiedeeisernen Stühlen und Lampen. Musicclub angegliedert. Neben preislich gehobeneren böhmischen Standards auch Exklusives wie Froschschenkel vom Grill. Hg. 3–13 €. ✆ 377320987, Pražská 31.

Restaurant U nováků (25), lang gezogene, gemütliche Restaurantkneipe, moderne Version einer traditionellen Pivnice. Viel Studentenpublikum, günstige Hausmannskost. Abends lange geöffnet. Jungmannova.

Slunečnice (24), gleich gegenüber. Helles Schnellrestaurant mit Sonnenblumen an den Wänden, das sich ganz der gesunden, leichten Küche verschrieben hat. Viel Gemüse und Salate, aber auch Hühnchen- und Fischgerichte, täglich wechselndes Angebot. Hg. bereits ab 1,70 €. Es wird auch gutes Vollkornbrot verkauft. Nur bis 18 Uhr (15 Uhr im Hochsommer) geöffnet. Jungmannova 5.

• *Cafés/Kneipen* **Café Bar Praga (7),** wer groß rauskommen will, ist hier Stammgast. Trendiges In-Café mit edlen Ledersesseln vor bunt gestrichenen Wänden. Ecke Veleslavínova/Rooseveltova.

Café Fellini (15), beliebter Treffpunkt im Zentrum. Innen mit modischen hellgelben Sesselchen ausgestattet, draußen nette Terrasse. Riesige Kuchentheke und leckeres Eis. Náměstí Republiky 6.

Potrefena Husa (22), tschechienweit vertretenes und überaus beliebtes Kneipenrestaurant mit Sportbar-Ambiente. Junges Publikum, recht gutes Essen. Ledecká 19.

Was der Big Mac mit Pilsen zu tun hat

1994 wurde der erste McDonald's in Pilsen eröffnet – jener Stadt, aus der die Familie Ray Kroks, des Gründers des Fastfood-Imperiums, ursprünglich stammte. Mit ein paar Schwarzweißfotos erweist die McDonald's-Filiale an der Americká ihrem Gründer die Reverenz – nicht gerade spannend. Der Burger ist hier aber auch nicht größer oder besser als anderswo.

U Dominika (9), witzige Outdoor-Kneipe in einem schattigen Hinterhof mit großer Feuerstelle. Manchmal laute Musik und immer langhaariges Publikum. Salate, Nudeln und Pizza. Im Winter trifft sich das Völkchen nebenan im gleichnamigen Café. Dominikánská 3.

Uncle Paya Caffé Bar (26), alternative Kneipe ganz im Zeichen der Reggea-Musik, aber auch Housepartys. Gemütlich-düster, zuweilen schräges Publikum mit freundlichen Hunden, Außenbereich im Hinterhof. Sa/So erst ab 16 Uhr. Americká 18.

• *Nachtleben* **Music Club 21 (28),** Club mit Restaurant und Café auf drei Etagen, zudem Terrasse mit Springbrunnen. Treffpunkt der neureichen Pilsner Youngsters – der Fuhrpark vor der Tür sagt alles. Gemütlich, verspielt und mit Liebe eingerichtet. Musik zwischen Britney Spears und Queen. Prokopova 21.

Music Bar Elektra (27), regelmäßig legen hier DJs auf, vom Plattenteller kommt meist klassischer Discosound. Im Haus befinden sich auch ein Kino und ein billiges Restaurant. Unter der Woche bis 1 Uhr, Fr/Sa bis 4 Uhr. Americká 24.

Jazz Rock Café (12), nomen est omen. Wer Glück hat, findet gute Stimmung im verräucherten Kellerladen. Sedláčkova 18.

Zach's Pub (11), etwas außerhalb des Zentrums an der Palackého. Viele Rock- und Blueskonzerte, dazu Guiness-Bier.

In Spiral (29), abgefahrener, drogenlastiger Raverschuppen – wer sich auch nur ansatzweise für spießig hält, sollte draußen bleiben. Bekannt für wilde Afterhourpartys. Resslova 17.

Achten Sie zudem auf **Plakate**! Im Sommer finden z. B. gelegentlich Raves auf dem ehemaligen Militärflughafen Líně (Richtung Domažlice) statt, wo in und zwischen den Hangars für ein perfektes Technoambiente gesorgt ist.

Übernachten

Eines sei vorneweg erwähnt: Leider gibt es keine wirklich ansprechenden Hotels im Zentrum.

• *In Pilsen* ****** Central (16),** von außen wie von innen wenig Flair. Wenigstens bieten viele der 72 Zimmer eine recht nette Aussicht auf den historischen Marktplatz. Sauna, Fitnessraum, eigene Parkplätze. EZ 51 €, DZ 80 €. ✆ 377226757, www.telecom.cz/hotel-central, Náměstí Republiky 33.

****** Parkhotel (30),** ca. 2 km abseits des Zentrums, von der Straße nach Klatovy ausgeschildert. 2004 eröffnetes komfortables Haus in ruhiger Lage. 72 Standardzimmer und moderne Suiten auf hohem Niveau. Tennisplätze in der Nähe, Masseur im Haus, Driving-Range, nettes Restaurant. Eigene Parkplätze, EZ je nach Standard 45–55 €, DZ 65–85 €. ✆ 378772977, www.

parkhotel-plzen.cz, U borského parku 21. Vom Zentrum zu erreichen mit Ⓑ16.

*** **Continental (19),** feudaler Komplex aus der Jahrhundertwende mit großen Suiten und kleinen Zimmern – manche noch mit Etagentoilette und abgewohntem Mobiliar aus vorrevolutionärer Zeit versehen, manche neu restauriert. Tristes Café, besser die Bar. EZ je nach Ausstattung 29–115 €, DZ 49–150 €. ✆ 377236479, 📠 377221746, Zbrojnická 8.

*** **Slovan (23),** traditionsreiches Haus vom Ende des 19. Jh. mit pompösen Treppenaufgängen und verblichenem Glanz. Leider nur bieder-schwerfällige Standardzimmer (teils noch ohne Bad), die eine Beauty-Kur dringend nötig hätten. Eigene Parkplätze. EZ 21 €, DZ 33 € (ohne Bad), mit Bad 48 bzw. 70 €. ✆ 377227256, hotelslovan@iol.cz, Smetanovy sady 1.

Pension K (21), altes, rekonstruiertes Haus aus dem 18. Jh. Hübscher Eingangsbereich mit Jugendstilbildern und vielen Pflanzen. Zimmer z. T. fröhlich gestrichen, aber mit altbackenem Mobiliar ausgestattet. Sauber, geräumige Bäder. EZ 30 €, DZ 45 €. ✆/📠 377329683, hotelk@atlas.cz, Bezručova 156.

Pension Nr. 16 (31), sympathische Familienpension mit ebensolchen Inhabern in Zentrumsnähe (15 Min. zu Fuß). Freundliche, mit Kiefernholzmöbeln eingerichtete Zimmer, Küche und Gemeinschaftsraum. Kleiner Innenhof, eigene Garagenplätze. Nebenan bauten die Betreiber bei unserem Besuch ein zusätzliches Hotel. EZ 25 €, DZ 35 €. ✆ 377420010, pension16@volny.cz, Zborovská 16. Anfahrt: Vom Zentrum die Goethova nehmen (Abzweigung beim McDonald's an der Americká) und stets dieser Straße stadtauswärts Richtung Süden folgen (ändert mehrmals ihren Namen). Die Pension liegt dann rechter Hand. Ⓑ 13 (Haltestelle Samaritská) fährt ebenfalls dorthin.

V Solní (10), zentral gelegene Minipension. 3 geräumige Zimmer mit eigenem Bad und dem üblichen Standardmobiliar. Freundliche Inhaber. Schnell ausgebucht, frühzeitige Reservierung ratsam. EZ 20 €, DZ 34 €, Frühstück extra. ✆ 377236652, pension.solni@post.cz, Solní 8.

U Salzmannů (13), 8 unterschiedlich große 08/15-Zimmer und -Apartments mit TV und Telefon. Tipp für alle, die vorrangig zum Biertrinken in die Stadt kommen: Die Pension ist der ältesten Pilsner Bierstube (gute böhmische Küche zu 3–8,30 €) angegliedert und nach ein paar Gläsern im neu restaurierten Lokal braucht man nur noch nach oben zu schwanken. Eigene Parkplätze. EZ ab 18 €, DZ ab 23 €, Apartment 63 €. ✆ 377235855, www.usalzmannu.cz, Pražská 8.

• *Camping* **Autocamp Ostende (1),** am nördlichen Stadtrand direkt an einem Badesee – ein für eine Stadt wie Pilsen fast schon idyllischer Ort. Große und gepflegte Anlage mit viel Schatten und Restaurant. 2 Pers. mit Zelt und Auto zahlen 12,30 €, Hütte für 4 Personen 42 €. ✆/℡ 377520194, www.cbox.cz/atc-ostende. Anfahrt: An der Straße nach Most ausgeschildert. Wer ohne fahrbaren Untersatz unterwegs ist, nimmt vom Zentrum Ⓢ 1 oder 5 Plaská, dann noch ca. 10 Min. zu Fuß.

• *Außerhalb* **Darovanský Dvůr,** großer historischer Gutshof, ca. 24 km nordöstlich von Pilsen nahe dem Dörfchen Darová, ausgeschildert. 74 freundliche, gemütliche Zimmer. Zwei Restaurants, Pool, Pferde. Kanu- und Mountainbikeverleih. Tennisplätze, 18-Loch-Golfplatz (PAR 72). DZ ab 48 €, Apartment ab 70 €. Greenfee 23–36,30 €, Reiten 8 € pro Stunde. ✆ 371791035, golf.klub@darovanskydvur.cz.

Schlosshof Býkov (2), wer eine erstklassige Unterkunft zentraler Wohnlage vorzieht, dem sei dieser ca. 10 km nördlich von Pilsen gelegene Barockhof aus dem frühen 18. Jh. empfohlen. Ein vormaliger Besitzer des Guts war Fürst Metternich. Die Zimmer mit rustikal-komfortabler Einrichtung, dicken Holzbalken und sehr schönen Bädern sind um einen gemütlichen Innenhof angelegt. Zum Hotel gehören Kongressräume, ein kleines Museum, eine Kapelle und ein gemütliches Lokal. Reitpferde, Mountainbikes, Fitnesscenter, Solarium, Sauna. Auch behindertengerechte Zimmer. EZ 30 €, DZ 46 €. ✆ 377193111, ℡ 377959345. Anfahrt: Der Hof befindet sich nahe der Ortschaft Hromnice. Von Pilsen der Straße Nr. 27 nach Třemošná/Kaznějov folgen; ausgeschildert.

Sport & Freizeit/Kultur

• *Air Park Zruč* Etwa 8 km nördlich von Pilsen im Ort Zruč-Senec. Von Pilsen über Třemošná kommend nicht zu verfehlen. Abgefahrener Flugzeugschrottplatz, darunter ein paar MIGs. Im Sommer tägl. 10–20 Uhr. Eintritt 1,70 €, erm. 0,65 €.

• *American Center* Das Zentrum, das vorrangig der Vertiefung tschechisch-amerikanischer Wirtschaftsbeziehungen dient, ist für jedermann frei zugänglich. Geboten werden eine Leseecke mit amerikanischen Zeitschriften und Magazinen, Kunstausstellungen, englischsprachige Videovorführungen und ein Restaurant mit American Food. ✆ 377237722, Dominikánská 9.

• *Casino* Das empfehlenswerteste Pilsner Casino ist das **Happy Day** am Náměstí Republiky. Gespielt werden American Roulette und Blackjack, zudem Slotmachines. Tägl. 17–5 Uhr.

• *Golf* → Übernachten/Außerhalb/Darovanský Dvůr. Ein weiterer 18-Loch-Golfplatz, der **Golf Park Plzeň,** liegt ca. 8 km nordöstlich von Pilsen bei Dýšina. Greenfee 30–50 €. ✆ 604205375 (mobil), www.golfparkpl.cz.

• *Rundflüge* Mit kleinen Propellermaschinen veranstaltet der **Aeroklub Plasy,** ca. 19 km nördlich von Pilsen. 15 Min. kosten für 3 Personen 32,50 €, weitere Infos unter ✆ 373322029, info@akplasy.cz. Der Flugplatz liegt südlich von Plasy, von Pilsen kommend ausgeschildert.

• *Theater* Lohnenswert ist ein Besuch des **Tyl-Theaters,** das Anfang des 20. Jh. als Gegenstück zum Prager Nationaltheater entstand. Benannt ist es nach dem Komponisten und Dramatiker Josef Kajetán Tyl, der 1856 in Pilsen gestorben war. Smetanovy Sady 16, Kartenvorverkauf in der Sedláčkova 2, Mo–Fr 10–18, ✆ 377227548. Von Mitte Juli bis Mitte August kann man zudem tagsüber jede volle Stunde an Führungen durch das Theater teilnehmen (1,70 €, erm. die Hälfte).

Eine **Freilichtbühne** für 20.000 Zuschauer befindet sich im Lochotinský-Park im Norden der Stadt – leider äußerst selten irgendwelche Aufführungen.

• *Veranstaltungen/Festivals* Konzerte, Messen, Ausstellungen – Pilsen hat insgesamt viel zu bieten, z. B. Mitte März die **Smetana-Tage,** ein Kulturfestival, Mitte Juni ein **Folklore-** und ein **Puppentheaterfestival,** Anfang August ein **Jazzfestival** und im September ein **Theaterfestival**. Anfang Oktober findet zudem stets das **Bierfest** der Pilsner-Urquell-Brauerei statt.

• *Zoo* Im Norden der Stadt, von der Straße nach Karlovy Vary ausgeschildert. Als besonders schön kann man den Pilsner Tiergarten nicht bezeichnen, er besitzt jedoch eine Attraktion: einen Komodowaran. April–Sept. 8–19 Uhr, Okt.–März 9–18 Uhr. Eintritt 2 €, Kinder 1,30 €. Ⓢ 3 oder 4 Lékařská fakulta, von dort laufen. Nebenan befindet sich ein **botanischer Garten** und ein **Dinopark** mit jeder Menge Plastikechsen.

Studentenstadt Pilsen

Plzeň
Karte S. 134/135

Sehenswertes

▸ **Náměstí Republiky (Platz der Republik):** Zentrum Pilsens ist der Náměstí Republiky, einer der größten Plätze Böhmens, aber nicht einer der schönsten. Im Ganzen ist er eine weite asphaltierte Fläche ohne viel Flair. Vielleicht ändert sich das einmal, wenn man ein paar Bäume pflanzt oder die Zahl der Straßencafés zunimmt. Den Platz säumen schöne Barock- und Renaissancehäuser, das Alter ihrer Grundmauern reicht z. T. bis ins 13. Jh. zurück. Dominiert wird der Náměstí Republiky jedoch von der gotischen Sankt-Bartholomäus-Kirche (s. u.). Zwischen ihr und dem Rathaus, ein Renaissancebau mit reichem Sgrafittoschmuck, steht die Pestsäule. Die Bürger Pilsens stifteten sie 1681 der Muttergottes aus Dankbarkeit dafür, dass ihre Stadt vor einer schweren Epidemie verschont blieb. Letztmalig brach die Pest übrigens 1714 in Pilsen aus. Viele der Toten wurden gleich hier auf dem Platz bestattet; die südliche Hälfte des Náměstí Republiky war bis zum Ende des 18. Jh. ein Friedhof.

▸ **Chrám sv. Bartoloměje (Sankt-Bartholomäus-Kirche):** Im ausgehenden 13. Jh. wurde mit dem Bau der dreischiffigen Hauptkirche begonnen, zu Beginn des 16. Jh. waren die Arbeiten abgeschlossen, aber nicht für immer. Verheerende Stadtbrände führten dazu, dass sie mehrmals wiederaufgebaut werden musste. In der Mitte des neugotischen Hauptaltars steht die bekannte, über einen Meter hohe steinerne

„Pilsner Madonna" aus dem Ende des 14. Jh. Der Glockenturm der Kirche ist mit 102 m der höchste tschechische Kirchturm. Man kann ihn besteigen, 301 Stufen führen hinauf. Er stammt aus dem Jahr 1837. Der kleinere Vorgängerturm war infolge eines Blitzeinschlags abgebrannt.

Öffnungszeiten **Kirchturm mit Aussichtsplattform,** tägl. 10–18 Uhr, letzter Einlass 17.30 Uhr. Eintritt 0,65 €, erm. die Hälfte. **Kirche,** Mi–So 10–16 Uhr.

▸ **Národopisné Muzeum (Volkskundemuseum):** Das liebevoll eingerichtete Volkskundemuseum am Náměstí Republiky ist ein Ableger des Westböhmischen Museums (s. u.). Es vermittelt einen Eindruck davon, wie die Menschen in den letzten Jahrhunderten auf dem Lande und in der Stadt lebten. Dementsprechend wurden Räumlichkeiten als Wohnstuben im Stile verschiedener Epochen mit dem passenden Interieur eingerichtet.

Adresse/Öffnungszeiten Náměstí Republiky 13. Tägl. (außer Mo) 9–17 Uhr, letzter Einlass 16.30 Uhr. Eintritt 0,65 €, erm. die Hälfte.

▸ **Velká synagoga (Große Synagoge):** Die laut Synagogenprospekt drittgrößte Synagoge der Welt wurde 1892 im maurisch-romanischen Stil erbaut. Anfangs plante man die Synagoge übrigens noch größer und im neogotischen Stil, auch sollten ihre beiden Türme höher werden. Der Entwurf wurde jedoch von den Stadtvätern abgelehnt: Kein jüdischer Bau durfte die Sankt-Bartholomäus-Kirche in den Schatten stellen. Heute erinnert die Synagoge an die einst große jüdische Gemeinde Pilsens, die durch die Nationalsozialisten ihr gewaltsames Ende fand. Von den 3200 deportierten Pilsner Juden, kehrten nach dem Krieg nur 116 zurück. Das Innere der Synagoge ist sehenswert. Im Turnus gibt es hier Fotoausstellungen, zudem finden hin und wieder Konzerte statt. Im Eingangsbereich Verkauf von jüdischer Literatur, Souvenirs und koscherem Wein.

Adresse/Öffnungszeiten Sady Pětatřicátníků 11. April–Sept. Mo–Fr und So 10–18 Uhr, Okt. bis 17 Uhr, Nov. bis 16 Uhr. Sa geschl. Eintritt 1,20 €, erm. 0,50 €.

▸ **Pivovarské muzeum (Brauereimuseum):** Kein Museum Pilsens lockt so viele Besucher an: Mit rund 50.000 im Jahr hält es den Rekord. Es ist untergebracht in einer Mälzerei aus dem Jahr 1492! Zu sehen gibt es jede Menge Gläser, Flaschen, Abfüllanlagen usw. Darunter befindet sich auch eines jener 30 gläserner Fässer (3 l passen rein), die sich Papst Pius XII. (1876–1958) jeden Monat zukommen ließ. Ob er die Bierfässer allein leerte oder in Gesellschaft, ist unbekannt. Eine Bierverköstigung im Museum gibt es nicht, dafür einen Souvenirverkauf und im Sommer immer mal wieder Konzerte auf dem Gelände.

Adresse/Öffnungszeiten Veleslavínova 6. April–Dez. tägl. 10–18 Uhr, sonst 10–16 Uhr. Eintritt 2 €, erm. 1 €. Wer einen Führer dabeihaben will (Dauer der Führung ca. 70 Min.), zahlt 3,70 €.

▸ **Františkánsky klášter (Franziskanerkloster):** Das Kloster samt Kirche entstand Ende des 13. Jh., war einst mit der Stadtmauer verbunden und blieb trotz schwerer Zerstörungen während der Hussitenkriege und dem Dreißigjährigem Krieg im Wesentlichen in seiner frühgotischen Gestalt erhalten. Heute beherbergt der Gebäudekomplex u. a. das **Diözesanmuseum**. Es zeigt Plastiken aus der Zeit der Gotik, der Renaissance und des Barock. Sehenswert ist die mit Fresken geschmückte Barbarakapelle. Die Wandmalereien, um 1460 entstanden, zeigen Szenen aus dem Leben der Hl. Barbara.

Adresse/Öffnungszeiten Františkánská 11. **Diözesanmuseum,** April–Sept. tägl. (außer Mo) 10–18 Uhr. Eintritt 1 €, erm. die Hälfte.

▸ **Galerien:** Pilsen kann mit unzähligen Galerien aufwarten, kaum ein Straßenzug, der keine hätte. Präsentiert wird Kunst aller Arten – von der Landschaftsmalerei bis zur Videoinstallation. Manche verlangen ein paar Kronen Eintritt, die meisten nichts. Lohnenswert ist ein Besuch der **Galerie Jiřího Trnky** (Mo–Fr 10–12 Uhr, Sa 10–14 Uhr) und der **Galerie města Plzně** (Galerie der Stadt Pilsen, Di–So 10–12 und 13–18 Uhr). Sie sind beide im sog. Kaiserhaus, dem Gebäude neben dem Informationszentrum am Náměstí Republiky untergebracht und zeigen überwiegend moderne tschechische Kunst. Auf Design spezialisiert hat sich die **Univerzitní galerie** (Universitätsgalerie) in der Jungmannova 1 (Mo–Fr 10–17 Uhr). Diverse wechselnde Ausstellungen sind auch in der **Galerie Trigon** (Mo–Fr 9–17 Uhr) zu sehen, untergebracht in einem Wasserturm aus der Mitte des 16. Jh. an der Pražská. Gegenüber, in den ehemaligen Pilsner Fleischbänken (Masné krámy) hat schließlich die **Západočeské galerie** (Westböhmische Galerie, Di–Fr 10–18 Uhr, Sa 12–18 Uhr, So 10–18 Uhr) ihren Sitz.

▸ **Západočeské muzeum (Westböhmisches Museum):** Im Südosten der Altstadt liegt das Westböhmische Museum, ein mächtiges Neorenaissancegebäude mit dekorativen Jugendstilelementen. Es entstand zwischen 1893 und 1902 und besitzt einen gewaltigen Fundus an kunstgewerblichen und historischen Sammlungen, insgesamt rund 76.000 Objekte. Die seit Jahren andauernden Umbau- und Restaurierungsarbeiten haben jedoch zur Folge, dass das Gros der Exponate unter Verschluss ist. Zum Zeitpunkt der Recherche waren neben temporären Ausstellungen lediglich der Jubiläumssaal mit antiken Funden und die im Erd- und Untergeschoss eingerichtete Rüstkammer (viele Kanonenkugeln, Morgensterne, Schanzengewehre, Schutzhelme etc.) zu besichtigen. Für die Zukunft sind weitere Dauerausstellungen zur Paläontologie und zur Industriegeschichte geplant.

Adresse/Öffnungszeiten Kopeckého sady 2. Tägl. (außer Mo) 9–17 Uhr. Eintritt pro Ausstellung 1 €, erm. 0,35 €.

▸ **Plzeňské Podzemí (Pilsner Untergrund):** Schon im 13. Jh. begann man in Pilsen mit der Unterkellerung von Häusern. Im Lauf der Jahrhunderte erreichten die Keller Tiefen von bis zu vier Stockwerken. Sie dienten als Depots für Lebensmittel, aber auch als Werkstätten oder Brennereien. Viele waren durch ein Tunnelsystem miteinander verbunden. Fälschlicherweise wird das Labyrinth aus Gewölbekellern auch als „Katakomben" bezeichnet, ein Bestattungssort im frühchristlichen Sinne war es jedoch nie. Einen Teil der unterirdischen Gewölbegänge kann man besichtigen, gezeigt werden dabei auch Fundstücke aus Glas und Keramik, die in alten Brunnenschächten entdeckt wurden. Allzu spannend ist ein Besuch aber nicht.

Adresse/Öffnungszeiten Perlova 4. April–Mai und Okt.–Nov. Mi–So 9–17 Uhr. Juni–Sept. Di–So 9–17 Uhr. Nur in Verbindung mit einer Führung zu besichtigen (nachmittags auch auf Deutsch), Dauer 30–40 Min. Eintritt 1,50 €, erm. 1 €.

▸ **Plzeňský Prazdroj (Pilsner-Urquell-Brauerei):** Aus diesem Hause kommt eines der besten Biere weltweit, das Plzeňský prazdroj, das unter seinem deutschen Exportnamen „Pilsner Urquell" berühmt ist. Dieses Bier, das unerreichbare Vorbild von Pils, Pilsner oder Pilsener, steht wie kein anderes für Qualität. Seinen besonderen Geschmack verdankt es in erster Linie dem Žatecer Hopfen aus Nordböhmen, dem angeblich besten Hopfen der Welt.

Wer sich für Braukunst interessiert, kann an einer Führung durch die Brauerei teilnehmen, dabei geht es vorbei an Braupfannen, Sudkesseln und durch Gär- und Lagerkeller (Letztere besitzen eine Länge von insgesamt 9 km!). Die einzelnen Arbeitsgänge erfährt man per Video. Zum Schluss gibt's ein kleines Glas Bier, das zu Demonstrationszwecken noch nach jener alten Methode in einem Holzfass zur Reife gelangte, wie es zur Gründungszeit der Brauerei 1842 Usus war.

Plzeň Karte S. 134/135

Ganz nebenbei: Schon im Mittelalter wurde in Pilsen Bier gebraut, in machen Jahren aber von so minderer Qualität, dass es immer wieder zu Volksaufständen kam. So nahmen sich die Stadtväter der Brauereien an und kontrollierten diese auf folgende Art und Weise: Frisch gebrautes Bier wurde über eine Bank geschüttet, auf welche sich der Braumeister zu setzten hatte. Stunden später, wenn alles eingetrocknet war, hatte dieser aufzustehen. Klebte er fest, war alles o. k., wenn nicht, war das Bier verdünnt und es gab Stockhiebe.

Hinter dem Areal der Pilsner-Urquell-Brauerei liegt die 1869 gegründete Gambrinus-Brauerei. Beide Brauereien gehören heute dem internationalen Bierkonzern *SABMiller*. Zusammen produzieren sie weit über 5 Mio. Hektoliter Bier pro Jahr, 2.500 Beschäftigte helfen dabei mit. Noch bis Ende 2003 konnten diese übrigens – einmalig in tschechischen Brauhäusern – nach Schichtende in der Brauereikneipe umsonst und unbegrenzt bechern gehen. Als man anfing, 4 Kronen (rund 0,13 €) pro Glas zu verlangen, kam es fast zum Aufstand.

Auf dem Brauereigelände befindet sich ein Souvenirladen, in dem es alles Mögliche zu kaufen gibt, auf das sich das Etikett der Brauerei drucken lässt. Im Restaurant „Na Spilce", eine gepflegte Bierhalle für 600 Gäste, werden böhmische Gerichte der mittleren Preisklasse serviert.

• *Adresse/Öffnungszeiten* Die **Brauerei** liegt östlich des Zentrums an der U Prazdroje 7; nicht zu übersehen. Für Einzelpersonen finden von April–Sept. tägl. um 12.30 Uhr und 14 Uhr Führungen (ca. 70 Min.) statt, von Okt.–März nur werktags zu den gleichen Zeiten. Eintritt 4 €.

▸ **Muzeum Škoda:** Wer hier Oldtimer erwartet, liegt falsch, denn diese gibt es im Škoda-Museum in Mladá Boleslav nordöstlich von Prag zu besichtigen, wo die Autos vom Band laufen. Das Škoda-Museum in Pilsen informiert in erster Linie über die Geschichte des Unternehmens, insbesondere am Standort Pilsen, wo heute u. a. Werkzeugmaschinen, Walzwerke, Druckwasserreaktoren, Dampfturbinen für Kohlekraftwerke und so weiter produziert werden. Škoda/Pilsen lieferte übrigens auch Reaktorteile für den störanfälligen Temelín-Meiler – leider kein Qualitätsbeweis.

Die Unternehmensgeschichte nahm 1869 ihren Anfang, als der Ingenieur Emil Škoda (1839–1900) die gerade zehn Jahre zuvor gegründete *Graf Waldsteinische Maschinenfabrik* in Pilsen kaufte. Anfangs konstruierte man Maschinen für den Bergbau, für Brauereien und Zuckerfabriken. Mit dem Einstieg in die Stahlerzeugung und die Rüstungsproduktion stieg Škoda zu einem der bedeutendsten Unternehmen Österreich-Ungarns auf. Neben Wehrtechnik (Großkaliberhaubitzen, Schiffsgeschütztürme usw.) entwickelte man aber auch weiterhin Projekte für die zivile Nutzung, z. B. Stauanlagen für den Suezkanal. Anfang des 20. Jh. kam durch die Übernahme der Kraftwagenfabrik *Laurin und Klement* in Mladá Boleslav der Automobilbau hinzu, Ende des 1. Weltkriegs der Lokomotivenbau. Schließlich stand der Name Škoda auch für Schiffe, Flugzeuge und Stahlbrücken.

Mit der deutschen Besetzung Böhmens wurde Škoda Teil der Reichswerke Hermann Göring AG. Nach dem Krieg verstaatlichte die Tschechoslowakei das Unternehmen und nach dem Untergang des Kommunismus wurde es in eine Aktiengesellschaft überführt, der deutsche Volkswagenkonzern übernahm 1991 die Automobilsparte.

Adresse/Öffnungszeiten Das Museum befindet sich neben der Fabrik an der Korandova. Mo–Fr 8–15 Uhr. Eintritt 1 €, erm. 0,35 €.

Schloss Manětín

Plzeň/Umgebung

Verlässt man das Pilsener Becken, in dem sich die Stadt ausbreitet, wird die Gegend gleich hügelig. Weite Felder bestimmen das Bild und wechseln mit dichten Wäldern ab. Wer mit dem eigenen Fahrzeug unterwegs ist, zuckelt nicht selten einem Traktor oder Mähdrescher hinterher. Vielfach säumen Apfel- oder Kirschbäume die Straßen, vor allem im Frühling eine wahre Pracht. Es geht durch kleine, liebliche Dörfer mit alten ockerfarbenen Gutshöfen, die sich um einen Weiher gruppieren. Und es geht durch größere Ortschaften, mit einem Gemischtwarenladen in der Mitte und drum herum Plattenbauten, die um das schönste Grau eifern. Aber egal wo, kaum eine größere Anhöhe ohne Burgruine, kaum eine Stadt ohne Schloss. Zum **Wandern** oder **Radfahren** lädt insbesondere der dünn besiedelte Landstrich rund um Manětín und Rabštejn nad Střelou ein. Das sehenswerteste kulturgeschichtliche Highlight in der Umgebung Pilsen ist das Kloster Kladruby.

Starý Plzenec (Alt-Pilsenetz)

Am Flüsschens Úslava, ca. 8 km südöstlich von Pilsen, liegt Starý Plzenec. Das kleine Städtchen ist in Tschechien vor allem wegen der hier ansässigen **Sektkelterei Bohemia** bekannt (Produktion weit über 10 Mio. Flaschen jährlich), die übrigens zu *Henkell & Söhnlein* gehört. Die Reben kommen aus der Region um Mikulov in Mähren, in Starý Plzenec finden der Gärungsprozess und die Abfüllung statt. Vor Ort kann man sich preiswert mit ein paar Flaschen eindecken, der beste und edelste Tropfen ist der *Louis Girardot (brut)*, die Flasche ca. 67 €.

Im Norden des Städtchens lag einst eine Burganlage der slawischen Přemysliden. Neben ein paar Grundmauern blieb eine **Rotunda** aus dem 10. Jh. erhalten, das älteste Bauwerk Westböhmens. Von der Kirche nördlich der Úslava führt ein Fußweg hinauf. Interessanter jedoch ist die gotische **Burgruine Radyně** auf dem gleichnamigen Hügel südlich des Städtchens. In der Mitte des 14. Jh. wurde sie von Karl IV. gegründet, nach einem Brand im 16. Jh. verfiel sie. Die Außenwände des Burgpalasts und ein 27 m hoher Turm sind noch erhalten. Am Parkplatz unterhalb der Burg findet man Einkehrmöglichkeiten.

• *Verbindungen* **Züge** bis zu 14-mal tägl. nach Plzeň, mehrmals tägl. zudem nach Budweis und Horažd'ovice.

• *Essen & Trinken* **Restaurace Staroplzenecká,** in der Ortsmitte bei der Hauptkreuzung. Gepflegt-rustikales Restaurant mit riesigem Kachelofen und blumigen Deckenmalereien. Äußerst günstige Tagesgerichte, Außenbereich. Das Niveau der Küche hinkt dem der Ausstattung leider etwas hinterher.

• *Öffnungszeiten* **Burgruine Radyně,** April–Mai nur Sa/So 10–18 Uhr, Juni–Aug. tägl. (außer Mo) 10–18 Uhr, Sept. und Okt. nur Sa/So 10–17 Uhr. Eintritt 0,50 €, erm. 0,20 €. Anfahrt: Im Zentrum von Starý Plzenec zunächst ausgeschildert, doch bei der Weggabelung nach 2,5 km fehlt das Hinweisschild. Dort rechts Richtung Nebílovy halten und nach 700 m wieder rechts ab.

Zámek Kozel (Schloss Kozel)

Nahe der Ortschaft **Šťáhlavy,** ca. 14 km südöstlich von Pilsen, liegt das Jagdschloss Kozel, ein eingeschossiger klassizistischer Bau, um den sich ein malerisches Ensemble ebenfalls niedriger Pavillons mit Mansardendächern gruppiert. Die Anlage ist umgeben von einem englischen Garten mit exotischen Bäumen und einem Teich mit Seerosen. Johann Adelbert Czernín von Chudenice ließ das Schloss in der zweiten Hälfte des 18. Jh. bauen. Später ging es in den Besitz von Christian Vinzenz Waldstein-Wartenberg über, jenem Mann, dessen kleine Maschinenfabrik ein gewisser Emil Škoda übernahm und weltberühmt machte. Die Räumlichkeiten des Schlosses sind sehenswert, Wandschmuck und Mobiliar – überwiegend im Empirestil – blieben weitestgehend erhalten und vermitteln so einen Eindruck, in welch angenehmer Umgebung der Adel seine Sommer verbrachte. Vom Ankleidezimmer über die große Bibliothek bis zum Billardsalon können per Führung alle Räumlichkeiten des Hauptgebäudes besichtigt werden. In der ehemaligen Reitschule zeigt eine Galerie wechselnde Ausstellungen; in der Schlosskapelle werden hin und wieder Konzerte veranstaltet. Die Anlage ist ein beliebtes Ausflugsziel der Pilsener, vor dem Schloss findet man ein Restaurant, ein Café und einen Minigolfplatz.

• *Anfahrt/Verbindungen* Von Plzeň die Straße nach Starý Plzenec nehmen und von dort weiter Richtung Šťáhlavy. Das Schloss ist mit „Zámek" ausgeschildert.
Mit dem **Zug** erreicht man Šťáhlavy mehrmals tägl. von Plzeň und Budweis, vom Bahnhof ca. 1,5 km zu Fuß.

• *Öffnungszeiten* **Schloss,** April und Okt. Sa/So 9–16 Uhr, Mai und Sept. tägl. (außer Mo) 9–16 Uhr, Juni–Aug. tägl. (außer Mo) 9–17 Uhr. Führungen 1,70 €, erm. 1 €; fremdsprachige Führungen kosten 3,70 €. Eintritt für die Reitschule 0,65 €, erm. die Hälfte.

Zámek Nebílovy (Schloss Nebillau)

Für „Zámekioten" ganz nebenbei: 9 km südwestlich von Schlosses Kozel liegt die kleine, verschlafenen Ortschaft **Nebílovy.** Hier steht das Schloss Nebillau, das Anfang des 18. Jh. im Barockstil nach Wiener Vorbild errichtet wurde. Das gelb-apricotfarbene Hauptgebäude wurde bereits restauriert und kann besichtigt werden, dahinter sieht es jedoch noch arg heruntergekommen aus. Eine Schlosstour ist bislang wenig spannend, wer weiß aber, was daraus wird.

Öffnungszeiten April und Okt. nur Sa/So 9–16 Uhr, Mai–Sept. tägl. (außer Mo) 9–17 Uhr, Mittagspause 12–13 Uhr. Eintritt 1 €.

Nepomuk

Etwa 35 km südöstlich von Pilsen passiert die Europastraße 49 das 3.500-Einwohner-Städtchen Nepomuk. Es soll der Geburtsort des Hl. Nepomuk sein (→ Kasten). An der Stelle seines angeblichen Geburtshauses etwas abseits des Zentrums wurde 1734–36 eine barocke **Wallfahrtskirche** nach Plänen von Kilian Ignaz Dientzenhofer erbaut. Oberhalb des weiten, bergauf verlaufenden Marktplatzes befindet sich die ehemalige katholische Schule, heute das städtische **Volkskundemuseum** samt einer Galerie. Etwas nördlich des Zentrums thront auf einer Anhöhe das barocke **Schloss Zelená Hora** (Grünberg), das aus einer mittelalterlichen Burg hervorging. In seinem ehemaligen Reitstall kann man sich eine Ausstellung über die Schlossgeschichte sowie die Historie des längstens verschwundenen Zisterzienserklosters von Nepomuk anschauen – eher etwas für Spezialisten, alle anderen mag zumindest die Aussicht vom Schloss faszinieren.

• *Information* **Tourist Information** am Náměstí A. Němejce 126, ✆ 371591167, www.nepomuk.cz. April und Mai Mo–Fr 8–17, Sa/So 9–14 Uhr, Juni–Sept. Mo–Fr 8–17 Uhr, Sa/So 9–16 Uhr, Okt.–März nur Mo–Fr 8–16.30 Uhr.

• *Verbindungen* Mehrmals tägl. **Busse** nach Plzeň, Blatná und Žinkovy. Bahnhof ca. 3 km außerhalb im Dorf Dvorec. **Züge** stündlich nach Plzeň, bis zu 4-mal tägl. nach Horažďovice, bis zu 8-mal nach Budweis.

• *Essen & Trinken/Übernachten* **Švejk Restaurant U Zeleného Stromu,** gegenüber der Tourist Information. Gepflegtes, rustikales Restaurant im Zeichen des braven Soldaten. Zwei Räume mit hohen Wänden und Malereien darauf. Deftige böhmische Küche zwischen Entenbraten und Speckknödel – mittags extrem billig, abends isst man für 2,30–4 €.

Im Ort gibt es eine Reihe von **Unterkünften**. Jedoch ist keine darunter, die wir Ihnen ans Herz legen möchten.

• *Öffnungszeiten* **Museum,** im Sommer Mo–Do 9–11 und 12–15 Uhr, Fr–So 9–11 und 12–14 Uhr; im Winter Mo–Do 9–11 und 12–15 Uhr, Fr 9–11 und 12–14 Uhr. Eintritt 0,70 €, erm. die Hälfte.

Schloss Zelená Hora, Mai–Sept. nur Sa/So 13.30–17 Uhr. Eintritt 1 €, erm. 0,35 €.

Die Nepomuk-Legende

Den Intrigen zwischen Kirche und Krone Ende des 14. Jh. fiel Johann aus Nepomuk zum Opfer, seines Zeichens Generalvikar des Prager Erzbischofs. Václav IV. hatte ihn zu Tode foltern und in die Moldau werfen lassen. Drei Jahrhunderte später, während der Gegenreformation, sponnen die Jesuiten daraus die Geschichte vom schweigsamen Beichtvater Nepomuk, der die Beichtgeheimnisse der Königin nicht preisgeben wollte und deswegen sterben musste. Zum Beweis für die Geschichte exhumierten sie seinen Leichnam und fanden seine unverweste Zunge, die sie der Welt zur Schau stellten. (Laut weniger frommer Quellen soll es sich dabei um das verschrumpelte Gehirn gehandelt haben.) 1729 erfolgte schließlich die Heiligsprechung Johann Nepomuks. Acht Tage dauerten die prunkvollen Feierlichkeiten in Prag. Durch sein Denkmal auf der Karlsbrücke (→ S. 211) wurde er zum wichtigsten Brückenheiligen der katholischen Welt.

Žinkovy (Schinkau)

Etwa 6 km westlich von Nepomuk liegt die verträumte 1.000-Einwohner-Gemeinde Žinkovy idyllisch an einem See. Am Ostufer des Sees steht ein mit Zinnen und Türmchen verziertes Märchenschloss. Einst war es im Besitz der Familie Emil Škodas. Nach der Samtenen Revolution kaufte es ein Engländer. Ein Schnäppchen wollte er machen, nur wusste er noch nicht, zu welchem Zweck. Einsam und unbewohnt fristet es nun sein trauriges Dasein. Im See kann man baden und angeln, zudem gibt es am Ufer einen Ruderbootverleih.

ATC Nový Rybník, Campingtipp, ca. 3 km außerhalb von Žinkovy nahe der Straße nach Nepomuk. Schöne Lage an einem Badesee. Wasserrutsche, Restaurant, Minigolf-, Tennis- und Beachvolleyballplatz. Freundliches Personal. Bushaltestelle fast vor der Tür. Mai–Sept. geöffnet. 2 Personen mit Zelt und Auto zahlen 5,50 €. ✆ 371591336, ✆ 371591359.

Die Umgebung ist herrlich und lädt zum **Wandern** und **Radfahren** ein. Ein blau markierter Wanderweg führt nach Nepomuk.

• *Verbindungen* Mehrmals tägl. fährt ein **Bus** nach Nepomuk.

• *Übernachten/Camping* **Penzion Slávka,** idyllisch am See gelegene kleine Familienpension. Vermietet werden 2 große Zimmer mit privatem Bad und 2 kleinere mit Gemeinschaftsbad, ab 11 € pro Person ist man dabei. Terrasse, Grillmöglichkeiten. ✆ 371593315, f.proschek@tiscali.cz, Žinkovy 64.

Dolní Lukavice (Unter-Lukawitz)

Ungefähr 18 km südlich von Plzeň liegt die kleine Ortschaft Dolní Lukavice. In ihrem Zentrum steht ein **Barockschloss** aus dem frühen 18. Jh., heute in einem erbärmlichen Zustand. Das Mauerwerk liegt stellenweise blank, viele Fenster fehlen. Im frei zugänglichen Garten lässt es sich jedoch herrlich picknicken. Einst war das Anwesen im Besitz des Grafen Karl Josef Morzin, an dessen Hof zu Mitte des 18. Jh. Joseph Haydn als Kammerkomponist für 200 Gulden, freie Kost und Logis wirkte. Ihm unterstand ein Orchester von 15 Mann. Zu Haydns Ehren finden heute jeden Sommer **Festspiele** im Schlossgarten statt.

Verbindungen Mit dem **Bus** nur von Plzeň oder Přeštice zu erreichen.

Přeštice (Pschreschtitz) und Lužany (Luschan)

Přeštice, ca. 22 km südlich von Pilsen, ist ein Plattenbaustädtchen mit rund 5.000 Einwohnern. Lediglich der kleine Ortskern besitzt ansatzweise Flair. Er wird überragt von einer mächtigen, weithin sichtbaren rot-beigen Barockkirche, entworfen von Kilian Ignaz Dientzenhofer. Leider ist das Gotteshaus meist verschlossen. Ein paar Meter weiter steht das **Haus der Geschichte** (Dům Historie Přešticka), das örtliche Museum mit einem nachgestellten Kaufmannsladen aus dem frühen 20. Jh.

Verlässt man Přeštice auf der E 53 gen Süden, erreicht man nach rund 2 km Lužany (Luschan). Biegt man dort gleich hinter dem „Konzum" links ab, gelangt man zu einem Schloss (Zámek Josefa Hlávky, kein Hinweisschild). Der Architekt Josef Hlávka (1831–1908), bekannt z. B. durch den Wiener Opernbau, ließ das ursprünglich im Renaissancestil errichtete Anwesen nach seinen Vorstellungen umbauen und scharte dort allerlei Künstler um sich. Zu seinen Gästen zählte u. a. auch Antonín Dvořák, der ihm zur Einweihung der Schlosskapelle die Messe in D-Dur, Op. 86 komponierte. Hlávka ruht heute auf dem Friedhof von Přeštice in einer von ihm selbst entworfenen Gruftkapelle im Stil des Wiener Eklektizismus.

• *Verbindungen* Přeštice ist mehrmals tägl. per **Bus** und **Zug** von Plzeň zu erreichen, von dort regelmäßige Busverbindungen nach Lužany.

• *Öffnungszeiten* **Haus der Geschichte,** Di–Fr 9–12 Uhr und 13–17 Uhr, Sa/So 14–17 Uhr; Eintritt 0,65 €. **Schloss Lužany,** nur im Juli u. August werden tägl. (außer Mo) zwischen 9.30 und 16.30 Uhr im halbstündigen Rhythmus Führungen durch die Wohnräume und die Schlosskapelle angeboten. Eintritt 1 €.

Černotín (Cernotin)

An der Straße zwischen Přeštice und Stod liegt das Dorf Černotín und an dessen oberem Dorfplatz das 2004 eröffnete Freilichtmuseum **Statek Hyperion**. Dabei handelt es sich um einen Bauernhof aus dem 18. Jh., der Einblick ins Landleben vergangener Zeiten vermittelt. Angeschlossen ist ein Reitzentrum, das verschiedene Kurse anbietet. Wer lieber anderen hoch zu Ross zuschaut, kann dem **Halter Valley,** einem kleinen Westernstädtchen zwischen Černotín und Dnešice (ebenfalls gut ausgeschildert) einen Besuch abstatten. Cowboyhut nicht vergessen!

• *Verbindungen* Die **Busse** fahren so selten, dass sich die Gegend nur für Selbstfahrer lohnt.

• *Öffnungszeiten* **Statek Hyperion,** tägl. 9–18 Uhr. Eintritt 1,30 €, erm. die Hälfte. Das **Halter Valley** war zum Zeitpunkt der Recherche noch im Aufbau.

Chotěšov (Choteschau)

Das kleine Städtchen Chotěšov an der Hauptverbindungsstraße Plzeň – Domažlice, etwa 15 km südwestlich von Pilsen, wird von einem riesigen Kloster überragt. Es wurde bereits Anfang des 13. Jh. als **Prämonstratenserkloster** gegründet und im 17. und 18. Jh. barockisiert. Heute sind die meisten Trakte ziemlich heruntergekommen. Geld für die dringend notwendige Restaurierung fehlt. Gestrichen wurde bislang lediglich die Klosterkirche.

• *Verbindungen* Mehrmals tägl. per **Bus** und **Zug** von Pilsen zu erreichen.

• *Öffnungszeiten* **Kloster,** Führungen stets So um 13, 14.30 und 16 Uhr, Eintritt 0,65 €. Gelegentlich finden auch Ausstellungen statt. Wer eine Führung in deutscher Sprache will, muss sich anmelden: ✆ 377900021.

Für weitere Ziele südlich von Pilsen → „Klatovy/Umgebung" ab S. 159, für weitere Ziele südwestlich von Pilsen → „Domažlice/Umgebung" ab S. 180.

Klášter Kladruby (Kloster Kladrau)

Erst Kloster, dann Schloss, heute auf jeden Fall die größte Sehenswürdigkeit in der Nähe von Pilsen und gut über die E 50 zu erreichen.

33 km westlich von Pilsen erhebt sich majestätisch auf einer Anhöhe über der gleichnamigen Ortschaft eine der beeindruckendsten Klosteranlagen Böhmens. Vladislav I. gründete sie bereits im Jahr 1115 als Benediktinerkloster, 10 Jahre später wurde er selbst hier beigesetzt. In seiner Blütezeit unterstanden dem Kloster weit über 100 Dörfer, mehrere Gemeinden und Burgen.

Schwer in Mitleidenschaft gezogen wurde die Klosteranlage während der Hussitenkriege und im Dreißigjährigen Krieg. Giovanni Santini baute sie im Zuge der Gegenreformation wieder auf. So verwundert es nicht, dass an der riesigen, mit EU-Geldern restaurierten **Klosterkirche Sankt Marien** (Kostel P. Marie), der Hauptattraktion, romanische, gotische und barocke Elemente ineinander verschmelzen. Die Altarplastiken und die Heiligenstatuen sind übrigens ein Werk Matthias Bernhard Brauns. Das Konventsgebäude schuf vermutlich Kilian Ignaz Dientzenhofer. 1785 wurde das Kloster säkularisiert und diente vorübergehend als Kaserne und Hospital. 1825 ging das Objekt in den Besitz der Adelsfamilie Windischgrätz über, die es in ein Schloss umwandelte und eine Brauerei darin einrichtete. Die Kommunisten nutzten es als Kulturzentrum. Heute finden hier jedes Jahr im Sommer diverse Musikveranstaltungen statt.

Zwei Führungen werden durch das Kloster angeboten. Eine hat die Kirche und das Kloster als Benediktinerabtei zum Schwerpunkt (60 Min.), die andere das Kloster als Schloss derer zu Windischgrätz (50 Min.).

• *Verbindungen* **Busse** mehrmals tägl. nach Stříbro, bis zu 2-mal tägl. nach Plzeň und Tachov.

• *Öffnungszeiten* **Klosteranlage,** April und Okt. nur Sa/So 9–16 Uhr, Mai und Sept. tägl. (außer Mo) 9–16 Uhr, Juni–Aug. tägl. (außer Mo) 9–17 Uhr. Besichtigung nur im Rahmen von Führungen möglich; je nach Personal auch auf Deutsch oder Englisch. Für beide Führungen zusammen zahlt man 2,70 €, erm. 2 €. Unspektakuläres Restaurant auf dem Klosterareal.

Dientzenhofer & Co – die großen Meister des Barock

Der Baustil des Barock, im 16. Jh. in Italien entstanden, hielt im 17. Jh. seinen großen Einzug in Böhmen. Von den katholischen Habsburgern zum „Reichsstil" erhoben, symbolisierte er religiöse Frömmigkeit, aber auch weltliche Daseinsfreude, die das Leben zum Fest erklärte. Die wichtigsten Kennzeichen sind eine stürmische Dynamik, schwungvolle Kurven und Flächen, die zu plastischen Gebilden mutieren. Typisch sind außerdem mächtige Kuppeln und illusionistische Deckengemälde. Unter den Jesuiten, die die Gegenreformation des Landes vornehmlich in die Hände genommen hatten, wurde der prunkvolle barocke Um- und Neubau sakraler Bauten gefördert.

Verantwortlich dafür waren zu einem großen Teil deutschsprachige Baumeister, allen voran die Dientzenhofers aus dem oberbayrischen Bad Aibling. Es waren mehre – fünf Söhne hatte der Bergbauer Georg Dientzenhofer – und alle begaben sich in die Lehre nach Prag. Während vier davon später nach Süddeutschland zurückkehrten und zahlreiche Städte mit prachtvollen Barockbauten verschönerten, blieb **Christoph Dientzenhofer** (1665–1727) in Böhmen. Hier verwirklichte er grandiose Projekte wie die Wallfahrtskirche Maria Kulm (→ „Františkovy Lázně/Umgebung", S. 118) und das Stift Tepl (→ „Mariánské Lázně/Umgebung", S. 98). An Berühmtheit übertraf ihn lediglich sein in Prag geborener Sohn **Kilian Ignaz Dientzenhofer** (1689–1751), der als großer Meister des Spätbarock gilt. Studienreisen führten diesen nach Italien und Frankreich. 1720 kehrte der Künstler an die Moldau zurück. Bis zu seinem Tode lebte er dort, abgesehen von zahlreichen Dienstreisen kreuz und quer durch Böhmen, wo er für unzählige Barockbauten verantwortlich war. Zu seinen Meisterwerken gehört die Sankt-Nikolaus-Kirche auf der Prager Kleinseite (→ S. 224).

Giovanni Santini (1667–1723) ist ein weiterer bedeutender Name unter den ganz großen Barockmeistern Böhmens. Der in Prag geborene Italiener, der später den eingedeutschten Namen Johann Santin Aichel annahm, brachte die sog. „Barockgotik" hervor, eine eigenwillige Stilrichtung, die gotische und barocke Elemente miteinander verschmelzen ließ. Herausragendes Beispiel ist das Kloster Kladruby.

Ein ebenfalls nennenswerter Barockkünstler ist der Tiroler Bildhauer **Matthias Bernhard Braun** (1684–1738). Unzählige hochbarocke Statuen, u. a. an der Karlsbrücke in Prag (→ S. 211), sind ihm zu verdanken.

Přehrada Hracholusky (Hracholusky-Talsperre)

1964 wurde die Mže (Mies) ca. 15 km westlich von Pilsen durch einen Damm gestaut. Der dadurch entstandene See wirkt eher wie ein breiter Fluss. Sein Nordufer ist überwiegend bewaldet, das Südufer wird touristisch genutzt: Hier gibt es auch

Kloster Kladruby

die besten Bademöglichkeiten – zu viel erwarten sollte man sich aber nicht. Rechts und links der Ortschaft **Hracholusky,** ein Ferienort ohne viel Flair, liegen unzählige Datschensiedlungen. Nahe der Staumauer im Osten des Sees, beim Campingplatz Transkemp (s. u.), legt im Sommer das Motorschiff „Plzeň" ab. Es steuert verschiedene Ecken des Stausees an (Mai/Juni/Sept. nur Sa/So, Juli/Aug. Di–So, die längste Strecke kostet 2,30 €).

• *Verbindungen* Die Anbindung mit öffentlichen Transportmitteln ist sehr schlecht, der See ist in erster Linie ein Ziel für Selbstfahrer.

• *Übernachten/Essen & Trinken* **Pension Hana,** in Hracholusky nahe dem Seeufer. Ordentliche Zimmer ohne Schnickschnack, die meisten davon mit Seeblick. Nettes Restaurant mit ebensolcher Terrasse angeschlossen. DZ mit Frühstück 24 €. ✆ 377914146.

• *Camping* Sie haben die Wahl zwischen mehreren Campingplätzen, auf denen im Sommer Zelte und Wohnwagen dicht an dicht stehen. In Hracholusky nahe der Talsperre liegt der **Transkemp Hracholusky,** eine schattenlose Wiese ohne besonderes Flair. 2 Personen mit Auto und Zelt zahlen 8,30 €. Vermietet werden zudem Blockhütten, Ferienhäuser und schlichte Zimmer. ✆/℻ 377914242, www.hracholusky.com.

Preise und Standard der Campingplätze **Radost** (schattenlose Stellplätze direkt am See), **Terasy** und **Azuro** (etwas zurückversetzt vom See) – alle ca. 3 km nördlich des Dorfs Přovany und von dort ausgeschildert – sind ähnlich.

Stříbro (Mies)

Das 4.000 Einwohner zählende Städtchen Stříbro, ca. 34 km westlich von Pilsen, ist kein Ort, den man gesehen haben muss. Eine gemütliche Pause ist er dennoch wert. Die Deutschen nannten den Ort Mies nach dem zu seinen Füßen fließenden gleichnamigen Fluss (tschech. Mže). Stříbro, übersetzt „Silber", ist genauso passend, zumal der Wohlstand des Städtchens bis zum Dreißigjährigen Krieg auf den reichen Silbervorkommen der hiesigen Bergwerke gründete. Die Schweden jedoch zerstörten die Stollen. Heute lebt man insbesondere von der Textilindustrie, auch schafft eine große Kaserne am Stadtrand Arbeitsplätze.

Zentrum des Städtchens ist der **Masarykovo náměstí**, ein gemütlicher Platz, umgeben von einer Vielzahl hochgiebeliger Bürgerhäuser, die langsam alle restauriert werden. Eines der schönsten Renaissancerathäuser Böhmens ist hier zu finden. An dessen Turm erfreut ein Glockenspiel. Gegenüber, in den Räumlichkeiten eines heruntergekommenen alten Minoritenklosters, befinden sich die örtliche Touristeninformation und das **Stadtmuseum** (Městské muzeum). Es klärt über die Bergbauvergangenheit des Städtchens auf, präsentiert Mineralien, Keramik, Möbel, Waffen usw. Rund um die Altstadt sind noch Teile der alten Befestigungen erhalten.

• *Information* Mo–Fr 9–12 und 13–16 Uhr, im Juli und Aug. auch Sa 9–12 Uhr. ✆ 374622214, ic.stribro@tiscali.cz.

• *Verbindungen* Der Busbahnhof liegt ca. 5 Fußmin. westlich des Zentrums, vom Masarykovo náměstí aus beschildert. **Busse** regelmäßig nach Tachov und Pilsen, bis zu 5-mal tägl. nach Konstantinsbad und Bezdružice, 6-mal nach Kladruby, mehrmals tägl. über Mariánské Lázně und Cheb nach Františkovy Lázně und Asch, seltener nach Plana.

Der Bahnhof befindet sich ca. 2 km südlich des Zentrums. **Züge** fahren in regelmäßigen Abständen nach Pilsen und über Marienbad nach Cheb, bis zu 4-mal nach Prag und Franzensbad, noch seltener nach Nepomuk und Lázně Kynžvart.

• *Parken* Am Hauptplatz, dem Masarykovo náměstí. 1 € für unbegrenztes Parken.

• *Übernachten/Essen & Trinken* Diverse Unterkunftsmöglichkeiten sind vorhanden. Am nettesten wohnt man in der erst 2004 eröffneten, winzigen 2-Zimmer-Pension **U Rybiček,** nur ca. 80 m vom Marktplatz entfernt an der Plzeňská. Die Zimmer besitzen TV und private Bäder. Weinstube im Haus. Für 2 Pers. 40 € mit Frühstück. Frühzeitige Buchung empfehlenswert. ✆ 603209317 (mobil).

Sherwood Restaurant, neben der Pension U Rybiček. Schönes, rustikales Restaurant mit Garten, 2003 eröffnet. Serviert werden gehobene böhmische Standards zu 2–5,40 €. Plzeňská 33. Nett ist übrigens auch das **Restaurace Bašta U Kraválа** an der gleichen Straße etwas weiter bergab. Es ist in einem alten Teil der Stadtmauer untergebracht. Di Ruhetag.

Restaurace Zlatý Kalich, zwar passt der Teppichboden nicht zur Stuckdecke, dennoch irgendwie ein nettes Lokal. Variantenreiche Karte zwischen Blumenkohlpfanne und Debrezinergulasch. Tagesgerichte 1,70–2,30 €, abends teuerer. Masarykovo náměstí.

• *Öffnungszeiten* **Stadtmuseum,** → „Information". Eintritt 1 €, erm. 0,65 €.

Für weitere Ziele westlich und nordwestlich von Plzeň → „Mariánské Lázně/Umgebung" ab S. 96.

Plasy (Plass)

Etwas über 2.000 Einwohner zählt das kleine Städtchen Plasy ca. 21 km nördlich von Pilsen im grünen Tal der Střela. Es steht ganz im Schatten eines weitläufigen barocken **Zisterzienserklosters**. Bereits 1144 wurde das Kloster von Vladislav II. gegründet. Das Gros der heute zu sehenden Bauten stammt jedoch aus dem 17. und 18. Jh., für sie zeichnen so berühmte Architekten wie Giovanni Santini und Kilian Ignaz Dientzenhofer verantwortlich (→ Kasten, S. 146). Da das ganze Areal auf sumpfigem Boden errichtet wurde, stehen die Fundamente der Kirchen und Klostergebäude auf über 5.100 Eichenholzpfählen. 1826 ging das Kloster zusammen mit 55 Dörfern in den Besitz des Fürsten Metternich über, dem erzkonservativen österreichischen Kanzler, dessen Familie das Kloster bis 1945 gehörte (→ „Lázně Kynžvart", S. 96). Am nahe gelegenen Friedhof (gegenüber der Straße) ließ er die Friedhofskapelle zu einer klassizistischen Familiengruft umbauen. Ganz im Sinne seines politischen Denkens stellt sie den dahinter liegenden Friedhof der Bürgerlichen in den Schatten.

Santini-Wendeltreppe im Kloster Plasy

Eine Führung durch das Kloster ist interessant, aber langatmig. Zu den Höhepunkten gehören die Benediktkapelle mit einer herausragenden Akustik, der barocke Lesesaal der Bibliothek, die einst 14.000 Bände umfasste, und jener Flügel, der das Krankenhaus beherbergte – sehenswert dort die Wendeltreppe von Giovanni Santini (→ Kasten, S. 146). Ende Juli oder Anfang August wird der Besucher mit einem zusätzlichen Bonbon belohnt, denn dann findet das **Festival für zeitgenössische Kunst und Musik** statt, an dem avantgardistische Künstler aus ganz Europa teilnehmen.

- *Verbindungen* Der Bahnhof liegt ca. 1 km vom Kloster entfernt, der Bus hält vor der Tür. **Busse** nahezu stündl. nach Kralovice (Mariánský Týnec) und Plzeň sowie mehrmals tägl. nach Manětín. **Züge** bis zu 12-mal tägl. nach Plzeň und Žatec.
- *Essen & Trinken* **Restaurant Rudolf II.,** an der Hauptdurchgangsstraße schräg gegenüber dem Klostereingang. Rustikales Restaurant mit einem Touch Mittelalterambiente (Ritterrüstungen). Außergewöhnliche ländliche Küche, z. B. Rostbraten vom Strauß, Wildschweingulasch oder Fasan. Auch einige Fischgerichte. Kleiner Außenbereich mit Kinderspielplatz. Hg. 2,30–8,70 €.
- *Öffnungszeiten* **Kloster Plasy,** April und Okt. nur Sa/So 9–16 Uhr, Mai und Sept. tägl. (außer Mo) 9–17 Uhr, Juni–Aug. tägl. (außer Mo) 9–18 Uhr, Mittagspause 12–13 Uhr. Eintritt 1,30 €, erm. 1 €.

Mariánský Týnec (Maria Teinitz)

Nahe der Ortschaft Kralovice, ca. 9 km nordöstlich von Plasy, liegt Mariánský Týnec, ein Dorf mit Weiher und einer großen **Wallfahrtskirche** samt Propstei. Gebaut wurde diese in der Mitte des 18. Jh. von dem Architekten Giovanni Santini (→ S. 146), der auch am Kloster Plasy wirkte. Und wie Plasy ging auch Mariánský Týnec in den Besitz der Metternichs über, die kein Interesse an der Pflege des einstigen Wallfahrtsorts zeigten. 1919 stürzte die große Kuppel der Kirche ein. Seit Jahren werden umfangreiche Restaurierungsarbeiten durchgeführt. Die Propstei beherbergt heute das **Heimatmuseum** der Region Pilsen/Nord, das ein buntes Sammelsurium aus allen Epochen präsentiert, von gotischen Plastiken über Spielzeug

Portal in Mariánský Týnec

und Trachten bis zu einem Bienenstock in Löwenform. Bei einem Rundgang ist auch die Kirche zu besichtigen.

• *Verbindungen* Kralovice ist am einfachsten mit dem **Bus** von Plzeň zu erreichen, von dort ca. 2 km zu Fuß weiter.

• *Übernachten* Vor Ort hat man schlechte Karten. Ein Tipp ist die ca. 12 km nördlich von Mariánský Týnec im hübschen 35-Einwohner-Dorf Podbořánky gelegene **Pension U Přihodů**. 8 rustikale Zimmer mit privaten Bädern, dazu Tennisplatz, Sauna, Restaurant mit netter Terrasse und Golfplatz (s. u.) ums Eck. Absolut ruhige Lage, freundliche, deutschsprachige Betreiber. EZ 17 €, DZ 27 €. ✆/℻ 313599275, www.pensionpodboranky.cz.

• *Golf* **Golfclub Podbořánky,** im gleichnamigen Dorf (s. o.). 9-Loch-Platz, PAR 72. Greenfee 15–23 €. ✆ 313599888, www.golfpark.cz.

• *Öffnungszeiten* **Museum,** tägl. (außer Mo) 9–18 Uhr. Eintritt 0,80 €, erm. die Hälfte.

Manětín (Manetin)

Etwa 35 km nordwestlich von Pilsen liegt Manětin, ein gemütlicher kleiner Flecken ganz im Zeichen des Barock. Das einzige Leben spielt sich an der Hauptstraße vorm Schloss ab, wo man eine Handvoll Geschäfte findet, und im „Schlossrestaurant" (Zámecká restaurace), wo schon um 11 Uhr morgens bei Bier und Schnaps über Gott und die Welt und den örtlichen Fußballverein TJ Sokol diskutiert wird. Zur Gemütlichkeit des Orts tragen auch die an jeder Ecke im Ort stehenden Barockplastiken aus Sandstein bei – die Frauenfiguren stellen übrigens die Tugenden und Jahreszeiten dar, die Heiligenstatuen sind Landes- und Schutzpatrone.

Das **Schloss** in seiner heutigen Form entstand auf den Grundmauern eines mittelalterlichen Johanniterkonvents. Es wurde in der ersten Hälfte des 18. Jh. im Auftrag des Adelgeschlechts Lažanský errichtet, das es bis 1945 bewohnte. Durch das Schloss werden Führungen angeboten, zu sehen bekommt man u. a. ein paar herrliche Deckenfresken, Porzellan in Vitrinen, Porträts der Lažanskýs, die Schlossbibliothek mit mehr als 5.000 Bänden – das Gros davon in deutscher Sprache – und die Dechanatskirche, die durch eine überdachte Straßenbrücke mit dem Schloss verbunden ist.

Von Pilsen führt ein überregionaler **Radwanderweg** nach Manětín und von dort weiter über Chyše und Valeč nach Kadaň (→ „Karlovy Vary/Umgebung" ab S. 61).

• *Verbindungen* **Busse** mehrmals tägl. nach Plzeň, Nečtiny, Útery, Rabštejn nad Střelou und Plasy.

• *Übernachten* In Manětín und Umgebung nur wenige Unterkunftsmöglichkeiten und unter den wenigen sind kaum empfehlenswerte. Eine gute Adresse ist die **Penzion U Kaprů** an der Hauptdurchgangsstraße im 6 km südwestlich gelegenen Nečtiny. 2001 restaurierte Familienpension. 4 freundliche, helle Zimmer, 3 davon mit IKEA-Kiefermöbel. Sauber, schöne Bäder. Pro Person mit Frühstück 10 €. ✆ 373313206, ukapru@quick.cz.

Studenten können, sofern Zimmer frei sind, die Verwalter gute Laune haben und nach der Restaurierung alles beim Alten bleibt, auch im **Schloss Prejtenštejn** etwas außerhalb von Nečtiny übernachten. Es sieht aus wie eine große Playmobil-Ritterburg und dient den Studenten der Universität Pilsen als Ferienwohnheim. An der Straße nach Unešov mit einem leicht zu übersehenden Holzschild ausgeschildert.

• *Öffnungszeiten* **Schloss,** April und Okt. nur Sa/So u. feiertags 9–12 Uhr und 13–16 Uhr, Mai–Sept. tägl. 9–12 und 13–17 Uhr. Eintritt 1,30 €, erm. die Hälfte.

Für weitere Ziele nördlich von Pilsen → „Karlovy Vary/Umgebung" ab S. 61.

Rabštejn nad Střelou (Rabenstein)

Über einem rauschenden Fluss ein berauschender Anblick: Rabštejn nad Střelou, ein Dorf wie aus dem Märchen.

Ungefähr 40 km nördlich von Pilsen, umgeben von Wäldern, in denen sich Fuchs und Hase gute Nacht sagen, liegt das pittoreske Rabštejn nad Střelou. Über dem Flusslauf der sich schlängelnden Střela klettern die Häuser einen steilen, hohen Felsen hinauf. Gekrönt wird dieser von der Pfarrkirche und einem einstigen, heute leer stehenden Kloster. Direkt darunter liegt ein Barockschloss (nicht zugänglich). Am Hauptplatz befindet sich ein kleiner Gemischtwarenladen, vor dem im Sommer ein paar Tische stehen. Die wenigen Wege und Straßen säumen Kreuze und Heiligenstatuen.

20 ständige Einwohner zählt der Ort, der sich gerne als die kleinste Stadt Mitteleuropas bezeichnet. Häuser gibt es für etliche Einwohner mehr, das Gros davon jedoch wird als Wochenendhaus genutzt. Zum Glück ist keines darunter, welches das romantische Ortsbild verschandelt. Rabštejn nad Střelou ist ein beliebtes Ausflugsziel, zumal die Gegend drum herum dank kaum befahrener Straßen zum **Wandern** und **Radfahren** nur so einlädt. Sehr schön ist der grün markierte Wanderweg nach Plasy, der am Flusslauf der Střela entlang führt. Ein blau markierter Wanderweg führt nach Manětín.

• *Verbindungen* **Busse** mehrmals tägl. nach Manětín.

• *Übernachten/Essen & Trinken* Keine Möglichkeit vor Ort. Unsere Empfehlungen liegen außerhalb: **Penzion U Zámku,** ca. 3,5 km östlich von Rabštein an der kaum befahrenen Straße nach Zihle. In einem 2002 restaurierten, denkmalgeschützten Gebäude. Ordentliche, saubere Zimmer mit privaten Bädern. Grill- und Spielplatz, Sauna und Solarium, Restaurant mit Terrasse. DZ 36 €, pro Person im Apartment 21 €. ✆ 373395337, www.pensionbeimschloss.de.

Ranch Havraní Kámen, der im Wald versteckte Reiterhof bietet spartanisch-rustikale, jedoch saubere und freundliche Zimmer mit größtenteils neuen Bädern. Angeschlossen ist ein gemütliches Lokal mit überdachter Terrasse. DZ 23 €, Dreier 33 €, ein Bett im Zimmer ohne privates Bad 8,50 €. Einstündige Ausritte 10 €. ✆/📠 373392334, www.volny.cz/ranchr. Anfahrt: in Rabštejn an der Straße nach Stvolny ausgeschildert. Der holprige Waldweg ist nichts für tiefer gelegte Fahrzeuge.

Klatovy aus der Vogelperspektive

Klatovy (Klattau)

Klatovy, das Tor zum Böhmerwald, ist auch bekannt als Tschechiens Nelkenmetropole. Und einer aufgehenden Blüte gleich zeigt sich das Zentrum, doch drum herum nur welke Blätter.

Ein Glück, dass es Stadtmauern gibt. Im Falle Klatovys brauchen sie gottlob nicht mehr vor Feinden schützen, sondern vor unliebsamen Ausblicken: Die teils noch gut erhaltenen Befestigungsanlagen aus dem 14. und 15. Jh. trennen die kleine freundliche Altstadt von tristen Plattenbausiedlungen. Zentrum der Altstadt ist der leicht abfallende kopfsteingepflasterte Náměstí Míru. Meist geht es beschaulich auf ihm zu, im Sommer sorgt zuweilen ein Alleinunterhalter für Abwechslung. Der Platz wird gesäumt von schönen alten Bürgerhäusern, die im Kern größtenteils gotisch sind. Das prächtigste Gebäude am Platz ist das Rathaus, ein herrlicher Renaissancebau. Gleich daneben liegt die ehemalige Jesuitenkirche, deren Katakomben zu einem gruseligen Besuch einladen. Auch in der benachbarten Apotheke, der schönsten Barockapotheke des Landes und heute ein Museum, lassen so manche eingelegte Ingredienzien erschaudern.

Bester Monat für einen Besuch der 23.000 Einwohner zählenden Kreisstadt ist Anfang/Mitte Juli, wenn die *Klattauer Kirchweih* über die Bühne geht. Dann kommen nämlich auch die Nelkenzüchter aus den umliegenden Ortschaften, präsentieren ihre Neuzüchtungen und verwandeln – etwas übertrieben gesagt – die Stadt in ein duftendes Blumen- und Blütenmeer. Die ersten Nelken kamen übrigens 1813 als Souvenir aus Nancy im Gepäck von heimkehrenden Soldaten, die an den Napoleonischen Kriegen teilgenommen hatten, an den Rand des Böhmerwalds. Heute genießen die heimischen Züchter landesweit Achtung und tragen zum Wohlstand der Gegend bei.

Geschichte: 1260 wurde Klatovy von König Ottokar Přemysl II. gegründet. Unter der Herrschaft der Luxemburger erlebte die Stadt im 14. und frühen 15. Jh. eine erste wirtschaftliche und kulturelle Blüte, die mit den Hussitenkriegen ihr Ende fand. Aufschwung und Wohlstand sollten für Klatovy erst wieder im ausgehenden 16. Jh. folgen. Insbesondere durch den Anbau des begehrten gelben Gewürzsafrans, der damals als Farbstoff teuer gehandelt wurde, stieg Klatovy zu den sieben reichsten Städten Böhmens auf. Doch dann kam der Dreißigjährige Krieg. Schwedische Truppen plünderten die Stadt mehrmals und ließen sie verwüstet zurück. An seine einstige Blüte sollte der Ort nicht mehr so schnell anknüpfen können. Aus der ersten böhmischen Zeitung in tschechischer Sprache, die übrigens in Klatovy aufgelegt wurde, weiß man, dass die Stadt 1758 fast vollständig niederbrannte. Und da ein Unglück selten allein kommt, folgten dem Brand Hungersnöte und Epidemien. Erst Mitte des 19. Jh. erholte sich die Stadt langsam wieder, dazu trug insbesondere die Textilindustrie bei. Während der Zeit der deutschen Okkupation war Klattau Verwaltungssitz der Nazis für den gesamten Böhmerwald. Heute ist Klatovy ein wirtschaftliches und industrielles Zentrum und versucht, als Tor zum Böhmerwald auch für den Tourismus attraktiv zu werden.

Information/Parken/Verbindungen

• *Information* **Informační centrum Klatovy,** Náměstí Míru 63. Hilfe bei der Zimmersuche, Wechselstube, gutes Kartenmaterial. Tägl. 9–17 Uhr. ✆ 376347240, www.klatovy.cz.

• *Parken* Gebührenpflichtig am Hauptplatz, dem Náměstí Míru möglich, zudem auch vor der Pension Jockey Club (→ „Übernachten").

• *Verbindungen* Bahnhof (vom Zentrum stündl. mit Ⓑ 4 zu erreichen) und Busbahnhof liegen ca. 2 km außerhalb des Zentrums im Nordwesten der Stadt. Stündl. **Züge** nach Pilsen und Železná Ruda, 10-mal tägl. nach Horažd'ovice, 7-mal nach Domažlice, 5-mal nach Nýrsko und Sušice. **Busse,** sehr gute Verbindungen nach Pilsen, häufig nach Švihov, Domažlice und Železná Ruda, mehrmals tägl. nach Janovice nad Úhlavou (Burg Klenová), 1- bis 2-mal nach Budweis.

Adressen (→ Karte S. 155)

• *Ärztliche Versorgung* Krankenhaus in der Plzeňská 569 nördlich des Zentrums. ✆ 376335111.

• *Einkaufen* **Dionýsos (3),** freundlicher Weinladen, in dem man sich mit tschechischen Tröpfchen weit über Supermarktniveau eindecken kann. Denisova 103.

Antiqua (1), kleiner Trödelladen, in dem von Posaunen über alte Emailleschilder bis zu antiken Messern nahezu alles zu finden ist. Nur Mo–Fr 10–12 Uhr und 13–17 Uhr. Pražská 184.

• *Polizei* Im Rathaus, ✆ 376311962.

• *Post* Die Hauptpost befindet sich nordwestlich des Altstadtkerns zwischen der Plzeňská und dem Nábř. Kpt. Nálepky.

Essen & Trinken/Nachtleben (→ Karte S. 155)

• *Restaurants* **Tep (5),** eines der gepflegtesten Restaurants der Stadt. Geboten wird eine skurrile Mischung aus böhmischer, französischer, mexikanischer und argentinischer Küche, preislich leicht über dem Durchschnitt. So/Mo geschl. ✆ 376311958, Náměstí Míru 151, 1. Stock.

Restaurant/Music Club Střelnice (2), Mischung aus Restaurant und Bierhalle, der „Pilsner Urquell Original Restaurant"-Kette zugehörig, die tschechienweit für Qualität bürgt. Zapftheke im kupfernen Brauerei-Look, böhmische Küche (Hg. 3,30–7,70 €), die nicht nur die Standards bietet. Im Club

Klatovy Karte S. 155

Alltag im Spiegel

nebenan, einem der wenigen Nightspots der Stadt, hin und wieder Konzerte und „tschechoslowakische Partys". ✆ 376322366, Pražská 22.

Jockey Club (13), → „Übernachten". Gepflegtes, farbenfrohes Restaurant mit vielen Pferdebildern an der Wand. Außergewöhnliche böhmische Kost zu 4–8,70 €. Videňská 32.

Slavie (7), Selbstbedienungsrestaurant mit billigsten Tagesgerichten, die natürlich nicht an Gourmets gerichtet sind. Zu empfehlen in erster Linie als Frühstücksadresse – Kuchen, belegte Brötchen und guter Kaffee. Mo–Fr 8.30–17 Uhr, Sa nur bis 13 Uhr. Nám. Míru/Ecke Pražská.

• *Außerhalb* **Country Saloon (8),** originelles Restaurant mit Cowboystiefeln an der Decke und Kuhfellen an der Wand. Serviert wird eine lustige Mischung aus Tex-Mex und böhmischer Küche, vieles kommt vom offenen Grill. Terrasse. Hg. 3,50–11 €, ab und zu Live-Musik. So nur bis 20 Uhr. Vermietet werden zudem rustikal eingerichtete Zimmer über dem Lokal. Pro Person 15 €. ✆ 376 313338, www.sumavanet.cz/saloonbenovy. Etwa 3 km westlich von Klatovy an der Straße nach Domažlice im Dorf Beňovy.

• *Cafés* **Pepino (11),** hinterm Schwarzen Turm in netter Lage. Hübsche, von alten Mauern umgebene Terrasse. Italienische Gerichte.

Mléčná (12), Café mit Korbmöbeln und an den Wänden alte Stadtansichten. Gute Kuchen- und Tortenauswahl sowie belegte Brötchen. Netter kleiner Außenbereich. Náměstí Míru.

Čajovna & Keramika U naší milé paní (10), Teestube mit Keramikverkauf in den Festungsmauern der Altstadt. Sa/So erst ab 14 Uhr. Pavlíkova 215, gleich bei der Erzdekanatskirche.

Übernachten

Wer auf Sterne am Hoteleingang nicht verzichten kann, wird in Klatovy zwangsläufig in den grauen Vorstädten landen. Besser, man entscheidet sich für eine Pension oder ein kleines Hotel in der Altstadt. Camper haben gute Karten.

• *Hotels* *** **Hotel Ennius (4),** gepflegteste Unterkunft in der Altstadt, wenn's auch von außen nicht so aussieht. Freundliche, geräumige, mit Kiefernmöbeln ausgestattete Zimmer. Rustikales Restaurant im Rittersaal-Ambiente angeschlossen. EZ 24 €, DZ

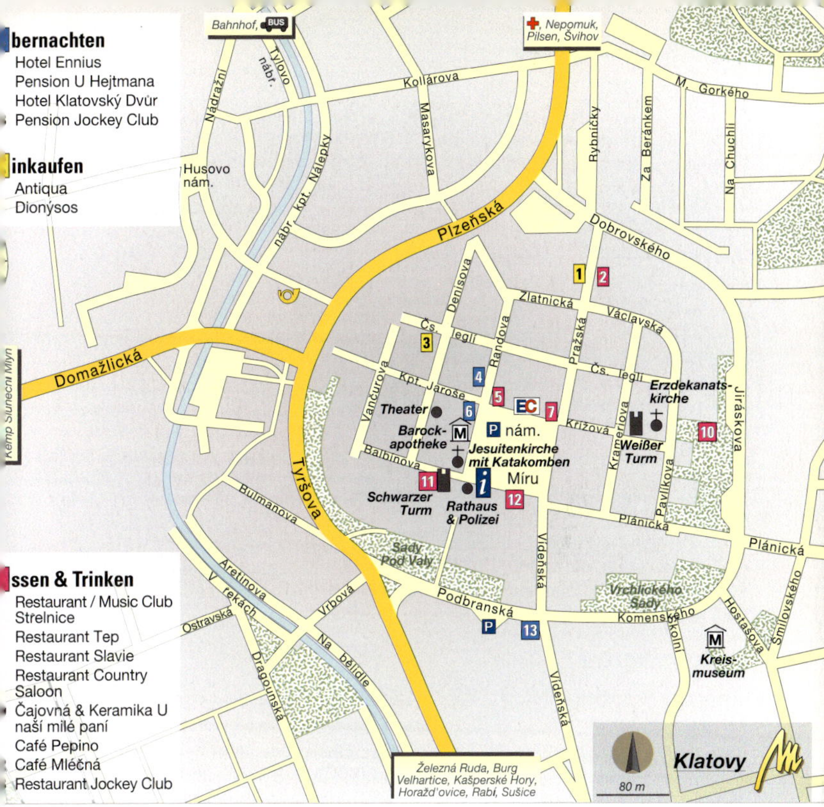

35 €, Frühstück extra. ✆ 376320567, www.sweb.cz/ennius, Randova 1.

Jockey Club (13), Pension ganz im Zeichen des Pferdes. Ordentliche Zimmer mit eigenem Bad. Eigene Parkplätze, gutes Restaurant (→ „Essen & Trinken") angeschlossen. EZ 23 €, DZ 35 €. ✆/℻ 376313060, Vídeňská 32.

Klatovský Dvůr (9), etwas außerhalb des Zentrums an der Straße nach Domažlice gelegen, deswegen leider etwas laut. 11 kitschig, aber anständig eingerichtete Zimmer, z. T. sehr geräumig. Eigene Parkplätze. DZ 25 €. ✆/℻ 376321517, Domažlická 188.

U Hejtmana (6), 7 Zimmer, die für den Preis o. k. sind. Bewachter Parkplatz. EZ 11 €, DZ 18 €. Die Rezeption befindet sich im gleichnamigen Restaurant in der Planická nahe dem Marktplatz. ✆ 376317918, Kpt. Jaroše 145.

• *Außerhalb* **Westernranch Podolí,** ca. 15 km südlich von Klatovy im gleichnamigen hübschen Bauerndorf, von der Straße nach Železná Ruda bei Běšiny ausgeschildert. Ranch ist ein bisschen zu hoch gegriffen, dennoch ein lustiger Ort für den abenteuerlichen Familienurlaub. Vermietet werden rustikale Blockhüttenimitate mit Bad für nur 23 € für bis zu 5 Pers. Oder schlafen Sie im Tipi (3,30 € pro Person!). Zudem werden Ausritte auf Haflingern angeboten, pro Std. 5 €. 2004 eröffnet. Grillmöglichkeiten, Abenteuerspielplatz. ✆ 606171999 (mobil).

• *Camping* **Kemp Sluneční Mlýn,** ca. 4 km westlich von Klatovy, an der Straße nach Domažlice ausgeschildert. Wiesenplatz vor einem alten Gutshof, ab vom Schuss. Pool und Hütten, sehr saubere Sanitäranlagen, moderne Küche. Leider ist hier aus unerfindlichen Gründen nie etwas los. 2 Pers. mit Zelt und Auto zahlen 9,70 €. ✆ 376311731.

Camping Hnačov, ca. 13 km östlich von Klatovy nahe dem gleichnamigen Weiler am See. Weitläufige Wiese mit einem kleinen Wald daneben. Feriendorfatmosphäre. 2 Personen mit Zelt und Auto zahlen 3,70 €, Hütten 9,70–12 €. ✆ 376394256. Anfahrt: Straße nach Horažďovice nehmen, bei der zweiten Abzweigung nach Plánice links ab. Bushaltestelle nahe dem Gelände (2-mal tägl. nach Plzeň, mehrmals tägl. nach Klatovy).

Eurocamp Běšiny, ca. 12 km südlich von Klatovy nahe dem gleichnamigen Dorf, von der Straße nach Železná Ruda ausgeschildert. Der komfortabelste und zugleich billigste Platz rund um Klatovy. Die Anlage wurde 2001 komplett restauriert wieder eröffnet. Schwimmbad, Minigolf, Feuerstelle, Tennisplätze, sehr gute und saubere Sanitäranlagen, sehr sicher. 2 Pers. mit Auto und Zelt zahlen nur 3,70 €, gepflegte Bungalows mit Küche und Bad (ein Jahr im Voraus reservieren!) 33 € für bis zu 4 Pers. ✆ 376375011, www.eurocamp.besiny.cz.

Sport & Freizeit/Kultur

- *Baden* Ca. 13 km östlich von Klatovy bei dem Weiler Hnačov liegt ein **Badesee,** auf dem im Sommer auch gesurft wird. Anfahrt → s. o./Camping Hnačov.
- *Fahrradverleih* Wird vom Informationszentrum (→ „Information") organisiert. Pro Tag ca. 10 €.
- *Reiten* Ausflüge zu Pferd bietet z. B. die **Calverova farma** im ca. 9 km östlich von Klatovy gelegenen Dorf Habartice (Hnr. 55). Pro Std. 5 €, Tagesausritt 33 €. ✆ 376394411.
- *Rundflüge* Bietet der Aeroklub Klatovy. Ab 2 € pro Person und Minute. Information unter ✆ 376310355 oder www.lkkt.cz.
- *Theater* Das **Divadlo sv. Ignác** befindet sich in der Kpt. Jaroše. Vorrangig Komödien, ab und zu Konzerte. Verkauf von Theaterkarten nebenan. ✆ 376311261.
- *Veranstaltungen* **Kirchweih mit Nelkenausstellung** Anfang/Mitte Juli. **Internationales Kammermusikfestival** mit verschiedenen Aufführungen von Mai bis Sept.
- *Wandern/Radfahren* Tourenvorschlage finden Sie unter „Klatovy/Umgebung" ab S. 159, die schönsten führen durch den Böhmerwald.

Sehenswertes

▸ **Historická Expozice Barokní Lékárna (Barockapotheke):** 1964 wurde die Apotheke aus dem 17. Jh. von der UNESCO unter Denkmalschutz gestellt; bis dahin gingen hier noch Rezepturen über den Ladentisch. Die Verkaufsräume sind sehenswert, die hinteren Trakte jedoch, wo einst die Medikamente im Hexenküchenstil gemixt wurden, sind spannender: Ausgestellt sind u. a. Glasgefäße mit getrocknetem Ziegenblut und eingelegten Därmen, Apparate zum Pillendrehen und zur Salbenherstellung. Die Mittelchen enthielten Ingredienzien wie Wildschweinhauer oder Krebsscheren. Zu sehen gibt es außerdem ein 2 m langes Stoßhorn eines männlichen Narwals, das einstige Maskottchen des Apothekers. Bei den Einheimischen galt es als das Horn des legendären Einhorns, nach dem das Gebäude auch seinen Namen *U Bilhého Jednorožce* (Zum Weißen Einhorn) erhielt. Die gleichnamige **Galerie** nebenan präsentiert wechselnde Ausstellungen auf drei Etagen.

Adresse/Öffnungszeiten Náměstí Míru 149. **Apotheke,** Mai–Okt. tägl. (außer Mo) 9–12 Uhr und 13–17 Uhr. Eintritt 1 €, erm. 0,65 €. **Galerie,** tägl. 9–12 Uhr und 13–17 Uhr. Eintritt 0,80 €, erm. 0,50 €.

▸ **Neposkvrněného Početí P. Marie (Kirche der Unbefleckten Empfängnis der Jungfrau Maria):** Die zweitürmige Barockkirche stammt aus dem Jahr 1665 und ist ein Nachbau der berühmten Jesuitenkirche Il Gesú in Rom. Die drei Frontportale sollen das Werk Kilian Ignaz Dientzenhofers (→ Kasten S. 146) sein, für den Rest der Kirche zeichnen Dominik Orsi und Karl Lurago verantwortlich. Einem findigen Pfarrer ist es übrigens zu verdanken, dass die Kirche vor rund zwei Jahrzehnten nicht einstürzte, da dringend notwendige Sanierungsarbeiten aus Geldmangel viel zu lange unterblieben waren. Als es 1981 bereits durchs Dach regnete, griff der Geistliche zur Selbsthilfe und entwarf höchstpersönlich ein Gerüst, um die notwendigsten Arbeiten mit bescheidenen Mitteln zu ermöglichen.

Marktplatz von Klatovy

Spannender als die Kirche selbst sind die unter ihr gelegenen **Katakomben**. Hier ruhen mumifizierte Jesuiten und wohlhabende Einheimische, zusammengeschrumpelt auf 8–10 kg. Von den einst über 200 Mumien sind heute nur noch einige wenige hinter Glas zu sehen, was insbesondere auf den Vandalismus vieler Besucher zurückzuführen ist. Nicht wenige Touristen nahmen sich Gliedmaßen der Mumien als schaurige Souvenirs mit nach Hause.

Adresse/Öffnungszeiten Náměstí Míru. Tägl. (außer Mo) 9–12 Uhr und 13–17 Uhr. Nov.–März geschlossen. Eintritt für die Katakomben 1,30 €, erm. die Hälfte.

▸ **Černá věž (Schwarzer Turm):** Der 81 m hohe ehemalige Wachturm entstand zusammen mit dem benachbarten Renaissancerathaus um das Jahr 1559 und zeugt vom ehemaligen Wohlstand der Stadt. Die schwärzliche Färbung des Gemäuers ist übrigens nicht auf Brände zurückzuführen, sondern beruht auf einer natürlichen Verfärbung der vermauerten Steine. In alter Zeit patrouillierte auf der Brüstung jede Nacht ein Turmwächter, der stündlich ein Signal zu blasen hatte. Von hier sieht man noch heute bis weit in den Böhmerwald. Im Osten der Altstadt fällt dabei auch ein kleinerer Turm, der so genannte **Weiße Turm** (Bílá věž) ins Auge. Der freistehende, campanileartige Glockenturm entstand im späten 16. Jh. und gehört zur gotischen **Erzdekanatskirche Mariä Geburt** (Arčiděkanský kostel P. Marie).

• *Adressen/Öffnungszeiten* **Schwarzer Turm,** Náměstí Míru. April–Okt. tägl. (außer Mo) 9–12 Uhr und 13–17 Uhr, April und Okt. nur Sa/So. Eintritt 0,65 €, erm. die Hälfte. Der **Weiße Turm** (nicht zugänglich) und die **Erzdekanatskirche** (nur während der Messen geöffnet) befinden sich in der Krameriova.

▸ **Okresní muzeum (Kreismuseum):** Das in einem Jugendstilgebäude untergebrachte umfangreiche Museum widmet sich der Geschichte der Klattauer Region. Zu sehen gibt es u. a. Keramikfunde aus den Hügelgräbern der Umgebung, archäologische Funde aus der Eisen- und Bronzezeit, Schmuck aus dem Mittelalter, Siegel, Münzen usw.

Adresse/Öffnungszeiten Hostašova 1. Tägl. (außer Mo) 9–12 Uhr und 13–17 Uhr. Eintritt 0,65 €, erm. die Hälfte.

Eine böhmische Prinzessin

Wasserburg Švihov

Klatovy/Umgebung

Harmonisch und fast lieblich wirken die Landschaften rund um Klatovy. Im Süden liegen die waldreichen Höhen des Böhmerwaldes, eine der beliebtesten Urlaubsregionen Tschechiens. Radfahrer und Wanderer schätzen sie im Sommer, Lang- und Abfahrtsläufer im Winter. Ferienzentrum des westlichen Böhmerwaldes ist Železná Ruda. Gen Norden zeigt sich die Landschaft eher sanft gewellt. Kaum eine Ortschaft ohne Weiher oder größeren Teich. Daneben ragt zuweilen auf irgendeinem Hügel eine einsame Kapelle in den Himmel. Burgen findet man nahezu überall. Die sehenswertesten sind die Burg Velhartice, die Wasserburg Švihov und die Burg Rabí. Letztere ist gar eines der großen touristischen Highlights Westböhmens.

Švihov (Schwiehau)

Bei der Ortschaft Švihov, rund 10 km nördlich von Klatovy, erhebt sich im Auenbereich des Flusses Úhlava die berühmte **Wasserburg,** eine der mächtigsten Böhmens. Errichtet wurde sie zwischen 1480 und 1510. Im 18. Jh. diente sie als Getreidelager, im 20. Jh. als Kulisse für Märchen- und Ritterfilme. Unter anderem wurde hier „Drei Nüsse für Aschenbrödel“ gedreht. Heute zieht die Burg jährlich mehr als 50.000 Besucher an. Bei einer Führung durch die Festung werden u. a. Räumlichkeiten mit Renaissancemöbeln besichtigt, ein großer Tanzsaal mit einer herrlichen Kassettendecke, eine Waffenkammer und die Burgkapelle mit einem Fresko des Hl. Georg als Ritter aus dem frühen 16. Jh.

Švihov selbst ist ein verschlafener Ort mit rund 1.500 Einwohnern und viel Grün drum herum. Švihov und Klatovy verbindet ein schöner, rot markierter **Wanderweg,** z. T. entlang der Úhlava.

• *Verbindungen* Bahnhof am Ortsausgang Richtung Klatovy. Stündl. **Züge** nach Klatovy und Plzeň. Regelmäßige **Busse** nach Klatovy, selten nach Pilsen, Přeštice und Chudenice.

• *Öffnungszeiten* **Wasserburg,** April und Okt. nur Sa/So 9.30–12 Uhr und 13–15 Uhr. Mai und Sept. tägl. (außer Mo) 9.30–12 Uhr und 13–16 Uhr, Juni–Aug. tägl. (außer Mo) 9.30–12 Uhr und 13–17 Uhr. Es werden zwei Führungen angeboten, eine führt durch die Burg (70 Min., die interessantere), die andere durch den Küchentrakt (60 Min.). Beide Führungen zusammen kosten 1,50 €, erm. 0,80 €.

Chudenice

Ungefähr 15 km westlich von Švihov liegt das von weiten Wäldern umgebene Chudenice. Es ist kein besonders hervorstechender Ort, ohne jedoch hässlich zu sein. Ob sich der Name des Orts von den einst recht bedürftigen Einwohnern ableitet („chudý" = arm), sei dahingestellt. Alles andere als arm war auf jeden Fall das Adelsgeschlecht Czernín, das sich ab dem 13. Jh. hier niederließ. Deren einstige Residenz, das **Alte Schloss** (Starý zámek) im Zentrum des Orts, kann besichtigt werden. Durch die feudalen Salons schlurft man mit Filzschlappen über 250 Jahre alte Holzböden hinweg. U. a. sieht man ein Originalporträt der Kaiserin Sissi und den Fächer der Schriftstellerin Božena Němcová, den diese einst als Dank für eine Führung durch das Schloss zurückließ. Heute werden solche Gaben nicht mehr akzeptiert, mit 30 Kronen Eintritt ist man jedoch dabei. Für ein paar Kronen mehr darf man zudem das kleine Heimatmuseum im Schloss besuchen, das auch über die Geschichte Chudenices informiert.

Weitere Sehenswürdigkeiten von Chudenice – allesamt ausgeschildert – sind der **Amerikanische Garten** (Americká zahrada), eine parkähnliche Gartenanlage mit rund 300 seltenen Pflanzenarten, darunter auch einige nordamerikanische Gehölze, und der 45 m hohe **Aussichtsturm Bolfánek** (Rozhledna Bolfánek). Er ist bei einem gemütlichen Spaziergang vom Hotel Zámek Lázeň (s. u.) aus zu erreichen.

• *Verbindungen* **Busse** sehr selten nach nach Klatovy, eher ein Tipp für Selbstfahrer.

• *Öffnungszeiten* **Altes Schloss,** April, Mai, Sept. und Okt. nur Sa/So 9–12 Uhr und 13–17 Uhr, Juni–Aug. tägl. (außer Mo) 9–12 Uhr und 13–18 Uhr. Führung durch das Schloss (auch deutschsprachig) 1 €, erm. 0,65 €. Für das Schlossmuseum braucht man ein separates Ticket (0,35 €).

• *Übernachten/Essen & Trinken* **Hotel Zámek Lázeň,** Empireschloss aus dem 19. Jh. Viel Flair, aber wenig Komfort. Leider sind die meisten Zimmer immer noch mit geschmacklosem vorrevolutionären Mobiliar ausgestattet. Gemeinschaftsbäder. Buchen Sie die Zimmer 7, 8 oder 9 mit alten Kachelöfen! Pro Person mit Frühstück 12 €. Restaurant mit schöner Sommerterrasse. Im Ort ausgeschildert, ☏/℻ 376398016, zameklazen@centrum.cz.

Für weitere Ziele nördlich von Klatovy → „Plzeň/Umgebung" ab S. 141.

Horažd'ovice (Horaschdowitz)

Das 6.500 Einwohner zählende Städtchen liegt ca. 32 km südöstlich von Klatovy. Seine Gründungsgeschichte könnte Pate stehen für so manche Ortschaft im hohen Alaska: Bereits im 13. Jh. ließen sich hier am Flusslauf der Otava vom Goldrausch getriebene Abenteurer nieder und begannen nach dem kostbaren Metall zu schürfen. Doch der Goldsegen hielt nicht lange an, und so verlegte man sich auf die Zucht von Flussperlmuscheln. Bis zur ersten Hälfte des 20. Jh. verdienten auf diese Weise viele Einwohner von Horaschdowitz ihre Brötchen.

Am gemütlichen Marktplatz und in den davon abgehenden Nebengassen stehen schöne alte Bürgerhäuser. Beherrscht wird der Ort von einem Barockschloss, das

Schloss von Horažd'ovice – wo man die Sonne nicht aufziehen muss

auf einem ursprünglich gotischen Kastell errichtet wurde. Darin befindet sich heute das **Stadtmuseum** (Městské muzeum), das über die Geschichte Horažd'ovices informiert. Nebenbei beherbergt es eine große Trophäensammlung. Die Besichtigung führt auch in eine mit Fresken reich verzierte Barockkapelle. Wer danach noch Lust auf einen Sprung ins kühle Nass hat, kann das mit „Bázen" ausgeschilderte, moderne städtische Hallenbad besuchen. Es bietet sämtlichen Schnickschnack. Wer lieber spazieren geht: Ein grün markierter Weg bringt Sie zu der ca. 1,5 km entfernten **Burgruine Práchen**.

• *Information* **Turistické centrum,** im Schlossareal. Mo–Fr 9–17 Uhr, Sa 9–11 Uhr. ✆ 376513666, ic@horazdovice.cz.

• *Verbindungen* Bahnhof und Busbahnhof liegen nahe beieinander, ca. 200 m östlich des Zentrums. Regelmäßige **Busse** und **Züge** nach Klatovy.

• *Essen & Trinken* **V zámku,** gemütliche Pizzeria mit schönem Außenbereich unter den Arkaden des Schlosshofs. Pizza und Pasta zu vernünftigen Preisen, zu empfehlen jedoch in erster Linie wegen der Lage.

Restaurace Zlatý Jelen, Bierhalle mit wenig Flair, dennoch eines der beliebtesten Lokale im Städtchen. Billige Standards. Tägl. geöffnet. Am Marktplatz.

• *Öffnungszeiten* **Stadtmuseum,** tägl. (außer Mo) 9–16 Uhr, Okt.–Mai geschlossen. Eintritt 0,65 €, erm. die Hälfte.

Hrad Rabí (Burg Rabí)

Eine Dominante in der Landschaft, einer normannischen Burg ähnlich, furchteinflößend und imposant: Hrad Rabí, die größte Burgruine Böhmens. Ihre gewaltigen Mauern haben eine Gesamtlänge von 9 km.

Über dem gleichnamigen Dorf rund 34 km südöstlich von Klatovy thront die mächtige gotische Adelsburg aus dem 14. Jh. Allein bei ihrem Anblick aus der Ferne scheint das Mittelalter ganz nah zu sein; nicht das von den Romantikern verklärte Mittelalter, sondern das „dunkle" Zeitalter, als Feudalherren und Raubritter das

Volk ausbeuteten und Burgen ein Symbol der Bedrohung waren. Bei der Belagerung der Burg im Jahr 1421 verlor der ohnehin schon einäugige Hussitenführer *Jan Žižka* (→ S. 37) sein zweites Auge. Ende des gleichen Jahrhunderts hielt sich der Burgherr Graf Půta Švihovský einen Affen als Haustier. Als dieser einmal in die Wälder entwischte, hielten die Bauern das zwischen den Bäumen herumturnende Tier für den „Leibhaftigen" und töteten es bei einer hitzigen Teufelsjagd. Wütend über die Dummheit der Bevölkerung erließ Graf Švihovský daraufhin die Strafabgabe „Pensio simialis" – auf Deutsch Affensteuer. Im 18. Jh. wurde die Burg verlassen und verfiel. Erste Restaurierungsarbeiten begannen, nachdem das Dorf Rabí die Burg 1920 für eine Krone an den Staat verkauft hatte. Heute ist der größte Teil des weitläufigen Geländes mit vielen Treppen, Auf- und Abgängen sowie einem mächtigen Wohnturm der Öffentlichkeit zugänglich und zählt zu den meistbesuchten Burganlagen Westböhmens. Von nah und fern reist man insbesondere im Juli an, wenn zwischen den alten Festungsmauern ein **Ritterfest** veranstaltet wird. Das kommt auch dem gepflegten Dorf Rabí mit schönen Bauten im typisch südböhmischen Stil am Fuße der Burg zugute, es lebt vornehmlich vom Tourismus.

• *Verbindungen* **Busse** mehrmals tägl. nach Sušice und Horažd'ovice.

• *Essen & Trinken* Die Restaurants rund um die Burg unterscheiden sich in Qualität, Ausstattung und Preis nur wenig voneinander. Im Sommer lädt insbesondere der nette Hinterhofbiergarten der unübersehbaren **Rabská hospůdka** nach der Burgbesichtigung auf ein Getränk ein.

• *Übernachten* Es gibt mehrere nette Unterkünfte vor Ort. Die neueste und beste ist das *** **Hotel Atawa**. Hübsche, in blauen Farbtönen gehaltene Zimmer mit Holzboden. Hallenbad und Sauna. Parkplätze im Hof. Für das Gebotene günstig: EZ 20 €, DZ 32 €. ✆ 603114140 (mobil), www.hotelatawa.cz.

• *Öffnungszeiten* **Burganlage,** Juni–Aug. tägl. (außer Mo) 9–17 Uhr, Mai und Sept. tägl. (außer Mo) 9–16 Uhr, April und Okt. nur Sa/So 9–15 Uhr, Mittagspause von 12–13 Uhr. Es gibt 2 verschiedene Touren durch das Gelände, beide zusammen kosten 2 €, erm. die Hälfte.

Burg Rabí

Marktplatz von Sušice

Sušice (Schüttenhofen)

Wie Klatovy preist sich auch das 30 km südöstlich gelegene Sušice gerne als das „Tor zum Böhmerwald“. In einem weiten Tal, von grünen Hügeln umrahmt, erstreckt sich die Stadt. Fährt man jedoch von Norden hinein, macht Sušice einen wenig freundlichen Eindruck. Triste Industriebetriebe säumen die Straßen – überwiegend Streichhölzer werden hier produziert (→ Kasten, S. 165). Die Altstadt präsentiert sich dagegen ganz ansehnlich, insbesondere rund um den **Náměstí Svobody,** den großen baumbestandenen Marktplatz. Ihn umgeben ein paar Gebäude aus jener Zeit, als die Stadt noch von der Salz- und Goldgewinnung lebte. Dazu gehört z. B. das heute leer stehende **Rozacínovský-Haus** (Nr. 48) mit einem gotischen Türbogen und einer Sgraffitofassade, die übrigens erst 1914 bei Restaurierungsarbeiten unter dem Putz entdeckt wurde. Das **Voprchovský-Haus** (Nr. 40), ein ursprünglich gotisches Bürgerhaus, schmückt ein außergewöhnlich schöner Giebel. Vorübergehend beherbergte es einen Bierausschank, daraufhin eine Dekanei und heute das **Böhmerwaldmuseum** (Šumava muzeum Sušice), das vor allem wegen seiner witzigen Sammlung an Streichholzschachteln sehenswert ist.

Nur ein paar Schritte vom Marktplatz entfernt, befindet sich linker Hand an der Příkopy (der Straße nach Petrovice) ein kleiner, von Mauern umgebener **jüdischer Friedhof**. Er wurde 1626 angelegt und legt Zeugnis ab für die einstige jüdische Gemeinde. Am 27. November 1942 verschwand diese für immer. An jenem Tag wurden die Juden Sušices nach Terezín (Theresienstadt) deportiert und später in den osteuropäischen Konzentrationslagern umgebracht.

• *Information* **Informační centrum,** im Rathaus am Náměstí Svobody. ✆ 376520537, www.sumava.net/icsusice. Mo–Fr 9–12 Uhr und 12.30–17 Uhr, Sa 9–14 Uhr, Juli und Aug. auch So 9–14 Uhr.

• *Verbindungen* **Busse** fahren am Flussufer ab. Mehrmals tägl. über Plánice nach Plzeň, zudem nach Klatovy und Kašperské Hory. Der Bahnhof befindet sich im Norden der Stadt fast 4 km außerhalb des Zentrums. Mehrmals täglich **Züge** nach Klatovy.

Tipp für Radfahrer: Biketrans mit Sitz in Sušice ist eine Art Taxiservice für Radfahrer. Hier können Sie Minibustransporte (für bis zu 8 Pers. inkl. Fahrräder) anfordern, jedoch ist eine Voranmeldung notwendig. Bezahlt wird pro gefahrener Kilometer (0,25–0,40 €, eine Stunde Wartezeit 4 €). Infos unter ✆ 602258521 (mobil) oder www.biketrans.webpark.cz.

• *Kanuverleih* Gute Kajakmöglichkeiten bestehen am Flüsschen Otava von Sušice Richtung Rabí und weiter. Kajaks leihen kann man z. B. über **Půjčovna lodí Otava** in der Masaryka 132. Pro Tag für 2 Pers. 23 €. ✆ 376522008, www.oava.info.

• *Essen & Trinken* **Restaurace U Vítovců,** aufgrund mangelnder Alternativen galt das der gleichnamigen Pension angegliederte Restaurant zum Zeitpunkt der Recherche als das beste im Städtchen. Die Einrichtung ist nicht die schönste, serviert werden die typischen kurzgebratenen Standards (Schnitzel, Rostbraten etc.), zudem ein paar asiatische Experimente. Hg. 2–7,40 €. Vom südlichen Ende des Marktplatzes in die Americké armády einbiegen, nach 150 m rechter Hand.

• *Übernachten* *** **Hotel Gabreta,** provinzielles Mittelklassehotel. Standardzimmer, z. T. recht geräumig, mit TV und Telefon. Eigene Parkplätze und Fahrradverleih. EZ 23 €, DZ 40 €. ✆/℻ 376528016. Americké armády 73 (gleich beim Marktplatz).

Pension Milli, schlichte Zimmer mit privatem Bad, TV und Geranien am Fenster. Freundlicher Service, ein Restaurant ist angegliedert. EZ 13 €, DZ 20 €. ✆ 376526598, www.sweb.cz/pension.milli. Nahe dem Marktplatz in der Kostelní 70.

• *Außerhalb* **Reiterhof Javoříčko,** ca. 20 km westlich von Sušice im gleichnamigen Weiler. Geboten wird Urlaub auf dem Bauernhof in idyllischster Lage. 6 kleine, aber freundliche Zimmer mit privatem Bad. Die Tage kann man mit Ausritten in die Umgebung verbringen, die Abende in der Sauna oder am Lagerfeuer. 10 € pro Person, Ausritte 6 €. ✆/℻ 376588311. Anfahrt: Von Sušice folgt man der Straße nach Petrovice und weiter nach Hlavňovice, dort links abbiegen nach Javoříčko, Haus mit Zwiebelturm und Hahn auf dem Dach.

Outline Šumava Adventure, im Weiler Jiřičná (Hnr. 3) bei Petrovice, ca. 7 km westlich von Sušice. Für Aktivurlauber, die einfache Gemütlichkeit auf dem Lande schätzen, eine der schönsten Adressen der Gegend. Pension und Adventure-Sportzentrum unter belgischer Leitung, untergebracht in einer alten Brauerei. 13 liebevoll eingerichtete, heimelige Zimmer (12 € pro Person mit Frühstück), auch Campingmöglichkeiten. Angeboten werden u. a. Kanufahrten auf dem Fluss Otava (20 € pro Boot), Pferdetrekking (9,40 € pro Stunde) und diverse andere Adventure-Trips. Zudem Verleih von Mountainbikes (10 € pro Tag). Ganzjährig geöffnet, ✆/℻ 376588457, www.outline-travel.com.

• *Camping* Die Campingplätze vor Ort können wir nicht empfehlen. Besser die 8 km weiterfahren bis Nové Městečko (→ S. 166).

• *Öffnungszeiten* **Böhmerwaldmuseum,** Mai–Okt. tägl. (außer Mo) 9–12 Uhr und 12.45–17 Uhr, So nur halber Tag, Eintritt 0,65 €.

Hrad Velhartice (Burg Welhartitz)

Die imposante Befestigungsanlage aus dem 14. Jh. ca. 16 km südöstlich von Klatovy zählt zweifelsohne zu den romantischsten Burgen Westböhmens. Sie liegt landschaftlich überaus reizvoll am Rande eines steil abfallenden Plateaus, hoch über einem rauschenden Bach, wie geschaffen für Rapunzel & Co. Eine einzigartige, vierbogige Brückenkonstruktion verbindet den klotzigen Wehrturm mit der Ruine des alten Palasts, auch Paradieshaus (Rájsky dům) genannt. Der weiße Spätrenaissancepalast neben dem Paradieshaus kam im 17. Jh. hinzu. Zwei Führungen werden an-

Heiße Ware – Rotköpfe aus Sušice

Ende des 19. Jh. wurde heiße Ware aus Westböhmen in der ganzen Welt gehandelt – in Afrika, Nord- und Südamerika, Australien, Asien und überall in Europa: Streichhölzer aus Sušice. In aller Herren Ländern flackerten sie auf wie heute die Birnen von Osram.

Angefangen hatte alles 1839, als der Zimmermann Adalbert Scheinost sich mit seiner Frau Marie in ein gerade abgebranntes (!) Haus am Marktplatz einmietete und die Köpfe von Holzspänen mit Phosphor überzog. Die Technik dazu hatte das Ehepaar in Wien erlernt. Die zündende Idee überhaupt war erst ein paar Jahre zuvor in England geboren worden. Knapp 12 Monate später stieg der hiesige Kaufmann Bernhard Fürth in die Zündholzproduktion mit ein; große Maschinen konnten angeschafft werden, und keine 10 Jahre später exportierte man schon nach Übersee. 1903 überführte man die Sušicer Zündholzfabriken – mittlerweile gab es mehrere – in eine Aktiengesellschaft namens SOLO, unter deren Namen noch heute produziert wird. Kurz darauf erreichte die Sušicer Zündholzproduktion ihren Höhepunkt. Doch dann kamen die Weltkriege, dazwischen die Weltwirtschaftskrise, schließlich die Verstaatlichung des Unternehmens unter den Kommunisten und – parallel zu alledem – der Siegeszug des Feuerzeugs. Noch heute exportiert man in mehrere Länder Europas, im Vergleich zu früher zündelt man aber nur noch auf kleiner Flamme.

geboten: Bei der langweiligeren stolpert man durch die Burganlage, vorbei an Zisternen und Kellerräumen. Bei der spannenderen wandelt man durch die Salons des Spätrenaissancepalasts. Unter anderem erfährt man dabei auch etwas über die Gesellschaftsspiele, die zu jener Zeit in Mode waren.

Im Dörfchen selbst kann man noch – sofern gerade jemand da ist – eine **historische Schmiedewerkstatt** (Historicka kovárna; ausgeschildert) besichtigen. Falls niemand öffnet, gehen Sie einfach in die zünftige Wirtschaft nebenan, wo Brotzeiten mit Speckwurst oder eingelegtem Schweinekamm und Spezialitäten vom Lavagrill aufgetischt werden.

- *Anfahrt/Verbindungen* Die Burg ist nicht gut ausgeschildert. Am Ortsausgang von Velhartice Richtung Kolinec/Hory Matky Boží kurz vor dem Ortsschild rechter Hand bei einer Wandertafel parken. Von da aus noch ca. 3 Min. zu Fuß. **Busse** mehrmals tägl. vom Ort Velhartice nach Klatovy.
- *Öffnungszeiten* **Burg,** Juni–Aug. tägl. (außer Mo) 9–18 Uhr, Mai und Sept. tägl. (außer Mo) 9–12 Uhr und 13–17 Uhr, April und Okt. nur Sa/So 9–12 Uhr und 13–16 Uhr. Letzter Einlass eine Stunde vor Schließung. Burg- und Palastführung jeweils 1,20 €, erm. 0,80 €. **Historische Schmiede,** Öffnungszeiten nach Lust und Laune, versuchen Sie Ihr Glück! Eintritt 0,35 €.

Kašperské Hory (Bergreichenstein)

Bereits im 13. Jh. war Kašperské Hory bekannt für seinen Goldreichtum, aus über 40 Stollen förderte man das edle Metall. Etwa 300 Goldmühlen gab es rund um den Ort. Doch mit der Zeit versiegte eine Goldader nach der anderen, und das Städtchen verarmte. Heute hat man eine neue Goldader entdeckt, den Fremdenverkehr. Das 2.000 Einwohner zählende Städtchen 40 km südöstlich von Klatovy entwickelt sich zu einem beliebten Ausflugsziel, insbesondere von Radwanderern – sie bringen etwas Leben ins das sonst überaus verschlafene Nest.

Rund um den hübschen kleinen Dorfplatz mit einer rosa-weiß gestrichenen Pfarrkirche in der Mitte findet man Cafés und Restaurants mit Tischen und Stühlen im Freien sowie Souvenirläden, die Holzspielzeug und böhmisches Glas verkaufen. Damit man auch etwas besichtigen kann, gibt es zwei Museen: Ein **Böhmerwaldmuseum** (Muzeum Šumavy) gleich hinter der Kirche und ein **Motorradmuseum** (Moto muzeum), das durch ein riesiges Werbebanner auf sich aufmerksam macht. Ersteres zeigt u. a. Ausgestopftes vom jungen Reh bis zur Forelle, Putten und Heiligenfiguren, lebendige (!) und tote afrikanische Käfer, Jugendstilgläser und sog. „Totenbretter", auf die einst die Verstorbenen bis zu ihrer Beerdigung gelegt wurden. Etwas einheitlicher geht es im Motorradmuseum zu: Zu sehen gibt es Fabrikate von NSA, BMW, F.N., DKW, BSA usw. Die älteste Maschine ist eine Wanderer, Baujahr 1913.

Im Winter bestehen rund um den Ort gute Langlaufmöglichkeiten, es gibt auch einen Skilift – Mut für die Abfahrt braucht man nicht.

• *Verbindungen* Mehrmals tägl. **Busse** nach Sušice. Diese halten auch an der Abzweigung nach Annín, von dort noch ca. 5 Min. zu Fuß nach Annín.

• *Information* **Městské kulturní a informační centrum** (Städtisches Informations- und Kulturbüro) im Rathaus in der Ortsmitte. Nur Mo und Mi 8–17 Uhr. ✆ 376503411, mkis@khory.cz. Zudem gibt es am Ortsausgang Richtung Sušice das **Informationsbüro der Verwaltung des Nationalparks Šumava,** mit Ausstellung. Mai–Aug. tägl. 8–16 Uhr, sonst Mo–Sa 8–15.30 Uhr. ✆ 376582734, ℻ 376582493.

• *Einkaufen* Etwa 9 km nordwestlich von Kašperské Hory liegt das Dörfchen **Annín** mit langer Tradition in der Glasherstellung. In der Glashütte **Rückl & Söhne** kann man allerlei Kitsch vom Briefbeschwerer über Vasen und Bowlesets bis zu Christbaumkugeln erstehen.

• *Übernachten/Essen & Trinken* Preisgünstige Pensionen und Privatzimmer befinden sich rund um den Ortskern, insbesondere oberhalb der Kirche. Eine überaus nette Unterkunft liegt nahe der Burg Kašperk (→ dort).

**** **Park Hotel Tosch,** in der Ortsmitte und unser Tipp. 50 geschmackvolle, geräumige Zimmer mit klassisch-modernem Mobiliar und Marmorbädern. Innenpool, Parkmöglichkeiten im Hof, Frühstücksbüfett mit Bio-Ecke. Fahrradverleih. EZ 60 €, DZ 82 €, Apartment 130 €. Wer sein Haustier mitbringt, zahlt zusätzlich 6 € pro Nacht. ✆ 376582592, www.tosch-parkhotel.cz.

Aparthotel Šumava 2000, direkt am Marktplatz, der Best-Western-Kette zugehörig. 2002 eröffnet. Sympathisches, jugendliches Foyer, schöne Aufgänge mit gemütlichen Sitzecken. Apartments etwas nüchterner, aber sehr gepflegt. Fitnessraum, Sauna, Pool auf dem Dach. Von Lesern empfohlen. Pro Person 27 € mit Frühstück. ✆ 376546910, www.sumava2000.cz.

• *Außerhalb* **Penzion Jana,** ca. 9 km nordwestlich von Kašperské Hory in Annín. 7 geräumige Zimmer, z. T. mit Holzdecken und offenem Kamin. Terrasse. Günstig: pro Person 10,50 €. Zudem Rad- und Kanuverleih. Im Ort nicht zu verfehlen, ✆ 376593001, pension.jana@seznam.cz.

• *Camping* **Autokemp Annín I,** ebenfalls ca. 9 km nordwestlich von Kašperské Hory, jedoch nicht in Annín selbst, sondern auf der anderen Flussseite, von der Straße nach Sušice ausgeschildert. Schöner, an der Otava gelegener Platz. Einstiegsmöglichkeiten in den Fluss, Restaurant. 2 Personen mit Zelt und Auto zahlen 6,70 €. ✆ 376593390.

Autokempink Nové Městečko, ca. 5 km nordwestlich von Kašperské Hory im gleichnamigen Weiler. Schöner Platz mit viel Schatten unter hohen Bäumen. Jedoch ziemlich laut, zudem sind die Sanitäranlagen nicht immer die saubersten. Restaurant. 2 Pers. mit Zelt und Auto zahlen 6 €. Hütte für 4 Pers. ab 15 €. ✆ 376528825, ℻ 376520247.

• *Öffnungszeiten* **Böhmerwaldmuseum,** tägl. (außer Mo) 9–17 Uhr, Eintritt 1 €. **Motorradmuseum,** Juni–Sept. tägl. 9–12 Uhr und 12.30–16.30 Uhr, im Mai nur Sa/So, Eintritt 1 €.

Mit der Kutsche zur Burg Kašperk

Hrad Kašperk (Burg Karlsberg)

3 km nördlich von Kašperské Hory ragt die Burg auf einem Felsmassiv (870 m) imposant aus einem Nadelwald empor. Kaiser Karl IV. ließ sie in der Mitte des 14. Jh. zum Schutz der Landesgrenzen und der Goldgräbersiedlungen errichten. Kašperk war übrigens eine der wenigen Burgen Böhmens, deren wehrhafte Mauern allen Angriffen standhielten. Das Burggrafenamt und Räumlichkeiten des Burgpalastes können besichtigt werden. Sie beherbergen eine Ausstellung über die historische Entwicklung der Gegend mit Schwerpunkt auf der Goldgewinnung.
Ein schöner markierter, 10 km langer **Wanderweg** führt von hier nach Sušice.

- *Anfahrt* Vom Motorradmuseum am Marktplatz in Kašperské Hory aus beschildert. Nach ca. 3 km liegt linker Hand ein großer Parkplatz, von dort noch 1,5 km zu Fuß. An schönen Sommertagen kann man auch mit der Kutsche nach oben fahren.
- *Übernachten* **Rychta na Račánku,** sympathische Landpension neueren Datums nahe dem Parkplatz. Ruhige Lage, toller Obstgarten mit Planschbecken, Hängematte und Sandkasten. Ordentliche Zimmer mit privaten Bädern, pro Person 13 € mit Frühstück. Beliebtes Ausflugsrestaurant mit schöner Terrasse angeschlossen. ✆ 376582117, www.racanek.cz.
- *Öffnungszeiten* April/Mai und Sept./Okt. tägl. 9–17 Uhr, Juni–Aug. 9–18 Uhr. Besichtigung nur im Rahmen einer Führung (ca. 60 Min.). Eintritt 1 €.

Železná Ruda (Markt Eisenstein)

Inmitten des Böhmerwalds, an der tschechisch-bayerischen Grenze, liegt Železná Ruda, ein beliebter Ferienort im Sommer wie im Winter. Die Umgebung ist herrlich und bietet Aktivurlaubern viele Möglichkeiten. Der mit Plattenbauten gesprenkelte Ort selbst ist wenig prickelnd.

Der 2.700 Einwohner zählende Grenzort, etwa 42 km südlich von Klatovy in einem Tal am Flusslauf der Řezná gelegen, hat sich ganz auf den Fremdenverkehr einge-

Der Böhmerwald

Der Böhmerwald ist Europas größtes zusammenhängendes bewaldetes Grenzgebirge; es ist ca. 250 km lang und trennt Tschechien von Deutschland und Österreich. Der Gebirgszug beginnt auf tschechischer Seite südlich von Cheb und erstreckt sich bis zum österreichischen Mühlviertel. Bevor der Böhmerwald Mitte des 20. Jh. durch unpassierbare Grenzen zerschnitten wurde, lebten hier Menschen, die sich kulturell und sprachlich wenig voneinander unterschieden. Die Frage der nationalen Zugehörigkeit veränderte nicht nur den Charakter der Region, sondern ließ den Wald auch in Teilregionen zerfallen. So bezeichnet man heute den Abschnitt südlich von Cheb bis zu jener Senke, die zwischen Furth im Wald und Domažlice verläuft, auf deutscher Seite als Oberpfälzer Wald, auf tschechischer als Český les (Tschechischer Wald). Südlich davon steigt der Böhmerwald bis zu Höhen von 1.400 m an. Die Tschechen nennen ihn auf ihrer Seite Šumava („Die Rauschende"), das Pendant auf deutscher Seite ist der Bayerische Wald.

Die Aussiedlungsaktionen am Ende des 2. Weltkrieges und der danach gezogene Eiserne Vorhang schuf hier ein von Menschenhand unberührtes Naturparadies, noch immer so schön und intakt, wie es Adalbert Stifter einst literarisch porträtiert hat. Die von Fichten- und Kiefernwäldern, Hochmooren, Wildbächen, Seen und Bergwiesen überzogenen Hochlagen sind Lebensraum von Auerhähnen, Wanderfalken, Fischottern, Luchsen und Schwarzwild. Um dieses Naturgebiet zu schützen, wurde 1991 auf tschechischer Seite der **Nationalpark Šumava** (Narodní Park Šumava) gegründet, der knapp 70.000 ha umfasst und ungefähr dreimal so groß ist wie der deutsche Nationalpark Bayerischer Wald. Der Tourismus soll das wirtschaftliche Standbein der gesamten Region werden. Bleibt nur zu hoffen, dass es auch so kommt. Denn Gold, das einst im Böhmerwald mit Hammer und Pickel abgebaut wurde, gibt es noch immer unter der Erde. Mit den Fördermethoden von einst lohnt der Abbau heute nicht mehr, wohl aber mit Dynamit und großen Maschinen. Internationale Unternehmen, die diesbezüglich in den letzten Jahren in Prag angefragt hatten, sind nicht auf taube Ohren gestoßen.

stellt. Es stehen mehr als 600 Hotelbetten zur Verfügung. Im Winter kommen Skifahrer, im Sommer Wanderer und Radfahrer und das ganze Jahr über Sextouristen und Schnäppchenjäger, Letztere zum Tanken und Zigarettenkaufen. Sehenswertes gibt es so gut wie nichts. Stolz ist man vor Ort auf den überdimensionalen zwiebelförmigen Kirchturm und das dem Infozentrum angegliederte **Böhmerwaldmuseum** (Muzeum Šumavy), das in fünf Räumen die typischen Exponate der Region zeigt: Hirschgeweihe, ein paar antike Möbel, Gläser usw.

In der kalten Jahreszeit bildet Železná Ruda mit dem nördlich angrenzenden Ferienzentrum Špičák und zusammen mit Bayerisch Eisenstein auf deutscher Seite ein grenzüberschreitendes **Wintersportzentrum**. Insgesamt stehen mehr als 100 km Langlaufloipen und 30 km Abfahrtspisten mit 29 Liftanlagen zur Verfügung. Auf tschechischer Seite findet man die meisten Lifte am 1.244 m hohen Pancíř.

Im Sommer bieten sich rund um den Ort herrliche **Wandermöglichkeiten**. Zwei Empfehlungen: von Železná Ruda zum idyllisch gelegenen Teufelssee (Čertovo jezero; erst blau, dann rot markiert) oder vom Berg Pancíř (1.214 m) zum Prenet (1.071 m; rot markiert). Wer sich den Aufstieg auf den Pancíř sparen will, fährt von Špičák mit dem ganzjährig betriebenen Sessellift (9–16 Uhr) hinauf. Auch **Radfahrer** kommen rund um Železná Ruda auf ihre Kosten, es gibt unzählige markierte Radwege. Am schönsten sind Touren durch den Nationalpark Šumava (→ „Ziele im Westen des Nationalparks Šumava"), durch welchen u. a. die Radroute Nr. 33 „Christian Battaglia" verläuft. Diese führt von Železná Ruda über Prášily, Srní und Lenora quer durch den Nationalpark bis nach Nová Pec (103 km).

Information/Verbindungen/Sport & Freizeit

• *Information* **Informační centrum,** an der Hauptdurchgangsstraße Javorská 154, ✆/📠 376397033, www.sumava.net/itcruda. Hilfsbereit und kompetent. Tägl. 8–12.30 und 13.30–18 Uhr.

• *Verbindungen* Regelmäßig **Busse** nach Klatovy und Nýrsko. 3- bis 4-mal tägl. nach Lenora, Kvilda, Modrava und Srní.
Der Bahnhof befindet sich ca. 600 m nördlich des Zentrums an der Straße nach Špičák. **Züge** bis zu 5-mal tägl. nach Klatovy und Plzeň, 1-mal nach Nýrsko, Horažďovice und Hojsova Stráž.
Im Sommer fährt gelegentlich auch eine alte **Dampflok** von Bayerisch Eisenstein (mit Lokalbahnmuseum) über Železná Ruda in die nahe gelegene Ortschaft Hojsova Stráž, Auskunft über das Informationszentrum. Erwachsene 10 €, Kinder 4,50 €.

• *Casinos* Železná Ruda besitzt zwei Casinos, das **Arber** in der Javorská 23 und das **Royal** in der Klatovská 140 – zu viel sollte man bei beiden nicht erwarten.

• *Radverleih* **Mountainbikes** gibt es an vielen Ecken zu mieten, z. B. bei Vlastimil **Míčka** an der Hauptdurchgangsstraße (Hnr. 24), von Bayern kommend kurz vor der Kirche rechter Hand. Pro Tag 8,30 € mit Helm. ✆ 376397002.

• *Skifahren* In der Regel ist die Region von Dezember bis März schneesicher. Für eine Tageskarte muss man mit ca. 12 € rechnen, Kinder bezahlen ca. 8,70 €. Eine **Skischule** befindet sich in Špičák (✆ 376397567, www.spicak.cz). Ein 5-tägiger Kurs mit tägl. knapp 3 Std. Unterricht kostet ca. 40 €. Überall können auch Skier geliehen werden, ca. 12 € pro Tag, ca. 40 € für 6 Tage.

• *Öffnungszeiten* **Böhmerwaldmuseum,** Di–Sa 9–12 und 12.45–17 Uhr, So 9–12 Uhr. Eintritt 0,35 €.

Klatovy/Umgebung

Essen & Trinken/Übernachten

• *Essen & Trinken* Im Ortskern drängt sich Restaurant an Restaurant. Ausstattung und Qualität unterscheiden sich meist nur wenig. Etwas aus der Reihe fallen folgende Lokalitäten:

Restaurant Bultas, einfache Gaststätte mit Terrasse schräg gegenüber dem Infocentrum, der gleichnamigen Pension angeschlossen. Wirbt mit „sehr guter Hausmannskost" und das wird von unzähligen Gästen bestätigt. Neben diversen Pfannengerichten auch asiatisch Angehauchtes. Hg. 4,60–7,70 €. ✆ 376397123.

Restaurant U Císaře Rudolfa II, relativ kleines, jedoch gemütliches Lokal mit netter Terrasse. Rostbraten, Schweinsrippchen, Pasta und pseudoasiatische Küche im wilden Mix. Hg. 3,70–7 €. ✆ 376397509, Sklářská 37 (von Bayern kommend vor der Kirche rechts ab).

Joe's Restaurant U Hamru, gemütlich-warmes Lokal in einem alten Holzhaus. Abwechslungsreiche Küche der mittleren Preisklasse. Hier sitzt man gerne länger, auch draußen. Nur am Abend geöffnet. Schräg gegenüber dem U Císaře Rudolfa II.

Café Charlotte, bei bayerischen Grenzgängern äußerst beliebtes, großes und recht rustikales Café. Grund: Mega-Tortenvitrine, 30 verschiedene Eisbecher. Über den Köpfen der Gäste fährt eine Modelleisenbahn. Terrasse. Von Bayern kommend hinter der Kirche rechts abbiegen, dann unübersehbar.

• *Außerhalb* **Na Stráži,** im rund 8 km nördlich gelegenen Hojsova Stráž an der Straße nach Nýrsko. Tipp für den Sommer, schöne Terrasse für warme Tage. Böhmische Standards, stets gut besucht. Die Gaststube ist eher langweilig.

• *Übernachten* Ostalgiker werden sich freuen, es gibt bislang nur wenige Hotels, deren Ausstattung zeitgemäß ist. Zum Zeitpunkt der Recherche wurde jedoch viel gebaut und renoviert – vielleicht oder hoffentlich wird Železná Ruda künftig ansprechendere Unterkünfte aufweisen. Unsere Empfehlungen:

*** **Hotel Horizont II,** in ruhiger Lage nahe dem Ortsteil Špičák, von der Straße nach

Nýrsko ausgeschildert. Bislang eine der schönsten Unterkünfte vor Ort, auch wenn es von außen nicht so aussieht. Ansprechende Zimmer – buchen Sie definitiv eines mit Balkon und Panoramablick auf den Böhmerwald. Freundlicher Service. Haken: abseits vom Schuss, im Winter sind Schneeketten für die letzten paar Meter ein Muss. Leider oft von Reisegruppen in Beschlag genommen. Bewachte Parkplätze. Pro Person mit Frühstück ca. 25 €. ☏ 376397119, www.horizont.sumava.net.

Hotel Malá Paříž, im Ortsteil Špičák (ausgeschildert). Kleines, sympathisches Familienhotel. Freundliche Zimmer und Apartments, auch wenn Mobiliar und Kunstdrucke an den Wänden nicht recht zusammenpassen wollen. Gepflegtes Restaurant angegliedert. Sehr zuvorkommender Service. DZ 30 €. ☏/℻ 376397511, www.malapariz.cz.

Pension St. Moritz, helle saubere Zimmer, viele davon mit Balkon. Restaurant mit schöner Terrasse angegliedert. Pro Person 15 € mit Frühstück. Oft ausgebucht. ☏ 376397185, st.moritz@cbox.cz. Lyžařská 294, von der Hauptdurchgangsstraße ausgeschildert.

• *Camping* Ein wenig einladender Zeltplatz befindet sich nördlich der Stadt unmittelbar an der Straße nach Klatovy. Laut und billig!

Ziele im Westen des Nationalparks Šumava

Südöstlich von Železná Ruda beginnt der Nationalpark Šumava, ein Paradies für **Langläufer, Wanderer** und **Radfahrer,** Letztere kommen in Scharen. Es gibt unzählige markierte Wege und Routen, die sich zu kurzen und langen Touren kombinieren lassen und so jedem Anspruch gerecht werden. Die wenigen noch verbliebenen Dörfer – nach der Vertreibung der deutschen Bevölkerung und der Schaffung eines streng bewachten Grenzstreifens verschwanden viele für immer – erwachen zu neuem Leben. Die alten, mit Schindeln gedeckten Berghäuser werden restauriert und zu Cafés, Restaurants oder Unterkünften ausgebaut. An den Straßen wird vielfach Honig verkauft.

Wichtiger Hinweis: Es wird ausdrücklich davor gewarnt, die markierten Wanderwege im deutsch-tschechischen Grenzgebiet zu verlassen – nicht überall ist das Terrain bislang von verbliebenen Minen gesäubert!

Beliebte Ziele sind u. a. die wildromantische **Vadra-Schlucht** (von Antýgl führt ein rot markierter Wanderweg hindurch), die **Hochmoore von Modrava** (grün markierter Wanderweg ab Modrava) oder das **Šimon-Adler-Museum** (Muzeum Dr. Šimona Adlera) in Dobrá Voda. Es informiert über den Rabbiner und Historiker Dr. Šimon Adler, der 1944 in Auschwitz ermordet wurde, und über das einstige jüdische Leben in der Region. Nebenan steht die **Kirche des Hl. Einsiedlers Gunthers,** ein barocker Sakralbau aus der ersten Hälfte des 18. Jh. mit einem interessanten modernen Glasaltar. Die Kirche wurde erst 1996 neu geweiht, während des Sozialismus diente sie als Munitionslager der Grenztruppen.

Unterkünfte und Restaurants finden Sie insbesondere in Modrava, Srní und Prášily. Selbstverständlich lohnen sich auch Touren in jenen Teil des Nationalparks Šumava, der bereits zu Südböhmen gehört und damit außerhalb des hier beschriebenen Reisegebiets liegt, beispielsweise zum **Lipno-See** oder in die mittelalterliche Stadt **Prachatice** an der Nationalparkgrenze.

• *Übernachten/Essen & Trinken* **Hotel Modrava,** gepflegtes Hotel, von Lesern empfohlen. Farbenfrohe Aufgänge und rustikal-moderne, liebevoll eingerichtete Zimmer ohne jede Spießigkeit. 1a-Service, gutes Restaurant mit gemütlicher Terrasse. Sauna und Billardsalon. Pro Person 22 € mit Frühstück. Bello übernachtet für 5 €. Unübersehbare Lage in Modrava. ☏ 376599325.

Penzion U Vendlů, in Srní. 6 freundlich-rustikale, mit hellen Holzmöbeln ausgestattete Zimmer, nur teilweise mit eigenem

Klostermannova chata, 1924 errichtete, große Berghütte mit Schindeldach, zuletzt aufwändig restauriert, seit 2004 Hotelbetrieb. 15 Zimmer zum Wohlfühlen, tolle Terrasse, gutes Restaurant. Sauna, Bowling, Billard. Pro Person mit Frühstück 18 €. In Modrava nahe der Straße nach Kvilda, ausgeschildert. ✆ 604259090 (mobil), www.klostermannovachata.cz.

Bad. Blick auf den Böhmerwald. Sandkasten und Schaukel im Garten. Netter Service. Pro Person 13 €, ✆/℻ 376599274. Anfahrt: In Srní bei der Kirche die Straße nach Prášily nehmen. Nach ca. 500 m, hinter einer einsamen Kapelle, links ab. Nach weiteren 500 m rechter Hand, Nr. 16.

Penzion Liška, ca. 1,5 km außerhalb von Srní an der Straße nach Modrava linker Hand. Sehr idyllischer Garten. Gemütliche, fast urige Gaststube. Ordentliche Zimmer. DZ 20 €. ✆ 376599386.

• *Öffnungszeiten* **Šimon-Adler-Museum,** in Dobrá Voda (ausgeschildert). Tägl. (außer Mo) 9–12 und 12.30–17 Uhr. Eintritt 0,50 €. Im Museum sind auch Eintrittskarten (gleicher Preis) für die **Kirche** (!) zu bekommen. Führungen durch die Kirche finden tägl. (außer Mo) von 9.30–16.30 Uhr im Stundenrhythmus statt.

Zwischen Železná Ruda und Nýrsko

Rund 25 km trennen Železná Ruda von Nýrsko. Die Landschaft dazwischen – kleine Gebirgsdörfer, glucksende Bergbäche und dichte Märchenwälder – ist herrlich. Welch lustige Wichtelgeister und Feen sich darin tummeln, erfahren Sie im **Puppenmuseum** (Pohádková země) in der Häuseransammlung **Brčálník** (von der Straße 190 Nýrsko – Železná Ruda aus beschildert). Leider ist das Museum in einem wenig attraktiven Erholungsheim aus sozialistischer Zeit untergebracht, doch Kinder stört das nicht. Sie selbst können 100 m weiter warten, in der „Hospůdce na Farmě", einer idyllisch gelegenen Kneipe mit Feuerstelle und kleinem Zoo. Wer die Strecke mit dem Rad abfahren will, verlässt am besten hinter Špičák die Straße 190 und nimmt das sich endlos windende Parallelsträßlein auf der anderen Hangseite des Úhlava-Tals. Hier herrscht sehr wenig Verkehr. Unterwegs passiert man das häuserarme, aber dennoch kilometerlange Dorf **Hamry** mit Einkehrmöglichkeiten

• *Verbindungen* Auf der schönen Strecke zwischen Železná Ruda und Nýrsko verkehrt bis zu 8-mal tägl. ein **Zug**. Dieser hält zwar auch in **Hamry,** jedoch liegt der Bahnhof im Tal und der weit verstreute Ort hoch darüber. **Brčálník** ist ein reines Selbstfahrerziel.

• *Übernachten* *** **Hotel Kollerhof,** in Hamry. Natur pur. 2002 eröffnetes Berghotel mit traumhaften Ausblicken. Komfortable helle Zimmer, alle mit Parkettböden und Balkon. Herrliche Terrasse, Sauna. EZ 23 €, DZ 38 €, Apartment für bis zu 4 Pers. 66 €. ✆ 376390113, www.hotelkollerhof.com. Von der Straße Nýrsko – Železná Ruda bestens ausgeschildert.

Pension Královský hvozd, direkt unterhalb des Kollerhofs. 2004 eröffnet. Zimmer mit einfachen furnierten Möbeln und privaten Bädern, pro Person 8 €. ✆ 376390189, penzionkralovskyhvozd@post.cz.

Horská Chata Hamry, am südlichen Ende von Hamry. Altes Fachwerkhaus direkt am Bach, Restaurant mit idyllischer Bierterrasse. Einfache Zimmer, aber mit privaten Bädern, pro Person mit Frühstück 12 €. ✆ 376390171, www.sumava-zelezorudsko.cz/chata-hamry. Von der Straße Nýrsko – Železná Ruda aus beschildert.

• *Öffnungszeiten* **Puppenmuseum,** nur im Sommer tägl. (außer Mo) 10–17 Uhr. Eintritt 0,70 €, erm. die Hälfte.

Nýrsko (Neuern)

Rund 15 km südwestlich von Klatovy liegt Nýrsko, auf der Landkarte ein viel versprechendes Städtchen nahe einem Stausee. Leider entpuppt sich der schön gelegene See vor Ort als ein Trinkwasserreservoir, in dem Baden verboten ist. Auch der Ort selbst enttäuscht, obwohl er das Marktzentrum einer landschaftlich sehr

Kanufahren auf der Úhlava

reizvollen Urlaubsregion ist. Den Ortskern teilt ein Fluss in zwei Hälften, drum herum überwiegen schäbige Bauten. Bekannt ist Nýrsko für das Optikunternehmen *Okula,* das ab Fabrik preiswert Brillen verkauft. Schöner sind die umliegenden Dörfer wie **Skelná Hut'**, **Zelená Lhota** oder **Hamry** (s. o.), die mit einer Reihe von netten Unterkünften aufwarten können, was man von Nýrsko nicht gerade behaupten kann.

Markierte **Rad- und Wanderwege** führen von Nýrsko durch vergessene Wälder entlang der tschechisch-deutschen Grenze nach Železná Ruda (→ S. 167).

• *Information* **Informační a kulturní centrum Nýrsko** (Informations- und Kulturzentrum Nýrsko), am Busbahnhof im Zentrum, ausgeschildert. Mo–Sa 9–16 Uhr. ✆ 376571616, ic@mestonyrsko.cz.

• *Verbindungen* **Busse** mind. alle 2 Std. nach Železná Ruda, 5- bis 6-mal tägl. nach Klatovy und Janovice nad Úhlavou (Burg Klenová).

Züge bis zu 6-mal tägl. nach Klatovy und bis zu 5-mal nach Plzeň. Der Bahnhof ist weit außerhalb und deswegen in erster Linie für Radfahrer interessant.

• *Übernachten* **Pension Katrin,** zwischen Nýrsko und Skelná Hut', von der Straße zum Grenzübergang aus beschildert. 2003 eröffnet. Unter deutsch-tschechischer Leitung. Sehr freundliche 2- bis 4-Bett-Zimmer in lustigen Farbkombinationen, alle mit Satelliten-TV und Balkon. Garten mit Liegewiese. Gleich daneben das **Schlossrestaurant** mit guter böhmischer Küche und diversen Fischspezialitäten. Pro Person mit leckerem Frühstück 15 €. ✆ 376570644, www.pensionkatrin.sumava.net.

Penzion Andrea, ca. 3 km westlich von Nýrsko in Skelná Hut', ebenfalls von der Straße zum Grenzübergang ausgeschildert. 6 schlichte, geschmacklich anspruchslose Zimmer, teils mit eigenem Bad und toller Aussicht. Sehr schöner, gemütlicher Terrassengarten, Kinderspielplatz, familienfreundlich. Pro Person 13 €, ✆ 376571881.

• *Camping* **Autokemp Nýrsko,** im Süden von Nýrsko (ausgeschildert). Enger Wiesenplatz ohne Schatten, dafür Schwimmbad nebenan. Restaurant und kleiner Supermarkt. Mountainbikeverleih. 2 Pers. mit Zelt und Auto zahlen 6 €, pro Person in einer Hütte 5 €. ✆ 376571220, 📠 376570437.

• *Golf* Der Platz des **Golf Clubs Šumava** liegt ca. 7 km nordwestlich von Nýrsko nahe dem Weiler Liščí an der Straße 190. Bislang erst 5 Loch, er soll aber erweitert werden. Greenfee 5 €. ✆ 604202267, www.golfklubsumava.cz.

Für weitere Ziele westlich von Klatovy → „Domažlice/Umgebung" ab S. 180.

Hrad Klenová (Burg Klenau)

Janovice nad Úhlavou ist ein recht graues Städtchen zwischen Nýrsko und Klatovy. Südöstlich davon erhebt sich jedoch auf einer bewaldeten Anhöhe die frühgotische Burgruine Klenová aus dem Ende des 13. Jh. samt einem **Renaissanceschloss**. Von der Burganlage angetan war der romantische Dichter Ludwig Tieck (1773–1853), der hier als Gast des Reichsgrafen Stadion-Thannhausen zu Besuch weilte. Das Schloss beherbergt eine Ausstellung über historische Möbelstücke, zudem wird moderne tschechische Kunst gezeigt. Anspruchsvolle wechselnde Kunstausstellungen präsentiert ferner die Galerie Klatovy Klenová am Eingang zum Areal. Nach dem Besuch des Schlosses lädt ein recht gediegenes Restaurant auf dem Burggelände auf eine Pause ein. Ganz nebenbei: Wer sich an böhmischen Schlössern nicht satt sehen kann, dem sei ein Abstecher in das 3 km östlich gelegene Dorf **Týnec** empfohlen. Hoch über dem Ort steht ein überaus prächtiges Schloss. Leider ist es in einem äußerst ruinösen Zustand und der Öffentlichkeit nicht zugänglich.

• *Anfahrt/Verbindungen* Die Burg liegt ca. 2 km von Janovice nad Úhlavou entfernt und ist von dort ausgeschildert. Janovice ist mit Bussen ab Klatovy zu erreichen, doch empfiehlt sich ein Ausflug hierher in erster Linie für Selbstfahrer.

• *Übernachten/Essen & Trinken* Im ca. 3 km östlich des Dorfs Klenová gelegenen Týnec. Das dortige Hotel **Panská hospoda,** gleich neben dem maroden Schloss, vermietet 17 mit Kiefernmöbeln ausgestattete Zimmer. Restaurant mit Terrasse angegliedert. Im Winter werden zuweilen Husky-Safaris angeboten. Pro Person 15 € mit Frühstück. ✆ 376392839, Týnec 13.

• *Öffnungszeiten* **Schlossanlage,** April und Okt. tägl. (außer Mo) 10–12 und 12.30–16 Uhr, Mai, Juni u. Sept. tägl. (außer Mo) 9–12 und 12.30–17 Uhr, Juli und Aug. tägl. 9–12 und 12.30–18 Uhr. Eintritt 2,70 €, erm. die Hälfte.

Galerie, Mai und Juni tägl. (außer Mo) 9–17 Uhr, Juli und August tägl. 9–18 Uhr. Der Eintritt hängt von der Ausstellung ab.

Bäuerin im Böhmerwald

Domažlice (Taus)

Die reizvolle mittelalterliche Stadt ist das Herz des Chodenlandes. Zum Bleiben lädt sie nicht nur Mitte August ein, wenn ein ausgelassenes Folklorefest gefeiert wird, Domažlice ist auch ein attraktiver Ausgangspunkt für Ausflüge in die Umgebung.

Das freundliche Domažlice mit seinen rund 12.000 Einwohnern ist offiziell eine Kreisstadt und inoffiziell die Hauptstadt des Chodenlandes, das durch farbenfrohe Trachten, eine Mundart und die typische Dudelsackmusik bekannt ist. Doch an das Brauchtum der Choden, eines uralten slawischen Volksstamms (→ Kasten), erinnert in Domažlice außer in Souvenirgeschäften und Museen oder zu Festtagen nur wenig. Lediglich auf den Dörfern im Umland sieht man noch gelegentlich ältere Frauen in ihren herrlichen Trachten und hört – sofern man des Tschechischen mächtig ist – ihren eigenartigen Dialekt.

Die meisten Besucher des Städtchens sind Tagesausflügler aus dem 15 km entfernten Bayern. Erstaunlich, dass nicht mehr Touristen kommen, wartet Domažlice doch nicht nur mit billigen Zigaretten, gemütlichen Restaurants und schattigen Cafés unter Arkaden am Marktplatz auf, sondern mittlerweile auch mit einigen netten Pensionen. Beschaulich geht es vor allem am Abend in den engen gepflasterten Gassen der denkmalgeschützten Altstadt zu. Liebevoll gefertigte Hauszeichen erinnern dort ein wenig an die Prager Kleinseite. So eignet sich Domažlice jederzeit auch für einen längeren Aufenthalt.

Restaurantwerbung in Domažlice

Geschichte: Die Geschichte Domažlices spiegelt zugleich die Geschichte der Choden wider (→ Kasten). Die reine Stadtentwicklung ist schnell erzählt, obwohl die Anfänge bis ins 9. Jh. zurückreichen. Schon damals gab es hier eine kleine Zollgemeinde, die den Handelsweg zwischen Regensburg und Böhmen kontrollierte. Im 13. Jh. wurde Domažlice zur königlichen Stadt erhoben. Aus jener Zeit stammt die Chodische Burg (→ „Sehenswertes"). Auch umschloss man damals die Stadt mit einer Mauer, von der jedoch kaum etwas erhalten blieb. Die böhmischen Könige, die um die strategische Lage Domažlices wussten, unterstützten stets den Aufschwung der Stadt. Im 16. Jh. erreichte sie ihre erste Blüte. Berühmt war Domažlice zu jener Zeit für sein Weißbier, das selbst nach Bayern exportiert wurde. Der Dreißigjährige Krieg brachte wie überall Not und Hunger, das darauf folgende Jahrhundert immer wieder verheerende Brände, unter denen die Stadt und ihre Bevölkerung litt. Erst Mitte des 18. Jh. kam ein neuer, langsamer Aufschwung, zu dem das Handwerk maßgeblich beitrug. Heute lebt man in Domažlice in erster Linie von der Maschinenbau-, Textil- und Holzindustrie.

Hundsköpfe mit Dudelsack – das chodische Volk

Wer die Choden eigentlich sind und woher sie kommen, weiß niemand so genau. Urkundlich erwähnt wurde der slawische Volksstamm erstmals im Jahr 1040, als er den böhmischen Herzog Bratislav erfolgreich im Kampf gegen den deutschen Kaiser Heinrich III. unterstützte. In jenem Jahrhundert wurden die Choden auch mit der Überwachung der bayerisch-böhmischen Grenze betraut. Die deutsche Expansion Richtung Osten sollte damit aufgehalten werden. Die Aufgabe der Grenzkontrolle, die die Choden mit Kampfbeilen und scharfen Hunden durchführten, gab dem Volk auch seinen Namen (tschech. „chodit“ = patrouillieren). Als Gegenleistung erwarben die Choden von den böhmischen Königen, insbesondere von König Johann von Luxemburg im Jahr 1325, besondere Privilegien: Als Freibauern sollten sie zeitlebens keinem anderen Menschen als dem König untertan sein, weniger Steuern bezahlen, von Zollgebühren befreit sein und so viele Hasen in den Wäldern jagen dürfen, wie sie wollten. Drei Jahrhunderte konnten sie ihren Sonderstatus genießen. Doch nach der Schlacht am Weißen Berg (→ Geschichte), wo sich die Choden auf die Seite der protestantischen böhmischen Stände geschlagen hatten, wurden ihnen ihre Privilegien aberkannt. Ihrem Widersacher, dem siegreichen General Maximilian Laminger von Albenreuth, wurde die gesamte Region rund um Domažlice vermacht. Sämtlich Versuche, die alten Privilegien mit legalen Mitteln zurück zu gewinnen, schlugen fehl. Es kam zum Aufstand. Diesem folgte der blutige Gegenschlag der kaiserlichen Truppen. Den Führer des chodischen Widerstandes, Jan Sladký Kozina, ließ Laminger von Albenreuth 1695 in Pilsen öffentlich hinrichten. Einer Legende nach prophezeite Kozina noch am Galgen dem General dessen Tod auf Jahr und Tag. Und wie angekündigt starb dieser exakt ein Jahr später an einem Schlaganfall.

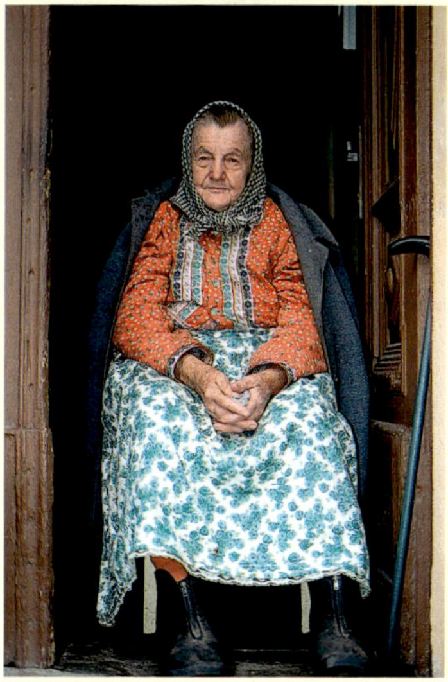
Chodische Tracht

Zur Romantisierung des chodischen Volkes trug insbesondere Alois Jiráseks (1851–1930) Roman „Hundsköpfe“ bei – benannt nach dem Hundekopf im chodischen Wappen, einem Symbol für Treue und Wachsamkeit. In kommunistischer Zeit rechtfertigte man die Aufgaben der Grenzsoldaten des Kalten Krieges übrigens mit der Geschichte der chodischen Grenzhüter.

Domažlice
Karte S. 177

Information/Parken/Verbindungen

• *Information* **Městské informační centrum** (Städtisches Informationszentrum), Náměstí Míru 51, ✆ 379725852, www.idomazlice.cz. Okt.–Mai Mo–Fr 7.30–16 Uhr, im Sommer Mo–Fr 7.30–17 Uhr und Sa 9–12 Uhr.

• *Parken* Gebührenpflichtig am Marktplatz möglich. Weitere größere Parkplätze befinden sich beim Krankenhaus im Westen der Stadt und in der Hruškova nahe der Burg.

• *Verbindungen* Der Intercity-Busbahnhof liegt nahe dem Zentrum zwischen Poděbradova und Dukelská, der Bahnhof etwas außerhalb südöstlich des Zentrums. Am Bahnhof fahren zudem die Busse in die nahe gelegenen Dörfer ab. **Züge,** 2-mal tägl. nach Regensburg, bis zu 3-mal nach Prag, 7-mal nach Plzeň, bis zu 10-mal tägl. nach Klenčí pod Čerchovem, bis zu 5-mal nach Klatovy und Běla nad Radbuzou, bis zu 3-mal nach Tachov. Verbindungen bestehen auch nach Marienbad, Horažďovice und Planá. **Busse,** mehrmals tägl. nach Plzeň, Klatovy, Horšovský Týn und Kdyně. Bis zu 3-mal tägl. nach Prag und Furth im Wald. Im Sommer zudem ständige Verbindungen nach Babylon.

Adressen

• *Ärztliche Versorgung* Krankenhaus in der U Nemocnice westlich des Zentrums, ✆ 379710111.

• *Einkaufen* Im Zentrum rund um den Náměstí Míru wird guter Geschmack entschieden auf die Probe gestellt: In die Geschäfte unter den Arkaden haben sich vornehmlich Asiaten einquartiert, die Imitate jeglicher Art, Alkohol und Zigaretten feilbieten.

Jeden Mittwoch wird auf dem Náměstí Míru der **Markt** abgehalten.

U Jezevce (6), für Jäger und Sammler und solche, die es noch werden wollen: Outdoor- und Safari-Fashion, Jagdaccessoires, Wanderschuhe, Taschenmesser etc. Ecke Poděbradova/ Náměstí Míru.

Chodská Prodejna Keramika (3), gleich gegenüber kann man sich mit chodischer Keramik und Trachtenpüppchen eindecken. Ecke Poděbradova/Husova.

Kumšt (1), Kramlädchen mit historischen Replika (u. a. Ritterrüstungen), Kunsthandwerk, Met, Glas, Fell etc. – vieles davon von Hand gefertigt. Liebevoll eingerichtet. Mo in ungeraden Wochen geschlossen. Poděbradova 88.

Vinotéka Patriot (8), kleine Vinothek mit Schwerpunkt auf mährischen Produkten. Nám. Míru 9–12.

• *Polizei* Stadtpolizei im Rathaus am Marktplatz, ✆ 379725377.

• *Post* Am Sady Ant. Příhody.

• *Wäsche* **Chemická Čistírna,** Reinigung etwas außerhalb des Zentrums. Mo–Fr 8.30–16 Uhr. Havlíčkova 77.

Essen & Trinken/Übernachten

• *Essen & Trinken* Die Preise in den Straßencafés rund um den Náměstí Míru sind gut doppelt so hoch wie in den Dörfern im Umland – der Tagestourismus fordert seinen Tribut!

Chodische Burg (10), im Burggebäude. Gilt als bestes Restaurant der Stadt. Rustikal-nüchterne Räumlichkeiten, vornehmlich deutsches Publikum. Gute böhmische Küche zu 5–10 €. ✆ 379776010, Chodské náměstí 96.

Restaurace Chodská Rychta (4), originelle, abwechslungsreiche Karte: Kalbsschnitzel mit Artischockencreme oder Beefsteak mit Kapern zu 4,30–5,70 €. Große Portionen, gepflegtes Wirtshausambiente. So nur bis 20 Uhr. ✆ 379722524, Msgre. B. Staška 66.

Historická krčma U Meluzíny (11), uriges, rustikal eingerichtetes Kneipenrestaurant. Sattmacherküche zwischen *Halušky* mit Kraut (eine slowakische Spätzlevariante) und Kartoffelspinatnudeln mit Pilzen zu 3–4,50 €. Zudem Kaninchen und Fisch auf der Karte. Im Sommer werden zuweilen auch gute Grillgerichte serviert. Gemütliche Innenhofterrasse. So nur 16–20 Uhr. ✆ 379724414, Vodní 18.

Restaurace Maštal v Podhradí (13), auf Bauernstube gestyltes Restaurant mit alten Rädern an der Decke. Miniterrasse. Herzhafte böhmische Küche, Hg. 2,30–5 €. So Ruhetag. Jiráskova 42.

Hospůdka U kamenného sloupu (2), gepflegtes Wirtshaus etwas außerhalb vom Unteren Tor. Neben regionaler, deftiger Küche auch ein paar vegetarische Gerichte und Käsespezialitäten. Mittlere Preisklasse. So geschl. ✆ 379778386, Poděbradova 139.

Caffé Enzzo (5), 2004 eröffnetes, orangefarbenes Café mit blauem Mobiliar auf Laminatboden und Terrasse am Marktplatz. Für eine träg-ländliche Stadt wie Domažlice fast eine Spur zu schick. Guter Cappuccino. Nám. Míru/Ecke Kostelní.

- *Übernachten* Die wenigen größeren Hotels der Stadt dümpeln, was Fassaden und Interieur angeht, noch im sozialistischen Einheitsgrau. Empfehlenswerter sind die kleinen Unterkünfte in der Altstadt.

Hotel Sokolský dům (7), in bester Lage am Marktplatz. 2002 restauriert. Recht hübsche Zimmer mit neuen Bädern, in denen jedoch noch nicht das gesamte vorrevolutionäre Inventar ausgetauscht wurde. Fahrradverleih, Restaurant. EZ 25 €, DZ 36 €, Frühstück extra. ✆ 379720084, info@sokolskydum.cz, Nám. Míru 121.

Pension Konšelský šenk (12), 10 liebe- und geschmackvoll eingerichtete, moderne Zimmer, 1 „Familienzimmer" (= 2 Zimmer, die sich ein Bad teilen). Helles Holz, farbenfrohes Interieur, Hinterhofgarten und gemütliche Pizzeria im gleichen Haus. Zentrale Lage. DZ 32 €. ✆ 379720200, www.sweb.cz/konsenk, Vodní 33.

U Martina (9), 8 gepflegte Zimmer mit schönen Bädern, TV, Kiefernholzmobiliar und teilweise mit Kühlschrank. Im Erdgeschoss ein nettes Café. DZ 29 €. ✆ 379722640, Vodní 10.

Sport & Freizeit/Kultur

- *Baden* → „Babylon", S. 181.
- *Radverleih* Über das **Hotel Sokolský Dům** (→ "Übernachten"). Pro Tag 8,30 €.
- *Reiten* Ausritte bieten **Iveta und Pavel Jandíkovi** im Dorf Vranov (Nr. 13) nahe Pivoň (→ S. 183) an. Pro Std. ca. 6 €. ✆ 379497313.
- *Veranstaltungen* Traditionelle Trachten und Masken sieht man beim fröhlichen **Karneval in Postřekov,** ca. 10 km westlich von Domažlice. Alljährliches Highlight ist das farbenprächtige **Chodenfest** mit Dudelsackpfeifern, Tanz, Musik und einer Messe auf dem 3 km südwestlich von Domažlice gelegenen Laurentiusberg (Veselá Hora) am Wochenende nach dem 10. August.
- *Wandern/Radfahren* Auf unzähligen gut markierten Wanderwegen rund um Domažlice (→ unter den einzelnen Orten) lässt sich die Umgebung gemütlich per pedes erkunden. Viele Vorschläge findet man in der vom Gemeindeverein Chodische Liga herausgegebenen Broschüre zum Landkreis, erhältlich im Städtischen Informationszentrum.

Eine grenzüberschreitende, markierte Radwanderstrecke (ca. 20 km) führt von Domažlice nach Furth im Wald und über Kdyně zurück. Zudem bestehen Radwanderwege nach Nýrsko und weiter nach Železná Ruda und über Chudenice nach Klatovy.

Am Marktplatz

Sehenswertes

▸ **Náměstí Míru (Platz des Friedens):** Er ist einer der schönsten Marktplätze Westböhmens. Über eine Länge von 500 m säumen ihn farbenfrohe Bürgerhäuser mit romantischen Laubengängen, Barock- und Rokokogiebeln. Viele der Gebäude besitzen tiefe, mehrstöckige Keller, die einst zur Aufbewahrung von Lebensmitteln angelegt wurden. Im Osten begrenzt das **Untere Tor** (Dolní Brána) den Marktplatz. Es ist ein Relikt der alten Stadtmauer und heute ein Wahrzeichen Domažlices. Überragt wird der Platz von einem etwas schiefen, 56 m hohen Rundturm, der zur **Erzdekanatskirche Mariä Geburt** (Arciděkanský kostel Narození Panny Marie) gehört. Von seiner Galerie blickt man im Süden auf den Tschechischen Wald und im Norden auf die historische Anhöhe von Baldov, wo im Jahr 1431 die Hussiten das kaiserliche Kreuzfahrerheer besiegten. Auf dem Turm befindet sich auch ein kleines Glöcklein aus dem 15. Jh. Der Volksmund hat dem Glöckchen den Namen „Advent" gegeben, da es vom ersten Adventssonntag bis Weihnachten täglich um 18 Uhr erklingt. Die Erzdekanatskirche war ursprünglich gotisch, das Kreuzgewölbe lässt dies noch erkennen. Mitte des 18. Jh. wurde sie jedoch im Stile des Barock umgebaut. Wer anders als Kilian Ignaz Dientzenhofer könnte auch hier seine Finger im Spiel haben? Gegenüber der Kirche befindet sich das **Rathaus** von Domažlice, ein schönes Gebäude im Neorenaissancestil.

Öffnungszeiten **Kirchturm,** Mai–Sept. Mo–Sa 9–12 Uhr und 13–17 Uhr, So 13–17 Uhr. Eintritt 0,65 €, erm. die Hälfte.

▸ **Chodský hrad (Chodische Burg):** Der heute eher schlossartige Komplex verdankt sein Aussehen einem Barockumbau im 18. Jh. An die alte Burg erinnert nur noch der schlanke Burgturm, von dem man einen Rundblick über die Stadt genießen kann. Früher tagte das chodische Gericht in der Burg, zudem wurden hier die sog. Majestätsbriefe, die Dokumente über die Privilegien der Choden, aufbewahrt. Heute beherbergen die Räumlichkeiten ein modern konzipiertes Volkskundemuseum zur chodischen Kultur. Zu sehen gibt es allerhand Trachten, Spitzen, Keramik, antike Möbelstücke und eine hübsche Bauernstube. Archäologische Funde beleuchten zudem die frühgeschichtliche Entwicklung der Region. Lohnenswert.

Adresse/Öffnungszeiten Chodské náměstí. April–Okt. tägl. (außer Mo) 9–12 Uhr und 13–17 Uhr, im Winter Mo–Fr 10–12 Uhr und 13–15 Uhr. Eintritt 1,20 €, erm. 0,50 €.

▸ **Národopisné muzeum Jindřicha Jindřicha (Jindřich-Jindřich-Museum):** Ein weiteres Museum, das sich mit der chodischen Kultur befasst. Es entstand aus der Privatsammlung des Domažlicer Komponisten und Volkskundlers Jindřich Jindřich (1876–1967), der eine erstaunliche Kollektion an Töpferwaren, Heiligenbildern und Fotografien zusammengetragen hatte. Ein Blickfang ist die chodische Stube mit historischen Möbelstücken. Es finden auch wechselnde Ausstellungen statt.

Adresse/Öffnungszeiten Náměstí Svobody 67. Mo–Sa 9–12 Uhr und 13–16 Uhr. Eintritt 1,80 €, erm. 0,50 €.

Das Untere Tor in Domažlice

▸ **Galerie bratří Špillarů (Galerie der Brüder Špillar):** Die Galerie widmet sich den beiden in Pilsen geborenen Brüdern und Malern Špillar. Der ältere von beiden, Jaroslav Špillar (1869–1917), interessierte sich vornehmlich für das ländliche Leben chodischer Familien, das er in unzähligen Bildern einfing. Eines seiner beliebtesten Motive war der Dudelsackpfeifer. Er starb an einer tückischen Geisteskrankheit. Kurz vor seinem Tod war er noch von der fixen Idee besessen, sich einen geschlossenen Kutschenwagen als fahrbares Atelier umzubauen zu lassen. Sein jüngerer Bruder Karel (1871–1939) verließ die Heimat früh und erlebte seine fruchtbarsten Jahre in Frankreich, wo er die stillen Winkel von Paris, Strände der Normandie und Landschaften der Bretagne farbenfroh einfing. Neben den Werken beider Brüder zeigt die Galerie auch wechselnde Ausstellungen.

Adresse/Öffnungszeiten Msgre B. Staška 265. Mitte April bis Mitte Okt. tägl. (außer Mo) 9–12 Uhr und 13–17 Uhr, Mitte Okt. bis Mitte April Mo–Fr 9–12 und 13–16 Uhr. Eintritt 0,35 €, erm. die Hälfte.

Domažlice Karte S. 177

Bäuerlich geprägt – die Umgebung von Domažlice

Domažlice/Umgebung

Domažlice liegt zu Füßen der stillen tiefen Forste des Tschechischen Walds (Český les), dem böhmischen Pendant zum Oberpfälzer Wald. Die gesamte dünn besiedelte Waldregion ist ein beliebtes Ausflugsziel: Durch die intakte Natur, wegen des einstigen Eisernen Vorhangs lange Zeit unberührt, führen zahlreiche markierte Rad- und Wanderwege. Eines der meistbesuchten Ziele ist der Gipfel des Čerchov, die höchste Erhebung des Tschechischen Waldes. Wer mit dem Auto durch die Gegend kutschiert, sieht am Straßenrand häufig kleine Stände, an denen Imker Honig, Pilzesammler riesige Schwammerl oder Fischer ihren frischen Fang aus rauschenden Bächen oder stillen Flüsschen feilbieten. Lohnenswert sind auch Abstecher zu den alten Chodendörfern mit ihren traditionellen Holzhäusern westlich von Domažlice. Die schönsten liegen abseits der Hauptverbindungsstraßen. Leider kann man oft nicht mehr als nur hindurch fahren. Die Dörfer sind so klein, dass sie oft nicht einmal mit einer Dorfkneipe aufwarten können. Im Norden und Osten von Domažlice erstrecken sich im Sommer weite, goldene Weizenfelder, dazwischen kleine Wälder.

Das sehenswerteste Städtchen in der Umgebung von Domažlice ist Horšovský Týn. Zum Baden lädt Babylon ein – der Turm, der bis zum Himmel reichen sollte, wurde hier aber nie gebaut. Ruinen wie am Euphrat gibt es rund um Domažlice jedoch auch: Auf vielen Hügeln liegen die steinernen Reste vergessener Burgen.

Újezd

Auf halber Strecke zwischen Domažlice und Klenčí pod Čerchovem liegt das verschlafene Dorf Újezd. Dem einstigen Chodenführer Jan Sladký Kozina (→ Kasten,

S. 175) richtete man hier in einem Gutshof eine Gedenkstätte ein. Angegliedert ist ein kleines **Bauernmuseum**. Das Museum ist mit „Kozinovo statek“ ausgeschildert.

• *Verbindungen* **Busse** mehrmals tägl. von und nach Domažlice.

• *Öffnungszeiten* **Bauernmuseum,** offiziell Mai–Sept. tägl. (außer Mo) 9–17 Uhr, tatsächlich aber mehr nach Lust und Laune. Eintritt 0,80 €.

Babylon

Der Urlaubsort in Miniformat liegt ca. 7 km südwestlich von Domažlice an einem gemütlichen Badesee mit großem Strandbad. Am Südufer findet man Restaurants und viele Ferienhäuser. Darunter befinden sich auch ein paar feudale Bauten, denn die hiesige Sommerfrische entdeckte der Geldadel schon zu Ende des 19. Jh. Ein Wermutstropfen ist die stark befahrene Staatsstraße 26 von Domažlice ins bayerische Furth im Wald, die den Ort unschön tangiert. Weiter südlich passiert sie triste Grenzdörfer wie **Česka Kubice** und **Folmava**. Diese haben kein Flair, dafür haufenweise Casinos und Nightclubs, auf deren Terrassen sich die Mädchen im Sommer gähnend bräunen. Babylon bietet sich als Ausgangspunkt für herrliche Wanderungen in die dichten Wälder der Umgebung und auf den **Čerchov** (→ unten) an.

• *Verbindungen* Im Sommer ständig **Busse** von und nach Domažlice, **Züge** fahren seltener.

• *Übernachten* Da die meisten Babylon-Urlauber in ihren eigenen Datschen wohnen, ist die Auswahl eher bescheiden.

Pension 61, gemütliche kleine Pension direkt am See in idyllischer Lage. Die Zimmer teilen sich Bad und Gemeinschaftsraum mit Kochgelegenheit. Schöner Garten, privater Badestrand. Für 2 Pers. 25 €. ✆ 3797 93124, in Babylon ausgeschildert.

Penzion Maxov, im gleichnamigen Dorf ca. 9 km südöstlich von Babylon an der Straße 190. Neubau in sehr ruhiger Lage. Die 5 Zimmer (alle mit privaten Bädern) könnten dennoch mal ein neues Styling vertragen, sind aber groß und mit Sitzecken sowie Balkon versehen. Restaurant und Bierterrasse. DZ 28 €. ✆ 379779018, www.maxov.webpark.cz.

Autokemp Babylon, der einzige Campingplatz vor Ort, jedoch nicht direkt am See. Große Stellwiese mit Restaurant, Kiosk und Kochgelegenheiten. Leider nur wenig Schatten. 2 Personen mit Zelt und Auto zahlen 5,30 €. Vermietet werden zudem kleine Holzhütten, für 2 Personen 8 €. ✆/℻ 379724031, www.babylon-obec.cz/autokemp.

• *Essen & Trinken* **Lovecká Chata,** Holzhütte mit schöner Grillterrasse in schattiger Lage am See. Auf der Karte auch Wildgerichte, ansonsten böhmische Standards. Hg. 3,30–7,70 €. Nur im Sommer geöffnet. Im Ort mit „Jägerhütte“ ausgeschildert.

Restaurant Pizzeria Babylon, wechselnde böhmische Tagesgerichte (ca. 3,30 €), ansonsten Fisch, Fleisch und Pizza aus dem Holzofen (3,30–4,70 €). Hübsche Veranda, an der leider die Lkw vorbeirauschen, denn das Lokal liegt direkt an der Hauptdurchgangsstraße. Fest in deutscher Hand.

Čerchov (Schwarzkoppe)

Mit 1042 m ist der Čerchov der höchste Gipfel des Tschechischen Waldes. Gekrönt wird er von einem Aussichtsturm, den man Anfang des 20. Jh. errichtete, schon damals war der Berg ein beliebtes Ausflugsziel. Doch fast die gesamte zweite Hälfte des letzten Jahrhundert stand der Grenzberg unter der Kontrolle des Militärs und war Sperrgebiet. Erst seit der Wende darf man ihn wieder besteigen und vom Aussichtsturm das betrachten, was früher nur für die Augen und Ohren der Militärs bestimmt war. Zahlreiche **Wanderwege** führen zu seinem Gipfel, u. a. ein ca. 7 km langer, grün markierter Weg von Babylon. Rund um den Čerchov finden Sie im Winter auch schöne gespurte Loipen.

• *Anfahrt* Eine Anfahrt zum Gipfel ist nicht möglich. Der kürzeste Fußweg hinauf (ca. 5 km) beginnt beim Parkplatz im Weiler Carpatice, ausgeschildert.

• *Öffnungszeiten* **Aussichtsturm,** im Sommer tägl. 9–17 Uhr.

Angler bevölkern die Flussläufe des Tschechischen Waldes

Klenčí pod Čerchovem (Klentsch)

Rund 8 km westlich von Domažlice liegt dieses alte Chodenstädtchen, das bekannt ist für die Herstellung von Keramik mit den bunten traditionell-chodischen Motiven. Entlang der Hauptdurchgangsstraße, die sich einen Hügel hinaufzieht, gibt es Teller, Vasen und dergleichen zu kaufen. Ein kleines **Museum** (Klenčí Baarovo muzeum) unterhalb der Dorfkirche erweist dem in Klenčí pod Čerchovem geborenen Volksschriftsteller Jindřich Šimon Baar (1869–1925) die Referenz. Am **Aussichtspunkt Výhledy,** 3 km südlich des Ortes, hat man ihm ein Denkmal gesetzt. Im Juli findet dort stets das Heimatfest Národopisná slavnost statt.

- *Information* **Informační středisko Klenčí pod Čerchovem,** gegenüber dem Museum. ✆/℻ 379795325. Mo–Fr 8–11.30 Uhr und 12–16 Uhr.
- *Verbindungen* **Züge** und **Busse** bis zu 9-mal tägl. nach Domažlice.
- *Übernachten* *** **Hotel Game,** ca. 1 km außerhalb, im Ort ausgeschildert. Im Ganzen nichts Besonderes, könnte aber für Aktivurlauber interessant sein. Zimmer mit besserer Standardeinrichtung, Tennisplatz und Schwimmbad gleich ums Eck. Driving Range, Sauna, Solarium. Ruhige Lage. DZ mit Frühstück 39 €, EZ 34 €, der Bello übernachtet für 9 €. ✆ 379794611, www.hotelgame.cz.
- *Öffnungszeiten* **Museum,** im Sommer tägl. (außer Mo) 10–12 und 13–17 Uhr. Eintritt 0,35 €.

Naturpark Tschechischer Wald – von Bělá nad Radbuzou nach Poběžovice

Zum Radfahren oder Wandern durch den Tschechischen Wald ist Bělá nad Radbuzou, rund 30 km nordwestlich von Domažlice, eine guter Ausgangspunkt. Der Ort selbst hat jedoch außer einer alten, von Statuen gesäumten Brücke nichts Ansehnliches zu bieten. Am Marktplatz beginnt ein 24 km langer, schöner **Wanderweg** (gelb markiert) durch den Naturpark Tschechischer Wald, der zunächst bis nach **Pivoň** führt, einem idyllisch in einem kleinen Tal gelegenen Dorf. Am nördlichen Ortsausgang von Pivoň kann man die gruseligen Ruinen eines verfallenen Augustiner-Eremitenklosters aus dem 13. Jh. besichtigen (Einsturzgefahr!). Endstation der Wanderung ist der kleine Ort **Poběžovice,** dessen Leben sich vornehmlich in der Kneipe des Hotels Hubertus in der Stadtmitte abspielt. Poběžovice besitzt eine weite Schlossanlage aus dem 16. Jh. Sie wird seit Jahren restauriert, ist jedoch der Öffentlichkeit noch immer nicht zugänglich. Zum EU-Beitritt 2004 brachte man eine Gedenktafel an: „Im Ronsberger Schloss lebte Richard Coudenhove Kalergi, Vater des Gedankens des geeinten Europas".

Auch mit dem **Fahrrad** gelangt man übrigens auf schwach frequentierten Straßen von Bělá nad Radbuzou über Rybník nach Pivoň und weiter nach Poběžovice. Die Strecke ist ein wenig länger, aber ebenfalls herrlich. Da das gesamte Grenzgebiet dünn besiedelt ist: unbedingt Proviant mitnehmen.

Verbindungen **Züge** bis zu 5-mal tägl. von Domažlice nach Bělá. Von Poběžovice bis zu 10-mal tägl. nach Domažlice und Tachov.

Für weitere Ziele nördlich von Domažlice → „Mariánské Lázně/Umgebung" ab S. 96.

Horšovský Týn (Bischofteinitz)

Ein beschaulicher Marktplatz, ein großer Park zum Schlendern und ein prächtiges Renaissanceschloss. In Horšovský Týn lässt sich gemütlich ein Nachmittag verbringen.

Mehr aber leider nicht, denn mit guten Unterkünften sieht es in dem 5.000-Einwohner-Städtchen 12 km nördlich von Domažlice bislang noch mager aus. Grund genug, die touristische Infrastruktur ein wenig anzukurbeln, hätte Horšovský Týn aber allemal: Die Lage des Ortes zu beiden Seiten des Flusslaufs der Radbuza ist äußerst reizvoll und der Náměstí Republiky, der denkmalgeschützte Hauptplatz, ein Schmuckstück. Pastellfarbene Giebelhäuser aus verschiedenen Epochen säumen ihn. Die barockisierte **Peter-und-Paul-Kirche** (Kostel sv. Petra a Pavla), im 13. Jh. als gotischer Bau errichtet, beherrscht dessen Mitte.

Was Horšovský Týn mit dem Mond zu tun hat

In Horšovský Týn erblickte der Astronom Joseph Johann von Littrow 1781 das Licht der Welt. Auf ihren weltberühmten Sohn ist die Stadt sehr stolz. Sie kennen ihn nicht? Der Himmelsforscher entdeckte einen Krater auf dem Mond, der nach ihm benannt wurde. In dessen Nähe landete das Apollo-17-Raumfahrzeug im Dezember 1972.

Dominiert wird der Ort von einem vierflügeligen, sgraffitoverzierten **Renaissanceschloss** (Zámek Horšovský Týn) – als wäre Italien ganz nah. Im 13. Jh., als Horšovský Týn noch Zollstation (= Teyn) an einem bedeutenden Verkehrsknotenpunkt war, stand hier eine gotische Bischofsburg. Sie brannte Mitte des 16. Jh. aus. Auf ihren Ruinen ließen die Lobkowitz ein prächtiges Schloss errichten, der alte Befesti-

Das Renaissanceschloss von Horšovský Týn

gungscharakter blieb dabei erhalten. Spätere Umbauten führten dazu, dass heute von der Frühgotik bis zum Klassizismus nahezu alle Stilrichtungen im und am Schloss vorzufinden sind. Wer es besichtigt, kann zwischen verschiedenen Touren wählen. Es gibt u. a. eine Führung durch den Burggrafenpalast, eine durch den Wappensaal, eine durch die Mauern der ehemaligen Burg, eine durch die Küchen (ostasiatisches Porzellan!) und eine durch das Schloss. Letztere ist für all jene, die keinen ganzen Tag hier verbringen wollen, die spannendste Tour. Sie vermittelt einen Eindruck vom feudalen Leben des hier einst residierenden Adels. Salons, Tanzsaal und Bibliothek sind noch weitestgehend mit dem Originalmobiliar ausgestattet: Porzellanleuchter mit echten Edison-Birnen, englische Reisewecker aus dem Barock, böhmische und venezianische Kristalllüster usw.

Nördlich des Schlosses schließt sich der große **Schlosspark** an (von der Westseite der Schlossanlage frei zugänglich). Darin befinden sich Pavillons, Brunnen, Statuen und ein See. An der Nordseite des Parks sind noch Reste der Stadtmauern aus dem 13. Jh. zu sehen. Besonders lohnenswert ist ein Besuch von Horšovský Týn zur **Anna-Kirchweih,** die stets Ende Juli stattfindet. Das dreitägige Fest wartet mit mittelalterlichen Events, altböhmischen Spezialitäten und viel Musik auf.

• *Information* **Regionální informační centrum,** Náměstí Republiky 105, ☏ 379422247, www.horsovskytyn.cz. Mo–Fr 8–16 Uhr.

• *Verbindungen* Der Bahnhof liegt ca. 10 Fußminuten südwestlich des Zentrums. Regelmäßig **Züge** nach Domažlice (in Staňkov umsteigen). Mehrmals tägl. **Busse** nach Domažlice und Pilsen.

• *Übernachten/Essen & Trinken* **Hotel Gurmán,** neben dem Schlosseingang. 2003 eröffnet, bislang die einzige stilvolle Unterkunft des Orts. 10 komfortable, gemütliche und farbenfrohe Zimmer (buchen Sie das „Schlosszimmer" Nr. 104 mit Himmelbett!). Gutes Restaurant mit gehobener böhmischer Küche (Hg. 4–11,60 €) angegliedert. Auf der netten Terrasse wird im Sommer hin und wieder gegrillt. EZ 28 €, DZ 53–63 €. ✆/℻ 379410020, hotel-gurman@trendstar.cz.

Privatzimmer F. Straka, einfache Unterkunft am Marktplatz, ein Schild mit einem Bettensymbol macht darauf aufmerksam. Nur 2 schlichte Zimmer, die sich Bad und Küche teilen. Nichts Besonderes, aber sauber und den muffig-altbackenen Zimmern des weitestgehend unrestaurierten (aber ebenfalls günstigen) Hotels Šumava nebenan vorzuziehen. Pro Person 8,50 €, kein Frühstück. ✆ 379423206, ℻ 379428387.

Zámecká restaurace, kleines Restaurant am Eingang zum Schloss. Akzeptable tschechische Küche, die Spezialität des Hauses sind Rehfilets. Hg. 3,30–7,70 €. ✆ 379423483, Náměstí Republiky.

• *Öffnungszeiten* **Schloss,** Juni–Aug. tägl. (außer Mo) 9–12 und 13–17 Uhr. April und Okt. nur Sa/So 9–12 Uhr und 13–16 Uhr, Mai und Sept. tägl. (außer Mo) 9–12 Uhr und 13–16 Uhr, zudem vom 26.12.–1.1. tägl. 10–12 Uhr und 13–15 Uhr. Die verschiedenen Touren dauern 30–60 Min. und kosten 0,35–1 €. Legt man Wert auf eine fremdsprachige Führung, kommen noch mal jeweils 0,65 € pro Person dazu.

Für weitere Ziele nordöstlich von Domažlice → „Plzeň/Umgebung" ab S. 141.

Burg Nový Herštejn und Burg Rýzmberk

Etwa 9 km südöstlich von Domažlice liegt das 5.000-Einwohner-Städtchen **Kdyně.** Von weitem kündigt es sich durch den riesigen Schornstein des Maschinenbaubetriebs Elitex an. In den hügeligen Wäldern nördlich des Städtchens verstecken sich die Ruinen der Burg Nový Herštejn und der Burg Rýzmberk, von denen Letztere die interessantere ist. Sie wurde im 13. Jh. zum Schutz vor den Bayern errichtet und während des Dreißigjährigen Krieges von den Schweden besetzt und verwüstet. Literarisch verewigte sie die französische Schriftstellerin George Sand (1804–1876) in ihrem Roman „Consuelo". Den Burgturm kann man besteigen (toller Rundblick!). Zwischen den Ruinen findet man eine kleine gemütliche Kneipe. Eine Gaudi ist ein Besuch der Burg Ende Juni zum *Rýzmberský hradní guláš* („Rýzmberker Burggulasch") – kein Ritteressen, sondern ein **Country- und Folkfestival.** Von der Burg Nový Herštejn stehen nur noch ein paar Mauerreste, ein rot-weiß markierter **Wanderweg** verbindet die beiden Burgen.

• *Verbindungen* Der Bahnhof befindet sich ca. 1 km südlich des Zentrums von Kdyně. **Züge** von Kdyně bis zu 7-mal tägl. nach Domažlice und Klatovy sowie bis zu 3-mal tägl. nach Horažd'ovice. **Busse** fahren regelmäßig nach Domažlice, weniger häufig nach Klatovy.

• *Anfahrt/Öffnungszeiten* **Zur Burg Rýzmberk** folgt man vom Marktplatz in Kdyně der Straße, die vorbei an der Apotheke und der Bank Česka Spořitelna verläuft. Bei einer Kreuzung mit einem Konzum (linker Hand) geht es auf der Rýzmberská weiter und nach ca. 100 m links ab (Hinweisschild). Ab dem Ortsschild noch ca. 600 m bergauf, bis linker Hand ein kleines gelbes Hinweisschild auftaucht. Am Waldrand parken, von da noch ca. 10 Min. zu Fuß. Nur im Sommer tägl. 10–17 Uhr. Eintritt 0,35 €.

• *Übernachten/Camping* **Autocamping Hájovna,** ca. 2 km nördlich von Kdyně, an der Straße nach Němčice ausgeschildert. Großer schattiger Platz am Waldrand, dennoch wenig Flair. Restaurant, Schwimmbad in der Nähe. 2 Pers. mit Zelt und Auto zahlen 5 €. Ein Bungalow für zwei Personen kostet 7,10 €. ✆ /℻379731595, automotoklub@kdyne.cz.

Für weitere Ziele östlich von Domažlice → „Klatovy/Umgebung" ab S. 159.

Über den Dächern von Prag

Praha

(Prag)

Um all die Facetten der tausendjährigen Stadt zu entdecken, bräuchte man Wochen. Um sie zu verstehen, Jahre. Genießen aber kann man Prag auf Anhieb.

Prag ist eine Stadt im Wandel, eine Stadt auf dem Weg zu einer neuen Identität im Herzen Europas und innerhalb der EU. Die Tristesse aus der Zeit des Sozialismus ist passee, das Grau der Fassaden übertüncht. Das Attribut „golden" trägt Prag wieder zu Recht. Farbenprächtig und lebensfroh präsentiert sich das Zentrum heute. Anteil daran haben auch die Millionen Besucher aus aller Welt.

Prag zeigt seine Reize freizügig: eine erhabene Burg, hundert Türme und Kuppeln, verschlungene Gassen und prächtige Straßenzüge mit Bauten aus der Gründerzeit. Die Schätze liegen nicht wie in anderen Metropolen in Museen versteckt. Zwei Weltkriege hat die Stadt dank der ausgebliebenen Bomber nahezu unbeschadet überstanden, das kommt ihr zugute. Aber nicht nur die Vergangenheit ist an allen Ecken lebendig, auch die Gegenwart. Als eine pulsierende, weltoffene Metropole präsentiert sich Prag, als eine Stadt, die voller Optimismus in die Zukunft blickt.

Ein Optimismus aber, den nicht all ihre Bewohner teilen: Während sich in trendigen Cocktailbars die neureiche Oberschicht zur Caipirinha trifft, hinter mondänen Glasfassaden die Weichen für das Prag des neuen Jahrtausends gestellt werden, in eleganten Shoppingcentern die noch unentdeckten Eva Herzigowas flanieren und in prächtigen Jugendstilcafés Touristen über Kafka und den Golem plaudern, sitzen die einfachen Arbeiter in den Eckkneipen dicht gedrängt beim Pausenbier und studieren die Quoten der Fußballwetten. Ihre Frauen durchwühlen die Wäscheberge der

Secondhandläden, von der glamourösen Hochglanzwelt können sie nur träumen. Auf den Straßen knattern gleichzeitig Auspuffe, Presslufthämmer und Ampeln um die Wette. Daneben erledigt der humpelnde Rauhaardackel sein Geschäft auf dem letzten sauberen Meter des Gehwegs. Sein verarmtes Frauchen – zum Zaungast im neuen Prag geworden –, kramt in der Mülltonne. Nur eine überfüllte Straßenbahn schaut zu. Prag hat verschiedene Gesichter.

Geschichte: Die ersten Siedlungen auf dem Gebiet des heutigen Prag entstanden ca. 3000 v. Chr. Alte Handelswege kreuzten hier, da sich die Moldau an einer Furt leicht überqueren ließ. Die eigentliche Stadtgeschichte beginnt aber erst in der zweiten Hälfte des 9. Jh. Damals wählte Herzog Bořivoj I. aus dem Geschlecht der Přemysliden jenen Bergrücken, der sich heute Hradčany nennt, zu seiner Burgstätte. Schon ein Jahrhundert später gab es unterhalb der Prager Burg ein blühendes Marktzentrum, wo Slawen, Russen, Muslime und Juden mit Sklaven, Zinn und Pelzen handelten. Bald darauf entstanden die ersten Klöster. Gegen Ende des 10. Jh. wurde flussaufwärts die Burg Vyšehrad im heutigen Prager Süden (→ S. 250) befestigt und mit einer Münzprägestätte ausgestattet.

Im Jahr 1158 ließ der Herrscher Vladislav II. die erste Steinbrücke über die Moldau errichten, die nach seiner Frau Judithbrücke genannt wurde. Dieser wichtige Übergang trug erheblich zur Entwicklung der Stadt bei. Insbesondere am rechten Moldauufer siedelten daraufhin mehr und mehr Kolonisten, vor allem nachdem Soběslav II. Juden, Italienern und Deutschen das Recht auf Selbstverwaltung zugestanden hatte. Man schätzt, dass in der zweiten Hälfte des 13. Jh. bereits 35.000 Menschen dort lebten. Zu jener Zeit ging auch der Name „Prag“ von der Burg auf die Stadt darunter über. Das Handelszentrum, das aus mehreren Märkten bestand, umgab eine Befestigungsmauer, die entlang der heutigen Fußgängerzone Na Příkopě (Am Graben), die die Alt- von der Neustadt trennt, verlief.

In der Mitte des 14. Jh., unter Karl IV., stieg Prag zu den bedeutendsten Städten Europas auf und wurde Mittelpunkt des Heiligen Römischen Reiches. Unter seiner Herrschaft erfolgte die Grundsteinlegung des Sankt-Veits-Doms, der ersten Universität Mitteleuropas und der Karlsbrücke, welche die durch Treibeis beschädigte Judithbrücke ersetzte. Zudem ließ Karl auf der rechten Seite der Moldau Nové Město, die Neustadt, mit weiten Straßen und Plätzen anlegen. Auf Karls Tod folgte für Prag ein Jahrhundert schwerer Rückschläge, bedingt durch verheerende Pestepidemien und die sozialen Spannungen zwischen Katholiken und Hussiten, die mit dem ersten Prager Fenstersturz (→ Kasten S. 243) die Hussitenkriege auslösten.

Erst in der zweiten Hälfte des 16. Jh. (mittlerweile zählte die Stadt rund 60.000 Einwohner) wurde Prag wieder zu einer der glanzvollsten Metropolen des Heiligen Römischen Reiches – insbesondere unter der Regierungszeit Rudolfs II., der Maler und Bildhauer, Alchimisten und Astrologen an seinen Hof kommen ließ und eine der imposantesten Kunstsammlungen weltweit aufbaute. Aber dann kam der 30-jährige Krieg, ausgelöst durch den berühmten zweiten Prager Fenstersturz (→ Kasten S. 243), und die Schweden plünderten die Kunstschätze der Prager Burg. Nach dem Krieg wurde Prag von Wien aus regiert. Im Zuge der Gegenreformation erhielt die Stadt ihr barockes Gesicht, das noch heute das „Goldene Prag“ ausmacht.

1713 erlebte Prag ein verheerendes Jahr: Zum letzten Mal brach die Pest aus, 13.000 Menschen fielen ihr zum Opfer. Während des österreichischen Erbfolgekriegs wurde Prag von Bayern, Sachsen, Franzosen und Preußen belagert. Dem Preußen

Praha Übersicht S. 189

Friedrich II. gelang es 1745 sogar, mit einem Heer von 80.000 Mann die Stadt vorübergehend einzunehmen. 12 Jahre später versuchte er sein Glück erneut: Dieses Mal stand er mit über 100.000 Mann vor den Toren der Stadt und fast genauso viele Kanonenkugeln hagelten auf sie nieder. Doch einnehmen konnte er sie nicht mehr.

In der ersten Hälfte des 19. Jh. kippte infolge der Industriellen Revolution und des damit verbundenen Zuzugs an Tschechen das zahlenmäßige Verhältnis zwischen Deutschen und Tschechen zugunsten Letzterer. Daraus entwickelte sich ein vehementer Konkurrenzkampf beider Kulturen, der bis in die Mitte des 20. Jh. anhielt. Durch den Bau feudaler Palais, großer Theater oder prachtvoller Bürgerhäuser, die noch heute der Stadt ihren besonderen Reiz verleihen, versuchten sich beide Kulturen einander zu beweisen. 1843 wurde der erste Prager Bahnhof eröffnet, vier Jahre später brannten die ersten Gaslaternen, und 1896 fuhr die erste elektrische Straßenbahn. Im 1. Weltkrieg blieb Prag von Kriegshandlungen verschont, auch den 2. Weltkrieg überstand die Stadt ohne große Zerstörungen.

Unter den Kommunisten begann der Verfall des historischen Zentrums und der Bau von Plattenbauten rund um die Stadt. 1960 zählte Prag eine Million Einwohner und rühmte sich der größten Stalinstatue der Welt (kurz nach ihrer feierlichen Einweihung jedoch war Stalin „out" und man riss sie wieder ab). 1968, während des Prager Frühlings, stand die Moldaustadt im Mittelpunkt des Weltgeschehens, aber kurz darauf verschwand sie hinter dem Eisernen Vorhang und geriet fast in Vergessenheit.

Seit der Samtenen Revolution hat sich dieser Sachverhalt wieder geändert: Prag zählt heute zu den beliebtesten Zielen für Städtereisen. Die Stadt boomt und ist ein bevorzugter Ort internationaler Investoren, ihre Zukunft sieht rosig aus. An allen Ecken wird gebaut und restauriert – in Folge des verheerenden Augusthochwassers 2002 oft ein zweites Mal. Die Moldau führte in jenen Tagen 30-mal mehr Wasser als sonst, 50.000 Menschen mussten allein in Prag evakuiert werden.

Orientierung: Prag ist überschaubar. Das Gros aller Sehenswürdigkeiten, darunter die Prager Burg, der Staroměstské náměstí (Altstädter Ring), die Karlsbrücke, der Wenzelsplatz und der Jüdische Friedhof, liegen in den historischen Stadtteilen Hradčany und Malá Strana westlich der Moldau und Staré Město, Josefov und Nové Město östlich der Moldau. Sie alle lassen sich problemlos zu Fuß erkunden. Aber auch mit der Straßenbahn oder der Metro gelangt man ohne Umstände in die Nähe jeder Sehenswürdigkeit. Die nächstgelegene Metrostation oder Straßenbahnhaltestelle sowie die dort hinführenden Linien sind unter den einzelnen Sehenswürdigkeiten angegeben. Noch ein Hinweis: Es ist vorteilhaft, im Zentrum zu wohnen, die Auswahl an Unterkünften ist groß.

Information

Private Informationsbüros gibt es im Zentrum viele. Die meisten davon halten jedoch lediglich Stadtpläne bereit und erteilen Auskünfte über kulturelle Veranstaltungen, für die sie Tickets verkaufen. Wer auf Zimmersuche ist, wendet sich besser an eine der unter „Übernachten" aufgeführten Vermittlungsagenturen. Die offizielle Tourist Information der Stadt nennt sich **Prager Informationsdienst** (Pražská informační služba), er ist im Internet unter www.pis.cz auch in deutscher Sprache vertreten. Zweigstellen mit der einheitlichen Rufnummer ✆ 12444 findet man z. B.:

Staré Město (Altstadt): Staroměstská radnice (Altstädter Rathaus), Staroměstské

nám. Im Sommer Di–So 9–18 Uhr, Mo 11–18 Uhr, im Winter eine Stunde kürzer. Ⓜ A Staroměstská.

Nové Město (Neustadt): Na Příkopě 20. Mo–Fr 9–19 Uhr, Sa 9–17 Uhr. Ⓜ A, B Můstek.

Verbindungen

• *Bus* Die meisten nationalen und internationalen Busse starten und enden am **Busbahnhof Florenc**. Hier befindet sich auch die gleichnamige Metrostation: Sowohl mit der roten Linie (Haltestelle Muzeum) als auch mit der gelben (Haltestelle Můstek) gelangen Sie direkt zum Wenzelsplatz. In alle größeren Orte Westböhmens fahren von hier mehrmals täglich Busse, nach Pilsen sogar nahezu stündlich.

• *Zug* Prag hat mehrere Bahnhöfe. Die Züge aus Westböhmen, Deutschland oder Österreich enden entweder am **Hauptbahnhof (Hlavní nádraží)** im Zentrum der Stadt oder am **Bahnhof Holešovice** im Norden Prags. Ins Zentrum gelangt man von dort mit der Ⓜ C, nach Mitternacht mit Ⓢ 54. In beiden Bahnhöfen finden Sie eine rund um die Uhr geöffnete Gepäckaufbewahrung, Geldwechselmöglichkeiten und Zimmervermittlungen.

In alle größeren Städte **Westböhmens** fahren mehrmals täglich Züge, teilweise muss man jedoch umsteigen. Züge nach **Karlovy Vary** fahren vom Bahnhof Holešovice ab, nahezu alle anderen vom Hauptbahnhof.

• *Flugzeug* Prags kleiner moderner, internationaler Flughafen heißt **Letiště Ruzyně.** Er liegt etwa 20 km nordwestlich des Zentrums. Im Ankunftsterminal befindet sich eine Flughafeninformation und mehrere Zimmervermittlungen, darunter auch ein Čedok-Schalter mit guten Angeboten (tägl. 7–21 Uhr). Zudem finden Sie eine Gepäck-

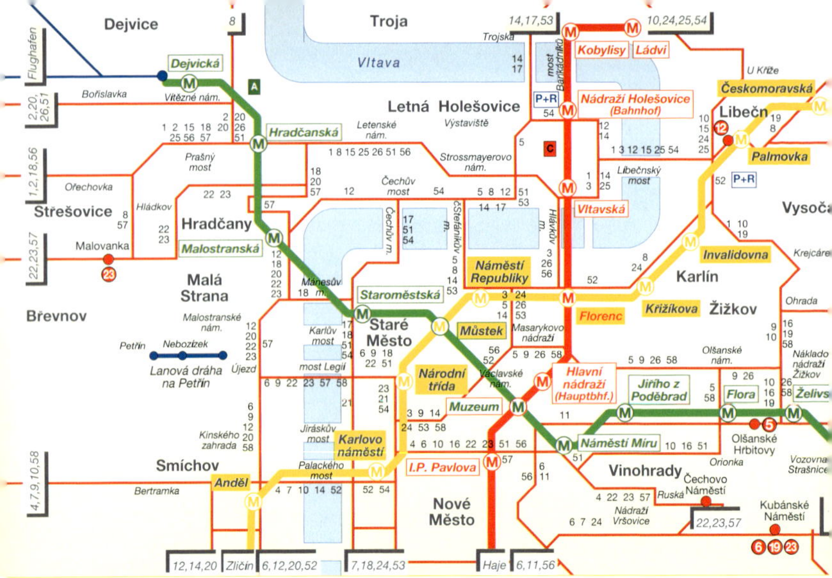

aufbewahrung und Zweigstellen nationaler und internationaler Autoverleiher. Geldwechselmöglichkeiten bestehen ebenfalls im Ankunftsterminal (tägl. 7–23 Uhr), außerdem mehrere Geldautomaten zwischen Ankunfts- und Abflugsterminal.

Transfer zwischen Flughafen und Zentrum

Der Prager Flughafen besitzt keinen Metroanschluss. Die einfachste Alternative, um ins Zentrum zu gelangen, ist mit dem **Minibus-Shuttleservice**, der rund um die Uhr fährt. Ins Zentrum (Endstation Náměstí Republiky/Neustadt) pro Person 3 €, direkt ins Hotel wird ein Pauschalpreis von 16 € berechnet, egal ob für eine oder vier Personen. Die Minibusse fahren direkt vorm Ankunftsterminal ab, eigener Schalter neben dem der Prager Verkehrsbetriebe. Wer auf diese Weise vom Zentrum zum Flughafen will, steigt am Náměstí Republiky gegenüber der ČSOB-Bank zu (alle 30 Min.).

Taxis ins Zentrum kosten max. 20 €. Wer den Preis davor nicht aushandelt, wird glauben, Prag sei größer als New York City und ist Stunden unterwegs. Für die Strecke zwischen Flughafen und Zentrum sollte man 1 Std. einplanen, während der morgendlichen und abendlichen Stoßzeiten besser 2 Std.

Wer mit **öffentlichen Verkehrsmitteln** vom Flughafen ins Zentrum fahren will, steigt vor dem Ankunftsterminal in Ⓑ119 bis Dejvická und dort in die Ⓜ A zum Wenzelsplatz um. Tickets bekommt man am Schalter der Prager Verkehrsbetriebe im Ankunftsterminal.

*S*tadtverkehr/*P*arken

• *Metro* Die schnellste Verbindung zwischen den Stadtteilen. Das Netz ist klein und übersichtlich. Es besteht aus drei Linien, die mit den Buchstaben und Farben A (Grün), B (Gelb) und C (Rot) gekennzeichnet sind. Die Metro fährt täglich von 5 Uhr morgens bis Mitternacht, zu Stoßzeiten alle 2–3 Min., in den verkehrsschwachen Zeiten alle 4–10 Min. Es lohnt sich, einen Stadtplan zu kaufen, auf dem alle Metro-, Straßenbahn- und Buslinien verzeichnet sind (→ „Wissenswertes von A bis Z/Literatur", S. 30).

• *Straßenbahn* Das Straßenbahnnetz ist sehr gut ausgebaut und die meisten Linien sind auf die Minute pünktlich. Vor allem das Zentrum lässt sich besser mit der Straßenbahn als mit der Metro erkunden. Straßenbahnen *(tramvay)* fahren in der Regel von 4.30–0.15 Uhr, werktags alle 8–10 Min., am Wochenende und an Feiertagen alle 8–15 Min. Danach sind Nachttrams im Abstand von etwa 40 Min. unterwegs. Sie tragen 50er-Nummern und passieren das Stadtzentrum. Orientieren kann man sich an den Fahrplänen, zu finden an jeder Haltestelle.

• *Bus* Auch die Busse verkehren meist auf die Minute genau, jedoch fahren sie vorrangig die Prager Außenbezirke an. Es existieren vier Nachtbuslinien – sie tragen alle 500er-Nummern und verkehren im 40-Minuten-Takt.

• *Taxis* sind für Touristen leider meist ein Ärgernis. Am besten vor Antritt der Fahrt im Hotel/Restaurant nach dem etwaigen Preis erkundigen und diesen mit dem Fahrer als Fixpreis vereinbaren. Lassen Sie sich von einem Taxifahrer nie ein Hotel, ein Restaurant oder einen Nachtclub empfehlen. Sie werden Stunden unterwegs sein und irgendwo in der Peripherie landen. Regulär kostet 1 km etwa 0,80 €, für die Anfahrt wird 1,10 € berechnet. Rund um die Uhr können Sie z. B. beim als seriös geltenden Unternehmen **AAA** (✆ 14014) ein Taxi bestellen.

• *Parken* Falls Ihr Hotel nicht über eigene, bewachte Parkplätze verfügt, ein paar Adressen: Der günstigste befindet sich am südlichen Ende der Lublaňská im Stadtteil Vinohrady (3,30 €/Tag). Der bewachte Parkplatz gegenüber dem Rudolfinum in Staré Město kostet hingegen 1,30 €/Std. (kein Rabatt bei längerer Parkdauer), die Tiefgarage des Nationaltheaters an der Ostrovní in Nové Město bereits satte 30–32 €/Tag (saisonabhängig). Viele Hotels haben eigene Stellplätze oder können Auskünfte über den nächstgelegenen bewachten Parkplatz geben.

Nahverkehrstarife

Fahrscheine, die für alle öffentlichen Verkehrsmittel – egal ob Metro, Straßenbahn oder Bus – gültig sind, erhält man an den gelben Fahrkartenautomaten in den Metrostationen, zuweilen auch in Zeitungs- und Tabakläden. Nur wenige Bus- und Straßenbahnhaltestellen haben Automaten!

Preise: Fährt man mit der Metro nicht mehr als 4 Stationen oder steigt man mit der Straßenbahn oder dem Bus nicht um und ist auch nicht länger als 15 Min. unterwegs, reicht ein Fahrschein zu 0,26 € (8 Kč; Stand Herbst 2004). Für eine Fahrt bis 60 Min. mit Umsteigemöglichkeit (90 Min. zwischen 20 und 5 Uhr sowie am Wochenende) bezahlt man für sämtliche Transportmittel 0,40 € (12 Kč). Kinder bis 6 fahren kostenlos. Für Hunde, Kinderwagen und größere Gepäckstücke müssen Extratickets zu 0,20 € (6 Kč) gelöst werden. Schwarzfahren lohnt nicht, Kontrollen sind häufig.

Tipp: Kaufen Sie sich Tages- bzw. Mehrtageskarten, auch wenn Sie mit Einzelfahrscheinen vielleicht billiger wegkämen. Die Sucherei nach dem nötigen Kleingeld und dem nächsten Automaten erledigt sich damit. Tages- und Mehrtageskarten gibt es nur an den Ticketschaltern der Metrostationen zu kaufen. Das 24-Stunden-Ticket kostet umgerechnet rund 3,30 €, das Dreitagesticket 6,70 €, eine Wochenkarte 8,30 €.

Adressen

• *Ärztliche Versorgung* Von der deutschen Botschaft empfohlene Ärzte und Krankenhäuser: **Krankenhaus Na Homolce,** Roentgenova 2, Motol. Abteilung Erwachsene ✆ 257272146, Kinder ✆ 257272043, bei Zahnproblemen ✆ 224946981. Ⓜ B Anděl, weiter mit Ⓑ 167 Na Homolce.

HNO-Klinik, Dr. med. Aleš Hahn, Šrobárova 50, Vršovice. ✆ 267162330 oder 267163171 (deutschsprachig). Ⓜ A Želivského.

• *Autoverleih* Die hier aufgeführten Anbieter verfügen über Zweigstellen am Flughafen und im Zentrum. Für weitere Informationen → „Wissenswertes von A bis Z/Mietwagen“, S. 30.

Europcar, Pařížská 28, Josefov, ✆ 224811290, www.europcar.cz. Ⓜ A Staroměstská.

Hertz, Karlovo náměstí 28, Nové Město, ✆ 222231010, www.hertz.cz. Ⓜ B Karlovo náměstí.

Praha Übersicht S. 189

Sommerstimmung auf der Moldauinsel Slovanský ostrov

Avis, Klimentská 46, Nové Město, ✆ 221851225, www.avis.cz. Ⓢ 3, 26 Těšnov.

> **Einkaufstipps** finden Sie unter den einzelnen Stadtteilen!

• *Diplomatische Vertretungen* → „Wissenswertes von A bis Z", S. 24.

• *Fundbüro* **Ztráty a nálezy,** in der Karolíny Světlé 5, Staré Město, ✆ 2242 35085. Mo–Do 8–12 Uhr und 12.30–16 Uhr, Fr nur vormittags. Ⓜ B Národní třída.

• *Polizei* **Hauptdienststelle** an der Bartolomějská 8, Staré Město. Ⓜ A, B Můstek. Notruf unter ✆ 158.

• *Post* **Hauptpost** an der Jindřišská 14, Nové Město. Tägl. 2–24 Uhr. Ⓜ A, C Muzeum.

• *Reinigung/Waschsalon* **Laundryland,** Selbstbedienungswaschsalon mit mehreren Filialen. Eine Trommel (6 kg) kostet 2 € plus Waschmittel, Trocknen (10 Min.) 0,50 €. Wer sein Hemd gebügelt haben will, zahlt 1 €. Zu finden z. B. in der Londýnská 71, Vinohrady (tägl. 8–13.15 u. 14–22 Uhr). Ⓜ C I.P. Pavlova.

Launderette Rychlo čistírna, Reinigung und Feinwäscherei. Man kann seine Wäsche am nächsten Tag wieder abholen. ⌚ Mo–Fr 7.30–19 Uhr. Karoliny Světlé 10, Staré Město. Ⓜ B Národní třída.

• *Stadtrundfahrten und -führungen* Unzählige Veranstalter mit unterschiedlichsten Touren in der Innenstadt. Zwei Adressen:

Tägliche Prag-Führungen, Spaziergänge zu speziellen Themen, keine Voranmeldung nötig, auf Flyer achten, Treffpunkt Altstädter Ring unter der Astronomischen Uhr, ✆ 281917642. Ⓜ A Staroměstská.

Premiant City Tour, Na Příkopě 23, Nové Město, ✆ 606600123 (mobil). Standardtouren zu Fuß und mit dem Bus. Ⓜ A, B Můstek.

• *Stadtpläne* → „Wissenswertes von A bis Z/ Literatur", S. 30.

Essen & Trinken

Das touristische Zentrum Prags bietet eine fast unglaubliche gastronomische Vielfalt. Restaurants schossen hier in den letzten Jahren wie Pilze aus dem Boden. Für Prager Standardeinkommen sind sie tabu, besucht werden sie vornehmlich von Touristen. Leider verstehen sich manche der dortigen Mittelklasserestaurants weniger aufs Kochen, sondern mehr aufs Kassieren. Das gilt insbesondere für möchtegernschicke, bewusst traditionsbetonte Lokale und das Gros der Restaurants, die mit einem Menüsonderangebot am Eingang werben. Das Essen ist oft keinen Deut besser als in der miefigsten Vorstadtkneipe, die Rechnung dafür unerklärlich hoch. Allein der Brotkorb kostet auf einmal das Dreißigfache des Üblichen. Kaum ein Ausländer bekommt das mit, da man von zu Hause solche Preise gewohnt ist oder sie für eine Großstadt noch immer als angemessen erachtet.

Empfehlenswerte Restaurants finden Sie unter den einzelnen Stadtteilen.

Übernachten

Das Angebot an Quartieren in Prag ist vielseitig. Von prunkvollen Hotels, die keinen Komfort vermissen lassen, bis zu angeschmuddelten Absteigen ist alles vorhanden. Alternativ dazu findet man Apartments und Privatzimmer. Trotz enormer Kapazitäten kann es in der Hauptsaison (von Mitte März bis Ende Juni und von Anfang August bis Ende Oktober) und Topsaison (d. h. über Silvester, Ostern, Pfingsten und – je nachdem, wie die Feiertage liegen – über die verlängerten Wochenenden) zu Engpässen kommen. In der Topsaison steigen auch die hier angegebenen Hochsaisonpreise nochmals um bis zu 30 %. Frühzeitig zu buchen lohnt daher. Ansonsten schläft man irgendwo in der Peripherie, in oder zwischen Plattenbauten. Bis auf die Campingplätze liegen die hier aufgeführten Unterkünfte im Zentrum oder zumindest in angrenzenden und problemlos zu erreichenden Stadtbezirken.

• *Unterkunftsvermittlung* **CK Bohemiatour (4/S. 204/205),** neben Zimmervermittlung in allen Kategorien auch internationale Bustickets. Gleich beim Bahnhof. Mo–Do 8.30–17 Uhr, Fr 8.30–16 Uhr. Opletalova 37, Nové Město, ✆ 224213420, ✆ 222244289. Ⓜ C Hlavní nádraží.

Bontour (25/S. 204/205), vermittelt werden Zimmer in Hotels, Pensionen, Hostels sowie Apartments. Tägl. 10–22 Uhr. Myslíkova 22, Nové Město, ✆ 224922097, www.bontourhostel.cz. Ⓜ B Karlovo náměstí.

• *Hotels* ***** **Four Seasons (5/S. 214/215),** eines der besten Prager Hotels, untergebracht in einem Gebäudekomplex, zu dem u. a. eine Barockvilla und ein Neorenaissancebau gehören. Großzügige, elegante Zimmer mit Marmorbädern, Telefon selbst auf der Toilette und z. T. mit Blick auf die Burg. Nach dem Hochwasser 2002 nagelneu renoviert. EZ ab 230 €, DZ ab 245 €, Suite ab 595 €. Veleslavinova 2A, Staré Město. ✆ 221427000, www.fourseansons.com/prague. Ⓜ A Staroměstská.

**** **Josef (3/S. 214/215),** 2002 eröffnet. Die Adresse für alle, die auf modernes Design stehen. Entworfen von der in London arbeitenden tschechischen Architektin Eva Jiřičá. DZ ab 200 €. Rybná 20, Staré Město. ✆ 221700111, www.hoteljosef.com. Ⓜ B Náměstí Republiky.

**** **Sieber,** komfortables Familienhotel mit Flair. 20 geschmackvolle, klassische Zimmer und Suiten, z. T. nagelneu renoviert. 1a-Service. DZ 149 €, Apartments ab 172 €. Slezská 55, Vinohrady. ✆ 224250025, www.sieber.cz. Ⓜ A Jiřího z Poděbrad.

**** **Waldstein (2/S. 229),** ein Tipp unter den kleineren edlen Häusern. 30 schnuckelige Zimmer mit antiken Möbeln. Herrlich saniert, das Gebäude stammt aus dem 14. Jh. Alles 1a – bis auf den Orangensaft beim Frühstück. Familiäre Atmosphäre, zuvorkommender Service, ruhige Lage. DZ ab 200 €, Dreier 232 €. Valdštejnské náměstí 6, Malá Strana. ✆ 257533939, waldstein@avetravel.cz. Ⓜ A Malostranská.

*** **Sax (6/S. 229),** nahe der deutschen Botschaft im einstigen italienischen Viertel gelegen. Kleine, aber helle Zimmer. Ruhige Lage. EZ 136 €, DZ 146 €, Suite 169 €. Jánský Vršek 3, Malá Strana. ✆ 257531268, www.sax.cz. Ⓢ 12, 20, 22, 23, 57 Malostranské náměstí.

*** **Hotel 16 (29/S. 204/205),** kleines, gut geführtes und etabliertes 14-Zimmer-Haus. Sehr sauber, zuvorkommender Service. Das Mobiliar ist nicht mehr das modernste, aber gepflegt. Garten. EZ 77 €, DZ 103 €. Kateřinská 16, Nové Město. ✆ 224920636, www.hotel16.cz. Ⓜ B Karlovo náměstí.

*** **Botel Admirál,** die Schiffsromantik des Hotels auf dem Wasser hat ihre Vor- und Nachteile: herrliche Ausblicke auf die Pra-

Praha Übersicht S. 189

ger Brücken und Burg Vyšehrad vom Deck, dafür wohnwagengroße Kajüten zum Schlafen. Alle mit eigenem Bad. EZ 91 €, DZ 95 €. Hořejší nábřeží, Smíchov. ✆ 257321302, www.admiral-botel.cz. Ⓜ B Anděl.

*** **Victor,** familiäres Hotel mit 20 großen, geschmackvollen Zimmern, die schönsten unterm Dach. Viel russisches Publikum. Netter Service. EZ 62 €, DZ 95 €. Für das Gebotene günstig. Husitská 72, Žižkov. ✆ 222781291, www.motylek.com/victor. Ⓜ B, C Florenc, weiter mit Ⓑ133 U Památníku.

** **Evropa (13/S. 204/205),** herrlicher Jugendstilbau (→ S. 208), jedoch arg in die Jahre gekommen – Ausstattung teilweise unter Hostelniveau! Zimmer mit und ohne Bad. Dreist überteuert. EZ ab 29 €, DZ ab 47 €. Václavské náměstí 26, Nové Město. ✆ 224228117, www.evropahotel.cz. Ⓜ A, C Muzeum oder A, B Můstek.

* **Imperial (3/S. 204/205),** einst Luxushotel, heute einfache, rußgeschwärzte Herberge, dennoch mit viel Flair. Jugendstildekoration in den Aufgängen, Frühstück im angegliederten Kaffeehaus (→ S. 208). Spartanische Zimmer, Etagenbäder. In der HS gnadenlos überteuert, in der NS 50 % Rabatt. EZ 46 €, DZ 80 €. Na Poříčí 15, Nové Město. ✆/℻ 222316012. Ⓜ B Náměstí Republiky.

** **City,** ruhig gelegen. Für Ostalgiker. Viel dunkles Furnier, auch in den Zimmern, dazu rote Vorhänge und Teppichböden. Dafür sind die Räume großzügig geplant und hell, manche sogar mit Sitzecke. Nur z. T. mit eigenem Bad. EZ ab 38 €, DZ ab 51 €. Belgická 10, Vinohrady. ✆ 222519282, www.hotelcity.cz. Ⓜ A Náměstí Míru.

• *Pensionen* **Domus Henrici (3/S. 234/235),** eine noble Herberge nahe der Burg. Altes, verwinkeltes Haus mit 8 Zimmern, die über Treppchen zu erreichen sind. Geschmackvoll restauriert mit Parkettböden und schickem Mobiliar. Zwei gemütliche Gemeinschaftsterrassen mit schöner Aussicht. DZ ab 155 €. Loretánská 11, Hradčany. ✆ 220511369, www.domus-henrici.cz. Ⓢ 22, 23 Pohořelec.

Museum (22/S. 204/205), eine Empfehlung direkt gegenüber dem Nationalmuseum. Die 12 Zimmer und Apartments sind um einen gepflegten Innenhofgarten angelegt. Helle und modern eingerichtete Räumlichkeiten. DZ 89 €. Mezibranská 15, Nové Město. ✆ 296325186, www.pension-museum.cz. Ⓜ A, C Muzeum.

Vyšehrad (31/S. 204/205), ruhig gelegene Familienpension mit schönem Garten im Stadtteil Vyšehrad, gute Verbindungen ins Zentrum. 4 große, freundliche Zimmer, z. T. mit Aussicht. 2 Zimmer teilen sich ein Bad. Anhängliche Hauskatzen, 2 liebe Hunde, viel Grün. EZ 33 €, DZ 53 €. Krokova 6, Vyšehrad. ✆ 241408455, www.pension-vysehrad.cz. Ⓜ C Vyšehrad.

Unitas (20/S. 214/215), einst Gefängnis der Geheimpolizei, heute von Nonnen geführtes Haus, nach wie vor mit Knastcharakter. Sehr sauber. Etagenbäder und -toiletten, Rauch- und Alkoholverbot. Hunde dürfen mit. EZ 40 €, DZ 45 €. Bartolomějská 9, Staré Město. ✆ 224221802, ℻ 224221802. Ⓜ B Národní třída.

Pension 15, eine freundliche, preiswerte Unterkunft. Renovierter Altbau, saubere Zimmer, Etagenbad. EZ 20 €, DZ 23 €. Über den Hinterhof gelangt man zu neuen, nett eingerichteten Apartments mit Fliesenböden (für 4 Pers. 73 € pro Tag). Vlkova 15, Žižkov. ✆ 222721800, www.pension15.cz. Ⓢ 5, 9, 26, 55, 58 Husinecká.

B 35, nette, sehr gepflegte Familienpension mit 13 Zimmern und 4 Apartments. Kiefernholzmöbel, Parkett in den Apartments. Zimmer mit und ohne Bad, blitzblanke Gemeinschaftsbäder. Sehr freundliche, deutschsprachige Inhaber, von Lesern empfohlen. Internetecke im Frühstücksraum. Gute Verbindungen zum Zentrum. DZ mit privatem Bad 64 € (ohne 40 €), großes Apartment für bis zu 6 Pers. ab 96 €. Bělehradská 35, Vinohrady. ✆ 222563139, www.b35.cz. Ⓢ 6, 11, 56 Nuselské schody.

• *Hostels* **Traveller's Hostel (2/S. 214/215),** wer seine Ruhe haben will, geht besser woanders hin, wer Party machen will, in den Kellerclub Roxy. Minizimmer, aber freundlich mit Kiefernmöbeln eingerichtet. Saubere Etagenbäder. Pro Person im DZ 24 €, im Dreier 16 €, im Schlafsaal 12 €. Dlouhá 33, Staré Město. ✆ 224826662, www.travellers.cz. Ⓜ B Náměstí Republiky.

Vesta (12/S. 204/205), im Obergeschoss des alten Bahnhofsgebäudes. Kleine Zimmer unterschiedlichen Niveaus unterm Dach – nichts für heiße Sommertage! Sauber. DZ mit Bad 33 € (ohne 27 €), pro Person im Mehrbettzimmer 12 €, Frühstück extra. Wilsonovo nádraží, Nové Město. ✆/℻ 2242 25769, www.ckvesta.cz. Ⓜ Hlavní nádraží.

U Melounu (30/S. 204/205), ruhig gelegenes, gastfreundliches Haus, sehr sauber. Hübscher Innenhofgarten mit Grillmöglichkeit, gemütlicher Frühstücksraum, Gemeinschaftsküche, Waschservice, Internetzugang. DZ mit Bad 39 €, ohne Bad 29 €, pro Person im Mehrbettzimmer 13 €. Ke Karlovu 7, Nové Město. ✆ 224918322, www.hostelumelounu.cz. Ⓜ C I. P. Pavlova.

Hostel Elf, sympathische Jugendherberge mit viel Graffiti an den Wänden. Gut geführt. Gemeinschaftsraum, kleine Küche, Tee umsonst. Grillmöglichkeit auf der schönen Terrasse direkt am Vítkov-Hügel. Zimmer für 1–13 Personen, alle mit Gemeinschaftsbädern. DZ 28 €, Dreier 39 €, Schlafsaal 9 € pro Person mit Frühstück. Husitská 11, Žižkov. ✆ 222540963, www.hostelelf.cz. Ⓜ B, C Florenc, weiter mit Ⓑ 133 U Památníku.

Sir Toby's, Top-Tipp unter den Billigunterkünften, wenn auch etwas abseits des Zentrums gelegen. 100 Betten in 22 liebevoll und sehr kreativ eingerichteten Zimmern – eines sogar mit einem Flügel in der Mitte. Zimmer in allen Größen, teilweise mit eigenem Bad. Waschservice, Innenhof für Grillpartys, gemütliche Gemeinschaftsküche (Tee und Kaffee stets umsonst). Netter deutscher Manager. Raucher müssen auf den Balkon oder den Hof ausweichen. Eigene Parkplätze. EZ ab 30 €, DZ ab 36 €, pro Person im Mehrbettzimmer ab 11 €, Frühstück 2 €. Dělnícká 24, Holešovice. ✆ 283870635, www.sirtobys.com. Ⓜ C Vltavská, weiter mit Ⓢ 1, 3, 5 Dělnícká.

• *Apartments* **Residence Select,** freundliches, komfortables, jedoch an einer Hauptverkehrsstraße gelegenes Aparthotel. Helle, hübsch eingerichtete Zimmer und Apartments für Raucher und Nichtraucher. Lassen Sie sich eines der schnuckeligen 2-geschossigen Apartments geben! DZ 131 €, Apartment 145 €. Sokolská 41, Vinohrady. ✆ 296300211, select.residen@volny.cz. Ⓜ C I. P. Pavlova.

Nebozízek (13/S. 229), ein Traum für Flitterwöchner. Dem Restaurant am Petřín-Berg angeschlossen. Vermietet werden 2, für das Gebotene sogar recht günstige Apartments mit klassischem Mobiliar, Himmelbett und herrlichen Blicken auf die Stadt. 115 € pro Tag. Petřínské sady 411, Malá Strana. ✆ 257315329, www.nebozizek.cz. Ⓢ 12, 20, 22, 23, 57 Újezd, weiter mit der Drahtseilbahn Nebozízek.

Residence Řetězová (12/S. 214/215), 9 erstklassig und liebevoll ausgestattete Luxusapartments. Alle Apartments tragen Städtenamen, haben Stein- oder Parkettboden. Schöne, ruhige Lage. Je nach Größe und Anzahl der Schlafzimmer 130–345 € pro Tag inkl. Frühstück, das Zimmermädchen kostet extra. Řetězová 9, Staré Město. ✆ 222221800, www.residenceretezova.com. Ⓢ 17, 18, 51, 54 Karlovy lázně.

• *Camping* Im **Stadtteil Troja** im Norden der Stadt reiht sich Camping an Camping. Eine der besten Anlaufstellen wegen der großen Auswahl – für jeden Geldbeutel ist etwas dabei – und wegen der guten Anbindung ans Zentrum (auch nachts). Beliebt sind die Plätze vor allem bei jungen Leuten. Anfahrt: am einfachsten mit Ⓢ 5, 14, 17, 53 Trojská. Oder: Ⓜ C Nádraží Holešovice, weiter mit Ⓑ 112 Trojská oder Kazanka. Mit dem eigenen Fahrzeug folgt man vom Zentrum (Neustadt, auf der Wilsonova am Hauptbahnhof vorbei) der Beschilderung „Teplice/Dresden" und kurz nachdem man das zweite Mal die Moldau überquert hat der Beschilderung „Troja/Zoo". Die Campingplätze passiert man auf dem Weg zum Zoo.

Mit folgenden **Preisen** müssen Sie auf den Campingplätzen rechnen: Erwachsene 3–5 €, Kinder die Hälfte. Zelt nach Größe 2,50–6 €. Pkw 3–4,50 €, Motorrad 1,50–3,50 €, Wohnwagen 3–6 € und Wohnmobil 4–7 €. Strom pro Tag 2–3 €. Haustiere dürfen auf dem einen Platz umsonst das Zelt bewachen, auf anderen sind für sie bis zu 2 € zu berappen. Für eine Übernachtung in einem Bungalow muss man pro Person mit 6–10 € rechnen.

Sunny Camp, nahe dem Vorort Řeporyje im Westen Prags. Große baumbestandene Wiese, gemütliches Restaurant mit Terrasse. Kalbgroßer Hund, der gelegentlich mü-

Praha Übersicht S. 189

de blinzelt. Familiäre Atmosphäre. Behindertenfreundliche Einrichtungen. Spielplatz. Es werden auch blitzsaubere Zimmer vermietet. Ganzjährig geöffnet. Haken: Der Platz liegt ca. 500 m von der nächsten Metrostation entfernt, nach 24 Uhr kommt man nur noch mit dem Taxi nach Hause. Tipp für alle, die einem ruhigen, gemütlichen Platz den Vorzug vor einem abenteuerlichen Nachtleben geben. Smíchovská 1989, ✆ 251625774, www.sunny-camp.cz. Ⓜ B Luka, weiter mit Ⓑ 230, 249, 301, 352 Amforová. Von dort bis zur nächsten Kreuzung laufen, dann ausgeschildert. Anfahrt für Autofahrer: Von der A 1/E 50 beschildert, Ausfahrt Řeporyje.

Caravan Park Praha, auf der Moldauinsel Císařská louka nahe dem Stadtteil Smíchov. Nicht ganz so idyllisch, wie es klingen mag. Ganzjährig geöffnet, netter Service, gute sanitäre Einrichtungen, genug Platz für größere Gespanne, Bungalowvermietung. Bis in den Abend zwar gute Verbindungen zur Innenstadt (Taxibootservice), nach 23 Uhr jedoch ist der Heimweg mit einem längeren einsamen Fußmarsch verbunden. Císařská Louka 599, Smíchov. ✆ 257318681, www.volny.cz/convoy. Ⓜ B Smíchovské nádraží (Bahnhof Prag-Smíchov), weiter mit Ⓢ 12 Lihovar (zum Fluss durcharbeiten, von dort aus beschildert). Alternativ dazu kann man sich von der Metrostation den Weg zum Hotelboot Vodník erklären lassen: Vom Bug des Schiffs legt die Pendelfähre hinüber zum Caravan Park ab (in der HS stündl. von 8–23 Uhr). Mit dem eigenen Fahrzeug findet man die Beschilderung zum Camping, wenn man von Süden kommend auf der Straße Nr. 4 stets links der Moldau ins Zentrum fährt.

Kultur & Nachtleben

Klassische Konzerte, Ballett, Theater – jeden Abend stehen unzählige Veranstaltungen in prunkvollen Opernhäusern, Kirchen und Konzertsälen auf dem Programm. Eine lange Tradition haben Prags **Schwarze Theater** (Černé divadlo). Dunkel gekleidete Schauspieler bewegen dabei, unbemerkt vom Publikum, Gegenstände vor einem schwarzen Hintergrund. Viele Vorstellungen bedienen sich rein pantomimischer Darstellung, Musik untermalt die einfach erzählten Geschichten. Zu viel Zauber, wie oft angepriesen, sollte man nicht erwarten. Die Schwarzen Theater sind ein Stück Touristenkult, für Einheimische haben die Preise schon längst das erträgliche Maß überschritten. Berühmt ist Prag aber auch für seine Jazzclubs, rockenden Revivalbands, Avantgarde-Sessions und Festivals – auf irgendeiner Bühne laufen die Verstärker immer heiß. Ohnehin steht in Prag dem Clubbing bis zum Morgengrauen nichts im Wege, denn eine Sperrstunde gibt es nicht. Einen Überblick über Veranstaltungen und Veranstaltungsorte geben die „Prager Zeitung" und die „Prague Post" (→ „Wissenswertes von A bis Z/Zeitungen und Zeitschriften", S. 35). Im Folgenden eine Auswahl der wichtigsten Adressen:

• *Konzertsäle* **Rudolfinum,** Dvořák und Brahms dirigierten schon hier (→ S. 222). Vorverkauf im Haus, ✆ 227059352, www.czechphilharmonic.cz. Alšovo nábřeží 12, Staré Město.

Smetana-Saal, im Jugendstilbau Obecní dům (→ S. 212). 1.200 Sitzplätze, Heimat des Prager Symphonieorchesters. Karten bekommt man im Haus. Náměstí Republiky 5, Staré Město, ✆ 222002101, www.obecni-dum.cz.

• *Oper/Ballett* **Stavovské divadlo (Ständetheater),** zählt mit Recht zu den schönsten Theatern Europas (→ S. 213). Das Innere ein blau-goldener Traum, 5 Ränge, 3 davon mit Logen. Vorverkauf schräg gegenüber dem Theater am Ovocný trh 6, Staré Město. ✆ 224215001, www.nd.cz.

Národní divadlo (Nationaltheater), ebenfalls eines der prächtigsten Häuser der Stadt (→ S. 202). Opern- und Ballettaufführungen in prunkvollem Ambiente. Ticketverkauf im Haus. Národní třída 2, Nové Město. ✆ 224933782, www.nd.cz.

Státni opera (Staatsoper), das ehemalige Neue Deutsche Theater (→ S. 206). Wesentlich kleiner als das Nationaltheater, aber ebenfalls eine Augenweide. Ticketverkauf im Haus. ✆ 224227266, www.sop.cz. Wilsonova 4, Nové Město.

• *Schwarze Theater* **Černé divadlo Jiřího Srnce,** gilt als weltweit erstes Schwarzes Theater, zudem als das beste Prags. Zwei Ensembles, eins davon ist immer auf Tournee. Verschiedene Auftrittsorte. Kontakt unter ✆ 257923399, www.blacktheatresrnec.cz.

Laterna Magica, touristenüberlaufenes Multimediatheater mit Projektionen, Panto-

Der Smetana-Saal: Heimat des Prager Symphonieorchesters

mime und Tanz. Einst innovativ – heute nicht mehr. Wenig Atmosphäre im Glasbau aus den frühen 80ern. Ticketverkauf im Haus. ✆ 224931482, www.laterna.cz. Národní třída 4, Nové Město. Ⓢ 6, 9, 18, 21, 22, 23 Národní divadlo.

Ta Fantastika, gespielt wird am laufenden Band, bis zu 60 Vorstellungen im Monat. Teils müde Schauspieler. Ticketverkauf im Haus, ✆ 222221366, www.tafantastika.cz. Karlova 8, Staré Město. Ⓜ Staroměstská.

• *Kinos* **Lucerna,** grandioser Kinopalast aus den 20er Jahren des letzten Jahrhunderts. Prächtige ornamentale Ausschmückung. 500 Sitzplätze, Standardfilmprogramm. Vodičkova 36, Nové Město. Ⓜ A, B Můstek oder A, C Muzeum.

Village Cinemas Anděl, ein moderner Kinokomplex mit 14 Sälen, darunter auch ein „Gold-Class-Saal" mit Bar und großen Lümmelsesseln samt Fußlehne. Radlická 1E, Smíchov. Ⓜ Anděl.

Světozor, traditionelles Kino, das nach einer umfassenden Renovierung 2004 wieder eröffnet wurde. Jeden Tag mindestens ein tschechischer Film mit englischen Untertiteln, Vodičkova 41 (Eingang von der Passage), Nové Město. Ⓜ A, B Můstek.

Tickets für kulturelle Veranstaltungen können überall in der Innenstadt an diversen Vorverkaufsstellen erstanden werden. Auskunft darüber erteilen die Informationszentren. Die Preise sind deutlich niedriger als zu Hause. Für eine Theaterkarte sollte man 3–20 € einplanen, für Oper und Ballett 2–70 €. Klassische Konzerte in den guten Häusern kosten mindestens 10–15 €. Eintrittskarten für die Schwarzen Theater werden für 18–26 € angeboten. Bei Rock- und Jazzkonzerten kann man je nach Prominenz der Interpreten mit Preisen von etwa 6–35 € rechnen. Da viele Vorverkaufsstellen versuchen, zuerst oder ausschließlich die teuersten Tickets zu verkaufen (gibt mehr Provision), lohnt es sich, die Häuser direkt aufzusuchen!

Wer sich eine Karte für ein klassisches Konzert kaufen will, sollte die als Mozart verkleideten Ticketverkäufer meiden und besser eine offizielle Vorverkaufsstelle aufsuchen. Die Straßenhändler stehen im Ruf, Tickets zu überhöhten Preisen oder gar gefälschte Karten anzubieten.

Praha
Übersicht S. 189

Neujahrsfeuerwerk

• *Jazzclubs* **Reduta (11/S. 204/205),** legendärer Jazzschuppen seit 1958. Bill Clinton packte hier vor Václav Havel sein Saxophon aus. Dixie, Swing und Jazz-Rock. Eintritt 6–10 €. Národní třída 20, Nové Město. Ⓜ B Národní třída.

U malého Glena (9/S. 229), der Tipp für die Kleinseite. Gemütliche Bar im Erdgeschoss, winziger Club im Keller. Tägliche Live-Gigs zwischen Funk, Latin und Modern Jazz. Mo und Di Blues. Kleine Auswahl an Speisen. Sehr beliebt unter US-Amerikanern. Eintritt für den Club 2,50–6 €. Karmelitská 23, Malá Strana. Ⓢ 12, 20, 22, 23, 57 Malostranské náměstí.

AghaRTA Jazz Centrum (8/S. 214/215), für viele bester Jazzclub der Stadt, in einem schönen Gewölbekeller untergebracht. Fusion und Modern Jazz. Kleiner Shop angeschlossen. Eintritt 3–7 €. Nur bis 24 Uhr. Železná 16, Staré Město. Ⓜ A, B Můstek.

• *Rockclubs* **Palác Akropolis,** Kulturzentrum mit riesigem Angebot. Originelle Kneipe im Erdgeschoss. Im Keller Rock- und Avantgardekonzerte, tägl. wechselnde DJs, Workshops. Sehr empfehlenswert. Kubelíkova 27, Žižkov. Ⓜ Jiřího z Poděbrad.

Lucerna Music Bar (18/S. 204/205), Touristen und junge Prager geben sich im Ballsaal der Jahrhundertwende ein Stelldichein. Gute Konzerte, 80's-Partys am Wochenende. Faire Preise für die Lage. Nebenan die nette Kneipe **Hospoda V Lucerně** mit billigem Bier und ordentlichem Essen. Vodičkova 36, Nové Město. Ⓜ A, B Můstek oder A, C Muzeum.

Vagon (9/S. 204/205), Jimi Hendrix überall – gemalt oder als Poster. Daneben Frank Zappa und Louis Armstrong. Fast tägl. Live-Gigs. Viel Blues, faire Preise, vornehmlich tschechisches Publikum. Národní třída 25, Nové Město. Ⓜ Národní třída.

• *Danceclubs* **Radost FX (27/S. 204/205),** angesagtester Club der Stadt. Leopardensofas, Parketttanzfläche. Überwiegend amerikanisches Publikum. Angegliedert sind ein gutes vegetarisches Restaurant und eine gemütliche Lounge. Techno bis Latin. Eintritt für den Club 5–10 €. Lounge tägl. 11–?, Club Do–Sa bis zum Morgengrauen. Bělehradská 120, Vinohrady. Ⓜ C I. P. Pavlova.

Mecca, durchgestylter futuristischer Danceclub mit ebensolcher Lounge in einem ehemaligen Fabrikgebäude. Mischung aus illustrem, reichem und schönem Publikum. Damit das Interieur über die Jahre hinweg auch nicht langweilig wird, stehen stets Möbel und Bilder zum Verkauf. House und softer Techno. Im Keller veranstaltet der Jazzclub Železná regelmäßig Latino-Events und Jazzkonzerte. Mo–Do nur Barbetrieb 11–23 Uhr, Fr/Sa bis 6 Uhr. Eintritt 5–10 €. U Průhonu 14, Holešovice. Ⓢ 5, 12, 15, 54 U Průhonu.

Nebe (24/S. 204/205), Filmstars wie Matt Damon und Elijah Wood wurden hier schon gesichtet. Schicker, recht kleiner Gewölbekeller, coole Lounge, engagierte Vortänzerinnen, bis zum Morgengrauen geöffnet. Vor allem am Wochenende zu empfehlen, Di After-Work-Partys, Mi Indie Rock Dance Night. Eintritt 3,30 €. Křemencova 10, Nové Město. Ⓜ B Karlovo náměstí.

Roxy (2/S. 214/215), Techno- und Housepartys, dazu interessante Konzerte, auch von internationalen Größen. Eintritt 4–8 €. Darüber das **Universal Nod,** eine abgefahrene Avantgardekneipe (So geschl.) mit viel Design und ausgefallener Musik, Galerie im Vorraum. Sessions und Performances. Dlouhá 33, Staré Město. Ⓢ 5, 8, 14, 53 Dlouhá třída.

Veranstaltungskalender – die Highlights

• *Januar* An **Neujahr** feiert und feuert Prag, was das Zeug hält. Menschenmassen und Rauchbomben gibt's am Wenzelsplatz und auf der Karlsbrücke. Wer das Feuerwerk in Ruhe genießen will, geht auf den Vítkov-Hügel in Žižkov oder auf die Moldauinsel Střelecký ostrov.

Febio-Filmfestival, es läuft Neues und Kultiges, auf verschiedene Kinos der Stadt verteilt.

Beginn der **Ballsaison**. Jeder Stadtteil, jeder Verein feiert seinen repräsentativen Ball. Die Spannbreite reicht von feuchtfröhlichen Polka-Partys bis zu elitären Veranstaltungen à la Wiener Opernball.

• *Februar* **Karneval,** wird vornehmlich im Stadtteil Žižkov gefeiert. *Masopust* nennt sich das dortige Spektakel mit einem Umzug am Faschingsdienstag, bei dem es von Kneipe zu Kneipe geht.

• *März* **Days of European Film,** eine Veranstaltung der internationalen Kulturinstitute Prags. Oft liegt der Schwerpunkt auf osteuropäischen Filmen (viele mit englischen Untertiteln), doch auch deutsche Produktionen werden gezeigt.

• *April* **AghaRTA Prague Jazz Festival,** nicht im gleichnamigen Jazzclub, sondern in der Lucerna Music Bar (→ S. 198). Das Festival hat im Oktober/November eine Fortsetzung, eingeladen wird meist internationale Musikprominenz.

Traditionelles **Hexenfeuer** am Ausstellungsgelände Výstaviště stets am 30. April.

• *Mai* Das klassische Musikfestival **Prager Frühling** beginnt am 12. Mai mit einer Prozession vom Grab Smetanas (Ehrenfriedhof Vyšehrad) zum Obecní dům.

Marathon, die Strecke führt durch die ganze Stadt. Jeder kann nach Voranmeldung mitmachen.

• *Juni* Internationales Puppen- und Marionettenfestival – für Kinder.

Respect Festival – Worldmusic-Open-Air auf der Moldauinsel Štvanice. Auf Plakate achten!

• *Juli/August* **Rock- und Folkfestivals** – in den Sommermonaten finden größere Festivals im Grünen statt, achten Sie auf Plakate.

Verdi-Festival – Veranstaltungen in Konzertsälen und Kirchen.

• *September* **Prager Herbst,** Festival der klassischen Musik.

Žižkover Herbst, unkonventionelles klassisches Musikfestival.

Mozartiana Iuventus, Festival der Kammermusik.

• *Oktober* **International Jazz Festival,** ältestes Jazzfestival Mitteleuropas, u. a. im „Reduta" (→ S. 198).

• *November* **Deutsch-tschechisches Theaterfestival,** auf mehrere Theater der Stadt verteilt.

• *Dezember* Beim traditionellen **Moldauschwimmen** am 26. Dezember (seit 1923!) organisiert der „1. Prager Schwimmverein der Abgehärteten" den Sprung ins kalte Nass. Start am Nationaltheater.

Sport & Freizeit

• *Boots- und Schiffsausflüge* Sie sind in Prag ganzjährig möglich, werden aber insbesondere in den Sommermonaten angeboten. Die Angebote variieren dabei von Trips auf kleinen Tuckerbooten mit Platz für 8 Leute bis zu Touren auf Moldaudampfern inklusive Essen und Musik. Die meisten Boote dümpeln zwischen Nationaltheater und Burg Vyšehrad vor sich hin.

Unterhaltsam sind abendliche Ausflüge mit Live-Musik. Tickets sind überall erhältlich, in Hotels, an den Kiosken der Tourveranstalter

Praha Übersicht S. 189

und am billigsten an den diversen Anlegestellen selbst. Je nach dem, was geboten wird, kostet eine Tour zwischen 5 und 22 €.

Tret- und Ruderboote werden links der Karlsbrücke am Altstadtufer und auf der Slovanský Ostrov (Slaweninsel) vermietet.

• *Casinos* Die meisten der ca. 20 Prager Casinos liegen in der Neustadt, rund um den Wenzelsplatz. Eines der schönsten ist das **Savarin** in der Na Příkopě 10, Nové Město. Barockfresken und Kronleuchter! Tägl. 13–4 Uhr. Ⓜ A, B Můstek.

• *Eishockey* Die Eishockeysaison dauert von September bis April. Hauptspieltage sind Freitag und Sonntag, hin und wieder auch der Dienstag. Die Eintrittspreise liegen bei 2–16 €.

HC Sparta Praha, spielt in der T-Mobile Arena beim Ausstellungsgelände Výstaviště, Holešovice. Ⓢ 5, 12, 14, 15, 17 Výstaviště.

HC Slavia Praha, spielt in der zur Eishockey-WM 2004 nach amerikanischen Vorbildern erbauten Sazka Arena, Ocelářská 460/2, Libeň. Ⓜ B Českomoravská.

• *Fußball* Prag hat – je nach Saison – meist vier Erstligisten: Sparta Praha, Slavia Praha, Bohemians Praha und Viktoria Žižkov. Am spannendsten sind die Lokalderbys. Stadionwürste und Bier im Plastikbecher gibt es auch. Fußballspiele finden in der Regel am Samstag- und Sonntagabend statt, gelegentlich auch am Montag. Tickets für Ligaspiele kosten 2–5 €. Wo spielt wer:

TJ Viktoria Žižkov, Seifertova/Ecke Krásova, Žižkov. Ⓢ 5, 9, 26 Husinecká.

AC Sparta Praha, Toyota Arena, Milady Horákové 98, Bubeneč. Ⓢ 1, 8, 15, 25, 26 Sparta.

SK Slavia Praha, Stadion Evžena Rošického, Diskařská 100, Strahov. Ⓢ 22, 23 Malovanka, danach der Masse folgen.

Stadion CU Bohemians Praha, Vršovická 31, Vršovice. Ⓢ 6, 7, 24 Oblouková.

• *Golf* Am zentrumsnahesten ist der 18-Loch-Platz des **Golf Clubs Praha,** Plzeňská 401/2, Motol. Greenfee 30–33 €. ✆ 257216584, www.golfpraha.cz. Ⓢ 7, 9, 10 Hotel Golf. Deutlich schöner ist jedoch das **Golf Resort Karlštejn** (ebenfalls 18 Loch) in Běleč bei der Burg Karlštejn. Greenfee 67–100 €. ✆ 311604999, www.karlstejn-golf.cz.

• *Pferderennen* Galopp- und Trabrennen finden von April bis Oktober (Ausnahme im Juni) jedes Wochenende auf der Rennbahn in **Velká Chuchle,** ca. 8 km südlich des Zentrums, statt. Es kann auch gewettet werden. Ⓜ B Smíchovské nádraží, weiter mit Ⓑ 129, 172, 241,243, 244, 255 Dostihová. Von dort aus noch ca. 10 Min. zu Fuß, ausgeschildert. Eintritt je nach Renntag 1,50–2,50 €.

• *Tennis* Nur wenige Hotels verfügen über eigene Tennisplätze. Eine Alternative im Sommer sind z. B. die Courts auf der Moldauinsel Střelecký: **Start Praha Sportivni Klub,** Střelecký ostrov, ✆ 224934717. Platzmiete 6–8 € pro Std. Ⓢ 6, 9, 18, 17, 21, 22, 23 Národní divadlo.

Auf der Pferderennbahn im Süden Prags

Wenzelsstatue vor dem Nationalmuseum

Sehenswertes in Nové Město (Neustadt)

Nové Město ist das Handels- und Geschäftszentrum Prags, wenn nicht der ganzen Republik. Breite Boulevards und vornehme Flaniermeilen, repräsentative Theater- und Opernhäuser, elegante Einkaufszentren und Casinos prägen den Stadtteil. Ganz so neu aber, wie der Name vermuten lässt, ist er nicht. Bereits im 14. Jh. ließ Kaiser Karl IV. den großzügigen Grundriss von Nové Město anlegen. Das Bild bestimmen heute überwiegend monumentale Gebäude aus Gründerzeit und Jugendstils, aber auch Bauten des Funktionalismus und des sozialistischen Realismus sind zu finden. Bis in die Gegenwart wird an Nové Město gefeilt. Es wird neu, um- und angebaut oder auch nur die Fassade gestrichen.

Nové Město zieht sich wie ein breiter Gürtel um Staré Město. Altstadt und Neustadt treffen sich an den Straßen Revoluční, Na Příkopě und Národní. Letztere zwei gehen vom Wenzelsplatz ab, und bilden mit ihm das so genannte Goldene Kreuz (zlatý kříž), eines der teuersten Pflaster der Hauptstadt. Prag zeigt sich hier weltstädtisch und geschäftig. Fußgängerzonen laden zum Flanieren, Straßencafés zum Verweilen ein.

▸ **Václavské náměstí (Wenzelsplatz):** Früher hatte er das Aussehen eines Platzes und hieß Rossmarkt. Im Revolutionsjahr 1848 gestaltete man ihn in einen Boulevard um und gab ihm einen neuen Namen, nicht jedoch Wenzelsboulevard sondern Wenzelsplatz. Auf jeden Fall zählt er mit seinen enormen Ausmaßen von 750 m auf 60 m zu den größten Plätzen Europas. Ganz oben vor dem Nationalmuseum (s. u.) thront zu Ross der Heilige Wenzel, ein Denkmal aus dem Jahr 1912. In der Geschichte Prags und Tschechiens war der Wenzelsplatz immer wieder Schauplatz

Karte S. 204/205

Karlsplatz und Neustädter Rathaus

von Massenaufmärschen, -demonstrationen und -feiern, zumal es kaum einen anderen Platz in der Stadt gibt, auf dem sich das Volk in so großer Zahl hätte versammeln können.

Rund um den Platz findet man vornehme Boutiquen und repräsentative Bankgebäude, aber auch Kaufhäuser, deren Warensortimente guten Geschmack auf die Probe stellen. Tagsüber marschieren die Touristen zügig auf und ab, und abends torkeln manche daher als leichte Beute für Taschendiebe. Ohnehin ist hier bis spät in die Nacht viel los, nicht zuletzt wegen der Kinos, Discos und Casinos rund herum. Auch Prostituierte stehen dann Spalier. Und über all dem zieht immer wieder der Geruch fettiger Bratwürste hinweg, denn der Wenzelsplatz ist Prags Bratwürstelmekka.

Verbindungen Ⓜ A, C Muzeum oder Ⓜ B, C Můstek.

▸ **Národní muzeum (Nationalmuseum):** Es gilt als eines der größten Museen der ganzen Republik, und zählt man die Exponate, dann ist es das garantiert. Allein die mineralogische Sammlung – Steinchen neben Steinchen in alten Vitrinen –, ist eine der umfangreichsten der Welt. Auch die zoologische Abteilung ist an Vielfalt kaum zu überbieten. Kein Tier, das nicht ausgestopft wurde: Giraffe, Hammerhai, Leopard, Elefant usw. Zudem gibt es einen Saal mit Büsten und Statuen berühmter tschechischer Persönlichkeiten, eine entomologische (insektenkundliche), eine anthropologische Sammlung und so fort. Ferner finden kleinere, oft sehr interessante Wechselausstellungen statt.

Verbindungen/Öffnungszeiten Václavské náměstí 68. Ⓜ A, C Muzeum. Im Winter 9–17 Uhr, im Sommer 10–18 Uhr. Am ersten Dienstag im Monat geschlossen. Eintritt 3,30 €, erm. die Hälfte. Am ersten Montag im Monat frei.

▸ **Národní divadlo (Nationaltheater):** Das im Neorenaissancestil errichtete Theater, der Stolz der Nation, wurde überwiegend aus Spendengeldern in der zweiten Hälfte des 19. Jh. errichtet. Doch kurz vor seiner Einweihung im Jahr 1881 brannte es aus.

So fand die feierliche Eröffnung erst zwei Jahre später statt. Für alle bedeutenden tschechischen Künstler der damaligen Zeit war es eine Ehre, an der Ausschmückung des Theaters mitzuwirken. Und so präsentiert es sich heute – äußerst prunkvoll. Auf dem Programm stehen Theaterstücke (in tschechischer Sprache), Oper und Ballett – sollten Sie daran eine Freude haben, versuchen Sie, Tickets zu bekommen. Der gläserne Kasten daneben, die **Neue Bühne (Nové scéna)**, beherbergt übrigens das Multimediatheater **Laterna Magika**. Es erinnert an ein deutsches Kaufhaus aus den 1970ern. Die Prager lästern, es sehe aus wie „gefrorene Pisse".

Verbindungen Národní 2. Ⓢ 6, 9, 18, 21, 22, 23 Národní divadlo.

▶ **Karlovo náměstí (Karlsplatz):** Er war einst der größte Platz der Stadt. Heute zu einem reizlosen, öffentlichen Park umgewandelt, lassen sich seine Proportionen kaum mehr ausmachen. Am nördlichen Ende steht das **Neustädter Rathaus (Novoměstská radnice)**. Das Gebäude mit den drei markanten Giebeln wurde in der Mitte des 14. Jh. im gotischen Stil errichtet und erlebte unzählige An- und Umbauten. Seine heutige weiße Fassade verdankt es der letzten großen Restaurierung Ende des 20. Jh. Berühmtheit erlangte das Neustädter Rathaus durch den Ersten Prager Fenstersturz (→ Kasten S. 243). Heute wird es nur noch für repräsentative Zwecke verwendet, gelegentlich finden auch Ausstellungen darin statt. Der 50 m hohe Turm (221 Stufen sind's hinauf) mit einer Kapelle im ersten Stock kann besichtigt werden.

Verbindungen/Öffnungszeiten: Ⓜ B Karlovo náměstí. **Turm,** Mai–Sept. tägl. (außer Mo) 10–18 Uhr. Eintritt 1 €, erm. die Hälfte. Nachts sollte man einen Bogen um den Park machen!

▶ **Brauhaus U Fleků:** Seit 1499 existiert die traditionsreiche Brauerei, die eines der süffigsten Biere Prags, ein bitter-süßes Dunkles ausschenkt, das nirgendwo anders in der Stadt gezapft wird. Eine Volksweise besagt sogar, dass jeder Tscheche einmal im Leben ins U Fleků pilgern sollte, ähnlich wie die Moslems nach Mekka. Nur, Tschechen trifft man hier außer als Bedienung keine mehr an. Das Bier kostet mittlerweile das Dreifache wie anderswo in Prag, und den „Willkommensschnaps" haben Sie hinterher selbstverständlich auf Ihrer Rechnung vermerkt. Busladung auf Busladung stolpert herein, und im Garten wird zu böhmischer Blasmusik geschunkelt. Dem Brauhaus ist ein kleines **Museum** angegliedert. Heute wird übrigens noch ein- bis zweimal wöchentlich gebraut, insgesamt 2.200–2.500 Hektoliter im Jahr, ganz ohne Chemie. Dafür ist das Bier auch nur zwei Wochen haltbar.

Verbindungen/Öffnungszeiten Křemencova 11. Ⓜ B Národní třída oder Karlovo náměstí. **Wirtschaft,** tägl. 9–23 Uhr, **Brauereimuseum,** Mo–Fr 10–16 Uhr (nach 16 Uhr und am Wochenende nur nach Anmeldung). Eintritt für das Museum 1,70 €, mit Führung durch die Brauerei, Degustation und Souvenirkrug 5 €.

▶ **Tančící dům (Tanzendes Haus):** Das von 1992 bis 1996 errichtete dekonstruktivistische Gebäude des Versicherungskonzerns Nationale Nederlanden ist von allen modernen Bauten der Stadt eines der interessantesten. Dynamisch tritt es mit seinen massiven Stahlbetonsäulen in den Straßenraum ein. Mit Phantasie – viel Phantasie – kann man in der sich herausdrehenden, schwungvollen Fassade Ginger Rogers und Fred Astaire erkennen. Den Entwurf lieferte der kanadische Architekt Frank O. Gehry.

Verbindungen Jiráskovo náměstí. Ⓢ 17, 21 Jiráskovo náměstí.

▶ **Slovanský ostrov (Slaweninsel):** Sie ist eine der schönsten Moldauinseln. Sonntags gehen hier Familien spazieren, unter der Woche die Verliebten. Touristen kommen zum Tret- oder Ruderboot fahren. Vor dem einstigen Casino, heute ein vornehmes Café, steht ein Bronzedenkmal für Božena Němcová (→ Kasten S. 112).

Verbindungen Ⓢ 6, 9, 18, 21, 23, 51, 54, 57, 58 Národní divadlo.

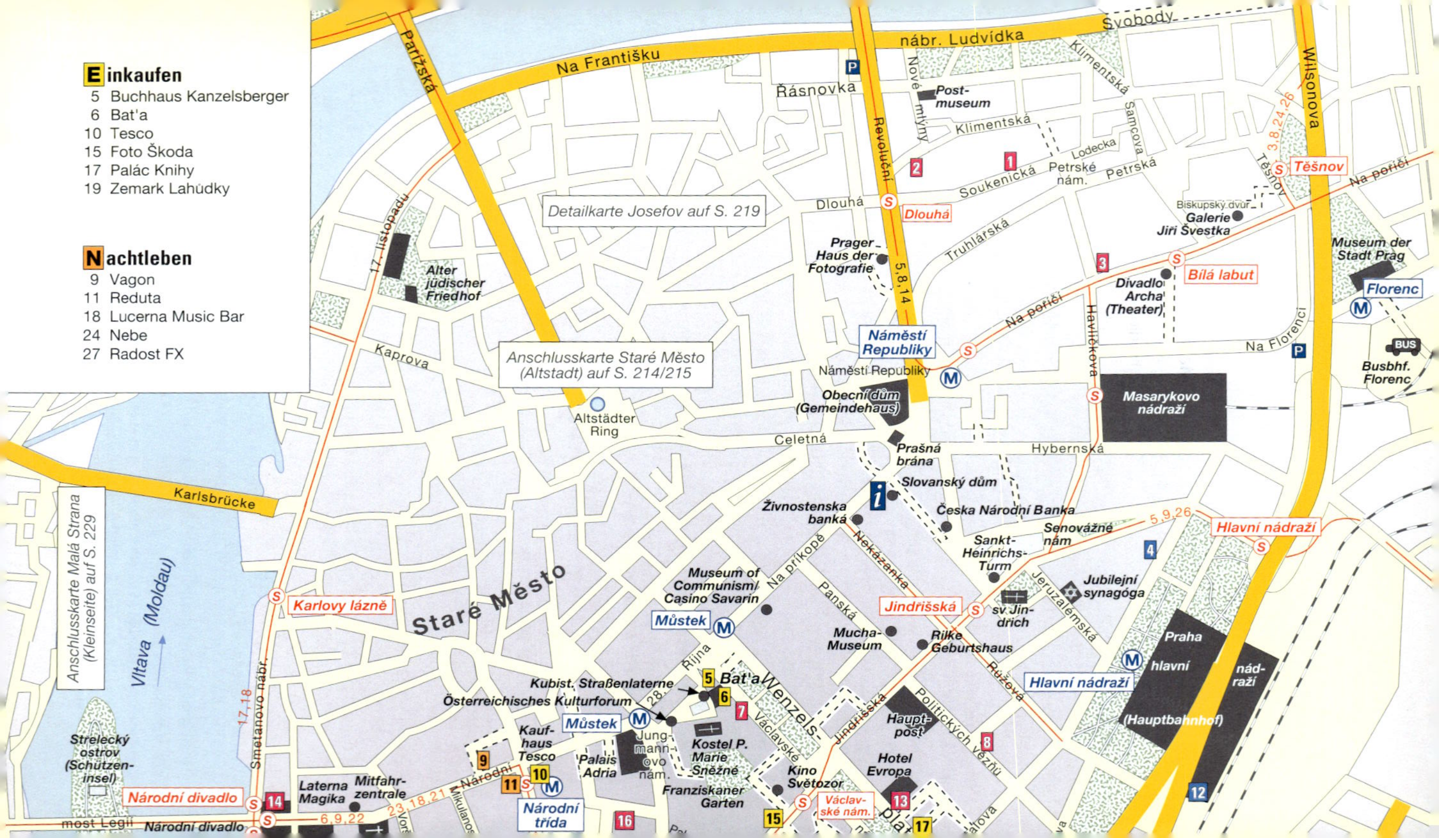
Einkaufen
5 Buchhaus Kanzelsberger
6 Bat'a
10 Tesco
15 Foto Škoda
17 Palác Knihy
19 Zemark Lahůdky
Nachtleben
9 Vagon
11 Reduta
18 Lucerna Music Bar
24 Nebe
27 Radost FX
Detailkarte Josefov auf S. 219
Anschlusskarte Staré Město (Altstadt) auf S. 214/215
Anschlusskarte Malá Strana (Kleinseite) auf S. 229
Staré Město
Vltava (Moldau)
Karlsbrücke
Altstädter Ring
Alter jüdischer Friedhof
Prager Haus der Fotografie
Post-museum
Galerie Jiří Švestka
Divadlo Archa (Theater)
Museum der Stadt Prag
Busbhf. Florenc
Masarykovo nádraží
Obecní dům (Gemeindehaus)
Prašná brána
Slovanský dům
Česka Národní Banka
Živnostenska banká
Sankt-Heinrichs-Turm
sv. Jindrich
Jubilejní synagóga
Museum of Communism/ Casino Savarin
Mucha-Museum
Rilke Geburtshaus
Praha hlavní nádraží (Hauptbahnhof)
Kubist. Straßenlaterne
Österreichisches Kulturforum
Kostel P. Marie Sněžné
Franziskaner Garten
Palais Adria
Kaufhaus Tesco
Laterna Magika
Mitfahrzentrale
Kino Světozor
Hauptpost
Hotel Evropa
Strelecký ostrov (Schützeninsel)
Wenzelsplatz
Těšnov
Florenc
Bílá labut
Dlouhá
Náměstí Republiky
Hlavní nádraží
Jindřišská
Můstek
Karlovy lázně
Národní divadlo
Národní třída
Václavské nám.
Na Františku
nábr. Ludvíka Svobody
Wilsonova
Pařížská
Revoluční
17. listopadu
Smetanovo nábr.
Na poříčí
Havlíčkova
Na Florenci
Hybernská
Celetná
Na příkopě
Kaprova
Národní
most Legií

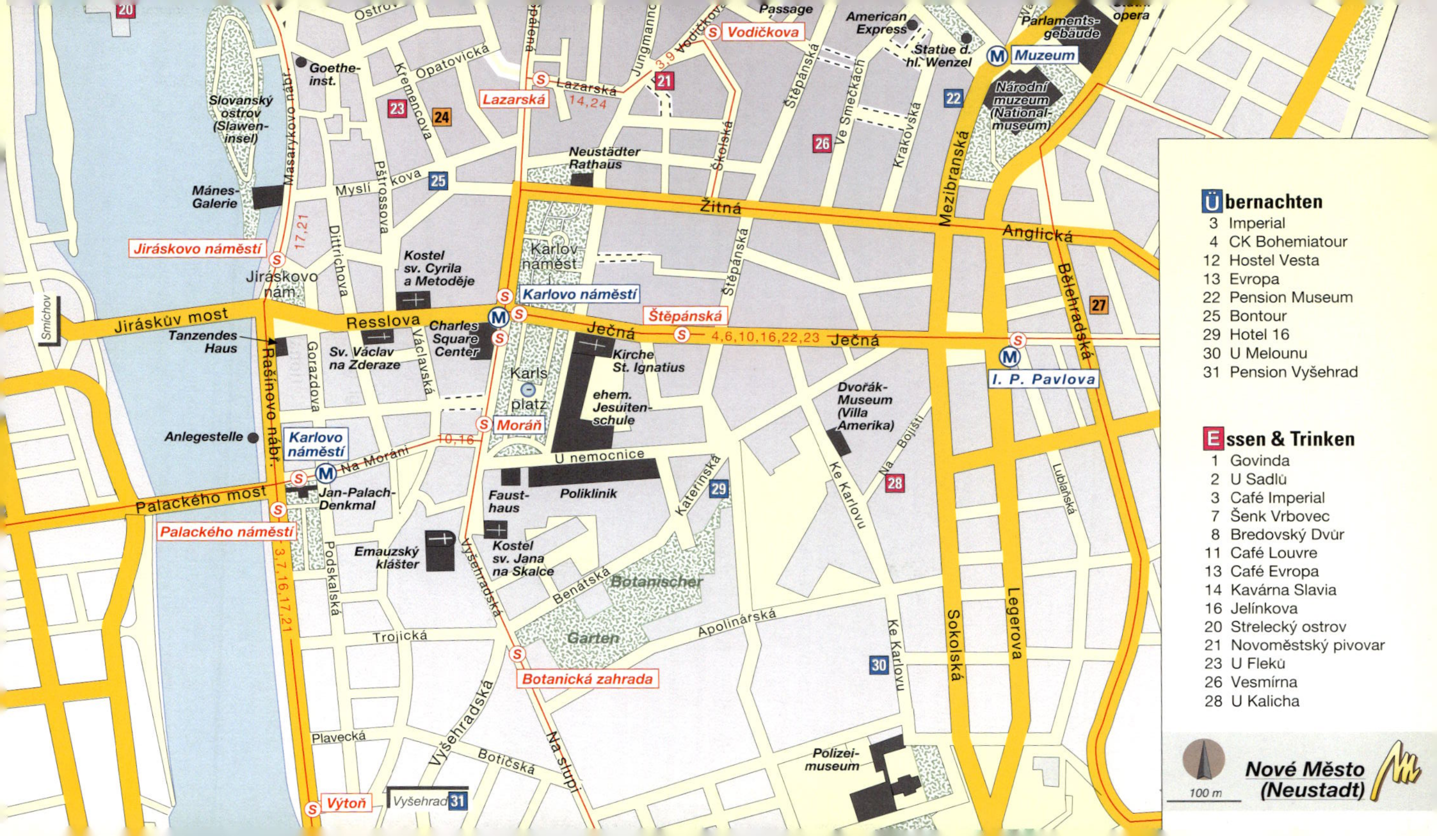

Übernachten
3 Imperial
4 CK Bohemiatour
12 Hostel Vesta
13 Evropa
22 Pension Museum
25 Bontour
29 Hotel 16
30 U Melounu
31 Pension Vyšehrad
Essen & Trinken
1 Govinda
2 U Sadlů
3 Café Imperial
7 Šenk Vrbovec
8 Bredovský Dvůr
11 Café Louvre
13 Café Evropa
14 Kavárna Slavia
16 Jelínkova
20 Střelecký ostrov
21 Novoměstský pivovar
23 U Fleků
26 Vesmírna
28 U Kalicha
100 m
Nové Město (Neustadt)
Passage
American Express
Statue d. hl. Wenzel
Muzeum
Parlaments-gebäude
opera
Národní muzeum (National-museum)
Vodičkova
Lazarská
Goethe-inst.
Slovanský ostrov (Slawen-insel)
Mánes-Galerie
Neustädter Rathaus
Jiráskovo náměstí
Jiráskovo nám.
Kostel sv. Cyrila a Metoděje
Karlov náměst
Karlovo náměstí
Štěpánská
Jiráskův most
Smíchov
Tanzendes Haus
Resslova
Charles Square Center
Sv. Václav na Zderaze
Ječná
Kirche St. Ignatius
I. P. Pavlova
Karls platz
ehem. Jesuiten-schule
Dvořák-Museum (Villa Amerika)
Moráň
Anlegestelle
Karlovo náměstí
Na Moráni
U nemocnice
Jan-Palach-Denkmal
Palackého most
Palackého náměstí
Faust-haus
Poliklinik
Kostel sv. Jana na Skalce
Emauzský klášter
Botanischer Garten
Botanická zahrada
Polizei-museum
Výtoň
Vyšehrad
Žitná
Anglická
Mezibranská
Bělehradská
Sokolská
Legerova
Lublaňská
Ke Karlovu
Na Bojišti
Kateřinská
Apolinářská
Benátská
Vyšehradská
Na slupi
Botičská
Plavecká
Trojická
Podskalská
Gorazdova
Rašínovo nábř.
Masarykovo nábř.
Dittrichova
Pštrossova
Myslíkova
Kremencova
Opatovická
Spálená
Jungmannova
Škołská
Štěpánská
Ve Smečkách
Krakovská
Václavská
Ostrov
3,9
14,24
17,21
10,16
4,6,10,16,22,23
3,7,16,17,21

▸ **Muchovo muzeum (Mucha-Museum):** Angeblich konnte Alfons Mucha (1860–1939) zeichnen, bevor er gehen konnte. Und als er gehen konnte und auf eigenen Füßen stand, zog es ihn nach Paris und Amerika. Dort illustrierte er Bücher und entwarf jene Plakate, die ihn als Vertreter des Jugendstils weltberühmt machten. Später, wieder zurück in seiner Heimat, stellte er sich ganz in den Dienst seines Landes, entwarf Banknoten, Orden und dergleichen. Dem kleinen Museum ist auch ein Shop angegliedert, der Mucha-Bücher und -Plakate verkauft.

Verbindungen/Öffnungszeiten Panská 7. Ⓜ A, C Muzeum. Tägl. 10–18 Uhr. Eintritt 4 €, erm. die Hälfte.

▸ **Kostel sv. Cyrila a Metoděje (Kirche Sankt Kyrill und Method):** Die barocke Kirche, in der ersten Hälfte des 18. Jh. von Kilian Ignaz Dientzenhofer erbaut, ist heute das Zentrum der tschechisch-orthodoxen Gemeinde. In der Krypta befindet sich eine kleine Gedenkstätte für die Opfer des Nationalen Widerstandes während der deutschen Okkupation. Nach dem Anschlag auf Reinhard Heydrich (→ S. 40) im Mai 1942 suchten hier die Attentäter Zuflucht. Durch Verrat erfuhr die SS von dem Versteck und stürmte mit 360 Mann Kirche und Krypta.

Verbindungen/Öffnungszeiten Resslova. Ⓜ B Karlovo náměstí. **Krypta,** tägl. (außer Mo) 10–17 Uhr. Eintritt 1,70 €, erm. 0,70 €.

▸ **Státní opera (Staatsoper):** Sie wurde Ende des 19. Jh. im Neorenaissancestil als das „Neue Deutsche Theater" gebaut. Viele berühmte Künstler gaben sich hier ein Stelldichein, unter anderem Mahler, Seidl, Klemperer und Szell. Im Innern dominieren roter Samt und Gold – allein schon deswegen einen Besuch wert.
Der bronzefarbene, gläserne, auf Stelzen stehende Kasten zwischen der Staatsoper und dem Nationalmuseum war übrigens das Parlamentsgebäude der ČSR und ČSSR. Den steinernen Sockel des Gebäudes bildet die ehemalige Börse. Doch mit der Machtübernahme der Kommunisten wurde die Börse überflüssig und der Klotz darauf gesetzt. Heute sendet von hier Radio Free Europe.

Verbindungen Wilsonova 4. Ⓜ A, C Muzeum.

▸ **Muzeum Antonína Dvořáka (Dvořák-Museum):** In der im frühen 18. Jh. von Kilian Ignaz Dientzenhofer geplanten Villa Amerika, einem der schönsten Sommerschlösschen Prags, befindet sich das Museum zum Gedenken an Antonín Dvořák (1841–1904). Das populärste Werk des wohl berühmtesten tschechischen Komponisten entstand in Amerika, die Sinfonie in e-Moll, auch bekannt unter dem Namen „Aus der Neuen Welt". Dvořák selbst war übrigens gelernter Fleischer, bevor er mit Müh und Not die Aufnahme in die Prager Organistenschule schaffte. Im Sommer finden im oberen Saal regelmäßig Konzerte statt.

Verbindungen/Öffnungszeiten Ke Karlovu 20. Ⓜ C I. P. Pavlova. April–Sept. tägl. (außer Mo) 10–13.30 u. 14–17.30 Uhr, Okt.–März tägl. (außer Mo) 9.30–13.30 u. 14–17 Uhr. Eintritt 1,30 €, erm. die Hälfte.

▸ **Střelecký ostrov (Schützeninsel):** Vom Nationaltheater ist sie über die Legionärsbrücke (most Legií) zu erreichen. Ab Mitte des 18. Jh. war darauf das Korps der Prager Scharfschützen positioniert, daher der Name. Heute gibt es hier eine Freilichtbühne im Grünen, auf der im Sommer allabendlich Filme gezeigt oder Konzerte geboten werden, dazu einen kleinen Bierverkaufsstand – Treffpunkt der jugendlichen Hundebesitzer. Des Weiteren befinden sich auf der Insel die Tennisplätze des *Start Praha Sportovní Klubs* und – nur im Sommer – das *Hostel Island.*

Verbindungen Ⓢ 6, 9, 18, 21, 23, 51, 54, 57, 58 Národní divadlo.

▸ **Kostel P. Marie Sněžné (Kirche Maria Schnee):** Karl IV. stiftete den Karmelitern die heute versteckt gelegene Kirche am Tage seiner Krönung zum König von Böhmen. Doch als der Chor fertig war, ging das Geld aus und der ursprünglich geplante dreischiffige Bau mit über 100 m Länge wurde nie vollendet. Anfang des 17. Jh. übernahmen die Franziskaner die Kirche bzw. den Chor und ließen ihn im Barockstil umbauen. Betrachtet man sie von dem kleinen angrenzenden Franziskanergarten, kann man erahnen, wie die Kirche ursprünglich hätte werden sollen.

Verbindungen Jungmannovo náměstí. Ⓜ A, B Můstek. Eingang beim Österreichischen Kulturforum.

▸ **Museum of Communism (Kommunismusmuseum):** Hier kann man einen Rundgang durch die 41 Jahre währende sozialistische Ära der Tschechoslowakei unternehmen – vom Wahlsieg der Kommunisten 1948 bis zu den Bürgerprotesten 1989. Die Dokumentation (auch auf Deutsch) setzt sich zwar kritisch mit der Vergangenheit auseinander, die Präsentation (Büsten und Statuen von Stalin, eine nachgebaute Ladentheke usw.) ist jedoch alles andere als spannend. Für das Gebotene werden satte Preise verlangt – ein Versuch, mit dem Ostalgiekult den schnellen Euro zu machen.

Verbindungen/Öffnungszeiten Na Příkopě 10. Ⓜ A, B Můstek. Tägl. 9–21 Uhr. Eintritt 6 €, erm. 4,60 €.

Essen & Trinken (→ Karte S. 204/205)

• *Restaurants* **Střelecký ostrov (20),** italienische Küche mit Fisch und guter Pasta. Im Winter Restaurant im Gewölbekeller, im Sommer große Terrasse direkt an der Moldau. Hg. 12–20 €. ✆ 224934028. Střelecký ostrov 336. Ⓢ 6, 9, 18, 17, 21, 22, 23, 51, 54, 57, 58 Národní divadlo.

Novoměstský pivovar (21), postsozialistische Mikrobrauerei mit großem Restaurant, sehr beliebt bei Reisegruppen. Rustikal-gemütliches Ambiente, von der Decke baumelt getrockneter Hopfen. Deftige böhmische Küche, Fisch und Vegetarisches. Hauptgerichte 3,30–13,30 €. ✆ 222232448. Vodičkova 20. Ⓜ A, B Můstek.

U Sádlů I. (2), an den Wänden des Kellergewölbes prangen Ritterrüstungen und Lanzen, dazu gibt es böhmische Spezialitäten, gute Fleischgerichte und süffiges Bier. Hg. 2,70–10 €. ✆ 224813874. Klimentská 2. Ⓢ 5, 8, 14 Dlouhá třída.

U Fleků (23) → „Sehenswertes", S. 203.

U Kalicha (28), berühmt durch Jaroslav Hašeks „Švejk" (→ Kasten S. 227). Wer den Spuren des braven Soldaten folgen will, sei gewarnt. Astronomische Bierpreise und Busgruppen verbreiten Möchtegern-Oktoberfest-Atmosphäre. ✆ 296189601. Na Bojišti 12–14. Ⓜ C I. P. Pavlova.

Bredovský Dvůr (8), modern-gediegene Bierschwemme (0,5 l Pilsner zu 0,85 €) in gepflegtem Backsteinambiente, wo sich die Bäuche z. T. hinter feinen Jacketts verstecken. Gelegentliche Fußballübertragungen. Einsehbare Küche, in der allerlei unkonventionelle und sehr leckere Gerichte wie Wildschweinsteak oder Lammgulasch gezaubert werden. Hg. 2,50–10 €. ✆ 224215428. Politických Vězňů 14. Ⓜ C Hlavní nádraží.

Govinda (1), billiger vegetarischer Inder. Selfservice, Kantinenflair, immer voll. Das kostenlose Tischwasser wird von Hare-Krischna-Mönchen aufgefüllt. Nur ein Mittagsmenü zur Auswahl, je nach Menge 2–3 €. Nur Mo–Fr 11–17 Uhr. Soukenická 27. Ⓜ B Náměstí Republiky.

• *Café* **Vesmírna (26),** kleines und freundliches Nichtrauchercafé, übrigens ein Sozialprojekt – hier werden Sie von Behinderten bedient. Gute Öko-Sandwiches, frisch gepresste Fruchtsäfte und hervorragende Milchshakes. Von Lesern vielfach empfohlen. Ve Smečkách 5. Ⓜ A, C Muzeum.

• *Pivnice/Weinstube* **Jelínkova (16),** beliebte kleine Pilsner-Bierstube mit üblicher Holzvertäfelung. Abends knallvoll. Snacks. Sa/So zu. Charvátova 1. Ⓜ B Národní třída.

Šenk Vrbovec (7), von Touristen beharrlich übersehene Stehweinstube am Wenzelsplatz. Kork an den Wänden, Prager Hausfrauen und Geschäftsleute an den Stehtischen. Gute und günstige heimische Weine vom Fass. Václavské náměstí 10. Ⓜ A, B Můstek.

Die Kaffeehäuser der Neustadt

(→ Karte S. 204/205)

Prag ist zwar nicht Wien, dennoch gehörten auch hier die Kaffeehäuser zur urbanen Kultur. Die viel beschriebene große Blütezeit der Prager Kaffeehäuser, als sich hier die Künstleravantgarde traf und die Kellner sich noch zweimal täglich rasierten, ist längstens Geschichte. Mit dem Kommunismus ging die Kaffeehauskultur unter. Zahlreiche Häuser wurden geschlossen, um der „Bourgeoisie" den Raum zu nehmen. Mittlerweile aber kann man von einer Renaissance der Kaffeehäuser sprechen. Viele der alten Jugendstilcafés wurden restauriert, teils aber auch totrestauriert. Künstler sieht man darin keine mehr, die Cafés gehören vor allem den Touristen aus aller Welt. In eines davon sollten Sie dennoch auf jeden Fall mal gehen:

Café Imperial (3), charmantestes Kaffeehaus der Stadt. Wände und Decken sind – einmalig in der Welt – vollständig mit Keramik ausgeschmückt. Zum Kaffee werden kostenlos Krapfen gereicht. Für rund 60 € kann man sich eine riesige Schüssel davon bestellen und andere Gäste bewerfen – kein Gag! Recht faire Preise, die den unfreundlichen Service wieder gut machen. Am Abend gelegentlich Live-Jazz. Im gleichen Gebäude befindet sich auch das ultramodern-sterile **Café Screen** – für alle, denen das Imperial zu bieder ist. Na Poříčí 15. Ⓜ B Náměstí Republiky.

Kavárna Slavia (14), Rilkes und Kunderas Wohnzimmer. Heute werden hier v. a. Reiseführer in allen Sprachen gelesen. Mit der letzten Renovierung ist aus dem alten Kaffeehaus ein modernes, helles Café mit dunkelgrünen Ledersofas geworden. Der Moldaublick ist nach wie vor grandios. Smetanovo nábřeží 2. Ⓢ 6, 9, 18, 21, 22, 23, 51, 54, 57, 58 Národní divadlo.

Café Evropa (13), Jugendstilperle in zentralster Lage, deswegen wohl auch die größte Touristenschwemme nach der Karlsbrücke. Man hat sich darauf eingestellt, serviert zweitklassigen Kaffee zu erstklassigen Preisen. Zuweilen Aufpreis für die Live-Musik am Nachmittag! Trotzdem kann man dem Café den (abgewetzten) Charme nicht absprechen. Václavské náměstí 25. Ⓜ A, C Muzeum oder A, B Můstek.

Café Louvre (11), von den Kommunisten wegen bourgeoiser Tendenzen geschlossen, seit 1992 wieder Kaffeehaus. Hohe, kitschig pinke Wände, viel Stuck. Große Auswahl an internationalen Tageszeitungen, fesche Bedienungen. Restaurant und Billardsalon angegliedert. Národní třída 20. Ⓜ B Národní třída.

Einkaufen *(→ Karte S. 204/205)*

Tesco (10), großes, zentrales Kaufhaus mit Supermarkt im Keller. Národní. Ⓜ B Národní třída.

Foto Škoda (15), ein Paradies für Fotografen, jede Menge neuer und gebrauchter Kameras und Objektive sowie enorm viel Zubehör. Mindestens genauso interessant sind die unverkäuflichen Ausstellungsstücke in den Vitrinen. Vodičkova 37. Ⓜ A, B Můstek.

Baťa (6), riesiger Schuhladen auf 6 Etagen. Gut, schick und preislich o. k. Václavské náměstí 6. Ⓜ A, B Můstek.

Zemark Lahůdky (19), großer Delikatessenladen. Feinkost, Spirituosen, Absinth in allen Variationen. Václavské náměstí 44. Ⓜ A, B Můstek oder A, C Muzeum.

Palác Knihy (17), neuester Bücherladen am Wenzelsplatz, mit großer Auswahl an deutschen Zeitschriften. Václavské náměstí 41. Ⓜ A, B Můstek oder A, C Muzeum. Schöner zum Stöbern ist jedoch das **Buchhaus Kanzelsberger (5),** auch am Wenzelsplatz (Nr. 4).

Gemalt und in natura: die Karlsbrücke

Sehenswertes in Staré Město (Altstadt)

Staré Město ist einer der lebhaftesten Stadtteile Prags, der mit den traditionsreichsten Pivnices, den meisten Restaurants, Galerien und Wechselstuben. Er gehört den Touristen, nicht den Pragern. Sein Herz ist der Staroměstské náměstí (Altstädter Ring), der gerne als der schönste Platz Europas bezeichnet wird. Aber auch die angeblich schönste Brücke der Welt ist hier zu finden, die Karlsbrücke.

Ein Wirrwarr aus engen, verwinkelten Gassen prägt die Altstadt. Ohne Plan ist man schnell darin verloren, aber das macht nichts. Lassen Sie sich einfach treiben. Die belebtesten Gassen sind die Celetná und die Karlova. Beide werden gesäumt von alten Barock- und Renaissancefassaden, die mit viel Liebe restauriert wurden; kaum noch ein Winkel, der nicht der Postkartenharmonie entspricht.

Abseits dieser Gassen geht es erheblich ruhiger zu. Und je mehr man sich von ihnen entfernt, desto mehr taucht man ein in jenen Teil der Altstadt, der erst so langsam aus seinem Dornröschenschlaf erwacht. Hier sehen auch nicht mehr alle Häuser aus, als hätte man sie gestern erst gebaut. Hier bröckelt der Putz, und hier besitzen die Hinterhöfe gelegentlich einen Charme wie in Italien. Hier findet man noch Cafés und Kneipen, die auch Prager besuchen. Hier stellen in den Galerien junge Künstler aus, die auch etwas anderes malen als Aquarelle von der Karlsbrücke.

▸ **Staroměstské náměstí (Altstädter Ring):** „Es gibt wenige Plätze auf Erden, die sich an Schönheit mit dem Altstädter Ring in Prag messen können". Was der Arzt und Dichter Hugo Salus (1866–1929) am Anfang des 20. Jh. schrieb, gilt noch immer, vielleicht sogar mehr denn je. Den stets belebten weiten Platz beherrscht ein **Denkmal für Jan Hus**. 1915 wurde es eingeweiht, zum 500. Todestag des Reformators (→ S. 37). Seine eingravierten Worte „Milujte se, pravdy každému přejte" sind ein Aufruf zu Brüderlichkeit und Ehrlichkeit.

Hinter der Häuserfront der Ostseite erhebt sich imposant die **Teinkirche (Kostel P. Maria před Týnem)**. In der zweiten Hälfte des 14. Jh. wurde mit ihrem Bau begonnen. Die markanten Türme kamen erst im 15. und 16. Jh. hinzu. Der Zugang erfolgt durch den dritten Arkadenbogen in dem davor liegenden Bau. In der Teinkirche liegt der dänische Astronom Tycho Brahe begraben. 1599 war er an den kaiserlichen Hof Rudolfs II. gerufen worden. Er besaß eine künstliche Nase aus Gold; der Grund dafür war ein Duell in Rostock. Auch sein Tod 1601 spricht nicht gerade für einen soliden Lebenswandel, er starb nach einem Saufgelage an einem Blasenriss.

An der nordwestlichen Seite des Platzes fällt die schneeweiße, barocke **Nikolauskirche (Kostel sv. Mikuláše)** ins Auge. Ihr Äußeres wirkt vielversprechend, ihr Inneres ist es nicht.

Verbindungen/Öffnungszeiten Ⓜ A Staroměstská. **Teinkirche,** nur während des täglichen Gottesdienstes geöffnet.

Tycho Brahes letzte Ruhestätte: die Týnkirche

Staroměstská radnice (Altstädter Rathaus): Das Rathaus ist der markanteste Bau am Altstädter Ring. Unter Johann von Luxemburg erhielten die Bürger der Altstadt im 14. Jh. das Recht, sich ein Rathaus zu bauen. Aus Geldmangel verzichteten sie jedoch und kauften lieber ein altes Gebäude. Was man heute sieht, ist letztendlich das Ergebnis unzähliger Um- und Anbauten. Die letzte große Restaurierung des Rathauses erfolgte nach dem 2. Weltkrieg, in dem es als eines der wenigen Gebäude der Stadt stark beschädigt wurde. Am beeindruckendsten ist die **Astronomische Uhr (Orloj):** Von 9 bis 21 Uhr zieht zu jeder vollen Stunde der Tod (rechts des oberen zweiten Blatts als Skelett dargestellt) an einem Seil und dreht das Stundenglas herum. Dann öffnen sich zwei Fenster über der Uhr, und – von Petrus angeführt – defilieren die zwölf Apostel. Zum Schluss kräht noch der Hahn. Betrachtet man die Zifferblätter, so zeigt das obere mit römischen Zahlen die Zeit auf Ihrer Uhr an, das mit den alten arabischen Ziffern drum herum die mittelalterliche böhmische, bei welcher der Tag mit dem Sonnenuntergang endete. Der kleinere, innere Kreis steht für die Tierkreiszeichen, der farbige

Die Bürger von Velvary – die Ostfriesen der Tschechen

Im Mittelalter vermengte man bei Bauten, die extremen Belastungen ausgesetzt waren, den Mörtel mit Eiern, um ihn härter und widerstandsfähiger zu machen. Das geschah auch beim Bau der Karlsbrücke. Dafür waren mehrere Tausend Eier vonnöten, die man aus sämtlichen Regionen des Landes anforderte. Zu den Ostfriesen der Tschechen wurden dabei die Bürger von Velvary nordwestlich von Prag, ihre Lieferung war hart gekocht.

Hintergrund für Tag und Nacht. Darunter sieht man das Kalendarium. Und weil die Uhr so schön ist, und weil jede Stadtführung vor ihr Halt macht, hat man sich auch eine Legende einfallen lassen, um das Warten bis zum vollen Stundenschlag unterhaltsam zu überbrücken. Demnach soll Meister Hanuš, der die Uhr im 15. Jh. geschaffen hatte, geblendet worden sein, um keiner anderen Stadt eine solche Uhr ans Rathaus basteln zu können. Bald darauf aber blieb die Uhr stehen, und kein Mensch wusste, wie man sie reparieren sollte.

Im Innern des Rathauses finden heute Wechselausstellungen statt, u. a. auch in den Kellergewölben. Besichtigen kann man ferner ein paar Repräsentationsräume und eine Kapelle – beide gehören nicht unbedingt zum Pflichtprogramm. Lohnenswert jedoch ist ein Blick vom Rathausturm über die Stadt.

Verbindungen/Öffnungszeiten Staroměstská radnice 1. Ⓜ A Staroměstská. Im Sommer tägl. (außer Mo) 9–17.30 Uhr, im Winter bis 16.30 Uhr. Für die historischen Säle, die gotische Kapelle und den Rathausturm müssen separate Tickets gelöst werden zu 1–1,50 €.

Palác Kinských (Palais Kinský): Das altrosafarbene Palais auf der Ostseite des Altstädter Rings wurde nach Plänen von Kilian Ignaz Dientzenhofer zwischen 1755 und 1765 erbaut. Im 19. Jh. verbrachte die Komtesse Bertha Kinský (1813–1914), spätere Freifrau von Suttner, darin ihre Kindheit. Als überzeugte Pazifistin und Schriftstellerin (u. a. des Romans „Die Waffen nieder!") machte sie sich einen Namen. Zu ihren größten Verehrern zählte Alfred Nobel. Er war von ihr so angetan, dass er den Friedensnobelpreis stiftete, dessen erste weibliche Trägerin (1905) sie wurde. Heute nutzt die Nationalgalerie weite Teile des Gebäudes für temporäre Ausstellungen. Unmittelbar an das Palais grenzt ein mittelalterlicher Bau, das **Haus zur Steinernen Glocke** (Dům U Kamenného Zvonu). Es wird ebenfalls für wechselnde Ausstellungen, aber auch für Konzerte genutzt.

Verbindungen/Öffnungszeiten Staroměstské náměstí 12. Ⓜ A Staroměstská. Tägl. 10–18 Uhr.

▸ **Karlův most (Karlsbrücke):** Sie ist das eigentliche Zentrum Prags, verbindet sie doch Malá Strana (Kleinseite) mit Staré Město. Und sie ist zweifelsohne eines der Prager Weltwunder, zumal sie trotz einer seit langem notwendigen Restaurierung beim verheerenden Augusthochwasser 2002 nicht zusammenstürzte. Berühmt ist die Brücke wegen ihrer vielen barocken Statuen, die die Brüstung säumen. Auch an ihnen nagt der Zahn der Zeit, mehrere wurden daher bereits durch Kopien ersetzt.

Mit dem Bau der über 500 m langen und 10 m breiten Brücke wurde 1357 begonnen. Karl IV., nach dem sie seit 1870 benannt ist, hatte Peter Parler damit beauftragt. Bis 1741 stellte sie die einzige feste Verbindung zwischen den Stadtteilen rechts und links der Moldau dar. 1683 wurde die erste Statue aufgestellt, die des Hl. Nepomuk (von Staré Město die achte rechts). Das Bronzerelief darunter zeigt den Augenblick seines Brückensturzes (→ S. 143). Ein paar Studenten sollen es

Praha/Staré Město
Karte S. 214/215

einst blank poliert und daraufhin die Geschichte erfunden haben, dass es dem, der es berührt, Glück bringt. Als letzte der insgesamt 21 Plastiken kam 1938 die der Heiligen Kyrill und Method hinzu (fünfte rechts). Ein wenig aus der Reihe fällt das lebensgroße Kruzifix mit dem vergoldeten hebräischen Schriftzug „Heiliger, heiliger, heiliger Herr" (dritte Plastik rechts). Angeblich hatte man einen Juden dazu verurteilt, diesen anbringen zu lassen, da er vor dem Kreuz gelästert haben soll.

Verbindungen Křižovnické náměstí. Ⓢ 17, 18 Karlovy lázně.

▸ **Staroměstská mostecká věž (Altstädter Brückenturm):** Er ist wie die Karlsbrücke ein Werk des Baumeisters Peter Parler und wird vielfach als der schönste gotische Wehrturm Europas bezeichnet. 1357 begann man mit seinem Bau, und als hätte man damals schon geahnt, dass über die Karlsbrücke einmal Straßenbahnen holpern würden (bis 1950), errichtete man ihn mit einem ausreichend großen Durchgang. Man kann ihn besteigen. In der Abenddämmerung, wenn die Prager Türme in ihrem schönsten Licht erscheinen, lohnen sich die vielen Stufen nach oben am meisten.

Verbindungen/Öffnungszeiten Křižovnické náměstí. Ⓢ 17, 18 Karlovy lázně. Juni–Sept. 10–21.30 Uhr, Okt. und Mai 10–18.30 Uhr, ansonsten 10–16.30 Uhr. Eintritt 1,30 €, erm. 1 €.

▸ **Obecní dům:** Anfang des 20. Jh. entstand der extravagante, monumentale Jugendstilbau, ein multifunktionales Repräsentationsgebäude mit sechs Sälen, Restaurant, Kneipe, Kaffeehaus usw. (→ „Essen & Trinken", S. 216). Es gibt kaum einen tschechischen Künstler der Sezession, der nicht an der aufwändigen Innen- oder Außengestaltung beteiligt war. Die Gemälde im Primatorensaal stammen z. B. von Alfons Mucha. Der größte Raum ist der Smetanasaal mit 1.500 Plätzen. Am 28. Oktober 1918 wurde darin die Selbstständigkeit der Tschechoslowakischen Republik verkündet; seitdem ist dieser Tag ein staatlicher Feiertag.

Verbindungen/Öffnungszeiten Náměstí Republiky 5. Ⓜ B Náměstí Republiky. Die Säle können in Verbindung mit einem Konzertbesuch besichtigt werden. Es finden auch Führungen (5 €) statt, jedoch unregelmäßig; die Zeiten erfahren Sie an der Auskunft im Gebäude.

Královská cesta oder Prag in 90 Minuten

Quer durch die Stadt verläuft der Královská cesta, jener Weg, den einst die Könige in einer feierlichen Prozession zu ihrer Krönung im Sankt-Veits-Dom abschritten. Bereits im Mittelalter hatte sich diese Tradition entwickelt, da viele Könige Böhmens aus dem Ausland kamen. Beim Eintreffen in Prag wurden sie vom Bürgermeister am Pulverturm begrüßt, wo man ihnen symbolisch den Schlüssel zu ihrer Residenzstadt aushändigte. Die letzte Krönungsprozession fand 1836 für Ferdinand V. statt, an dem Spektakel nahmen mehrere Tausend Reiter teil, nicht nur auf Pferden, auch auf Kamelen.

Der Weg führt an den schönsten Ecken und Winkeln Prags vorbei und wird von Millionen Touristen jedes Jahr bewusst oder unbewusst begangen. Auch wenn viele Sehenswürdigkeiten der Stadt abseits davon im Gassenwirrwarr versteckt liegen, das viel gerühmte „Goldene Prag" präsentiert sich nirgendwo schöner als auf dieser Meile. Etwa 1,5 Std. benötigt man für den Weg. Er verläuft vom Pulverturm über die Celetná zum Staroměstské náměstí und weiter über die Karlova zur Karlsbrücke. Auf der Kleinseite führt er vom Malostranké náměstí schließlich über die Nerudova hinauf zur Prager Burg.

Obecní dům mit Pulvertor

▸ **Prašná brána (Pulvertor):** Der Turm mit Durchgang ist der einzige noch existierende Wachturm aus der Zeit, als die Prager Altstadt befestigt war. Die Stadtmauer verlief entlang der heutigen Fußgängerzone Na Příkopě (Am Graben). Erbaut wurde er in der zweiten Hälfte des 15. Jh., seinen heutigen Namen bekam er jedoch erst im 17. Jh., als man ihn als Pulvermagazin nutzte. Seit dem Mittelalter war er zudem der Ausgangspunkt des so genannten „Königsweges", dem Královská cesta (→ Kasten). Man kann den Turm besteigen, der Ausblick ist aber bei weitem nicht so imposant wie vom Altstädter Rathaus.

Verbindungen/Öffnungszeiten Na Příkopě. Ⓜ B Náměstí Republiky. April–Okt. 10–18 Uhr. Eintritt 1,30 €, erm. 1 €.

▸ **Stavovské divadlo (Ständetheater):** Der neoklassizistische Bau entstand in der zweiten Hälfte des 18. Jh. und war kurz darauf im Besitz der böhmischen Stände, daher der Name. In ihm fand am 29. Oktober 1787 die Uraufführung von Mozarts „Don Giovanni" statt. Das Innere ist ein blau-goldener Traum, nicht umsonst wählte es Miloš Forman als Kulisse für Szenen seines „Amadeus". Leider ist es nur in Verbindung mit einer Aufführung zu besichtigen. Unmittelbar daneben liegt das geschichtsträchtige, aber alles andere als unbedingt sehenswerte **Karolinum**. 1348 legte hier Karl IV. den Grundstock für die älteste Universität Mitteleuropas. Von dem ursprünglichen Gebäude ist heute aber von außen nicht mehr als ein gotischer Erker zu erkennen.

Verbindungen Ovocný trh 1. Ⓜ A, B Můstek.

▸ **Dům U Zlatého prstenů (Haus zum Goldenen Ring):** Die Fundamente des alten gotischen Stadthauses stammen aus dem 13. Jh. Nach aufwändigen Restaurierungsarbeiten zeigt heute darin die Städtische Galerie (Galerie hlavního města Prahy) tschechische Kunst des 20. Jh. mit Werken von rund 100 Künstlern auf vier Etagen.

Praha/Staré Město
Karte S. 214/215

Im Souterrain sind die jüngsten Werke und Installationen zu sehen. Angeschlossen ist ein Innenhofcafé – ein Treffpunkt Intellektueller und aller, die sich dafür halten. *Verbindungen/Öffnungszeiten* Týnská 6. Ⓜ B Náměstí Republiky. **Städtische Galerie**, tägl. (außer Mo) 10–18 Uhr. Eintritt 2 €, erm. die Hälfte.

▸ **Dům U Černé Matky Boží (Haus zur Schwarzen Madonna):** Es wurde 1911 von Josef Gočár erbaut, einem Begründer der modernen tschechischen Architektur und einer der Initiatoren des Kubismus in Prag. Das Gebäude mit seinen facettenartig gebrochenen breiten Fenstern wurde ursprünglich als Waren- und Wohnhaus entworfen. Heute ist es im Besitz der Nationalgalerie, die darin 2004 ein Museum des tschechischen Kubismus eingerichtet hat. Auf drei Stockwerken werden u. a. Bilder der wichtigsten tschechischen kubistischen Maler wie Antonín Procházka oder Emil Filla, Plastiken und Skulpturen von Otto Gutfreund sowie Plakate von Josef Čapek gezeigt. Zu sehen ist darüber hinaus Gebrauchskunst wie Möbel, Ge-

Übernachten
2 Traveller's Hostel
3 Josef
5 Four Seasons
12 Residence Řetězová
20 Unitas

Essen & Trinken
1 Dahab
4 Marquis de Sade
6 Kavárna Obecní dům
10 U zlatého tygra
14 Country Life
15 Bellevue
16 U Vejvodů
17 U dvou koček
18 U medvídků
19 Káva Káva Káva

Nachtleben
2 Roxy
8 AghaRTA Jazz Club

Einkaufen
7 Erpet
9 Galerie U rytíře Kryštofa
11 Art deco Galerie
13 Obchod U Šaška
14 Manufaktura

Staré Město (Altstadt)
100 m

schirr oder Vasen. Im Museumsshop findet man Literatur zum Thema. 2005 soll im ersten Stock ein im kubistischen Stil eingerichtetes Café eröffnet werden.

Verbindungen/Öffnungszeiten Celetná 34. Ⓜ B Náměstí Republiky. **Museum,** tägl. 10–18 Uhr. Eintritt 3,30 €, erm. die Hälfte.

Muzeum Bedřicha Smetany (Smetana-Museum): Wo könnte man zum Gedenken an den Komponisten Bedřich Smetana (1824–1884) passender ein kleines Museum einrichten, als direkt an der Moldau? Korrespondenz, Zeichnungen, Pressekritiken, Porträts usw. führen in sein Werk und Leben ein. Smetana, der fast den Status eines Nationalheiligen genießt, ertaubte übrigens am Ende seines Lebens – bittere Ironie des Schicksals. Zu seinen größten Werken zählen der Zyklus „Mein Vaterland", aus dem auch die „Moldau" entspringt, die tragische Oper „Dalibor", „Libuše" und „Die verkaufte Braut".

Verbindungen/Öffnungszeiten Novotného lávka. Ⓢ 17, 18 Karlovy lázně. Mi–Mo 10–12 und 12.30–17 Uhr. Eintritt 1,70 €, erm. 0,70 €.

Sex Machine Museum: Eine modern präsentierte Sammlung von rund 200 libidinösen Objekten auf drei Etagen. Zu sehen gibt es vorrangig Sadomaso-Accessoires, aber auch antike Vibratoren, Korsetts und amüsante Erotikfilme aus dem Jahr 1930.

Verbindungen/Öffnungszeiten Melantrichova 18. Ⓜ A Můstek. Tägl. 10–23 Uhr. Nur für Erwachsene! Eintritt stolze 8,30 €.

Essen & Trinken

• *Restaurants* **Bellevue (15),** eines der besten Prager Restaurants (Michelin 2002). Luxuriöse Diners unterm Kronleuchter und mit Moldaublick. Serviert wird iranischer Kaviar, Steinbutt, Carpaccio vom neuseeländischen Lamm – nichts für den schmalen Geldbeutel! Sonntags Live-Jazz, sonst Klavierbegleitung. Lassen Sie sich im Sommer einen Platz auf der Terrasse reservieren (✆ 222221443). Smetanovo nábřeží 18. Ⓢ 17, 18, 51, 54 Karlovy lázně.

U Vejvodů (16), stilvolles Bierrestaurant. Brauereiambiente trifft Wintergartenflair. Kleine Tische, große Räume. Böhmische Standards, Hg. 3,50–9 €. Fr/Sa bis 4 Uhr. Jilská 4. Ⓜ A, B, Můstek.

Dahab (1), von der Küche bis zur Ausstattung ist alles orientalisch angehaucht. Gutes Couscous. Unter der Woche preiswerte Mittagsmenüs (3,50 €). Angeschlossen ein Schnellimbiss. Bis 1 Uhr. ✆ 224827375. Rybná/Ecke Dlouhá. Ⓜ B Náměstí Republiky.

Praha/Staré Město
Karte S. 214/215

Country Life (14), Tipp für Veganer! Öko-Schnellrestaurant mit Biogerichten vom Burger bis zum Risotto, alles ohne Eier oder Milchprodukte. Alternativ eingerichtet, **Bioladen** angegliedert. Hg. 3,50–4,50 €. Nur tagsüber. Melantrichova 15 (Zweigstelle in der Neustadt, Jungmannova 1). Ⓜ A, B Můstek.

• *Cafés/Bars* **Kavárna Obecní dům (6),** feiner geht es kaum als in diesem prunkvollen Jugendstilsaal. Der Pianist passt zur Atmosphäre. Das Stück Kuchen ist hier jedoch teuerer als ein Mittagessen anderswo. Náměstí Republiky 5. Ⓜ B Náměstí Republiky.

Káva Káva Káva (19), abseits vom Trubel. Kleines Innenhofcafé, das im Wettbewerb um den „besten Prager Kaffee" schon dreimal als Gewinner hervorging. Diverse Kuchen zur Auswahl. Internetecke. Junges Publikum. Národní třída 37/Platýz. Ⓜ B Národní třída.

Marquis de Sade (4), großräumiges Kneipencafé mit hohen, bunten Wänden, alten Sofas und jungem, meist ausländischem Publikum. Abends Partystimmung, lohnenswert zur Happyhour (16–19 Uhr). Die Räumlichkeiten beherbergten früher ein Bordell. Ums Eck ist ein kleiner Headshop angeschlossen. Templová 8. Ⓜ B Náměstí Republiky.

• *Pivnices* **U medvídků (18),** einst waren die Literaten Jan Neruda und Jaroslav Hašek hier Stammgäste. Heute treffen sich in der Bierhalle Touristengruppen aus aller Welt, aber auch noch viele Prager. Gut gezapftes Budweiser und böhmische Standards (leckere Krautsuppe!) zu fairen Preisen. Hg. 3–9 €. ✆ 224211916. Na Perštýně 7. Ⓜ B Národní třída.

U dvou koček (17), traditionsreiche, einfache Pivnice, in der schon seit dem 17. Jh. gezapft wird. Heute trinkt man Pilsner Urquell, manchmal auch zu Akkordeonbegleitung. Auch hier Touristen und Prager im bunten Mix, Hausmannskost. Uhelný trh 10. Ⓜ A, B Můstek.

U zlatého tygra (10), „Zum Goldenen Tiger". Die feuchtwarme Bierhöhle wurde berühmt durch ihren zechfreudigen Stammgast Bohumil Hrabal. Heute hängt der 1997 verstorbene Literat als Riesenporträt an der Wand, umringt von zahlreichen Kneipenmaskottchen in Tigerform. Ruppige Bedienungen, schon am Morgen überfüllt. Tipp: Bestellen Sie Bierkäse (pivní sýr) zum Pilsner Urquell – er soll hier erfunden worden sein. Husova 17. Ⓜ A Staroměstská.

Einkaufen (→ Karte S. 214/215)

Wer in der Altstadt kein Mitbringsel für die Lieben zu Hause findet, ist selber schuld. Souvenirs an jeder Ecke, dazu Kunstgewerbliches jeder Art.

Havelská, bunte, lebhafte Marktstraße. Neben Holzspielzeug und Schmuck auch Blumen, Obst und Gemüse. Rechts und links kleine Geschäfte. Ⓜ A, B Můstek.

Erpet (7), museumsgroßer Glaspalast für böhmisches Kristall in allen Variationen, darunter auch Moser-Gläser, die zu den kostbarsten der Welt gehören und Standard in jedem zweiten Königshaus sind. Staroměstské náměstí 27. Ⓜ A Staroměstská.

Manufaktura (14), tschechisches Kunsthandwerk und Naturprodukte von bemalten Ostereiern über Holzspielzeug bis zu wohlriechenden Seifen. Einer der besten Mitbringselläden Prags (insgesamt 8-mal in der Stadt vertreten). Melantrichova 17. Ⓜ A, B Můstek.

Art deco Galerie (11), Trödler mit schicken, überwiegend gebrauchten Waren aus den 20er Jahren, darunter viel Kleidung. Michalská 21. Ⓜ B Národní třída.

Galerie U rytíře Kryštofa (9), falls Sie zu einem Ritterfest geladen wurden, finden Sie hier Schwerter, Ritterrüstungen und Burgfräuleinkostüme. Kožná 8. Ⓜ A, B Můstek.

Obchod U Šaška (13), Marionettenladen mit guter Auswahl. Jilská 7. Ⓜ A, B Můstek.

Die Spanische Synagoge

Sehenswertes in Josefov (Josefstadt)

Es ist das einstige jüdische Viertel. Außer ein paar Synagogen blieb davon aber nicht viel erhalten – Ende des 19. Jh. riss man es ab. Heute findet man hier herrliche Jugendstilhäuser und eine der vornehmsten Straßen Prags: die Pařížská, die Pariser Straße.

Kein Viertel Prags wurde durch die Literatur mehr verewigt als Josefov. Doch das Josefov, von dem dort größtenteils die Rede ist, ist das Josefov der Tagelöhner, der Spieler, der Prostituierten und Zigeuner aus der zweiten Hälfte des 19. Jh. Das Josefov der Juden gab es zu diesem Zeitpunkt bereits nicht mehr. Das Gros der Juden hatte es längst verlassen. Lediglich das alte Ghetto existierte noch. Es entstand im 13. Jh., als man die Siedlung mit einer Mauer umschloss, deren Tore nachts verriegelt wurden. Sechs Jahrhunderte lebten die Prager Juden dort – mal verfolgt, mal toleriert. In schlechten Zeiten wurden sie zu Sündenböcken und Opfern von Pogromen. In guten Zeiten standen sie unter dem Schutz der Krone und verhalfen Prag zu kultureller und wirtschaftlicher Blüte. Eines der größten Probleme im Ghetto war die stetig steigende Zahl seiner Einwohner. Anfang des 18. Jh. erließ die jüdische Gemeinde daher ein Gesetz, das vorschrieb, dass nur noch der älteste Sohn einer Familie heiraten durfte, und das erst nach dem Tod des Vaters. Aus der Isolation befreite Joseph II. die Prager Juden in der zweiten Hälfte des 18. Jh. Die Mauern ums Ghetto wurde abgerissen, Kleidervorschriften wurden aufgehoben und die Glaubensfreiheit wurde gewährt. Zum Dank benannte man das Viertel nach dem aufgeklärten Kaiser. Als ab 1796 die Juden auch außerhalb des Ghettos leben durften, verkam es zum Armenviertel der Stadt mit miserabelsten hygienischen Verhältnissen. Ein Jahrhundert später befahl der städtische Sanitätsrat deswegen die Sanierung des Stadtteils, die einem Abriss gleichkam. Bürgerliche Wohnhäuser mit stolzen Jugendstilfassaden prägen Josefov heute, an das einstige jüdische Viertel erinnern nur noch wenige Gebäude.

Karte S. 219

Das Jüdische Museum

Es besitzt eine einzigartige und umfangreiche Sammlung an jüdischem Kulturgut aus Böhmen und Mähren und gehört zu den ältesten seiner Art. Anlass zur Gründung des Museums gab die Sanierung der Josefstadt, die in den Jahren 1873–1917 durchgeführt wurde. Das Gros der Ausstellungsstücke wurde jedoch während der deutschen Okkupation zusammengeraubt, als die Nazis die jüdische Bevölkerung in die Vernichtungslager deportierte. Das Jüdische Museum, das der Leitung des Zentralamtes für die Judenfrage direkt unterstellt war, hatte die Aufgabe, den beschlagnahmten Besitz zu katalogisieren und zu ordnen. Schließlich wurde 1942 das „Jüdische Zentralmuseum" in Prag eröffnet, das nach den Plänen der Nazis einmal an eine „untergegangene Rasse" erinnern sollte. Nach dem Krieg fiel das Museum in staatlichen Besitz, seit 1994 ist es Eigentum der jüdischen Gemeinde von Prag.

Heute zeigt das Jüdische Museum nur einen Bruchteil seiner Exponate, in erster Linie Drucke, Bücher, synagogales Silber, Tapisserien, Teppiche und Thoramäntel. Die Stücke sind auf mehrere Synagogen verteilt, die unter der Verwaltung des Jüdischen Museums stehen. Dazu gehören die Maiselsynagoge (Maislova synagóga), die Spanische Synagoge (Španělská synagóga), die Pinkassynagoge (Pinkasova synagóga), die Klausensynagoge (Klausová synagóga), der Alte Judenfriedhof (Starý Židovský Hřbitov) und der ehemalige Zeremoniensaal (Bývalá obřadní síň).
Öffnungszeiten Für alle Einrichtungen des Jüdischen Museums gelten dieselben Zeiten: Nov.–März 9–16 Uhr, April–Okt. 9–18 Uhr, jeweils tägl. außer Sa und an jüdischen Feiertagen. Bei extrem großem Andrang werden auf der Eintrittskarte Besuchszeiten für die einzelnen Synagogen vermerkt, die vorschreiben, wann man was zu besichtigen hat. Die Eintrittspreise des Jüdischen Museums liegen erheblich über denen anderer Museen (10 €, erm. 6,70 €), da es als nichtstaatliche Institution weitaus weniger Fördermittel erhält. Das Ticket ist für alle genannten Einrichtungen gültig.

▸ **Staronová synagóga (Altneusynagoge):** Der frühgotische Bau aus der zweiten Hälfte des 13. Jh. zählt zu den ältesten Synagogen Europas. Für ihren paradox klingenden Namens gibt es zwei Theorien: Die erste geht davon aus, dass sie eine an jenem Ort bereits existierende Synagoge ersetzte, die andere, dass sie ursprünglich nur „Neue Synagoge" hieß, bis im 16. Jh. weitere Synagogen hinzu kamen – sprich: aus „neu" wurde „alt". Tatsache ist auf jeden Fall, dass sie das Zentrum der Juden westlicher Observanz war, die isoliert von den Juden mit östlichem Ritus lebten. Letztere hatten ihr Viertel bei der heutigen Spanischen Synagoge. Das erklärt zudem, warum man in Josefov auch Kirchen findet: Die verschiedenen jüdischen Gemeinden waren bis ins 13. Jh. durch „christliche „Streifen" getrennt. Im Inneren der Synagoge, genau in deren Mitte, befindet sich das Almenor, ein von einem schmiedeeisernen Gitter umgebenes Podium, vom dem aus der Thora, den fünf Büchern Moses, vorgelesen wird. Die Thorarollen sind im Schrein hinter einem Vorhang verborgen. Auffallend sind die schießschartenähnlichen Fenster. Sie wurden im 18. Jh. für die Frauen eingefügt, da ihnen der Besuch der Synagoge nicht gestattet war und sie wenigstens so dem Geschehen folgen konnten.
Verbindungen/Öffnungszeiten zwischen Pařížská und Červená. Ⓜ A Staroměstská. So–Do 9.30–18 Uhr, Fr 9.30–17 Uhr. Eintritt 6,60 €, erm. 4,70 €. Die Tickets werden gegenüber der Altneusynagoge im Eingangsbereich der Hohen Synagoge verkauft.

▸ **Starý Židovský Hřbitov (Alter Jüdischer Friedhof) und Pinkasova Synagóga (Pinkassynagoge):** Unmittelbar hinter dem Eingang zum jüdischen Friedhof liegt die Synagoge aus dem 15. Jh. Sie ist benannt nach ihrem Stifter, dem Rabbiner Pinkas. Im Inneren erinnert sie heute an die Juden aus Böhmen und Mähren, die dem Holocaust zum Opfer fielen. Das geschieht auf eine schlichte und ergreifende Weise: An den Wänden stehen die Namen der Ermordeten, 77.297 an der Zahl. In einem Raum der Synagoge sind Zeichnungen von Kindern aus dem Ghetto Theresienstadt zu sehen. Der Friedhof selbst, auf dem Grabstein an Grabstein steht oder lehnt, wurde ebenfalls im 15. Jh. angelegt. Der älteste Stein stammt aus dem Jahr 1439, der jüngste aus dem Jahr 1787. Wie viele Menschen hier beigesetzt wurden, weiß man nicht. Die Zahlen schwanken erheblich, zwischen 10.000 und 110.000. Tatsache ist, dass der Friedhof, obwohl mehrmals erweitert, stets zu klein war. So begrub man die einen über die andern.

Viele der Grabsteine tragen Barock- oder Rokokoverzierungen, aber auch Motive, die den Namen oder Beruf des Verstorbenen symbolisieren. Auf ein paar Grabsteinen liegen statt Blumen kleine Steinchen – ein alter jüdischer Brauch als Zeichen der Pietät. Der Grabstein, auf dem die meisten Steinchen liegen, ist der des Rabbi Löw (1570–1609), an dem der vorgeschriebene Weg durch den Friedhof automatisch vorbeiführt. Oft sieht man auch Zettel darauf, es sind Bitten und Wünsche.

• *Verbindungen/Öffnungszeiten* Široká. Ⓜ A Staroměstská. Öffnungszeiten und Eintritt → „Jüdisches Museum“, S. 218. Aufgrund des Besucherandrangs ist es ratsam, den Friedhof früh am Morgen zu besuchen, ansonsten wird man von den Massen wie auf einer Einbahnstraße vom Eingang zum Ausgang geschoben.

Jehuda Liwa ben Bezal'el, genannt Rabbi Löw, und die Legende vom Golem

Polnische Chassiden waren es, die im 18. Jh. die Person des Prager Rabbi Löw mit dem legendären Golem in Verbindung brachten. Der historisch belegte Rabbi war oberster Lehrer einer Talmudschule und als Pädagoge und Theologe bereits zu Lebzeiten überaus angesehen. Die Inschrift des wohl berühmtesten Grabes auf dem Alten Jüdischen Friedhof – Löw starb 1609 – bekundet, dass er vor allem wegen seiner Weisheit geschätzt wurde. Auf die chassidischen Legenden, welche dem Rabbi übernatürliche Fähigkeiten nachsagen, ist der Glaube zurückzuführen, dass ein jeder Wunsch in Erfüllung geht, wenn man ihn in Zettelform auf das Grab des Rabbi legt.

Zu den sagenhaftesten Geschichten aber, die sich um den Rabbi ranken, zählt zweifelsohne die des Golem, einer mächtigen, menschenähnlichen Gestalt. Angeblich hatte der Rabbi diese aus Ton geformt und dann zum Leben erweckt, in dem er ihr ein Schma (Zettel mit magischen Formeln) in den Mund legte. Der Golem war fortan ein treuer Diener des Rabbi, stand allen Juden bei und bewahrte sie vor Pogromen. Am Sabbat jedoch musste der Golem ruhen, und so nahm der Rabbi stets am Vorabend des Sabbats das Schma aus dem Mund des Geschöpfs. Doch eines freitags vergaß dies der Rabbi. Der Golem wurde böse, so böse, dass er das Ghetto zu vernichten drohte. In letzter Sekunde gelang es dem Rabbi, den magischen Zettel aus dem Mund des Golems zu ziehen und ihn so wieder in ewigen Schlaf zu versetzen. Im Glauben der Menschen jedoch lebte der Golem im Ghetto noch lange fort, in der Literatur bis heute.

Den bekanntesten Golem-Roman schrieb Gustav Meyrinck (1868–1932), ein gebürtiger Wiener. Er war Gründer mehrerer okkulter Orden und in seiner Golem-Fassung, einer Reise in das innerste Ich, verarbeitete er zugleich seine Drogenerlebnisse. Auch Egon Erwin Kisch (1885–1948), der rasende Reporter, der unter anderem für das „Prager Tagblatt" schrieb, widmete dem Golem eine Reportage.

▶ **Španělská synagóga (Spanische Synagoge):** Der Name hat nichts mit den sephardischen Juden zu tun, die 1492 mit dem Ende der Reconquista Spanien verlassen mussten, wenn sie sich nicht taufen lassen wollten, und u. a. auch nach Prag kamen. Die Spanische Synagoge entstand erst in der zweiten Hälfte des 19. Jh. und trägt den Namen aufgrund ihrer pseudomaurischen Stilelemente. Im sehenswerten Innern wird in Vitrinen die Geschichte der Juden Böhmens und Mährens von der Aufklärung bis zur Gegenwart dokumentiert. Von dem Kapitel Holocaust zeugt unter anderem eine Kiste voller Tefilline (Gebetsriemen) der Ermordeten. Abends dient die Synagoge gelegentlich als Konzertsaal. Vor der Synagoge wurde erstaunlicherweise erst Ende 2003 das erste **Kafka-Denkmal** Tschechiens errichtet. Es zeigt keineswegs den Literaten selbst, wie man glauben könnte, sondern eine Szene aus seiner Novelle „Beschreibung eines Kampfes".

Verbindungen/Öffnungszeiten Vězeňská 1. Ⓜ A Staroměstská. Öffnungszeiten und Eintritt → „Jüdisches Museum", S. 218.

▶ **Maiselova synagóga (Maiselsynagoge):** Ursprünglich im Stil der Renaissance errichtet, wurde sie nach einem Brand barock wieder aufgebaut. Das gefiel aber nicht, und so erfolgte Ende des 19. Jh. ein schlichterer neugotischer Umbau. Während der deutschen Okkupation machten die Nazis aus der Synagoge ein Lager für beschlagnahmtes jüdisches Vermögen. Auch diese Synagoge wird heute als Museum genutzt und liefert die historische Ergänzung zur Spanischen Synagoge: In ihr wird die Geschichte der böhmischen und mährischen Juden von den Anfängen bis zur Aufklärung dokumentiert. Zu sehen sind u. a. hervorragende Silberarbeiten.

Verbindungen/Öffnungszeiten Maiselova 10. Ⓜ A Staroměstská. Öffnungszeiten und Eintritt → „Jüdisches Museum", S. 218.

Silberarbeiten in der Maiselsynagoge

▸ **Klausová synagóga (Klausensynagoge) und Bývalá obřadní síň (Zeremoniensaal):** Die beiden benachbarten Gebäude beherbergen einen Teil der Ausstellung „Jüdische Traditionen und Bräuche". Von der Geburt über die Beschneidung und die Heirat bis zum Tod werden alle Stationen im Leben gläubiger Juden erläutert. Die Ausstellung beginnt in der Klausensynagoge.

Verbindungen/Öffnungszeiten U Starého Hřbitova 1 und 3. Ⓜ A Staroměstská. Öffnungszeiten und Eintritt → „Jüdisches Museum", S. 218.

▸ **Jüdisches Rathaus (Židovská radnice):** Das Eckhaus finanzierte Mordechaj Maisl, der reichste Mann im rudolfinischen Prag. Es lohnt, nach oben zu blicken und die Uhr anzuschauen – nicht die am Turm, sondern die darunter mit hebräischen Ziffern. Die Zeiger bewegen sich entgegen dem Uhrzeiger-

Wussten Sie, dass Kafka gerne Tennis spielte?

Kafka und Prag, das ist mittlerweile wie Goethe und Weimar. Kein Buch über die Stadt, das ihm nicht die Referenz erweist, kein Souvenirshop, der ihn nicht vermarktet. Leseratten, die ihn lieben, wissen es, und Schüler, die ihn hassen, ebenfalls: Kafka (1883–1924) lebte und schrieb in Prag. Kafka-Fans sollten auf keinen Fall versäumen, sein Geburtshaus am Náměstí Franze Kafky (auf keiner Karte – Ecke Maiselova/U radnice) zu besuchen. Auch wenn davon nicht mehr als das Portal erhalten blieb, befindet sich darin doch eine Art Mischung aus Kafka-Museum und Fanshop. Hier gibt es für ein paar Cents auch einen Plan, mit dem sich alles abmarschieren lässt, was man mit Kafka in Verbindung bringen kann – selbst der Tennisplatz, auf dem er gerne spielte, ist darunter. Für Eingeweihte: Kafkas Freund und späterer Herausgeber seiner Werke, der Schriftsteller Max Brod, wohnte nur ein paar Straßen weiter, ebenfalls in Josefov an der Břehová 8.

Öffnungszeiten Mo–Fr 10–18 Uhr, Sa 10–17 Uhr. Eintritt 1,30 €.

Praha/Josefov
Karte S. 219

Fast wie in Wien – Kutsche vor dem Rudolfinum

sinn, so wie auch die hebräische Schrift nicht von links nach rechts, sondern von rechts nach links läuft.

Verbindungen Maiselova 18. Ⓜ A Staroměstská.

- **Klášter sv. Anežsky (Agneskloster):** Gründerin des einstigen Klarissenklosters im 13. Jh. war die Hl. Agnes, die ihr Leben in den Dienst der Kranken gestellt hatte. Und wenn man sie heute auf dem 50-Kronen-Schein anschaut, vermutet man, dass sie viel Leid und Elend gesehen haben muss. Das Kloster beherbergt die beachtenswerte Sammlung böhmischer Kunst des Mittelalters, die Teil der Nationalgalerie ist. Abends finden im Kloster gelegentlich klassische Konzerte statt.

  Verbindungen/Öffnungszeiten Anežská 1. Ⓜ A Staroměstská o. Ⓜ B Náměstí Republiky. Tägl. (außer Mo) 10–18 Uhr. Eintritt 3,30 €, erm. die Hälfte.

- **Rudolfinum:** Das Konzertgebäude, einer der nobelsten Neorenaissancebauten Prags, entstand in der zweiten Hälfte des 19. Jh. im Zuge der tschechischen Nationalbewegung. Dvořák und Brahms dirigierten hier vor ausverkauftem Haus. Heute residiert hier die Tschechische Philharmonie – ein Konzert ist immer ein Erlebnis. Das Gebäude beherbergt zudem ein Café (→ „Essen & Trinken“, S. 223) und eine der besten Galerien Prags (Eingang auf der Moldauseite).

  Verbindungen/Öffnungszeiten Náměstí Jana Palacha 1. Ⓜ A Staroměstská. **Galerie und Café,** tägl. (außer Mo) 10–18 Uhr.

- **Uměleckoprůmyslové muzeum (Kunstgewerbemuseum):** Es existiert bereits seit 1885 und besitzt einen riesigen Fundus bei viel zu wenig Ausstellungsfläche. Das Manko versucht man so zu beheben, dass man die Säle bis unter die Decke voll stopft. So präsentiert sich die Dauerausstellung als ein heilloses Durcheinander aus Kleidern, Sekretären, Fotografien, Gläsern und vielem mehr aus den verschiedensten Epochen. Informativer sind in der Regel die wechselnden Ausstellungen zu bestimmten Themen.

  Verbindungen/Öffnungszeiten Ulice 17. listopadu 2. Ⓜ A Staroměstská. Tägl. (außer Mo) 10–18 Uhr. Eintritt 4 €, erm. die Hälfte.

Essen & Trinken/Einkaufen (→ Karte S. 219)

• *Restaurants* **Zlatá Praha (1),** vornehmes Restaurant im Obergeschoss des Hotels Intercontinental. Traumhafter Blick über die Dächer Prags. Keine große, dafür erlesene Speisekarte. So Brunch. Hg. 13–43 €. ✆ 296631111. Náměstí Curieových 43/5. Ⓢ 17 Právnická fakulta.

Kolkovna (6), hervorragende böhmische Küche, egal ob Lendenbraten, Kaninchen oder der „Mährische Spatz" – alles 1a. Ausnahmen gibt es natürlich auch: keine Steaks bestellen! Zum Nachtisch werden leckere Buchteln, Strudel oder Palatschinken serviert. Ambiente irgendwo zwischen rustikal und modern. Hg. 3,30–12 €. ✆ 224 819701. V Kolkovně 8. Ⓜ A Staroměstská.

Pizzeria Rugantino (8), ein Tipp für Familien. Sehr kinderfreundlich, die Kleinen bekommen Malstifte und Papier, bis die knusprige Holzofenpizza serviert wird. Nichtraucherraum. Pizzen 2,50–5 €. Dušní 4. Ⓜ A Staroměstská.

• *Cafes* **Kavárna Rudolfinum (4),** Kaffeesaal im gleichnamigen Konzerthaus. Prachtvolle Säulen unterteilen den Raum, hohe Fenster, Parkettboden. Junges Publikum, Bedienung mit Frack und roter Fliege. Sehr faire Preise, prima Kuchen. Tägl. (außer Mo) bis 18 Uhr. Náměstí Jana Palacha. Ⓜ A Staroměstská.

Blatouch (5), gemütliches, ruhiges Café mit intellektuellem Touch. Wohnzimmeratmosphäre. Kleine Snacks zu fairen Preisen. Věženská 7. Ⓜ A Staroměstská.

Chez Marcel (3), sympathisches, ruhiges Künstlercafé. Gelbe Wände, alternativ eingerichtet. Französisch angehauchte Snacks und Speisen. Hg. 4–8,50 €. Haštalské náměstí 12. Ⓢ 5, 8, 14, 53 Dlouhá třída.

• *Pivnices* **U milosrdných (2),** dunkel getäfelte Pivnice mit derben Holztischen. Gute böhmische Knödelküche zu günstigen Preisen, Hg. 2,50–5 €. So geschl. Kozí 21. Ⓜ A Staroměstská.

U Rudolfina (10), verraucht, laut, tschechisch. Von außen unscheinbar, von innen riesig und auf 2 Etagen. Die Bierstrichlisten mancher Gäste haben Gartenzauncharakter! Bierpreise im Voraus erfragen. Křižovnická 10. Ⓜ A Staroměstská.

• *Einkaufen* **Philharmonia (9),** edler CD- und Plattenladen. Neben Klassik auch Roma-Musik und Jiddisches sowie böhmisch-mährische Folklore. Pařížská 13. Ⓜ A Staroměstská.

Zweisprachige Gebetbücher (deutsch/hebräisch), Erstausgaben deutscher Klassiker usw. bietet das **Antikvariát (7)** in der Široká 7. Einen Schwerpunkt auf Kunstbücher (20. Jh.) legt **Art on Paper (11)** in der Veleslavínova 3. Ⓜ A Staroměstská.

Grabsteine auf engstem Raum: der alte jüdische Friedhof

Praha/Josefov
Karte S. 219

Zentrum der Kleinseite: Malostranské náměstí, der einstige Marktplatz

Sehenswertes in Malá Strana (Kleinseite)

Malá Strana, der Stadtteil unterhalb der Prager Burg am Ufer der Moldau, ist das malerischste Eck der Stadt – ein großes Schaufenster des Barock, kaum ein Gebäude, das nach dem 18. Jh. errichtet wurde. Doch so malerisch sich Malá Strana auch zeigt – die Kleinseite ist ein Stadtteil, den die Prager räumen und der das Leben aushaucht. Aus den Krämern und Trödelläden von einst oder den kleinen Handwerksbetrieben wurden Restaurants, Cafés oder Galerien, aus den großen Palais Ministerien, Botschaften oder Hotels. Kinder sieht man nur noch selten spielen, und mit jedem neu restaurierten Gebäude werden sie weniger. In Malá Strana löst nicht mehr eine Generation die nächste ab, sondern eine Gesellschaftsschicht die andere. Zwar strahlt der Stadtteil nun in immer neuerem Glanz, verliert dadurch aber auch etwas von seinem ursprünglichen Charme. Ganz verschwinden wird dieser jedoch nie. Die Kleinseite ist zu groß, als dass man sie so wie die Prager Burg in ein einziges Schmuckkästchen verwandeln könnte – für die Denkmalpflege wird der Stadtteil eine nie enden wollende Herausforderung bleiben. Egal, wie viel Farbe man darüber legt, die Spuren der Vergangenheit lassen sich nicht wegschminken, sie werden immer zu sehen sein. Nicht ohne Grund wählte der Regisseur Miloš Forman Malá Strana als Kulisse seines „Amadeus", da es dem Wien des 18. Jh. näher kommt als die heutige österreichische Hauptstadt.

▸ **Kostel svatého Mikuláše (Nikolauskirche):** Sie zählt zu den prachtvollsten Barockbauten Europas, und ihre mächtige Kuppel samt Glockenturm – nach Plänen Kilian Ignaz Dientzenhofers – zu den Wahrzeichen Prags. Errichtet wurde die Kirche von den Jesuiten im Zuge der Gegenreformation. Der protestantische Vorgängerbau musste dafür weichen. Lediglich der Name wurde beibehalten – schließlich wird der Hl. Nikolaus als Schutzpatron der Kaufleute verehrt, und wo steht eine Nikolauskirche besser als inmitten eines (einstigen) Marktplatzes? Viel Freude hatte der Orden an seinem Gotteshaus jedoch nicht, genau 100 Jahre nach der Grundsteinlegung 1673 wurden die Jesuiten des Landes verwiesen.

Im Innern der Kirche ist das Deckengemälde im Langhaus von Johann Lukas Kracker am beeindruckendsten. Mit 1.500 qm ist es eines der größten seiner Art. Es zeigt Szenen aus dem Leben des Bischofs Nikolaus von Myra. Ansonsten, so weit das Auge reicht, Barock total – keine Ecke ohne Putte. Lohnenswert ist auch ein Blick über die Dächer Prags vom Kirchturm.

Verbindungen/Öffnungszeiten Malostranské náměstí. Ⓢ 12, 22, 23 Malostranské náměstí. **Kirche,** tägl. 9–16.45 Uhr. Eintritt 1,70 €, erm. die Hälfte. **Turm,** im Sommer tägl. 10–18 Uhr (letzter Einlass 17.30 Uhr). Eintritt 1,30 €, erm. 1 €. Zugang von der Südseite (außen).

Winterliches Idyll

▶ **Nerudova ulice (Nerudagasse):** Sie ist zweifelsohne eine der schönsten Gassen der Kleinseite, und es gibt wohl keinen Pragreisenden, der sie nicht mindestens einmal auf- oder abschlendert. Benannt ist sie nach dem Schriftsteller Jan Neruda (1834–1891), der im **Haus zu den Zwei Sonnen** (Nr. 47) lebte und jenen Stadtteil in seinen „Kleinseitner Geschichten" literarisch verewigte. Herrliche Palais und Bürgerhäuser säumen sie. Auffallend sind die reizvollen Hauszeichen. Zu den imposantesten Gebäuden gehören das Thun-Hohenstein-Palais und der Palais Czernín-Morzin. Beide sind leider nicht zugänglich, im ersteren residiert die italienische Botschaft, im zweiten die rumänische. Im **Haus zum Goldenen Löwen** (Nr. 32) ist ein kleines, aber schönes **Apothekenmuseum** (Expozice historických lékáren) eingerichtet. Es informiert über die Geschichte der Pharmazie von der Renaissance bis ins 19. Jh. Schräg gegenüber im **Haus zum Frühling und Sommer** (Nr. 33) waren einmal Wolfgang Amadeus Mozart und Giacomo Casanova zu Gast.

Verbindungen/Öffnungszeiten Ⓢ 12, 20, 22, 23 Malostranské náměstí. **Apothekenmuseum,** April–Sept. Di–Fr 12–18 Uhr, Sa/So 11–18 Uhr, Okt.–März Di–Fr 11–17 Uhr, Sa/So 10–17 Uhr. Eintritt 0,70 €, erm. die Hälfte.

▶ **Chrám Panny Marie Vítězné (Wallfahrtskirche Maria zum Siege):** Von allen Kirchen Prags zählt sie neben dem Dom die meisten Besucher, und darunter sind nicht nur Touristen auf Sightseeingtour, sondern echte Pilger. Der Grund ist das „Prager Jesulein" (→ Kasten, S. 226) in einem beleuchteten Glaskasten. Die Kirche selbst wurde 1611 von deutschen Lutheranern erbaut und erhielt bereits 1624 im Zuge der Gegenreformation mit dem Orden der Unbeschuhten Karmeliter neue Besitzer. Der Orden verwaltet das Gotteshaus übrigens noch heute.

Verbindungen/Öffnungszeiten Karmelitská. Ⓢ 12, 20, 22, 23 Hellichova. Tägl. 8–19.30 Uhr.

Kult und Kitsch und weltberühmt – das Prager Jesulein

In der ganzen katholischen Welt wird das Prager Jesulein verehrt, eine kniehohe Wachsfigur mit einer gigantischen Krone, die aussieht wie ein kleiner König. Im 16. Jh. hatte sie ein spanischer Mönch modelliert, getreu dem Abbild des Jesukindes, wie es ihm im Traum erschienen war. Die Prinzessin Maria Maximiliana Manriquez de Lara, eine spätere Lobkowitz, brachte sie nach Prag, ihre Tochter stiftete sie schließlich den Karmelitern. Und während der Gegenreformation, als Wunder bei der Rekatholisierung des Landes ja so nützlich waren, begann das Jesulein, eines nach dem anderen zu vollbringen. Es bewahrte Prag vor Pestepidemien und dem Siebenjährigen Krieg. Und bald sprach sich auch herum, dass es Kranke heilte, Armen half und sehnsüchtig Liebenden Glück brachte. Zum Dank wurde es reich beschenkt, unter seinen Gaben befanden sich auch Gewänder, die ihm fortan regelmäßig angezogen wurden. Eines schneiderte sogar Kaiserin Maria Theresia persönlich aus Samt und Gold. Nachahmungen des Prager Jesulein gibt es überall zu kaufen, groß und klein, aus Glas und Porzellan, einfarbig und handbemalt. Neben Oblaten zählen sie zu den beliebtesten Andenken.

▸ **Kostel sv. Tomáše (Thomaskirche):** Sie entstand zusammen mit dem Klostergebäude der Augustiner-Eremiten zwischen 1285 und 1379. Ihr heutiges barockes Aussehen verdankt sie Kilian Ignaz Dientzenhofer, der die Umbauarbeiten in der ersten Hälfte des 18. Jh. leitete. Aus jener Zeit stammen auch die leichten und farbenfrohen Deckenmalereien, eine Bilderfolge über den Hl. Augustinus, für welche die Kirche heute überaus berühmt ist. Geschaffen wurden sie von Böhmens bedeutendstem Freskenmaler Wenzel Lorenz Reiner (1689–1743). Noch bis ins 20. Jh. war das Kloster zudem für sein **Brauhaus** und das schwere dunkle Bier bekannt. Heute befindet sich darin die Gaststätte „U svatého Tomáše". Sie gehört zwar zu den traditionsreichen der Stadt. Allerdings wird nur noch ganz normales Pilsner ausgeschenkt und neben Braten und Kloß böhmische Blasmusik serviert. Der Renner ist „Škoda lásky" („Schade um die Liebe") – Sie kennen die Melodie von „Rosamunde".

Verbindungen/Öffnungszeiten Letenská. Ⓢ 12, 20, 22, 23 Malostranské náměstí. **Kirche,** So 9–18 Uhr und an Feiertagen.

Der Bekannteste aller Tschechen – der brave Soldat Švejk

1921 erschien die erste Ausgabe des Heftchens „Die Abenteuer des braven Soldaten Švejk". Daraus wurde später der mit Abstand erfolgreichste tschechische Roman, und der brave Soldat selbst, ein Mann aus dem einfachen Volk, aber ein Schlitzohr, stieg zu einer unsterblichen Figur der Weltliteratur auf. Bislang ist er in mehr als 40 Sprachen übersetzt. Mit Optimismus und Humor versteht es Švejk, in einer politisch-ideologisch verrückten Welt zurecht zu kommen, indem er sich die Maske eines Trottels überstreift. Zugleich hält er ihr dabei mit entwaffnender Einfalt den Spiegel vor. Erfunden hat ihn Jaroslav Hašek (1883–1923). Etwa 1.200 Kurzgeschichten verfasste er in seinem Leben. Aber nicht nur als Schriftsteller machte sich Hašek einen Namen, in seinem Leben ging er unzähligen Tätigkeiten nach. Er war Bankangestellter, Landstreicher, Journalist, Hundehändler, Gründer der „Partei des maßvollen Fortschritts in den Grenzen der Gesetze", Soldat an der galizischen Front, im russischen Bürgerkrieg in der Roten Armee usw. Die Abenteuer des Švejks waren übrigens bei Hašeks Tod noch nicht zu Ende; sie wurden von einem anderen Autor fortgesetzt.

Die bekanntesten Illustrationen zum braven Soldaten schuf Josef Lada, der auch den „Kater Mikesch" kreierte. Die ersten zeigten den heute so bekannten beleibten Švejk noch als schlanken Hering.

▸ **Valdštejnský palác (Palais Waldstein):** Hier tagt heute der Senat. Das riesige Palais, das sich um fünf Höfe und eine große Gartenanlage gruppiert, wurde in der ersten Hälfte des 17. Jh. erbaut; knapp 30 Häuser mussten dafür weichen. Sein Bauherr war Albrecht von Waldstein, eine der zentralen Figuren des Dreißigjährigen Krieges (→ Kasten S. 127). Ein paar Säle sind, wenn der Senat sich ins Wochenende verabschiedet, der Öffentlichkeit zugänglich. Dazu gehört der große, über zwei Etagen reichende Festsaal, der wie die meisten Räumlichkeiten des Palais im Stil des Manierismus ausgeschmückt ist. Daneben kann man noch wechselnde Ausstellungen in der einstigen **Reithalle** (Valdštejnská jízdárna) und den frühbarocken **Valdštejnská zahrada** (Palaisgarten) besichtigen. Passenderweise fand in Letzterem zu Friedrich Schillers 100. Geburtstag eine Festaufführung jenes Historiendramas statt, das Waldstein in der Schreibweise „Wallenstein" unsterblich machte. Noch heute wird die Sala Terrena der Anlage im Sommer für Konzerte und Theateraufführungen genutzt. An der Nordseite des Palastgartens lohnt noch ein Blick in die künstliche Grotte mit Tropfsteinen.

Verbindungen/Öffnungszeiten **Palais,** Valdštejnské náměstí. Ⓢ 12, 20, 22, 23 Malostranské náměstí. Sa/So 10–16 Uhr, Eintritt frei. **Garten,** Zugang über die Letenská. Ⓜ A Malostranská. April bis Okt. Sa/So 10–18 Uhr, Mo–Fr ab 7.30 Uhr, ebenfalls Eintritt frei. Für Ausstellungen in der **Reithalle** auf Plakate achten.

▸ **Zahrady pod Pražským hradem (Gärten unter der Prager Burg):** Im Mittelalter dienten die Südhänge der Burg als Weingärten. Erst als der Adel im 17. Jh. die Kleinseite entdeckte, ließ er hier zu seinen Palästen terrassenförmige Gärten anlegen. Im 18. Jh. verzierte man sie mit barocken Statuen, Galerien, Balustraden, Glorietten und Brunnen. Fünf solcher Gärten wurden vor einigen Jahren zu einem einzigen zusammengefasst. Darunter ist auch der Ledeburská zahrada (Ledebour-Garten) ganz im Westen der Anlage, mit einer herrlichen Sala terrena, einem offenen Gartensaal. Im Eingangsbereich lädt das Gartencafé U zlaté věžice zu einer Pause ein.

Verbindungen/Öffnungszeiten Valdštejnská. Ⓜ A Malostranská. Zum Teil mit „Ledeburská zahrada" ausgeschildert. April–Okt. tägl. 10–18 Uhr. Eintritt 2,50 €, erm. 1,50 €. Die Gärten sind auch von den südlichen Wallgärten der Prager Burg zugänglich.

▸ **Vrtbovská zahrada (Vrtba-Garten):** Der barocke Terrassengarten zählt mit den Gärten unter der Prager Burg zu den reizvollsten Gartenanlagen der Stadt. Ende des 20. Jh. war er jedoch so heruntergekommen, dass er sich von den Obstwiesen dahinter kaum unterschied. Fünf Jahre benötigte man für die Sanierungsarbeiten – genauso lange, wie man zu Anfang des 18. Jh. brauchte, um ihn anzulegen. Heute besticht er wieder durch eine bunte Blumenpracht. Von seiner obersten Terrasse genießt man eine herrliche Aussicht über die Kleinseite und auf die Prager Burg. Die antiken Götterstatuen, wie der Atlas mit der Erdkugel, sind übrigens das Werk des Tiroler Bildhauers Matthias Braun, der auch mehrere Skulpturen der Karlsbrücke geschaffen hat.

Verbindungen/Öffnungszeiten Karmelitská 18. Ⓢ 12, 20, 22, 23 Hellichova. April–Okt. tägl. 10–18 Uhr. Eintritt 1,30 €, erm. 0,80 €.

▸ **Insel Kampa:** Der Čertovka (Teufelsbach) mit seinen Mühlrädern trennt die Insel vom westlichen Moldauufer. Um diesen Bach ranken sich mehrere Legenden. Eine erzählt von einem alten Weib, das im Bach die Kleider des Adels wusch. Dabei blickte sie auf ihr Spiegelbild im Wasser und sah plötzlich den Teufel. Gelacht soll er haben und in sie gefahren sein. Das gleiche Schicksal ereilte angeblich noch andere (→ Foto S. 230). Die Kommunisten wollten den Bach eigentlich zuschütten und in eine Straße verwandeln. Zum Glück kam es nie dazu, denn dann wäre es vorbei gewesen mit Prags so genanntem **Klein-Venedig**. Das Zentrum bildet der ovale, baumbestandene Hauptplatz Na Kampě, auf dem einst der Töpfermarkt der Stadt abgehalten wurde. Beim Augusthochwasser 2002 standen die umliegenden Häuser bis zur ersten Etage unter Wasser. Heute, nach langwierigen Restaurierungsarbeiten, wird hier wieder Eis verkauft, und es geht beschaulich zu. Die südliche Hälfte der Insel, hinter dem Museum Kampa (s. u.), nimmt der **Kampa-Park** ein, einer der idyllischsten zentralen Parks der Stadt mit alten Kastanienbäumen und Moldaublick. Hier gibt es keine steif angelegten Beete mit strammstehenden Tulpen, sondern gemütliche Liegewiesen (Vorsicht: Hunde schätzen sie auch).

Verbindungen Ⓢ 12, 20, 22, 23 Hellichova.

▸ **Museum Kampa:** Das 2004 eröffnete Museum beherbergt die Kunstsammlung der einst nach Amerika ausgewanderten Tschechen Jan und Meda Mládek, darunter viele abstrakte Werke des Malers František Kupka und kubistische Skulpturen von Otto Gutfreund. Auch wird moderne Kunst, insbesondere der 60er und 70er Jahre, aus den ehemaligen sozialistischen Bruderstaaten von Polen bis Ungarn gezeigt. Durch den Kauf dieser Werke unterstützte Meda Mládek Künstler, die staatskritisches Denken zum Ausdruck brachten und deren Arbeitsmöglichkeiten durch die

Übernachten

2 Waldstein
6 Sax
13 Nebozízek

Essen & Trinken

1 Pálffy palác
4 Baráčnická rychta
5 Hergetova Cihelna
8 Kampapark
11 Rybářský Klub
12 Petřínské Terasy
13 Nebozízek

Nachtleben

9 U malého Glena

Einkaufen

3 Vitalis-Buchhandlung
7 Obchod pod Lampou
10 Obchod Kořením

125 m

Malá Strana (Kleinseite)

kommunistischen Machthaber stark eingeschränkt waren. In den unteren Räumen der einstigen Mühle ist ein teueres Restaurant untergebracht, in einem Nebengebäude werden wechselnde Ausstellungen gezeigt.

Verbindungen/Öffnungszeiten U Sovových mlýnů 2. Ⓢ 12, 20, 22, 23 Hellichova. Tägl. 10–18 Uhr. Eintritt 4 €, erm. die Hälfte.

Teuflische Kunst auf der Karlsbrücke

▸ **Lobkovický palác (Palais Lobkowitz):** Zu Beginn des 18. Jh. entstand der hochbarocke Palastbau. Das Adelswappen der Familie Lobkowitz krönt das mächtige Eingangsportal. Ein vergleichsweise unauffälliges Schild darüber klärt über die heutigen Hausherren auf: Es ist der Sitz der Deutschen Botschaft. Der große Garten des Palais wird – wie viele andere übrigens auch – als einer der schönsten der Stadt gepriesen. Er ist leider nicht zugänglich. Und als er es einmal war, im Spätsommer '89, schrieb er Geschichte: Tausende DDR-Bürger campierten hier vor ihrer Übersiedlung in die BRD. Ein Trabi auf vier plumpen Menschenbeinen, ein Werk des Pop-Künstlers David Černý im hinteren Teil des Gartens erinnert heute daran.

Verbindungen Vlašská 19. Ⓢ 12, 20, 22, 23 Malostranské náměstí. Ein Blick in den Garten ist werktags durch das Hauptportal möglich. Ansonsten muss man das Botschaftsgebäude in einem Bogen (bergauf) umgehen, um von einem Kinderspielplatz den Trabi sehen zu können.

▸ **Petřín (Laurenziberg):** Früher baute man am Petřín Wein an, doch das ist Geschichte. Heute zieht sich eine steile Wiese voller Obstbäume den Prager Hausberg hinauf, der die Kleinseite von dem weiter südlich gelegenen Stadtteil Smíchov trennt. Auf dem Berg befindet sich auch ein Teil der ehemaligen Stadtbefestigung, die vom Kloster Strahov hinunter nach Újezd verlief. Einer Legende zufolge ließ sie Karl IV. errichten, um der Hunger leidenden Bevölkerung Arbeit zu geben. Daher wird sie auch Hungermauer genannt.

Auf den Petřín selbst gelangt man am einfachsten mit der **Standseilbahn** (lanová dráha). Als sie 1891 in Betrieb genommen wurde, funktionierte sie auf eine so einfache wie geniale Weise, die etwas an einen Flaschenzug erinnert: Stets zog die jeweils obere Bahn durch ihr höheres Gewicht die untere hinauf. Beide Bahnen hatten große Wassertanks, die oben gefüllt und unten geleert wurden. Heute verkehrt eine recht moderne, elektrifizierte Bahn. In der Mitte der Strecke befindet sich die

Haltstelle Nebozízek; daneben zwei allein schon wegen ihrer Aussicht empfehlenswerte Restaurants (→ „Essen & Trinken").

An der Endstation liegt ein im Sommer wohlduftender Rosengarten, eine **Sternwarte** (Štefánikova Hvězdárna), ein **Aussichtsturm** (Rozhledna) – oder besser eine missratene Kopie des Pariser Eiffelturms – und ein lustiges **Spiegelkabinett** (Zracadlové Bludiště).

• *Verbindungen/Betriebszeiten* Die **Drahtseilbahn** ist nur wenige Meter von der Straßenbahnhaltestelle Újezd (Ⓢ6, 9, 12, 22, 23) entfernt. Verkehrt im Winter tägl. 9–20.45 Uhr, im Sommer 9–23.30 Uhr, jeweils alle 10–15 Min. Ticket 0,40 € oder mit einer Tages- bzw. Wochenkarte des öffentlichen Nahverkehrs.

Essen & Trinken/Einkaufen (→ Karte S. 229)

• *Restaurants* **Kampapark (8),** schon Lou Reed, Phil Collins und Johnny Depp genossen die zeitgemäße Küche dieses gepflegten Restaurants. Tipp: Tisch auf der Terrasse mit herrlichem Blick auf die Karlsbrücke reservieren lassen. Alles andere als preiswert. ✆ 257532685. Na Kampě 8b. Ⓢ12, 20, 22, 23, 57 Malostranské náměstí.

Pálffy palác (1), der ideale Ort für ein romantisches Abendessen bei Kerzenschein und klassischer Musik. Die Küche ist international und unkonventionell, die Atmosphäre im barocken Saal einmalig. Herrliche Terrasse mit Blick auf Prager Burg und Kleinseite. 1a-Service. Hg. 13–20 €. Tägl. 12–15 Uhr und 18–23 Uhr. Reservierung empfohlen, ✆ 257530522. Valdštejnská 14. Ⓜ A Malostranská.

Hergetova Cihelna (5), der etwas preiswertere Ableger des Kampapark (s. o.) in ebenfalls herrlicher Lage direkt an der Moldau und mit Karlsbrückenblick. 2003 eröffnet. Große Terrasse. Innen trendig eingerichtet. Lounge mit guten Cocktails. Sehr gute Pizza, akzeptable Wokgerichte. Hg. 5–20 €. Reservieren Sie einen Tisch auf der Terrasse, ✆ 257535534. Cihelná 2b. Ⓜ A Malostranská.

Nebozízek (13), Spezialitäten der Altprager und internationalen Küche in biederem Ambiente. Wintergarten und Panoramaterrasse. Insgesamt mehr Schein als Sein. Hg. 8,50–20 €. Reservierung erwünscht, ✆ 257315329. Links der Standseilbahn gelegen, Petřínské sady 411. Ⓢ12, 20, 22, 23, 57 Újezd, weiter mit der Standseilbahn (Mittelstation aussteigen).

Petřínské Terasy (12), die billigere Variante auf der anderen Seite der Standseilbahn, jedoch mit mindestens genauso traumhaften Ausblicken auf die Stadt. Winterterrasse für Skifahrer! Tägl. 11–23 Uhr. Seminářská zahrada 13. Anfahrt → " Nebozízek".

Rybářský Klub (11), gemütliche, einfachere Fischtaverne auf der Halbinsel Kampa. Etwas abseits vom Touristenrummel. Für das Gebotene angemessene Preise, Hg. 5–8,30 €. Nette Terrasse mit Blick auf die Moldau, U sovových mlýnů 1. Ⓢ12, 22, 23, 57 Hellichova.

Baráčnická rychta (4), versteckt gelegene, rustikale Gaststätte. Auf der Speisekarte stehen Bierschnitzel, Hausmacherkäse oder gefüllte Fleischküchle. Hauptgerichte 2,60–5 €. Konzertsaal mit dem Flair eines katholischen Vereinshauses im Keller. Tržiště 23. Ⓢ12, 20, 22, 23, 57 Malostranské náměstí.

• *Einkaufen* **Vitalis (3),** deutsche Buchhandlung des gleichnamigen Prager Verlags. Viel Literatur zur Stadt, Übersetzungen tschechischer Autoren, zudem Kafka & Co. U Lužického semináře 19. Ⓜ A Malostranská.

Obchod pod Lampou (7), Marionettenläden gibt es auf der Kleinseite viele, der wohl schönste ist jedoch der von Pavel Truhlář im Schatten der Karlsbrücke. Handgeschnitzte Puppen, deren Kostüme vor Ort genäht werden. Verschiedenste Modelle, darunter auch die Prager Gespenster. U Lužického semináře 5/78. Ⓢ12, 20, 22, 23 Malostranské náměstí.

Obchod Kořením (10), 1001 Gewürz aus 1001 Nacht in einem kleinen Laden, der etwas von einer alten Apotheke hat. Prokopská 5. Ⓢ12, 20, 22, 23 Malostranské náměstí.

Straßenmusikanten am Hradschiner Platz

Sehenswertes in Hradčany (Hradschin)

Hradčany, das ist nicht nur die Prager Burg, sondern auch die **Burgvorstadt,** der Stadtteil rund um die böhmische Akropolis. Trotz beeindruckender Palais wirkt dieser Teil der Moldaumetropole verschlafen und an manchen Ecken sogar dörflich. Bis ins 16. Jh. allerdings war die Vorstadt ein ärmliches Viertel, in dem die Burguntertanen (auf Tschechisch „Hradčani") lebten. 1541 brannten deren Hütten ab; das kleine Volk zog hinab nach Malá Strana. Der Adel übernahm den Wiederaufbau, und unzählige Paläste entstanden. Stets aber blieb Hradčany ein Anhängsel der Prager Burg, das nie einen eigenen städtischen Charakter entwickelte. Noch heute ist das so. In vielen der alten Paläste sind Museen und Ministerien untergebracht. Einen Metzger oder Bäcker sucht man hier nahezu vergebens, nicht jedoch Cafés, Restaurants und Souvenirshops, die auf den schnellen Euro aus sind. Schön zum Durchspazieren ist die Burgvorstadt aber allemal.

Pražský hrad, die Prager Burg, wird aufgrund ihrer vielen Sehenswürdigkeiten in einem eigenen, nachstehenden Kapitel behandelt.

▸ **Strahovský klášter (Kloster Strahov):** Seit 1989 ist das Kloster wieder im Besitz des Prämonstratenserordens. Man muss kein Ungläubiger sein, wenn man den Namen zweimal liest. Die Blütezeit des Ordens ist heute zwar vorüber, im Mittelalter war er jedoch sehr populär und nahm eine zentrale Rolle bei der Christianisierung des Landes ein. Der Name des Ordens stammt von dessen erstem Kloster im Tal Prémontré in Frankreich. Gegründet hatte es Norbert von Xanten, nachdem er, vom Blitz getroffen, vom Pferd fiel und dazu eine Stimme flüsterte, er solle von der Hurerei ablassen und nur noch Anständiges tun. Das war 1115, schon fünf Jahre später gab es das Kloster in Frankreich und bereits 1140 entstand der Prager Ableger. Seit 1627 befinden sich sogar Norberts sterbliche Überreste hier, in der **Abteikirche Mariä Himmelfahrt;** sie ist zugleich die größte Kirche des Klosters. In ihr liegt übrigens auch der kaiserliche Feldmarschall Gottfried Heinrich Graf zu Pappenheim begraben. Seine Popularität verdankt er Friedrich Schiller, der ihm im „Wallenstein" die geflügelten Worte „Ich kenne meine Pappenheimer" in den Mund legte.

Gleich nebenan befindet sich der Eingang zur **Bibliothek,** deren Bestand auf knapp eine Millionen Bände geschätzt wird. Der Blick in die zwei imposanten Lesesäle beeindruckt und lässt das Kloster ins Prager Pflichtprogramm aufrücken. Im ersten, dem sog. Philosophischen Saal, reichen die Bücherschränke, übrigens aus Nussbaum, bis an die Decke. Diese ist mit Fresken verziert, die der österreichische Maler Anton Maulpertsch 1870 schuf und die den Drang der Menschheit nach dem wahren Wissen darstellen. Der zweite Saal, der sog. Theologische Saal, ist mit Globen bestückt. Die dortigen Fresken malte ein Ordensbruder; sie zeigen die Liebe zur Bildung und zur Wissenschaft. Auf dem Gang zwischen beiden Sälen befindet sich in Glasvitrinen eine kleine Kuriositätensammlung: Muscheln, Skorpione, Seesterne usw., dazwischen auch das Geschlechtsteil eines Wals.

Im eigentlichen Klostergebäude ist die **Strahover Bildergalerie (Strahov obrazárna)** untergebracht. Sie ist sozusagen eine Verwandte der Sammlung böhmischer Kunst, die im Georgskloster (→ S. 244) zu sehen ist: nahezu die gleichen Maler, nahezu die gleichen Gemälde – alles nur schöner präsentiert.

Das Strahover Kloster bietet aber noch mehr Kunst & Co: wechselnde Ausstellungen, ein Miniaturmuseum, ein „Museum des nationalen Schriftguts", in dem u. a. auch der Nachlass von Franz Kafka und Egon Erwin Kisch ruht usw. Alternativ dazu kann man aber auch ein Bier trinken: im Klosterrestaurant entweder ein Glas

Bibliothek im Kloster Strahov

Praha/Hradčany
Karte S. 234/235

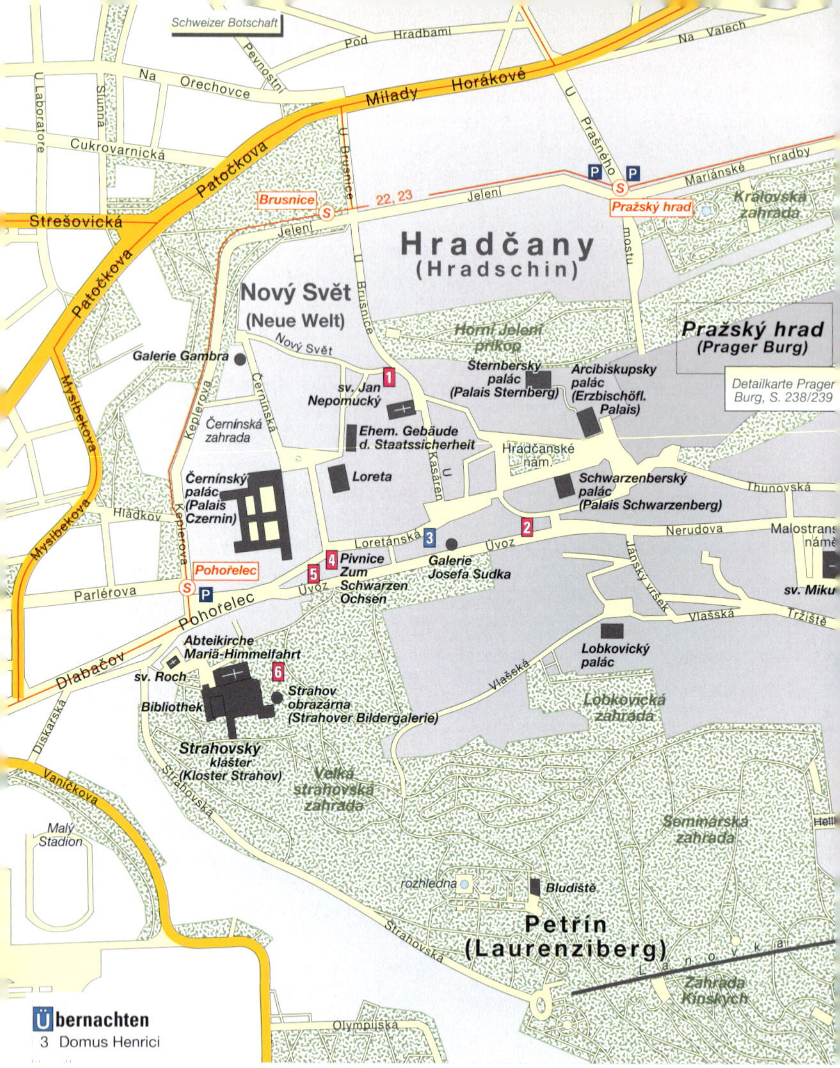

starkes dunkles „St. Norbert“ aus der eigenen Brauerei oder auf der Panoramaterrasse des Oživlé dřevo (→ “Essen und Trinken“, S. 236) ein Fläschchen Pilsener – traumhafter Blick über die Stadt zu satten Preisen.

• *Verbindungen/Öffnungszeiten* Strahovské nádvoří 1/132. Ⓢ 22, 23 Pohořelec. **Abteikirche,** nur zu Messen geöffnet, tägl. um 18 Uhr, So auch um 10 Uhr. **Bibliothek,** tägl. 9–12 u. 13–17 Uhr. Eintritt 2,30 €, erm. 1,70 €. **Bildergalerie,** tägl. (außer Mo) 9–12 Uhr und 12.30–17 Uhr. Eintritt 1,30 €, erm. 1 €.

▸ **Loreta (Loretoheiligtum):** Der Name des Heiligtums geht auf eine Legende zurück, die vom Wunder der Santa Casa erzählt, des Hauses der Jungfrau Maria. Der Über-

lieferung nach wurde es Ende des 13. Jh. von Engeln aus Nazareth ausgeflogen, um es vor einem Sarazeneneinfall in Sicherheit zu bringen. Über Umwege gelangte das heilige Häuschen schließlich in einen Lorbeerhain bei Ancona. Dort entwickelte es sich zu einem berühmten Wallfahrtsort, der nach dem Hain schlicht Loreto genannt wurde. Später, während der Gegenreformation, verkaufte die katholische Kirche das Wunder als – heute würde man sagen – PR-Aktion. So entstanden überall in Böhmen Loreto-Heiligtümer (das in Prag zwischen 1626 und 1631). Sie sind eine Kopie des Originals, und wer sie besichtigt, kann sich die Fahrt nach Ancona sparen. Im Kreuzgang rund um die Santa Casa ist die wundersame Geschichte des Häuschens auf 47 Deckengemälden festgehalten.

Die Schatzkammer des Heiligtums beherbergt ein paar liturgische Gegenstände. Das wertvollste ist eine Monstranz mit über 6.000 Diamanten. Zuvor zierten die Steine übrigens das Hochzeitskleid einer Gräfin. Nicht sehens-, aber hörenswert sind die 1694 in Amsterdam gegossenen 24 Glocken im Turm über dem Eingang. Sie können ähnlich wie ein Klavier gespielt bzw. in Gang gesetzt werden. Unter anderem improvisierte Franz Liszt auf ihnen. Zu jeder vollen Stunde erklingt heute das Lied „Sei tausend mal gegrüßt, Maria“.

Verbindungen/Öffnungszeiten Loretánské náměstí 5. Ⓢ 22, 23 Pohořelec. Tägl. (außer Mo) 9–12.15 Uhr und 13–16.30 Uhr. Eintritt 3 €, erm. 2 €.

▸ **Šternberský palác (Palais Sternberg):** Es zählt zu den bedeutendsten hochbarocken Palastbauten Prags. Graf Wenzel Adalbert von Sternberg ließ es Anfang des 18. Jh. errichten. Heute beherbergt der Palast eine Sammlung alter europäischer Meister, die Teil der Nationalgalerie ist. Die Werke – insbesondere italienische, flämische, deutsche, spanische und französische Maler (u. a. Greco, Rubens und Rembrandt) – stammen aus dem 16. bis 18. Jh. Eines der wertvollsten ist Albrecht Dürers „Rosenkranzfest“, das er 1506 für die San-Bartolomeo-Kirche in Venedig geschaffen hatte und das durch die Sammelleidenschaft Rudolfs II. im 17. Jh. nach Prag ge-

Praha/Hradčany
Karte S. 234/235

langt war. Das Gros der Bilder befindet sich im dritten Stock. Im zweiten Stock ist für die nächsten Jahre eine Ikonenschau geplant, die zum Zeitpunkt der Recherche jedoch noch nicht eröffnet war. Das Erdgeschoss dient bislang Schwerpunktthemen zu alten Meistern. All das kann sich jedoch ändern – die Pläne der Nationalgalerie haben erfahrungsgemäß nicht immer lange Bestand.

Verbindungen/Öffnungszeiten Hradčanské náměstí 15. Ⓢ 22, 23 Pražský hrad. Tägl. (außer Mo) 10–18 Uhr. Eintritt 5 €, erm. die Hälfte.

▶ **Nový Svět (Neue Welt):** Dörflicher als hier kann eine Großstadt kaum sein. Nový Svět ist der Name einer Gasse und zugleich der des Viertels, das sich nordwestlich des Hradčanské náměstí erstreckt. In Prospekten wird es gerne als Künstlerviertel verkauft, doch leben hier nicht mehr Künstler, und gibt es hier nicht mehr Galerien als anderswo in Prag. Nichtsdestoweniger lohnt ein Spaziergang durch die engen, verwinkelten Gassen mit ihren winzigen Häusern, die Ähnlichkeit mit denen des Goldenen Gässchens (→ S. 245) haben. Auch beider Geschichte gleicht sich: einst Armenviertel, im 19. Jh. dann restauriert. Im Gegensatz zum Goldenen Gässchen bleibt Nový Svět jedoch vom Massentourismus verschont und ist so um einiges romantischer.

Verbindungen Ⓢ 22, 23 Brusnice.

Essen & Trinken (→ Karte S. 234/235)

• *Restaurants/Pivnice* **U zlaté hrušky (1),** kleines, aber feines Restaurant. Margaret Thatcher war hier schon zu Gast. Ausgefallene Speisekarte. Hauptgerichte 14–27 €, Couvert extra. Gemütlicher Biergarten (April–Okt.) mit preiswerteren Gerichten. Reservierung empfohlen, ✆ 220515356. Nový Svět 3. Ⓢ 22, 23 Brusnice.

U černého vola (4), „Zum Schwarzen Ochsen", traditionsreiche Bierstube, dazu eine der urigsten der Stadt. Die hübschesten Mädchen soll es einem tschechischen Schlager nach hier geben – auf jeden Fall aber eines der besten Biere: Velkopopovický kozel, frisch gezapft, dazu deftige kleine Snacks. Und zudem heißt es: trinken für einen guten Zweck – alle Erlöse fließen einer Blindenschule zu. Einziger Haken: Nach dem Besuch riechen Sie wie der Besitzer einer Frittenbude. Loretánské náměstí 1. Ⓢ 22, 23 Pohořelec.

Malý Buddha (5), Teehaus und Restaurant. Räucherstäbchen, Buddha – sämtliche Asia-Klischees vorhanden. Besitzer Chris Nguyen kredenzt fernöstliche Küche vom einfachen Fried Rice bis zum ausgefallenen Krokodilcurry. Überwiegend amerikanisches Publikum. Mittlere Preisklasse, Rauchen verboten. ✆ 220513894. Úvoz 46. Ⓢ 22, 23 Pohořelec.

Oživlé dřevo (6), Terrassenrestaurant mit traumhafter Aussicht auf Burg und Kleinseite. Dafür kostet ein kleines Bier auch weit über 2 €. Hauptgerichte 9–17 €. Strahovské nádvoří 1. Ⓢ 22, 23 Pohořelec.

• *Cafe* **U zavěšenýho kafe (2),** gemütliche, von Pragern gern besuchte Mischung aus Café und Bierstube (0,5 l 0,70 €) mit dem originellen Namen „Zum aufgehängten Kaffee". Tatsächlich wird der Kaffee hier „aufgehängt", d. h. im Voraus bezahlt. Der Tipp für den kleinen, preiswerten Imbiss zwischendurch. Úvoz 6. Ⓢ 22, 23 Pohořelec.

Die Prager Burg

Sehenswertes auf der Pražský hrad (Prager Burg)

Die Prager Burg ist das Wahrzeichen der Stadt, der Nabel des Landes und das seit eh und je. Tausend Jahre Geschichte treffen hier auf Millionen Besucher. Paläste, Kirchen, Museen, Klöster – es gibt viel zu sehen, mehr als genug. Zu später Stunde von der Karlsbrücke, wenn sich die Fassade der Burg gebieterisch im Scheinwerferlicht erhebt, wirkt sie am schönsten. Die Tschechen blickten über die Jahrhunderte hinweg mit Angst und Verachtung, aber auch mit Stolz und Anerkennung nach oben. Dunkle und goldene Zeiten wurden hier eingeläutet. Die Burg war Sitz von Fürsten, Königen, Kaisern, von Bischöfen und Erzbischöfen und damit stets ein Symbol weltlicher und geistlicher Macht. Heute empfängt hier der Präsident des Landes, Václav Klaus, Staatsgäste aus aller Herren Länder. Für gewöhnlich betreten diese wie Sie die Burg vom Hradčanské náměstí.

> **Wege zur Burg:** Die zwei schönsten Fußwege von Malá Strana hinauf zur Prager Burg verlaufen über die Nerudova (→ S. 225) und über die Zámecke schody (viele Treppen). Beide Wege enden am Hradčanské náměstí, von wo sich ein herrlicher Blick über Prag auftut. Wer es bequemer haben will, nimmt die Ⓢ 22, 23 von der Metrostation Malostranská bis zur Haltestelle Pražský hrad.

▸ **Erster und zweiter Burghof:** Die Prager Burg war bis ins 18. Jh. durch einen Graben vom Hradčanské náměstí getrennt. Doch mit dem Bau des aristokratischen, repräsentativen ersten Burghofs, auch Ehrenhof genannt, verlor sie ihren Festungs-

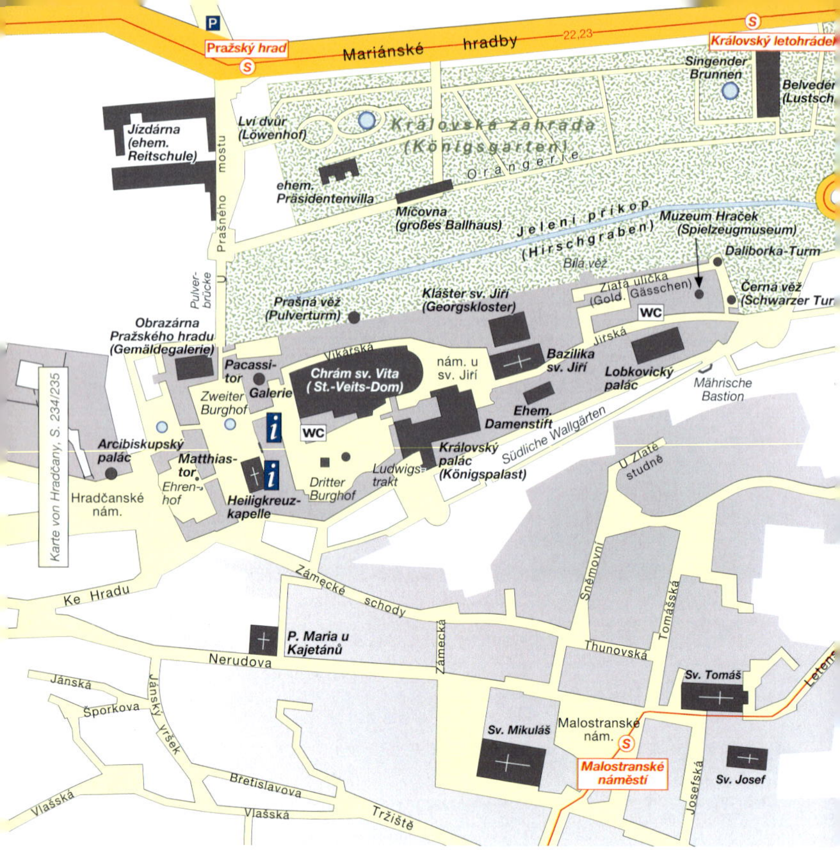

charakter nach Westen hin. Die regungslos dastehende Burgwache hat ebenfalls nur noch repräsentative Funktion. Einst trug sie paramilitärisches Khaki, heute blaue Uniformen, die Theodor Pištěk, Kostümausstatter des Forman-Films „Amadeus“, entwarf. Stets eine Stunde müssen die Soldaten ausharren, dann werden sie abgelöst. Mittags um zwölf wird daraus ein Spektakel gemacht: Fanfarenmusik erklingt dann zum Stechschritt und zur Übergabe der Standarte des Präsidenten im Blitzlichtgewitter. Das Tor, vor dem sie stehen, ziert ein Rokokogitter mit den Monogrammen der Kaiserin Maria Theresia und ihres Sohnes Josephs II. Die furchteinflößenden, todbringenden Giganten rechts und links davon schuf Ignaz Platzer. So verrußt wie sie sind, könnte man glauben, es seien noch die Originale, dabei handelt es sich um Kopien.

Zwei hohe Flaggenmasten aus Tannenholz flankieren das barocke Matthiastor. Es war einst ein freistehender Triumphbogen. In dem Gebäudekomplex darüber befinden sich mehrere prunkvolle Räume. Die beeindruckendsten wären der Spanische Saal und die Rudolfsgalerie, doch sind sie abgesehen vom ersten Samstag im Mai und dem letzten im Oktober der Öffentlichkeit nicht zugänglich. Wer jedoch Glück hat, kann darin ein Konzert erleben. Den etwas nüchtern wirkenden zweiten Burghof lockert ein barocker Sandsteinbrunnen auf. Nördlich davon liegt das sog.

Pacassitor, nichts anderes als eine Durchfahrt. Links des Tores befindet sich der Eingang zur Gemäldegalerie der Prager Burg (s. u.), gegenüber werden wechselnde Ausstellungen präsentiert. Die Passage westlich des Brunnens führt zum dritten Burghof, in dem der Sankt-Veits-Dom steht.

Obrazárna Pražského hradu (Gemäldegalerie der Prager Burg): Sie beherbergt eine kleine, aber feine Sammlung deutscher, italienischer, flämischer, niederländischer und tschechischer Meister der Renaissance- und Barockmalerei. Die Bilder gehörten einst zu einer der imposantesten Kunstsammlungen weltweit, die unter Rudolf II. und Ferdinand II. begonnen wurde. Doch das Gros der Gemälde ging durch Plünderungen, insbesondere während des Dreißigjährigen Krieges, verloren. Glücklicherweise wussten nicht alle Diebe Gutes von Schlechtem zu unterscheiden und so blieben so wertvolle Originale wie Rubens „Versammlung olympischer Götter", Tizians „Junge Frau bei der Toilette" oder Tintorettos „Geißelung Christi" erhalten.

Öffnungszeiten Im zweiten Burghof. Tägl. 10–18 Uhr. Eintritt 3,30 €, erm. 1,65 €.

▸ **Chrám sv. Vita (Sankt-Veits-Dom):** Von außen wirkt der Dom wie ein steinernes Tohuwabohu aus Strebe- und Tragpfeilern, Krabben und Kreuzblumen und riesigen

Burg-Tickets: Um das Burggelände zu betreten, brauchen Sie kein Ticket. Es ist von April bis Oktober von 5 bis 24 Uhr zugänglich, von November bis März von 6 bis 23 Uhr. Für die Sehenswürdigkeiten innerhalb des Burggeländes gibt es verschiedene Kombitickets, keines jedoch, das alle Museen und Attraktionen einschließt.
Mit **Ticket A** (11,60 €, erm. die Hälfte) darf man die Sankt-Georgs-Basilika, den Chor des Sankt-Veits-Doms, den Pulverturm, den Königspalast und das Goldene Gässchen besichtigen. **Ticket B** (7,30 €, erm. die Hälfte) erlaubt den Zutritt zum Chor des Doms, zum Königspalast und zum Goldenen Gässchen. Mit **Ticket C** (1,70 €, keine Ermäßigung) darf man einmal durch das Goldene Gässchen marschieren und mit **Ticket D** (1,70 €, erm. die Hälfte) einen Blick in die Sankt-Georgs-Basilika werfen. Für alle weiteren Attraktionen müssen separate Tickets gelöst werden. Die Tickets bekommt man bei der Tourist Information im dritten Burghof gegenüber dem Sankt-Veits-Dom (Tourist Information im Winter 9–16 Uhr, im Sommer 9–17 Uhr). Dort können auch einstündige, fremdsprachige **Führungen** gebucht werden (Di–So 9–16 Uhr; nur bei ausreichender Nachfrage, ✆ 224373368).

Heiliger oder Lebemann – Wenzel und kein Ende

Die Geschichte des tschechischen Nationalheiligen begann im Jahr 924: Fürst Václav (auf Deutsch „Wenzel") war jetzt verantwortlich für die Geschicke Böhmens. 11 Jahre lang regierte er, dann war er tot, umgebracht von seinem eifersüchtigen Bruder. Manchen Quellen zufolge soll seine Ermordung überflüssig gewesen sein, da er ohnehin die Macht an seinen Bruder abgeben wollte. Nach Rom plante Wenzel zu reisen, dort die Weihen zu empfangen, um als erster Bischof nach Böhmen zurückzukehren. Andere Quellen jedoch behaupten, dass der Fürst gar nicht so ein Heiliger war. Mit Heiden soll er gezecht und sich nachts mit hübschen Frauen vergnügt haben.

Sei es, wie es will, Wenzels großer Verdienst war die Christianisierung des Landes. Darauf fußen auch die Wenzellegenden, die den Herrscher zum Märtyrer und zur Heiligengestalt aufsteigen ließen. Noch im 10. Jh. wurde er heiliggesprochen. Unter Kaiser Karl IV. – er ließ die Wenzelskapelle im Dom bauen – wurde er schließlich zur Ikone, zum Landesheiligen. Es folgten Wenzelsfresken, Wenzelsdenkmäler, Wenzelsstatuen und der Wenzelsplatz. Und schließlich wurde Wenzel zum Symbol der Einheit und Unabhängigkeit des Landes, zum Schutzpatron aller Tschechen. In Prag kafkat, brodelt und kischt es also nicht nur, es wenzelt noch viel mehr. Und dass die Wenzelmanie kein Ende nimmt, dafür sorgt allein schon die Präsidentenfolge der jetzigen Republik: Václav „Wenzel" Havel wurde abgelöst von Václav Klaus.

Maßwerken. Statuen von Heiligen wechseln mit figürlichen, dämonenhaften Wasserspeiern ab, die, so der Glaube von einst, den Dom vor bösen Geistern bewahren, da diese beim Anblick ihres Ebenbildes die Flucht ergreifen. Da sich der Smog und der Ruß der Stadt über all dem niedergesetzt und das Bauwerk in ein einheitliches Graubraun getaucht hat, lassen sich auf den ersten Blick die einzelnen Bauabschnitte der Kathedrale nicht mehr unterscheiden.

1344 erfolgte unter König Johann von Luxemburg und Kronprinz Karl die Grundsteinsetzung. Erster Baumeister war Matthias von Arras, der zuvor in Avignon tätig war. Er sollte jetzt auch in Böhmen den Idealtypus einer französischen Kathedrale realisieren. Ansätze davon zeigt jedoch lediglich das Chorhaupt, denn schon 1352 starb der Baumeister. Zu seinem Nachfolger berief Karl, der inzwischen zum Kaiser des Römischen Reiches gekrönt worden war, den damals gerade erst 23-jährigen Peter Parler aus Schwäbisch Gmünd. Dieser überarbeitete die Entwürfe seines Vorgängers und ließ den bis dato in Ansätzen fertig gestellten Chor vollenden. Damit die Kathedrale auch schon als Gotteshaus genutzt werden konnte, schloss er den Chor dort, wo heute das Querschiff verläuft, mit einer „provisorischen" Fassade ab. Nach Parlers Tod 1399 schmückten seine Söhne die Kathedrale weiter aus. Am Grundriss sollte sich aber für die nächsten 450 Jahre nicht mehr viel ändern. Die Kathedrale war also lange Zeit nur halb so groß wie heute, und der Zutritt erfolgte über das beeindruckende **Goldene Tor** an der südlichen Längsseite, das mit einem Mosaikbild des Jüngsten Gerichts verziert ist. Erst als 1859 ein Förderverein zur Vollendung des Doms gegründet wurde, begann man mit dem Bau der westlichen Domhälfte, deren feierliche Einweihung 1929 erfolgte.

Die große kreisförmige **Rosette** über dem heutigen Eingang an der westlichen Stirnseite schaut man sich am besten von innen an. Die lebendig-bunte Bilderfolge

Das Goldene Tor am Sankt-Veits-Dom

zeigt die Genesis – 27.000 Glasstücke wurden dafür verarbeitet. Eines der farbenfrohsten Fenster in der westlichen Hälfte des Doms ist jedoch das der Neuen Erzbischöflichen Kapelle (dritte links), die als letzte Ruhestätte der Prager Bischöfe dient. Im Auftrag der Banka Slavie gestaltete es Alfons Mucha im späten Jugendstil mit Szenen aus dem Leben der heiligen Slawenapostel Kyrill und Method.

Kurz bevor man das Querschiff betritt, führt rechter Hand eine Wendeltreppe auf die **Aussichtsplattform** des südlichen Domturms (96,5 m hoch). Kein anderer Turm der Stadt bietet einen faszinierenderen Ausblick über Prag, kein anderer Aufstieg ist aber auch so mühselig: 287 Stufen!

Ein paar Schritte weiter befindet sich die prunkvollste der insgesamt 22 Seitenkapellen des Sankt-Veits-Doms, die **Kapelle des Hl. Wenzel**. Durch ihre reiche Ausschmückung mit weit über 1.000 Halbedelsteinen, violetten Amethysten, roten Jaspissen und grünen Chrysoprasten, z. T. in Gold eingefasst, wirkt sie wie ein riesiges Schmuckkästchen. Bereits 1372 wurde der Passionszyklus, der über dem Altar mit der Kreuzigungsszene seinen Höhepunkt erreicht, geschaffen; der Künstler ist unbekannt. Ein weiterer Zyklus mit Szenen aus dem Leben des Hl. Wenzels verläuft auf Fensterhöhe. Der frei stehende Altar darin ist zugleich die Grabstätte des Heiligen. Hinter dem kleinen Portal auf der Südseite führt eine Treppe zu der über der Kapelle liegenden Krönungskammer. Dort sind – der Öffentlichkeit verborgen – die Krönungskleinodien aufbewahrt, darunter die berühmte goldene Wenzelskrone. Sie soll übrigens jedem den Tod bringen, der sie ungebührlich aufsetzt. Ein Aberglaube? Der Letzte, der dies als Humbug abtat und sich zum Spaß mit der Krone im Spiegel anschaute, war der Reichsprotektor Reinhard Heydrich. Kurz darauf fiel er einem Attentat zum Opfer (→ S. 40). Die kleine Tür zur Krönungskammer ist übrigens mit sieben Schlössern versehen, deren sieben Schlüssel auf sieben Persönlichkeiten der Stadt und des Staates verteilt sind.

Praha/Pražský hrad
Karte S. 238/239

Fotoshooting vor der Burg

Das barocke Gegenstück zur mittelalterlichen Wenzelskapelle ist die des Johann von Nepomuk (fünf Kapellen weiter). Vor ihr steht das silberne Grabmal des Heiligen, ein hoch gepriesenes Werk von Johann Bernhard Fischer von Erlach, das 1733–36 entstand. Irgendwie kann man sich des Eindrucks nicht erwehren, dass man es einfach im Chorgang stehen ließ, als man merkte, dass es für die Kapelle zu groß geraten war.

Im Chor des Doms ist vor dem Hauptaltar noch das **königliche Mausoleum** sehenswert, ein großer Sarkophag aus hellem Marmor, der von einem Renaissancegitter umgeben ist. Rudolf II. stiftete ihn für seinen Großvater Ferdinand I., dessen Gemahlin und deren Sohn. Die Putten drum herum scheinen sich über die drei fast lustig zu machen. Rudolf selbst ruht übrigens etwas tiefer in der Krypta. Sein Sarg ist aus Zinn und hat das Aussehen eines Brauereikessels. Mehrere Könige und Königinnen leisten ihm Gesellschaft.

Öffnungszeiten im dritten Burghof. April–Okt. tägl. 9–17 Uhr, im Winter 9–16 Uhr. Der Domturm ist nur im Sommer geöffnet. Eintritt → Kasten „Burg-Tickets", S. 239.

▸ **Královský palác (Königspalast):** In ihm residierten vom 11. bis zum 16. Jh. die Regenten Böhmens. Man betritt ihn im dritten und zugleich obersten Stockwerk. Dort befindet sich der berühmte **Vladislav-Saal,** der 62 m lang, 16 m breit und 13 m hoch ist. Er wurde in den Jahren 1492–1502 nach Plänen des Architekten Benedikt Ried gebaut. Krönungsfeierlichkeiten und Hofbälle fanden darin statt, aber auch Turniere, bei denen die Ritter zu Pferd über die Reitertreppe im Nordflügel (heute der Ausgang) hereinkamen. Seit 1918 wird hier der Präsident des Landes vereidigt. Von der südwestlichen Ecke des Vladislav-Saals gelangt man in den **Ludwigstrakt,** an sich nicht besonders sehenswert, dafür geschichtsträchtig. Der zweite Prager Fenstersturz, der zum Dreißigjährigen Krieg führte, erfolgte aus dem östlichen Fenster des zweiten Raumes (→ Kasten S. 243).

Der **Sitzungssaal des Landtags** grenzt im Nordosten an den Vladislav-Saal an. Das Mobiliar ist zwar nicht original – es stammt aus dem 19. Jh. –, wurde aber in der historischen Anordnung nachgestellt. Auf der Renaissancetribüne linker Hand saßen die Landesschreiber, rechts vom Thron der Bischof, auf den Bänken gegenüber die Adels- und Ritterstände. Etwas weiter führt eine Wendeltreppe zu Räumen, in denen die sog. Landtafeln aufbewahrt wurden. Darin verzeichnete man Beschlüsse des Landtags, zugleich waren sie auch eine Art Grundbuch. Die Wappen an den Wänden und Decken sind die der Beamten, die die Kanzlei leiteten.

In den älteren gotischen Räumen unter den repräsentativen Palastsälen ist seit 2004 die ständige Ausstellung **Příběh Pražského Hradu** (Geschichte der Prager Burg) zu sehen, eine Art Parforceritt durch die Historie der Burg. Chronologisch wird man dabei durch die Jahrhunderte geführt, erfährt die Baugeschichte des Doms und sieht wertvolle Originale wie den mit Silber verzierten Helm des Heiligen Wenzels oder die Grabbeigaben Rudolfs I. inklusive seiner goldenen Krone.

Öffnungszeiten Im dritten Burghof. April–Okt. tägl. 9–17 Uhr, im Winter 9–16 Uhr. Eintritt für den **Königspalast** → Kasten „Burg-Tickets", S. 239. Für die **Ausstellung Příběh Pražského Hradu** (Eingang vom Durchgang zwischen drittem Burghof und Nám. u sv. Jiří) zahlt man 4,70 € extra, erm. 2,70 €. Nur englische und tschechische Erläuterungen!

Prager Fensterstürze – eine lange Tradition

Die Premiere der Prager Fensterstürze fand am 30. Juli 1419 statt. Aufgebrachte Hussiten katapultierten damals zwei katholische Ratsherren aus den Fenstern des Neustädter Rathauses. Diese Tat markiert heute den Beginn der Hussitenkriege.

1483 rückte das Altstädter Rathaus in den Mittelpunkt. Der katholische Bürgermeister musste dieses Mal dran glauben. Der Wurf, den die Protestanten nun landeten, blieb aber für die europäische Geschichte ohne Folgen, und so wird dieser in der offiziellen Fenstersturzchronik nicht mitgezählt.

Der berühmte zweite Prager Fenstersturz fand am 23. Mai 1618 statt. Die Spannungen zwischen Protestanten und Katholiken waren erneut eskaliert. Radikale Protestanten warfen zwei Statthalter samt deren Sekretär aus der Böhmischen Kanzlei auf der Prager Burg. Alle drei überlebten den 16 m tiefen Sturz, sie landeten weich auf einem Müllhaufen. Für die erlittene Schmach wurden sie übrigens von den Habsburgern reich entschädigt. Auch der Sekretär: Er wurde in den Adelsstand erhoben und durfte sich von nun an „von Hohenfall" nennen.

Humorvoll stellte der englische Schriftsteller Jerome Klapka Jerome fest, dass die Geschichte Europas vielleicht anders verlaufen wäre, „wenn die Prager Fenster kleiner gewesen wären und zu solchen Taten nicht verlockt hätten". Er gab den Ratschlag, öfters mal im Keller zu verhandeln.

Die Kette der Fensterstürze reißt bis heute nicht ab. Zum Glück lösen sie keine Kriege mehr aus. Der letzte Politiker, der aus dem Fenster fiel, war 1948 der einstige Außenminister Jan Masaryk kurz nach der kommunistischen Machtübernahme. Sein Tod ist bis heute nicht geklärt. Ebenso wenig der des Literaten Bohumil Hrabal, der 1997 angeblich beim Vogelfüttern aus dem Fenster gefallen war.

▸ **Bazilika sv. Jiří (Georgsbasilika):** Sie ist der bedeutendste und schönste romanische Sakralbau Prags und zugleich die zweitälteste Kirche der Stadt, wenn man dies von außen auch gar nicht vermuten mag. Bereits im Jahr 925 wurde die Kirche, damals

Ewiger Rummel im berühmten Goldenen Gässchen

noch einschiffig, der Fürstin Ludmila geweiht. Sie war als erste Märtyrerin Böhmens heiliggesprochen worden, obwohl sie gar keiner religiös motivierten Tat zum Opfer gefallen war. Ihre Schwiegertochter hatte sie aufgrund von Machtstreitigkeiten erdrosselt. Die sterblichen Überreste Ludmilas befinden sich heute in der Kapelle, die sich an die Südseite des Chors anschließt. Die im Chor erhalten gebliebenen Fresken stammen übrigens aus dem 13. Jh. und lassen das himmlische Jerusalem nur noch erahnen. Neben Ludmila haben noch weitere Fürsten aus dem Geschlecht der Přemysliden hier ihre Grabstätte. So befinden sich zu Füßen des Chors in der hölzernen Tumba die Gebeine Vratislavs I. Gegenüber ruht Boleslav II. unter dem von einem schmiedeeisernen Gitter umgebenen Grabstein. Dahinter, in der Krypta unter dem Chor, steht rechter Hand die grauenerregende, dunkle Plastik der „Vanitas" aus der Mitte des 16. Jh. Sie stellt den Verfall bzw. die Vergänglichkeit des menschlichen Körpers dar. Einer Sage nach schuf sie ein Bildhauer, der aus Eifersucht seine Geliebte ermordet hatte und vor seiner Hinrichtung als letzte Bitte geäußert hatte, zum Beweis seiner Reue ihren verwesenden Körper darstellen zu dürfen.
Öffnungszeiten Náměstí u sv. Jiří. April–Okt. tägl. 9–17 Uhr, im Winter 9–16 Uhr. Eintritt → Kasten „Burg-Tickets", S. 239.

▸ **Klášter sv. Jiří (Georgskloster):** Das Benediktinerinnenkloster wurde 927 als erstes Kloster Prags gegründet. Im Mittelalter war es durch seine illuminierten Handschriften aus dem klostereigenen Skriptorium weit über die Grenzen Böhmens hinaus bekannt. Von den vielen Um- und Anbauten erlebte es den letzten großen in der zweiten Hälfte des 17. Jh. Ende des 18. Jh. wurde es aufgelöst und in eine Artilleriekaserne verwandelt. Heute beherbergt es die **Sammlung böhmischer Kunst der Nationalgalerie,** die sich insbesondere der Zeit Kaiser Rudolfs II. widmet. Außerdem sind Gemälde und Plastiken vom Manierismus über den Barock bis zum Rokoko vertreten. Für den einen ein Genuss, für den anderen alte Schinken – das

Verhältnis zwischen Besuchern und Aufsehern hält sich meist die Waage. Zu den bedeutendsten Malern gehören Karel Škréta, Petr Brandl und Hans von Aachen. In Zukunft sollen weitere Räumlichkeiten des Klosters für wechselnde Ausstellungen genutzt werden.

Öffnungszeiten Náměstí u sv. Jiří. Tägl. (außer Mo) 10–18 Uhr. Eintritt 1,70 €, erm. die Hälfte.

▸ **Prašná věž (Pulverturm):** Im Jahr 1485 wurde der Turm zur Verteidigung des Burgareals errichtet, 1649 flog er in die Luft. Nicht durch feindlichen Beschuss, sondern durch das darin eingerichtete Munitionslager – daher auch der Name. Böse Zungen behaupten jedoch, die Turmbezeichnung rühre aus jener Zeit, als Alchemisten darin für Rudolf II. Blei zu Gold verwandeln sollten und nichts anderes als irgendwelche Pülverchen hervorbrachten. Heute erinnert eine kleine Ausstellung mit einer nachgebauten Alchemistenküche daran. Wenig spannend sind die weiteren Exponate, die die Entfaltung des Handwerks und der Kunst am Hofe Rudolfs II. dokumentieren.

Öffnungszeiten Vikářská. April–Okt. tägl. 9–17 Uhr, im Winter 9–16 Uhr. Eintritt → Kasten „Burg-Tickets", S. 239.

Die Georgsbasilika, eine der ältesten Kirchen Prags

▸ **Zlatá ulička (Goldenes Gässchen):** Einst wohnten hier die Ärmsten der Armen in einfachen Verschlägen rechts und links der Gasse, die gerade 1 m breit war. Für alle gab es nur eine Toilette, und die düngte den Hirschgraben. Nach einem Umbau der Burgmauern im 16. Jh. wurden aus den Hütten kleine Häuschen und vorübergehend zog die Burgwache ein. Danach lebten hier ein paar Goldschmiede – daher der Name des Gässchens. Im 19. Jh. begannen sich Wahrsager, Handwerker und Künstler einzumieten. Berühmtester Anwohner sollte Franz Kafka werden. In Haus Nr. 22 verfasste er im Winter 1917 mehrere Prosatexte. Madame de Thebes, eine damals bekannte Hellseherin, bewohnte das Haus Nr. 14. Nachdem sie den Untergang des Dritten Reiches prophezeit hatte, wurde sie von der Gestapo totgeschlagen. Heute wohnt niemand mehr hier – aus all den kleinen Häuschen sind Souvenirshops geworden, an denen sich die Touristenmassen vorbeidrängen. Und da es in ihnen auch Goldschmuck zu kaufen gibt, trägt die Gasse ihren Namen wieder zu Recht.

Eintritt → Kasten „Burg-Tickets", S. 239. Vor 9 Uhr und nach 19 Uhr benötigen Sie übrigens kein Ticket für das Gässchen!

▸ **Královská zahrada (Königsgarten):** Er wird vielfach als der schönste Renaissancegarten nördlich der Alpen gepriesen. 1534 ließ ihn Ferdinand I. anlegen. Erstmals

Sommerkonzert auf der Burg

in Europa wurden darin Tulpen gezüchtet; die Zwiebeln stammten aus Konstantinopel. Während des Dreißigjährigen Krieges verwüsteten Schweden und Sachsen den Garten und vorbei war es vorerst mit dem herrschaftlichen Lustwandeln. Als man ihn im 18. Jh. als Barockgarten gerade neu angelegt hatte, kamen die Franzosen. Zum Glück konnte man sie durch eine Zahlung von 30 Ananas davon abhalten, dem oben erwähnten Beispiel zu folgen. Seine ursprüngliche Renaissanceform stellte man nach dem 1. Weltkrieg wieder her.

Am östlichen Ende des Gartens befindet sich das **Lustschloss Belvedér**. Den Grundstein für den Renaissancebau mit seinem auffälligen Dach in Form eines kieloben schwimmenden Schiffsrumpfs ließ Ferdinand I. 1538 legen; seiner geliebten Gemahlin wollte er das Schlösschen schenken. Es sollte dem Vergnügen und der Erholung dienen, auch ein Tanzsaal war geplant. Letztendlich zogen sich die Bauarbeiten jedoch bis 1564 hin. Während der Regierungszeit Rudolfs II. wurde das Schloss als astronomisches Observatorium zweckentfremdet. Heute wird es überwiegend für Ausstellungszwecke genutzt.

Der berühmte **Singende Brunnen** davor stammt aus der Mitte des 16. Jh. Das Modell, einem römischen Brunnen gleich, schuf Francesco Terzio. Für den Guss war ein Glockengießer namens Thomas Jaroš verantwortlich. Vielleicht klingen deshalb die herabfallenden Wassertropfen auf der untersten Metallschüssel wie ein nie enden wollendes Glockenspiel, das am besten zu hören ist, wenn man den Kopf unter (nicht in) das untere Brunnenbecken hält.

Öffnungszeiten U prašného mostu. **Garten,** April–Okt. tägl. 10–18 Uhr.

▸ **Lobkovický palác (Palais Lobkowitz):** Das ursprüngliche Renaissanceanwesen ließ die Adelsfamilie Lobkowitz Ende des 18. Jh. in ein frühbarockes Palais umgestalten. Seither trägt es – wie übrigens auch andere Paläste der Stadt – deren Namen. In einem Trakt des Gebäudes widmet sich die ständige Ausstellung „Denkmäler der nationalen Vergangenheit“ den wichtigsten Stationen der böhmischen Geschichte von ihren Anfängen bis zum Jahr 1848. An Exponaten mangelt es nicht, das Gros davon ist jedoch wenig aufregend. Weitere Räumlichkeiten des Palais werden für wechselnde Ausstellungen genutzt, im Festsaal finden gelegentlich Konzerte statt.

Öffnungszeiten Jiřská 1. Tägl. (außer Mo) 9–17 Uhr. Eintritt 1,30 €, erm. die Hälfte.

Essen & Trinken

Die Restaurants und Cafés im Burgbereich werden ausschließlich von Touristen aufgesucht, Tschechen sieht man hier lediglich als Bedienung. Sie sind allesamt gnadenlos überteuert und, was Essen und Service angeht, eine Enttäuschung.

Burg Vyšehrad

Ziele rund um die Innenstadt

Rund um das alte Prag zieht sich ein breiter Gürtel von Plattenbausiedlungen, brachliegendem Land, Parks und Industriegebieten. Die Prager Vororte sind wie so viele anderer Städte überwiegend trist und grau. Dennoch liegen auch außerhalb der herausgeputzten touristischen Stadtteile bedeutende Sehenswürdigkeiten (s. u.) und lassen sich schöne Ecken entdecken. Empfehlenswerte Viertel, durch die sich ein Spaziergang am Nachmittag lohnt, sind Vinohrady und Žižkov östlich des Zentrums, Smíchov südlich von Malá Strana und Holešovice im Norden der Stadt.

▸ **Veletržní palác (Messepalast) mit Museum moderner und zeitgenössischer Kunst:** Das Museum begeistert in zweierlei Hinsicht, aufgrund seiner Architektur und aufgrund seiner Exponate. Als der ehemalige Messepalast 1928 eröffnet wurde, war er das erste Bauwerk Europas im funktionalistischen Stil und zugleich das größte Messegebäude der Welt. Heute hat sich das Auge an solche Bauten gewöhnt, von außen nimmt man sie gar nicht mehr als etwas Besonderes wahr. Von innen jedoch ist der Palast noch immer überwältigend. Den Kern des Gebäudes bildet eine imposante Halle mit verglastem Dach, die von den offenen Galerien der sechs Stockwerke umgeben wird. Die Architekten Oldřich Tyl und Josef Fuchs schufen dadurch ein Bauwerk von solcher Leichtigkeit, dass sich Le Corbusier bei dessen Anblick wie ein Dilettant vorgekommen sein soll. Fünf Stockwerke des Gebäudes, von denen jedes eine Fläche von 4.500 qm hat, belegt heute die Nationalgalerie. Im 4. Stock zeigt sie Werke des 19. Jh., im 3., 2. und 1. Stock moderne und zeitgenössische Kunst. Der 5. Stock wird überwiegend für wechselnde Ausstellungen genutzt. Da kein Mensch so viel Kunst auf einmal anschauen kann, werden die Tickets für jedes Stockwerk einzeln angeboten. Am Eingang erfahren Sie, was wo zu sehen ist, auch liegen Broschüren aus. Dann ist es an Ihnen, ob sie lieber Picasso, Chagall, Gauguin, van Gogh oder Munch, Bilder des sozialistischen Realismus oder avantgardistische Filmexperimente bewundern wollen.

Verbindungen/Öffnungszeiten Dukelských hrdinů 47, Holešovice. Ⓜ C Nádraží Holešovice, weiter mit Ⓢ12 Veletržní. Tägl. (außer Mo) 10–18 Uhr. Eintritt für ein Stockwerk 3,30 €, für zwei Stockwerke 5 € usw., erm. jeweils die Hälfte.

▸ **Národní technické muzeum (Technisches Nationalmuseum):** Es ist untergebracht in einem schmucklosen funktionalistischen Kasten aus den späten 30ern mit der gigantischen Ausstellungsfläche von über 6.000 qm. Absolut sehenswert ist die Sammlung fotografischer und kinematografischer Apparate – mit annähernd 18.000 Exponaten aus über 50 Ländern eine der größten der Welt. Zudem die astronomische Abteilung; hier werden u. a. Instrumente präsentiert, mit denen schon Tycho Brahe und Johannes Kepler Sonne, Mond und Sterne studiert haben. Ein weiteres Highlight ist die Verkehrshalle mit alten Škodas, Tatras, Bugattis zwischen Dampflokomotiven und Flugzeugen. Den über 1 km langen Nachbau einer Erz- und Kohlengrube kann man im Untergeschoss besichtigen. Ein Erlebnis für Groß und Klein.

Verbindungen/Öffnungszeiten Kostelní 42, Holešovice. Ⓢ 1, 8, 15, 25, 26 Letenské náměstí. Tägl. (außer Mo) 9–17 Uhr, Führungen Kohlen- und Erzbergbau um 11, 13 und 15 Uhr. Eintritt 2,30 €, erm. 1 €.

▸ **Letenské sady (Letná-Park):** Hoch über der Moldau gelegen, bietet er von Park- und Bierbänken herrliche Ausblicke über die Stadt. Letztere findet man beim Letenský zámeček, einem kleinen Beinaheschlösschen. Im Westen der Parkanlage sitzt man etwas gediegener auf der Aussichtsterrasse des Hanavský pavilón. Dieser Jugendstilpavillon erinnert an eine russisch-orthodoxe Kirche, besitzt eine Stahlkonstruktion und wurde 1891 zur Landesjubiläumsausstellung gebaut. Ganz im Osten liegt der Expo-Praha-58-Pavillon. Der nahezu vollständig verglaste Pavillon gewann die Goldmedaille bei der Weltausstellung in Brüssel und fand daraufhin auf der Letná einen neuen Standort. Einst befand sich ein nobles Restaurant mit Aussichtsterrasse darin, heute wird der Pavillon als Bürogebäude genutzt – schade. Zu sozialistischer Zeit wurden auf der Rückseite des Parks, beim Sparta-Stadion, die Maiparaden abgenommen. Aber das ist Vergangenheit. An die wechselvolle Geschichte des Landes erinnert heute das große Metronom des Pop-Künstlers David Černý. Es ist jedoch von überall in der Stadt interessanter anzusehen als vor Ort. Könnte man die Frequenz steigern, wäre der Platz davor die geniale Kulisse für eine Techno-Party.

Verbindungen Holešovice. Ⓢ 1, 8, 15, 25, 26 Sparta.

▸ **Ausstellungsgelände Výstaviště:** Rund um die alten Jugendstilmessehallen, die noch heute genutzt werden, sorgt ein großer Vergnügungs- und Freizeitpark für Abwechslung: ein Riesenrad (manchmal), ein gigantisches Diorama (Maroldova panoráma), ein etwas verwahrloster Kinderpark (Dětský svět), eine kitschige multimediale Springbrunnen-Show (Křižíkova fontána, an Sommerabenden) und vieles, vieles mehr. Darunter auch einige Theater, von denen das Divadlo Spirála zumindest das architektonisch interessanteste ist. Dazwischen gibt es fettige Würste zu Bier, Blas- und Rockmusik. An Sommerwochenenden und -abenden ist das Gedränge am größten, im Winter ziehen die dortigen Polizeistreifen einsam ihre Runden. Im Osten grenzt die T-Mobile-Arena an das Gelände, in der Sparta Prag Eishockey spielt und musikalische Großveranstaltungen stattfinden.

Verbindungen Výstaviště, Holešovice. Ⓜ C Nádraží Holešovice, weiter mit Ⓢ 12 Výstaviště.

▸ **Vítkov (Veitsberg):** Hoch über Prag hat man hier Jan Žižka ein Denkmal gesetzt, so gigantisch, als hätte der einäugige Hussitenführer nicht nur ein Kreuzfahrerheer besiegt (→ S. 37), sondern die Welt auch noch vor einem Überfall der Klingonen bewahrt. Das Denkmal ist zugleich das größte bronzene Reiterstandbild der Welt. Aus der Nähe betrachtet, wirkt es aber gar nicht so imposant. Hinter ihm liegt die Nationale Gedenkstätte (Národní památník), ein riesiger konstruktivistischer Würfel aus den 20er Jahren, der zum Ruhm der neuen Republik errichtet wurde. Die Kommunisten zweckentfremdeten das Bauwerk und machten daraus ein Mausoleum. Unter anderen fand darin auch der einstige Präsident Klement Gottwald seine Ruhestätte – aber nicht die letzte: 1990 bettete man ihn schließlich um auf den Friedhof Olšany (s. u.). Der Arme erlag übrigens einer Grippe, die er sich beim Begräbnis Stalins geholt hatte.

Verbindungen/Öffnungszeiten Žižkov. Ⓜ B, C Florenc, weiter mit Ⓑ 133 U Památníku, von dort führen Spazierwege nach oben. Jeden ersten Sa im Monat ab 14 Uhr Führungen durch das **Mausoleum** – Anmeldung nötig (✆ 222781676). Ansonsten ist es nur am Tag der Republik (28. Oktober) und zu gelegentlichen Veranstaltungen geöffnet.

Die größte bronzene Reiterstatue der Welt: das Jan-Žižka-Denkmal auf dem Vítkov

▸ **Nové Židovské Hřbitovy (Neuer Jüdischer Friedhof):** Er ist ein bizarr-idyllischer Ort und nicht weniger besuchenswert als der Alte Jüdische Friedhof in Josefov, zumal hier kein Gedränge herrscht. Das Gros der Grabsteine stammt aus dem 19. Jh. und der ersten Hälfte des 20. Jh. Das bekannteste Grab ist das Franz Kafkas, der 1924 im Alter von knapp 41 Jahren an Tuberkulose starb. Er liegt zusammen mit seinen Eltern an der Südmauer bestattet. Seine Fangemeinde legt hier Briefe, Blumen und Steinchen nieder. Der riesige und ebenfalls überaus interessante **Friedhof Olšany (Olšanské hřbitovy)** nebenan wurde ursprünglich für die Toten der Pestepidemie des Jahres 1680 angelegt.

Verbindungen/Öffnungszeiten Izraelská 1, Žižkov. Ⓜ A Želivského. Das Kafkagrab ist ab dem Eingang ausgeschildert. Mo–Do und So 9–17 Uhr, Fr 9–14 Uhr.

▸ **Televizní Vysílač Praha (Fernsehturm):** Nach 7-jähriger Arbeitszeit wurde 1992 das letzte sozialistische Bauwerk Prags vollendet. Mehr als 100 m ragt es in den Himmel. Davor liegen noch die kümmerlichen Überreste eines jüdischen Friedhofs aus dem 19. Jh., der dem Giganten weichen musste. Ursprünglich sollte der Turm v. a. die Frequenzen westlicher Sender stören. Heute dient er der Übertragung von

Radio- und Fernsehprogrammen. Der Panoramablick von der Aussichtsplattform wäre schöner, würde man öfters mal die Fenster putzen. Auf 70 m befinden sich ein Café und ein Restaurant mit satten Preisen.

Verbindungen/Öffnungszeiten Mahlerovy sady, Žižkov. Ⓜ A Jiřího z Poděbrad. Tägl. 10–23 Uhr. Eintritt 5 €, erm. die Hälfte.

▶ **Burg Vyšehrad:** Zahlreiche Legenden ranken sich um die südlich von Nové Město gelegene Burg Vyšehrad auf einem Felsen hoch über der Moldau. Angeblich war sie die erste Residenz böhmischer Könige, und Prinzessin Libuše soll – wie vielfach in der Literatur beschrieben – von hier die glorreiche Zukunft Prags prophezeit haben (→ Kasten). Leider alles Humbug: Vyšehrad entstand erst um das Jahr 930 und damit später als die Prager Burg.

Von der ursprünglichen Burganlage ist heute außer den ziegelroten Festungsmauern und ein paar Toren kaum mehr etwas erhalten. Wirklich sehenswert ist lediglich der im 19. Jh. errichtete **Ehrenfriedhof**. Auf ihm ruht die Crème de la Crème der tschechischen Kunstszene unter reich verzierten Arkaden in prachtvollen Gräbern, darunter z. B. Antonín Dvořák oder Bedřich Smetana. Ein Plan am Eingang weist auf die wichtigsten Gräber hin. Der Friedhof liegt direkt neben der Peter-und-Pauls-Kirche (Kapitulní Chram sv. Petra a Pavla), deren Zwillingstürme die Burg dominieren. Ihre Fundamente reichen bis ins 11. Jh. zurück. Zu sehen gibt es ansonsten noch eine romanische Rotunde, auf der 1776 Prags erster Blitzableiter installiert wurde, eine Kunstgalerie (meist geschlossen), die spärlichen Überreste einer Basilika aus dem 11. Jh. und die Kasematten, unterirdische Gewölbegänge des Befestigungswalls am nördlichen Ziegeltor. Sie münden in einen großen Saal, in dem einige Originalstatuen der Karlsbrücke aufbewahrt werden.

• *Verbindungen/Öffnungszeiten* Vyšehrad. Ⓜ C Vyšehrad, von dort ausgeschildert. Informationsbüro wenige Meter hinterm Eingang, hier gibt es auch einen Plan zur Burganlage. Infobüro und **Kasematten** (Eintritt 0,70 €) im Sommer tägl. 9.30–18 Uhr, im Winter bis 17 Uhr. **Kirche** nur Sa/So 10–12 Uhr und 13–16 Uhr. **Friedhof** im Sommer tägl. 8–19 Uhr, im Winter bis 17 Uhr.

Libušes Liebe und Visionen

Erstmals berichtete Domdechant Cosmas Anfang des 12. Jh. über Libuše, die Thronfolgerin des slawischen Königs Crocco. Er beschrieb sie als „liebenswürdig zu jedermann“ und als „Zierde und Pracht der Weiblichkeit, die mit klugen Urteil sich der Geschäfte der Männer annahm“. Doch sei sie laut Cosmas eben eine Frau gewesen, und habe folglich nicht ordentlich von einem Thron aus regiert, sondern von „einem hochgetürmten Haufen weicher und bestickter Kissen, wie es der wollüstigen Weichlichkeit der Frauen entspricht“. Das konnte selbstverständlich nicht gut gehen. Das Volk verlangte nach einem Herzog. Libuše entschied sich für einen jungen kräftigen Ackersmann, genannt „Přemysl der Pflüger“, der von seinem Glück nichts wusste, bis ihn Libuše zu sich bringen ließ. Er wurde ihr Gemahl und damit auch Fürst, der erste des Geschlechts der Přemysliden. Und an seiner Seite prophezeite Libuše, dass dort, wo ein Mann eine Schwelle (auf Tschechisch „prah“) zimmert, man eine Burg bauen wird, die den Namen Praha trägt. Und mit Worten, die an Vergil erinnern, lässt Cosmas Libuše fortfahren: „Siehe, ich sehe eine große Stadt, deren Ruhm bis an die Sterne reichen wird“.

Cosmas Zeilen inspirierten unzählige Autoren und Komponisten, u. a. Herder, Grillparzer, Brentano, Smetana, Mahler usw. Bis in die Gegenwart lebt Libuše in Kunst und Literatur fort.

Verlagsprogramm

Personen- und Sachregister

Geographisches Register

Prag – Register der Orte und Sehenswürdigkeiten (ab S. 186)